한·미 대선 사례 분석
선거는 이미지다

한·미 대선 사례 분석

선거는 이미지다

김 구 철 지음

도서출판 오색필

1. 2022년 대통령 선거 지형은 여당인 민주당 후보에게 절대 유리했다. 현직 문재인 대통령의 국정 지지율이 임기 말까지 40%를 넘나들 정도로 탄탄했다. 전쟁과 전투를 이끌 필드 지휘관 숫자를 비교하면 민주당의 우세는 더욱 확연했다. 고급 지휘관인 광역 단체장, 국회 의원, 중견 지휘관인 기초단체장, 현장 운동원인 광역의원 모두 민주당 우세였다. 보수는 사령관감도 없었다. 최경환, 김무성은 발이 묶였고, 정두언은 사망했다. 민주당은 송영길, 임종석, 양정철을 위시해 2012년, 2017년 두 차례 문재인 선거 캠프에서 손발을 맞춰본 인사들이 즐비했다.

게다가 민주당은 여당으로서의 선거였고, 당시 국무총리, 선거 주무 장관인 행정안전부 장관, 법무부 장관, 선거관리위원회 상임위원이 모두 민주당 소속이거나 친민주당 인사였다. 지역 선거관리위원장을 맡을 부장판사들도 상당수가 친 민주당 성향이었다. 전술 역량, 정책 역량도, 홍보 선전 역량도 당연히 여당인 민주당이 앞섰다. 후보의 경험도 민주당 우위였다. 실무인력도 민주당이 양과 질 모두 훨씬 앞섰다.

그런데도 민주당 후보인 이재명이 졌다. 왜일까? 윤석열과 이재명의 '이미지' 차이였다. 윤석열과 이재명의 대결이 '이미지 선거' 전략에서 특별한 의미를 갖는 것은, 2022년 대선 당시 두 후보 모두 여의도 정치의 경험이 전무해 일반 유권자 입장에서는 생소한 인물이었기 때문이다. 사실 과거의 대선 후보들 역시 일반 유권자들이 직접 접할 기회는 거의 없으며, 그래서 잘 안다고 착각할 뿐 잘 알지 못하는 인물들이었다. 그럼에도 불구하고 오랜 기간 들어왔기 때문에 유권자 각자가 형성한 그 정치인의 이미지가 있다.

그에 반해 윤석열은 정치를 시작한 지 1년 미만, 이재명은 성남 시장 시절을 포함해도 10년, 국민에게 등장한 2016년 말 박근혜 대통령 탄핵 시점을 역산하면 겨우 5년 반에 불과한 인물이다. 그러니 일반 국민들은 윤석열도 이재명도 모두 잘 알지 못한 채 투표장에 들어설 수밖에 없었다. 당연히 인물의 정책이나 이념 노선보다는 이미지로 결정할 수밖에 없었던 것이다. 그랬다. 문제는 이미지였고 이미지 전략이었다. 영어식으로 표현하면, "바보야, 문제는 이미지야.(Stupid, It's Image!)"

'한국의 역대 대통령 당선자의 이미지'는 특별한 가문에서 태어나 특별한 청소년기를 보내고 정치에 투신해 특별한 정치 역정을 걸어온 특별한 인물들이다. 이른바 '스토리' 있는 인물들이다. 학교도 김영삼(부산 경남고, 서울대), 이명박(포항 동지상고, 고려대) 정도가 명문 출신이지 상고 출신, 비명문대 출신이 대통령 당선자의 절대 다수였다.

그런 선례들로 보면 2022년 대선의 승자는 이재명일 가능성이 더 높았다. 그럼에도 승자는 윤석열이었다. 윤석열은 중산층 가문에서 태어나 정상적인 엘리트 교육을 받고, 자기 분야에서 평생 최선을 다해 성공하고 뒤늦게 정치에 투신해 대권을 잡은 최초의 인물이다. 정치를 모르고 선거를 모른다.

윤석열이 절대 열세의 선거 지형과 진영 역량에도 불구하고 승리한 것은 이미지의 승리로 요약할 수 있다. '인간적인 강골 검사' 대 '패륜잡범 전과자'의 대결에서는, 아무리 운동장이 유리해도 패륜잡범 전과자가 승리할 수는 없었다. 결국 2022년 윤석열의 승리는 이미지의 승리였고, 이재명의 패배는 이미지의 패배였으며, 이미지 전략의 승리였고 이미지 전략의 패배였던 것이다. 한편 압도적 지지율에도 불구하고 윤석열이 0.73% 차이의 신승에 그친 것 역시 당초의 이미지 전략을 수행할 캠프의 역량 부족 때문이다.

2. 40여 명의 미국 대통령 가운데 독자적인 공식 기념관을 가진 대통령은 단 4명이다. 개인 기념관은 많지만 공식 기념관은 그렇다. 초대 조지 워싱턴George Washington 건국 대통령, 독립선언문을 기초하는 등 워싱턴만큼이나 건국에 공이 큰 토마스 제퍼슨Thomas Jefferson, 남북 전쟁의 위기를 극복하고 노예를 해방한 에이브러햄 링컨Abraham Lincoln, 그리고 대공황의 위기를 극복하고 2차 세계 대전을 승리로 이끈 프랭클린 루즈벨트Franklin Roosevelt 4명이다.

20세기 이후는 루즈벨트 단 한 명이다. 루즈벨트는 2차 세계대전이라는 특수한 사정이 있기도 했지만, 전무후무한 4선 대통령이다. 미국에는 3선도 전무하다. 그만큼 위대한 대통령이다. 그런데 함께 2차 세계대전을 승리로 이끈 영국의 처칠Winston Chuchill 총리는 걸어다니는 동영상도 많은데 루즈벨트는 앉아있는 사진밖에는 찾아보기 어렵다. 루즈벨트는 의회 연설도 앉아서 했다. 왜 그랬을까?

루즈벨트는 친가는 뉴욕 갑부, 외가는 보스턴 갑부로 유복하게 자랐다. 시어도어 루즈벨트Theodore Roosevelt 대통령이 5촌 당숙이니, 정치 명문가 출신이기도 하다. 하버드 대학에서 역사를 공부하고, 컬럼비아 대학 법학대학원에 진학해 변호사 자격증을 땄다. 명문가 출신의 금수저답게 약관 29살에 해군성 차관보가 되어 군사 문제와 조직 관리, 국제 정세에 전문성을 쌓았다. 루즈벨트가 2차 세계대전을 승리로 이끈데는 해군성 차관보 경력이 큰 도움이 됐을 것이다. 한창 활발하게 활동하던 39살, 소아마비에 걸려 하반신이 마비되고 휠체어 없이는 이동 자체가 불가능해졌다.

루즈벨트는 좌절하지 않고 재기해 뉴욕주지사에 재선하고, 1932년 대통령에 당선됐다. 주지사 시절 닥쳐온 대공황에 잘 대처한 것이 대통령 취임 후 뉴딜 정책의 초석이 되었다. 루즈벨트는 자신이 휠체어에 탄 장면이 대중에게 노출되거나 그런 사진이 배포되지 않도록 철저히 통제했다. 루즈벨트의 휠체어 사진은 현재 단 2장이 남아 있다고 한다.

스스로를 건강하고 강인한 이미지로 포장하는, 치밀한 이미지 전략이 없었다면 루즈벨트는 뉴욕 주지사가 될 수 없었을 것이다. 대통령이 될 수는 더 없었을 것이다. 뉴딜 정책으로 대공황을 극복할 수 없었을 것이며, 2차 세계대전을 승리로 이끈 위대한 지도자가 될 수는 더더욱 없었을 것이다.

3. 루즈벨트 대통령의 사례가 아니더라도, 위대한 정치 지도자가 되

기 위해서는 이미지가 중요하다. 미국과 유럽 정치에서는, 정치 지도자의 이미지를 구성하는 요소로 건장한 체격, 큰 키에 늘씬한 몸매, 매력적인 외모와 표정·미소, 손짓·몸짓 등 적극적인 바디 랭기지, 헤어 스타일과 세련된 패션, 액세서리 등을 꼽는다. 대부분 시각적 요소들이다.

시각 이미지의 중요성을 강조하는 나머지 진화론까지 인용한다. 시각이 청각, 후각, 미각보다 가장 많은 정보를 가장 빨리 제공하기 때문에, 대부분의 동물은 생존을 위해 시각 정보에 반사적으로 반응한다는 것이다. 인간 역시 시각 정보, 그리고 시각 정보가 창출하는 시각 이미지에 가장 잘 반응한다고 주장한다. 결과 지도자를 선택함에 있어서도, 자신과 종족의 생존을 위해 시각적 이미지가 가장 뛰어난 지도자를 선택한다는 것이다.

일부 전문가들은 시각적 요소에 언변을 추가한다. 상대를 압도하는 풍부한 성량과 발성, 논리적이고 지적인 발음, 상대를 편안하게 만드는 유머 감각, 부드러운 화술 등이 언변에 포함된다. 미국과 유럽의 엘리트는 어릴 때부터 토론과 연설, 연기를 체계적으로 배우기 때문에 대부분 언변이 뛰어나다. 그 가운데에서도 케네디John F. Kennedy, 레이건 Ronald Reagan, 오바마Barak Obama 등이 뛰어난 언변으로 인기 대통령의 반열에 올랐다. 시각적 이미지 요소와 언변을 뭉뚱그려 '매력 자산'erotic capital이라는 새로운 개념도 만들어졌다.

서구의 지도자들은 연설문도 잘 쓴다. '국민의, 국민에 의한, 국민을 위한 정부'로 민주정부를 요약한 링컨의 게티스버그 연설, '국가가 여러분을 위해 무엇을 할 것인지 묻지 말고, 여러분이 국가를 위해 무엇을 할 것인가 질문하라'고 호소한 케네디의 취임 연설은 본인들이 직접 쓴 것들이다. 쉽고 간결하고 편안하다. 이런 것이 매력의 일부를 구성할 것이다.

4. 한국 정치권에서도 이미지라고 하면, 셔츠 색깔, 넥타이, 헤어스타일 등을 먼저 떠올리는 경향이 있다. 그래서 스튜어디스 출신이나 방송사 스타일리스트들이 주요 정당의 단골 강사로 초빙되곤 한다. 이재명은 2022년 대선의 당내 경선 과정에서 1억 원 가까운 돈을 스타일링에 썼다고 한다. 그런데 과연 서구식 정치 이미지가 한국에도 그대로 적용되는가? 건강한 신체, 외모, 스타일, 언변 등의 이미지 요소가 선거를 좌지우지하는가?

한국의 역대 대통령 선거를 돌이켜 보자. 2012년 박근혜와 문재인은 남성과 여성이라 직접 비교가 어렵다지만, 1997년 김대중이 건강과 외모, 언변에서 이회창, 이인제를 압도했던가? 2002년 노무현이 정몽준, 이회창보다 외모가 출중했던가? 2007년 이명박과 정동영을 비교하면? 2017년 문재인을 홍준표, 안철수와 비교하면? 2022년 윤석열과 이재명은 어떤가?

국민 모두가 얼굴을 알아볼 정도 되는 대중 정치인이면, 그가 어떤 넥타이를 매건 어떤 양복을 입든 뚱뚱하건 날씬하건 이미지는 정해져 있다. YS(김영삼), DJ(김대중)는 어떤 넥타이를 매건 '민주화 투사'다. 이명박은 양복을 입든 벗든 건설 한국을 상징하는 '노가다 불도저'다. 노무현은 '반항적 주변인(周邊人)'이다. 박근혜는 '독재자의 딸'이며 '얼음공주'다. 다시 말해 한국 대선 후보의 이미지는, 그들의 삶 자체 즉 인생 역정(歷程) 또는 정치 역정이다. 정치 경력이 짧은 후보는 공적 경력, 거슬러 올라가 공인 이전의 언행이 이미지를 결정한다.

이런 인생 역정을 확장 강화해 내보낼 것인가, 수정 보완할 것인가, 삭제 변경해 내보낼 것인가가 이미지 전략의 기본이 된다. 1997년 김대중의 '준비된 대통령', 필자가 제안한 2007년 이명박의 '실천하는 경제 대통령'은 성공적인 이미지 전략이었다. 그에 반해 1997년 이회창의 '깨끗한 정치 튼튼한 경제', 2022년 이재명의 '유능한 경제 대통령' 캠페인은 실패한 슬로건이었다.

대전략의 바로 아랫 단계는 메시지 전략과 스케줄의 조화다. 나는 이를 이미지Image-메시지Message-스케줄Schedule의 머릿글자를 따서 IMS 전략이라 부른다. 효과적인 이미지 전략과 이미지 전략을 뒷받침할 메시지, 스케줄을 수립하고 실행하는 데는 상당한 수준의 상상력과 창의력이 필요하다. 정치와 선거를 모르고, 군중의 심리와 이미지에 대한 이해도가 낮은 후보와 캠프 관계자들에게 효과적인 이미지 전략과 일관된 메시지, 스케줄을 설득하기는 결코 쉽지 않다.

중앙선거방송토론위원회가 발간한 『20대 대선 선거방송토론 백서』에 따르면, 토론회가 후보자 선택에 영향을 미쳤냐는 질문에 '매우 많은 영향을 미쳤다' 또는 '영향을 미친 편이다'라고 응답한 비율은 박근혜 전 대통령 탄핵 직후 치러졌던 19대 대선(68.1%) 때, 18대 대선(56.7%)이나 20대 대선(63.8%)보다 높게 나타났다.

		후보 정치 경력	TV 토론 '영향'
18대 대선	박근혜–문재인	15년, 9년	56.7%
19대 대선	문재인–홍준표–안철수	14년, 21년, 5년 *초단기 대선	68.1%
20대 대선	윤석열–이재명	1년, 5년	63.8%

후보의 정치 경력이 길수록, 선거 기간이 길수록 TV토론이 투표에 덜 영향을 미친다고 결론지을 수 있다. 역으로 후보 경력이 짧고 선거 기간이 짧을수록 TV토론이 투표에 더 영향을 미친다. 초단기전 양상의 대선에선 여느 때보다 TV토론의 중요성이 커진다. 2시간 남짓한 TV토론이 의사 결정에 영향을 준다는 것은, 그만큼 투표 행위가 이미지의 영향을 더 많이 받는다는 뜻이다. 윤석열이 정치 선언 단 1년만에 대통령까지 먹은 선례를 볼 때, 앞으로는 더 많은 인사들이 준비없이 대선 레이스에 뛰어들 가능성이 높다. 그럴수록 이미지가 선거를 좌우할 것이다.

5. 필자가 1987년 KBS에 입사해 언론인 생활을 시작한 뒤 jtbc, TV조선, 아리랑TV 미디어 등 다양한 방송사에서 일하면서 많은 선후배들의 도움을 받았다. 영국에서 공부할 기회를 만들어주시고 또 인생의 멘토로 40년 긴 세월 시종 가르침을 주고 계신 김인규 사장, 입사할 때부터 지금껏 큰누나처럼 보살펴주신 남승자 이사, 방송에서 한번 더 일할 기회를 주신 남선현 jtbc 사장, 말단 기자의 취재 뒷얘기를 귀담아 들어

주신 최동호 부사장, 정치부 기사를 깨우쳐주신 배석규 YTN 사장, 글자 하나하나의 중요성을 알려주신 표철수 방송위원회 사무총장, 가장 어려운 시절 편안하게 보듬어주신 이휘 선배, 입사 면접에서 당돌함을 패기로 좋게 봐 주신 정구호 사장.... 동료 후배들의 성원도 고맙기 이를 데 없다. 정말 행운의 연속이었다. 그밖에도 더 많은 분들의 도움을 받아 기자로서 재미나게 일할 수 있었다. 모두 감사할 따름이다.

언론계 밖의 글쓰기 선생님들께도 감사를 드려야겠다. 박경리 선생의 토지를 읽으며 좋은 구절이나 단락은 노트에 옮겨 적으며 글쓰기를 익혔다. 그 노트와 구절들은 모두 잊어버렸지만, '한글이 이렇게 아름다울 수 있구나' '글을 이렇게 힘있고도 부드럽게 쓸 수 있구나' 감탄하던 느낌만은 뇌리에 선연하다. 박경리 선생께서 노벨 문학상을 받지 못하신다면 노벨상도 위대한 상은 아니다 싶다. 대학원 시절엔, 김수환 추기경님의 강론문을 베껴 쓰며 글쓰기를 익혔다. 알고 보니 강론문을 집필하신 분은 김영삼 대통령 시절 연설문을 쓴 김정남 정책수석이었다. 딱딱한 법조문만 알던 필자에게 글쓰기를 깨우쳐 주신, 박경리 선생과 김정남 수석 두 분께 늦었지만 진심으로 감사드린다.

정치부 기자로 취재하면서 캠프에서 일하면서 선거방송기획단장으로 일하면서 친구의 대권 프로젝트에 참여하면서 모두 7차례 대통령 선거에 직간접적으로 참여했다. 그 과정에서 많은 사람을 만나 대화를 나누고, 많은 것을 보고 듣고 깨우칠 수 있었다.

기자가 뭐를 알며 초년병 기자들이 어떻게 취재를 하겠나? 기자는 결국 취재원들에게 배워가면서 취재하고 기사를 쓰게 된다. 거인 박태준 전 총리를 비롯해 신상우, 신상식, 허화평, 이한동, 박재홍, 강재섭, 강삼재, 박지원, 설훈, 김부겸 등등의 정치인이 우선 떠오른다. 잠깐 경제부를 경험할 때는 작고하신 구본무 회장님, 박용성 회장님과 전윤철, 김진표, 윤진식, 김병일 장관님들께 신세를 많이 졌다. 특별히 감사를 드린다. 꾸준히 후원해 주신 김진홍 목사님, 엄주섭 회장, 윤동한 회장, 심상조 회장께도 감사를 드린다.

이 책이 정치와 선거를 이해하고 보다 나은 정당과 후보를 선택하는 데 도움이 되기를 희망한다. 또한 선거에 나서는 공직 후보와 캠프 관계자들이 선전 선동이나 가짜 뉴스보다는 올바른 이미지 전략으로 선거에 임하기를 바라는 마음으로 이 책을 낸다.

이 책은 필자의 2020년 박사 학위 논문을 다시 집필한 것이다. 원래 논문은 한국과 미국의 대선을 서너 개씩 골라 분석했는데, 이 책에서는 2022년 윤석열과 이재명의 대선을 별도의 장으로 독립시켜 심층 분석했다. 윤석열과 이재명의 대결은 전형적인 이미지 대결이었기에 더욱 흥미로울 것이다. 대중들이 읽기 편하도록 논문의 각주를 대부분 생략하고, 각주에 들어있던 해설은 본문으로 옮겼다. 편제와 문장도 딱딱한 논문 형식을 탈피해 보다 편하고 자유롭게 바꿨다. 많은 분들의 도움에도 불구하고 이 책에서 발견되는 모든 오류는 전적으로 필자의 책임이다. 관심과 격려를 기대한다.

언론계 선배, 글쓰기의 선생님들,

그리고 인생에서 만나

알게 모르게 도움주신

그 모든 분들께 이 책을 바친다.

기자이기 전에 사람 되기를 깨우쳐주신

홍성현 선배의 명복을 빌며...

2025년 4월 화창한 날
남산골에서 김구철

목 차

제3장
미국의 이미지 선거

제4장
한국의 이미지 선거

제5장
윤석열의 이미지 $g\,i\,\mathcal{E}$ 분석

제6장
한·미 대선 후보의 이미지 비교

제7장

차기 대통령 후보들

제8장

마치며

에필로그

제1장

_____

들어가는 말

그동안 미국과 한국 두 나라에서 정치후보자의 이미지에 관한 연구는 외모(appearance)와 인상(impression), 스타일(style)과 같은 시각적 측면에서만 이루어졌다. 조금 더 나아가 성격(character) 또는 성격적 특성(traits), 언변 등에 관심을 두는 정도였다. 미국의 역대 대통령 당선자를 보면, 확실히 건강과 젊음, 외모와 인상, 스타일 등의 시각적 측면이 두드러지고, 언변과 사교성(sociability)와 같은 성격적 측면이 추가되는 것이 일반적이다.

본 책 문제 의식은 소박하고 단순한 질문에서 출발한다. 만일 시각 이미지를 중시하는 미국식의 지도자 이미지 연구의 결과가 절대적으로 옳다면, 어떻게 1997년 한국 대통령 선거에서 노령과 건강상 약점이 있는 김대중이 당선될 수 있었는가? 또 외모가 출중하다고 말할 수 없는 노무현(2002년), 이명박(2007년)이 당선될 수 있었는가? 언변과 사교성이 떨어지는 이명박(2007년), 박근혜(2012년), 문재인(2017년)이 당선될 수 있었는가? 그에 반해 이회창이 1997년에는 상대적으로 젊고 건강했는데 실패했고, 2002년에는 외모도 뒤지지 않고 이력과 자금, 조직력은 압도적인데도 실패한 이유는 무엇인가? 2007년 정동영은 젊은 나이에 수려한 외모, 화려한 언변을 갖고도 실패한 이유는 무엇인가?

만일 외모나 언변과 같은 생래적인 이미지가 대통령 선거에 미치는 영향이 절대적이지 않다면, 다른 생래적인 요인은 대통령 선거에서 어떤 영향을 미치는지 확인할 필요가 있다. 예를 들면 학벌이나 부와 권력의 세습 여부다. 미국 대선에서는 평범한 대학 출신이 명문 대학 출신을 꺾는 일이 별로 없다. 미국 대선에서는 명문 대학 출신이 초강세인데, 한국에서는 대학 서열을 매기기는 쉽지 않지만, 명문 출신이 승리한 경우가 많지 않다.

현대 정치는 유권자가 직접, 보통 선거를 통해 공직 후보를 선출하고, 선출된 공직자가 국민의 위임을 받아 입법권과 행정권을 행사하는 구조로 이뤄진다. 능동적인 대중 민주주의에서 정치 지도자는 대중 선동적 수단으로 자신에 대한 대중의 신뢰와 믿음, 그리고 권력을 획득하는 것을 의미한다. 모든 공직 후보는 여러 수단을 동원해 자기 자신을 유권자에게 알리고, 자신과 자신이 속한 정당의 정강과 정책을 전파하고, 자신을 선택해 달라고 유권자를 설득하려 한다. 유권자와의 대면 접촉(vis a vis, or face to face)이 최우선 순위다. 그래서 모든 선거운동의 출발점은 호별 방문(canvassing)이다. 그러나 호별 방문은 어마어마한 인력과 시간이 요구되고, 선거 범위가 좁은 기초단위 지방 선거를 제외하면 후보 본인의 호별 방문은 무리한 발상이다. 그래서 대리인 즉 선거운동원이 호별 방문하게 된다. 한국 공직선거법은 선거비용 절감을 위해 호별 방문을 법으로 금지하고 있다.

선거운동은 이슈 중심으로 운용할 수도 있고, 이미지 중심으로 운용할 수도 있다. 그 어느 쪽을 선택하든 이슈와 이미지 어느 한쪽을 완전히 배제한 순수한 이슈 캠페인이나 순수한 이미지 캠페인은 존재하지도 않고, 존재할 수도 없다. 이슈와 이미지의 포트폴리오를 적절히 운용하는 자체가 선거전략의 핵심일 것이다. 1992년 클린턴의 '바보야, 문제는 경제야'처럼, 정책도 이미지에 영향을 줄 수 있다. 그러나 이 책에서는 이미지에 결정적 영향을 준 경우를 제외하면 정책은 연구 대상에서 제외하고, 이미지에 직접적인 영향을 주는 후보자의 메인 슬로건 또는 캐치프레이즈, 선거공보물과 언론 보도, TV토론과 광고, 신문 광고, TV뉴스 등을 주 분석 대상으로 삼을 것이다.

　지역구 국회의원만 해도 전 주민과 직접 접촉하는 것은 매우 어렵다. 광역지방단체장 선거나 전국을 단위로 하는 대통령 선거의 경우에는 후보자가 전체 유권자와 직접 접촉한다는 것은 사실상 불가능하다. 후보는 언론이나 입소문, SNS 등을 통해 간접적으로 유권자와 접촉할 수밖에 없으며, 선거운동은 미디어에 의존할 수밖에 없다. 물리적 제약도 제약이려니와 제도적으로도 면대면 접촉방식(face to face contact)의 선거운동은 제한하고 미디어와 온라인 선거운동을 더 넓게 허용하는 방향으로 변화하고 있다. 탈법·불법의 가능성은 최소화하고 돈 덜 쓰는 선거의 가능성은 높일 것이라는 기대에서 기인한다. 대신 정당·후보자와 유권자의 정서적 교감을 통한 소통은 상대적으로 줄고 유권자와의 소통은 메시지 전달 방식으로 진행된다. 이러한 변화는 선거운동과정에서 메시지와 이미지를 중심으로 한 카르텔정당 혹은 선거전문가 정당적 특성이 강화된다.

　대통령 직무가 가지는 포괄성을 고려할 때 아무리 다양한 미디어를 통해 정책과 비전을 제시한다 해도 모두 상세히 설명할 수는 없다. 동원할 수 있는 자원인, 선거 운동원의 수(인적 자원), 투입할 수 있는 선거비용(물적 자원) 그리고 선거운동 기간의 제한(시간) 등 3대 자원 모두 제한을 받는다. 후보자의 성명 석 자를 알리는 데만도 자원이 부족하다. 게다가 다양한 종류의 미디어에는 다양한 정보가 넘치며, 후보자의 메시지는 유권자에게 도달하기 위해 이들 정보와 경쟁하게 된다. 경쟁하는 정보에는 엔터테인먼트도 포함되며, 특히 시각 미디어인 TV의 보급은 이미지 선거를 더욱 강화하고 있다. 국가 규모가 커지면서 점점 더 선거는 이미지에 의해 좌우되는 경향이 커지고 있다. 미국은 인구도 우리보다 6배 이상으로 많지만, 국토의 면적이 본토만 우리의 40배 가까워 미디어 정치, 이미지 정치의 불가피성이 우리보다 훨씬 강하다.

　나아가 좋은 이미지를 구축하고, 자신의 이미지에 걸맞은 비전과 정책 공약을 제시하고, 이미지에 부합하는 선거 캠페인을 펼치는 것 역시 정치인의 역량 가운데 중요한 일부분일 것이다. 따라서 대통령 후보의 이미지와 선거 캠페인의 상관 관계에 관한 연구는 현대 대의제 민주주의에 필수 불가결한 작업이라 믿어진다. 온라인 뉴스, YouTube 및 기타 파일 공유 사이트의 인기가 높아짐에도 불구하고 텔레비전 시청은 인터넷 사용, 특히 정치 관련 뉴스에서 여전히 인터넷 사용을 훨씬 능가한다. 시각적 특성과 기술로서의 단순성으로 인해 TV는 사용자 친화적으로 유지되며 이해하고 평가하는데 높은 수준의 언어 능력을 요구하지 않는다. 따라서 대중에게 텔레비전 뉴스는 신문이나 웹을 포함한 다른 미디어 채널보다 교육 수준이 낮은 시청자에게 정보를 보다 쉽게 제공한다.

제2장

이미지 정치 이론

제 1 절

'이미지 정치'와 미디어

1. 시각의 중요성

이미지의 정의

우리는 '어머니'라는 단어에서 어떤 이미지를 떠올린다. 한국 사람이라면 어머니라는 말이나 글을 대할 때와, 영어의 mother, 일본어의 오카상(おかあさん, 御母さん), 독일어의 Mutter, 한자어의 모친(母親), 프랑스어의 mère를 들을 때 떠올리는 이미지가 다르다. 말이나 글도 이미지가 있다. 이처럼 '다원주의적인 무언가가 되는 과정과 일부 고정되고 상징적인 패러다임 사이의 연결 고리를 생성하거나 찾기 위한 기본 구조로 이미지를 넓게 정의할 수도 있다.

이미지는 플라톤 이래 서양 철학의 전체 역사에서 계속 논의돼 온 주제로, 거의 모든 사상가들이 한번씩 언급하고 논의했을 정도로 중요하고 또 혼란스런 주제다. 아이디어의 생성 과정과 상징, 시각 및 상상력과 관련된 상징적 세계간의 본질적인 연결이라고까지 말해진다.

이미지는 내재적으로(by nature) 정치적 성격을 띤다. 루카시니 스칼코는 엄격한 철학적, 이론적 관점에서 모든 이미지는 개별 주체와 외부 세계 사이의 연결을 설정할 수 있는 존재론적 구조이기 때문에, 모든 이미지는 정치적으로 간주되어야 한다고 지적했다. 그러면서 정치, 그리고 무엇보다도 현대의 포스트 모던 및 디지털 정치가 공개적으로 미디어와 시각적 커뮤니케이션을 기반으로 한다는 것이 일반적으로 받아들여진다면, 동시에 이미지가 콘텐츠와 직접적인 관련이 없는 실질적인 정치적 기능을 가지고 있음을 보여준다고도 한다. 그녀는 말한다.

"우리는 정치적 메시지를 직접적으로 구체화하는 특정 정치적 또는 이념적 상징과 그림을 연구하는 데 관심이 없지만 이미지의 정치적 기능은 순수한 본질에 달려 있습니다. 모든 이미지는 정치적입니다."

이러한 일반적 이미지와 별개로 이미지를 시각 이미지로 제한적으로 삼기도 한다. 시각 이미지는 당연히 시각적 자극으로 형성된 이미지다. 시각적 자극을 주는 외물로는 자연환경도 있고, 인공 건조물이나 소품도 있고, 그림과 조각, 사진, 동영상, 포스터 등 시각적 자극을 주는 물체는 다양하다. 시각적 자극을 주는 모든 사물을 분석 대상으로 삼는 것은 가능하지도 않고 현명하지도 않다. 이 책에서는 특별한 언급이 없는 한 이미지는 넓은 의미의 이미지다.

시각의 중요성

시각은 인간이 외부 정보를 받아들이는 어떠한 다른 감각보다 월등하게 더 많은 정보를, 현저하게 더 빠른 속도로 받아들이고, 인간의 두

뇌는 그 정보를 어떤 다른 감각기관에서 받아들인 정보보다 더 빠른 속도로 처리해 신체 각 부위에 반응하도록 지시한다. 인간의 신체는 두뇌의 지시에 따라 시각 정보에 대해 다른 어떤 감각 기관에서 얻어진 정보보다 신속하게 반응한다. 그리고 인간의 두뇌는 시각 정보를 다른 어떤 감각기관에서 얻어진 정보보다 더 오래 기억한다. 특히 시각 정보가 이미지 형태를 띨 때는 더욱 그렇다. 즉 이미지 정보는 정보의 양과 질, 속도, 기억성 모두 압도적이다. 이러한 사실은 인간을 동물 차원으로 연구하는 생물학과 진화학 차원, 인간을 언어와 문자를 사용하는 만물의 영장으로 연구하는 문화인류학 차원, 마지막으로 최근 정보통신과학의 급격한 발달로 가능해진 신경과학의 성과에 의해서도 입증된다.

진화의 역사를 돌이켜 보면 선(先) 캄브리아(Cambrian)기, 구체적으로는 9억 5천만 년 가량 전 원시적 형태의 '눈(eye)'이 발생함으로써 생물 다양성과 종의 발달이 극적으로 촉진된다. 이후 눈은 모든 동물의 필수적 기관으로서 특수한 해부학적, 인지적 기능을 형성해왔다. 지질학적 시간으로는 단 한 '순간'에 세상은 변화되었다. 영국 옥스퍼드 대학 동물학과의 파커(Andrew Parker)는 선캄브리아기 생물들은 볼 수 없었지만, 일단 시력이 생기자(switched on) 모든 동물들은 적응하거나 아니면 죽어야 했다고 주장했다.

제대로 된 최초의 눈은 작고 딱딱한 껍질을 가진 해양 절지 동물 삼엽충의 것으로, 약 5억 4300만 년 전 캄브리아기 초기에 나타났다. 파커(Andrew Parker)의 '점등 진화론(點燈 進化論, light swtch theory of evolution)'에 따르면, 시력의 탄생은 생존 규칙을 바꾸고 진화적 적응을 가속화시켰다. 특히 시력의 발달은 적극적인 포식, 그리고 시간이 지남에 따라 그룹으로 차별적인 종의 계급―포식자와 피식자라는, 시력 이전에 존재하지 않던 구별을 낳았다. 실제로, 먹이를 한눈에 고정하거나 포식자를 멀리서 피하는 능력, 즉 시력은 동물 행동뿐만 아니라 육체적인 외모와 발달에 영향을 미쳤다.

"모든 동물은 먹히기 전 또는 먹이감에게 능가당하기 전에 시력에 적응하기 위해 진화해야 했다. 초기 캄브리아기는 시력에 적응하기 위한 경쟁이었다." 눈의 위치와 유형은 말할 것도 없고, 동물의 몸의 형태, 색소 침착, 근육 발달, 신체 움직임 및 행동 경향은 모두 시력의 결과다. 시력의 도입은 생존 규칙을 파괴하고, 새로운 규칙과 존재 형태가 넘치는 혼돈의 시대를 낳았다.

언어는 종종 해부학적 변화, 즉 호모 사피엔스에게 소리 생성에 대한 미세한 통제력을 부여한 성대의 돌연변이와 관련이 있다. 구체적으로는 성대를 확장한 기관(氣管, trachea)의 상단에 후두(喉頭, larynx)가 위치함으로써 호모 사피엔스는 이전보다 볼륨과 피치 모두에서 훨씬 더 다양한 사운드를 형성할 수 있게 되었다. 혀와 관련 근육의 수정은 보컬 컨트롤을 더욱 향상시켰다. 말하기가 가능한 '해부학적으로 완전한 현생인류'는 4만 년에서 6만 년 전 등장한 것으로 보인다.

호모 사피엔스의 문화적 성향은 그들의 생생한 경험을 오늘날 그림과 회화라 불리는 시각적 형식으로 기록하는 데 영감을 주었다. 동굴 벽에 그려진 유물들은 오랜 세월 살아남아 그림의 기원을 알아내려 시도하는 현대 고고학자들에게 퍼즐을 제공한다. 우라늄이나 탄소 등은 원소 기호와 화학적 성질은 같으나 원자량이 다른 방사성 동위원소가 존재한다. 이 동위원소의 반감기(半減期)를 이용하면 정확한 연대측정이 가능하다. 상대적으로 역사가 짧은 인류 문화사 연구에는 반감기 1,730년인 탄소 동위원소를 쓴다. 우주나 지구의 역사 같은 긴 시간에 걸친 변화를 연구할 때에는 반감기가 긴(최소 15만 9천 년에서 최대 45억 년) 우라늄 동위원소를 쓴다. 연구팀은 방사성 동위원소를 이용해 동굴 속 석회암이 물에 녹아 벽화 표면에 쌓여 이룬 막의 연대를 측정한 뒤, 막 속에 붉은 염료로 그려진 벽화의 제작 연대를 간접 추정했다.

새로운 기술과 기술이 가리키는 연대가 신뢰할 수 있다면, 발견된 가장 오래된 동굴 벽화는 4만 3천 년 전의 것이다. 영국 그리피스대와 인도네시아 국립고고학연구센터 공동 연구팀은 인도네시아 술라웨시 섬 남부에 위치한 석회암 동굴인 '리앙 불루 시퐁'에서 2017년 발견한 구석기 벽화가 최고 4만 3,900년 전에 그려졌다는 사실을 밝혀내고 이를 2019년 12월 학술지 '네이처'에 발표했다. 가로 4.5m 길이로 멧돼지 두 마리와 사나운 물소(아노아) 네 마리, 창과 밧줄을 든 여덟 사람이 그려져, 사냥을 묘사한 것으로 추정된다.

이전까지 공인된 인류 최고(最古) 벽화는 2018년 인도네시아 보르네오섬 동부 칼리만탄 지역의 루방 제리지 살레 동굴에서 발견된 4만 년 전 동물 그림이었다. 유럽에서 네안데르탈인이 그린 것으로 추정되는 6만 4000년 전 벽화는 기하학적 그림으로 직선 한 개에 불과하다. 과거 널리 알려진 프랑스 도르도뉴 지방의 라스코 동굴(1940년 발견), 스페인 북부 산탄데르의 알타미라 동굴 벽화(1879년 발견)는 2만 년 전후로 추정된다.

최초의 숫자 세기로 알려진 설형문자(cuneiform)는 5,200년 전 수메르 인들 사이에서 점토판을 사용하여 상품이나 노동 시간을 기록하는 데 사용되었다. '설형(楔形, cuneiform)'이란 라틴어로 '쐐기 모양'이라는 뜻으로 글자의 모습이 쐐기같아서 붙여진 이름이다. 그 시대에는 주변에서 쉽게 구할 수 있는 갈대 줄기나 뼈의 끝을 뾰족하게 다듬어 진흙판에 누르거나 새겼다. 곡선이 거의 없이 쐐기를 닮은 것은 그 때문이다. 다 쓴 진흙판은 햇볕에 말려 보관하고, 중요한 것은 가마에 구웠다. 흙을 구우면 오랫동안 글자가 뭉개지지 않고, 습기에 강하며 화재도 견뎌내기 때문이다. 고대 이집트의 파피루스가 쉽게 파손돼 소실된 데 반해 설형문자 진흙판은 많이 남아있다. 이른바 사해문서로 알려진 고대 성서도 진흙판에 쓰여져 오늘날까지 전해진 것이다. 후대에는 석판이나 금속판, 바위, 상아, 유리, 밀랍 등에 새기기도 했다.

4천년 전 이집트인들이 일부 상형 문자(hieroglyph)를 사용한 것이 문자 체계의 탄생이라는 역사적 합의가 이뤄졌다. 상형 문자는 공식적 글쓰기 체계를 구성한다고 일반적으로 합의했기 때문이다. 언어(language)의 역사도 기껏해야 4만~5만 년이지만 문자(letter)의 역사는 훨씬 더 짧아서 5,200년 정도에 불과하다.

[메시지 전달의 역사]

눈의 탄생	시력의 탄생	언어의 탄생	그림의 탄생	문자의 탄생
9억 5천만년	5억 4,300만년	4~5만 년	4만 3천 년	5,200년

시각적 정보의 처리는 언어적 의사 소통보다 앞서며, 읽기보다는 의식적인 노력이 덜 필요하다. 문자의 발생 단계에서 상형문자가 가장 앞서는 것을 보면 알 수 있다. 상형문자는 글자의 모양 즉 이미지에서 글자가 지시하는 내용을 짐작할 수 있다. 그러나 인류 문명이 발달하면서 문자는 상형 즉 이미지의 모사(模寫)에서 점점 더 추상화되고, 같은 시각 정보

면서도 문자는 이미지보다 접수와 처리가 어려워졌다. 뇌과학자 가자니가(Michael Gazzaniga)의 말마따나, "뇌는 읽을 수 있도록 만들어지지 않았다. 그래서 많은 사람들이 그 과정에 어려움을 겪는다."

문해력과 상징적 언어 장치의 사용은 추상화의 훨씬 더 높은 수준에서 작동하며 인지과학자 뉴웰(Allen Newell)이 인지 및 합리적 의식의 묶음이라 언급한, 10의 마이너스 4승에서 10의 마이너스 2승 초 사이에 벌어지는 생물학적 묶음 내의 사건보다 더 높은 규모의 단위인, 인간 행동의 시간 척도 즉 10분의 1초에서 10의 4승 초 사이에 벌어지는 자각적 활동이다.

진화하는 우리의 감각 중 가장 정교한 감각, 시각은 "신경계를 통해 다른 어떤 감각보다 더 빠르고 효율적으로 더 많은 데이터를 보낸다." 이미지 처리는 매우 효율적이므로 의식적 인식에 등록하기 전에 기본 인식과 정서적 반응이 잘 이루어진다.

"우리는 명백하게 의식적인 인식의 빈틈없이 즉각적인 방식으로 자신과 세계를 경험하지만, 뇌는 정보 관찰에 쉽게 접근 할 수 없는 방식으로 활동한다."

다시 말해 정신은 항상 마지막으로 안다. 시각의 경우 망막에 모인 정보는 우리가 의식적으로 보는 것보다 훨씬 많다. 즉 우리는 이해하는 것보다 훨씬 더 많이 경험하며, "우리의 행동에 영향을 미치는 것은 우리의 이해가 아니라 우리의 경험이다." 마르크스, 뉴먼, 매퀸은 이를 '빙산의 일각(tip of the iceberg)' 현상이라 명명한다. 신경처리는 감각적 정보의 방대한 수집을 가능하게 하지만, 해당 데이터에 대한 작은 주관적 인식 창만 지원한다. 심지어 인지 신경 과학을 연구하는 리벳(Libet) 팀은 두

뇌가 의식에서 감각 데이터 (즉, 시각, 소리, 냄새, 촉각, 미각)를 나타내기 위해서는 0.5초 또는 500밀리 초 소요된다고 추정했다. 그러나 정서적 반응과 시각적 인식은 훨씬 더 빨리 발생한다. 예를 들어, 얼굴 이미지가 제시되면, 얼굴로서의 이미지 인식은 노출 후 약 47밀리 초(mili-second)에 발생하는데, 이는 약 2프레임의 비디오 또는 1/20초에 해당한다.

이 짧은 시간에 시신경의 감각 정보는 시상(視床, thalamus)을 거쳐 이미 "들어오는 감각 스트림의 정서적 인입(引入)을 결정하는 뇌의 변연 영역(邊緣 領域, limbic region), 특히 편도(amygdala)를 향하여 도달한다. 시상은 간뇌의 뒤쪽에 있는 달걀 모양의 회백질이다. 감각 정보를 처리하여 대뇌피질로 전달하는 데 중요한 역할을 하는데, 감각 정보 가운데 시각 정보가 가장 많아서 시상이라는 이름이 붙었다. 변연 영역은 대뇌(大腦, cerebrum)와 간뇌(間腦, diencephalon)의 경계를 따라 위치한 뇌의 구조물들로, 해부학적 실체라기보다는 기능적 그룹으로 정의할 수 있다.

[메시지 전달의 속도]

시각정보 (이미지)	청각, 촉각, 미각 (말, 소리 포함)	시각정보 (텍스트)
$10^{-4} \sim 10^{-2}$ 초 47×10^{-3} 초	5×10^{-1} 초	$10^{-1} \sim 10^4$ 초

텔레비전 학습 연구 결과에 따르면 시청자들은 뉴스 방송에서 방금 본 기사는 이해할 수 있지만, 방금 들은 정보는 기억하는 데 애를 먹는다고 한다. 한 가지 설명은 텔레비전 메시지의 구조적 특징(페이싱, 편집, 서사 구조 등)과 내용 요소(기사 주제, 감정이 담긴 이미지 등)가 다른 것보다 일부 메시지 측면에 더 많은 관심을 유도한다는 것이다. 구두 및 시각

적 콘텐츠의 시퀀싱(Sequencing, 맥락)도 중요한 역할을 한다. 전쟁, 재난 또는 사회 상해에 대한 부정적 이미지는 이미지가 나타난 후에 나타나는 시청각 자료에 대한 기억을 사전적으로 향상시키며, 이전에 나타나는 정보에 대한 메모리를 회상적으로 억제한다.

결과 오디오 및 비디오를 모두 포함하는 일반적인 뉴스 보도(그리고 아마도 화면의 자연스러운 소리와 텍스트)는 시청자가 그 안에 포함 된 무수한 세부 사항을 완전히 흡수하지 않고도 이해할 수 있다. 나아가 TV뉴스에서 일반적인 성인 유권자는 정치인의 0.4초 정도의 짧은 이미지만 보고도 나중에 자신이 본 이미지를 70% 이상의 정확도로 식별할 수 있다. 그러나 뉴스 내레이션의 경우 뉴스가 끝난 뒤 원하는 만큼 반복해 읽어줘도 다지선다형 문제에 대해 55% 이하의 정확성으로 식별할 수 있었다. 특히 부정적인 뉴스의 경우 6~7 주 뒤에도 영상 이미지에 대한 기억은 거의 그대로 유지하는 것으로 나타났다. 때문에 후보를 기억하고, 지지하게 하기 위해서는 이미지에 의존하는 것이 유리하다.

[메시지 기억의 확률과 장기 기억]

	시각 이미지	언어 메시지
단기기억 (노출 직후)	70~80%	55%

시청자의 기대에 대한 배신은 뉴스 속 사건에 대한 정치 지도자의 비언어적 감정 반응(non-verbal emotional reponses)에도 적용된다. 방송되는 동안 보여지는 영상과 말이 상충되거나 일치하지 않으면 시각 기억이 다시 이긴다. 시청자는 내레이션보다 이미지를 훨씬 잘 기억한다. 1984년

미국 대선에서 가식적 연출기법(duplicitous stagecraft)을 동원한 이미지 캠페인을 비판한 CBS 스틸 기자의 보도가 이를 입증했다.

　동영상은 레이건을 거대한 성조기와 나란히 놓았다(juxtapose). 화면으로 보면 레이건은 클로즈샷에서는 만면에 미소를 띠는 호남이고, 역기를 가볍게 들 정도로 강건했고, 짤막한 농담(one-liner)을 던지는 유머감각 있는 인물이었다. 올림픽 성화를 건네며 새로운 간호시설의 테이프를 끊고, 장애자 올림픽 메달리스트를 시상하며 손성조기를 손에 든 환영 인파와 환호했다.

　기사가 방영된 직후 워싱턴포스트 기자는 이 보도를 스미소니언 박물관을 방문한 100명의 유권자에게 보여주었다—처음에는 스탈 기자의 비판적 목소리 없이 두 번째는 목소리 보도를 넣어서. 목소리 보도를 듣고도, "대부분의 청중들은 레이건 선거운동의 광고 몽영상이거나 매우 우호적인 뉴스 보도라고 생각했다. 극히 일부 청중만이 내 말을 들었어요."라고 스탈 기자는 술회했다. 방송이 나간 후 욕바가지를 얻어먹을 것으로 예상했던 스탈 기자는 오히려 딕 다만 백악관 부실장으로부터 감사 전화를 받았다. 미국 정치권과 언론계, 학계에서는 이 사례를 '다만의 예감(Darman's huncho)'라 하여 고유명사처럼 쓰고 있다.

2. 미디어의 등장과 정치의 이미지화

미디어의 등장과 선거캠페인의 변화

공직선거법은 '선거에 입후보한 후보자를 당선되게 하거나 되지 못하게 하기 위한 행위' 일체를 선거운동이라 규정했다. 인간의 다른 모든 경쟁 행위와 마찬가지로, 선거운동 역시 시간과 인간, 재원이라는 주어진 자원을 법 테두리 안에서 효율적으로 이용해 승리하는 것을 목표로 한다. 이를 위해서는 먼저 방향성을 설정하고 방법론을 체계화하며, 자원을 확보하고, 선거 환경에 적합하게 자원을 배치하고 유기적으로 결합해야 한다. 이른바 선거 전략(strategy)이며, 이 다음 전략을 효과적으로 실행할 전술 역량(tactical capacity)의 문제가 제기될 수 있다.

미국의 경우 땅이 넓고 TV가 일찍부터 보급된데다, 기능적 문맹이 많아 TV를 메인으로 한 미디어 선거가 1950년대부터 정착되었다. 신정치(new politics) 또는 '미디어정치(media politics)'가 '기계 정치(machine politics)'라 불리던 전통적 정치를 대체한 것이다. 신정치 시대에는 선거 후보자들은 정당이란 여과 장치를 거치지 않고 대중에게 직접 메시지를 전달한다. 대부분의 유권자가 정치와 선거 정보를 매스 미디어 특히 TV를 통해 얻고, 그럴수록 미디어의 영향이 커지기 때문에 정당 중심의 간접적 선거 전략은 시대착오적이 되었고, 아직도 TV를 의식하지 않고 시위하는 정치인은 실패할 위험을 안고 있다.

한국에서도 2007년 17대 대선을 기준으로 유권자의 90.3%가 TV를 통해 선거정보를 입수한 것으로 나타났다. 특히 2002년 16대 대선에서 자금과 조직이 절대 열세인 노무현 후보가 미디어전략을 잘 구사해 압도적인 조직과 자금을 자랑하던 이회창 후보를 꺾고 당선되면서 대선에서 매스미디어 중심의 선거운동방식은 더욱 중요해졌다. 한국의 공직선거법은 애초부터 호별 방문을 금지했거니와, 거액의 선거비용이 투입되는 대중 동원 방식을 지양하고, 미디어 선거로 전환하도록 유도한다.

[일반 유권자의 선거운동]

선거운동 유형		허용·금지사항	관련조항
면대면 접촉	집회	– 집회를 통한 선거운동은 불가능(반상회 포함) – 단, 순수한 단합대회나 야유회는 허용	제103조
	거리유세	– 공개된 장소에서의 후보자 지지 호소 – 가정집 방문은 불가능	제106조
온라인	사이버운동	– 인터넷홈페이지 상의 후보자 지지·반대의 글 – UCC물 또는 후보자 정보의 게시와 우편발송 – 인터넷언론사의 게시판·대화방 등의 실명확인	제82조6
	전화	– 전화, 문자, 음성메시지, 통화연결음 – 지지 후보·정당의 지지 호소와 투표 참여 권유 – 컴퓨터를 이용한 자동송신 전화는 불가능	제109조

* 조항은 2007년 6월 1일 개정된 공직선거법(제27차 개정)에 근거

미디어 정치는 '미디어전문가'가 '정치고문'으로서 후보를 포장, 관리해 판매하는 일종의 마케팅으로 비유된다. 상품 마케팅을 위해 광고 전략을 수립할 때처럼, 과학적 평가 분석을 거쳐 매체의 시간과 지면을 사고, 선거 기간 중에는 후보의 스케줄을 효율적으로 관리하며, 메시지와 선전 문안을 깔끔하게 작성하는 현대 마케팅 기법을 선거전에 그대로 도입하는 것이다. 미디어 정치는 정치를 운동 경기의 게임이나 쇼 차원으로 부박(浮薄)하게 만들고, 유권자는 즉흥적으로 투표하고 지지 정당을 결정하게 된다. 정당 충성도가 떨어진 유권자들은 후보자의 개인적 매력

에 따라 투표하기에 이른다. 후보도 이미지에 집중하는 선거 전략을 구사하게 된다. 결과 '정치 마케팅'(Political Marketing) 이라는 용어가 보편화되고, 심지어 '정치의 대중 마케팅'(Mass Marketing of Politics)이라는 표현도 등장했다.

이미지 정치의 등장

대중 매체인 TV는 흥미 위주의 내용으로 최대한 다수의 시청자를 확보해 그것을 광고주에게 판매하는 기업으로 정의된다. "주요 시청자 분석(Client Audience Profile)은 광고주들이 자사의 제품이나 서비스의 이용도와 시청자의 수를 비교하고 평가함으로써 광고를 효율적으로 배정할 수 있도록 해준다." 부르디외에 의하면 TV는 두 가지 효과를 갖는다.

첫째, 철학 법학같은 어려운 논쟁으로 들어갈 수 있는 입장권(droit d'entree)을 낮춰주고, 둘째, 가장 많은 사람을 동원할 수 있는 힘이 있다. 이 두 가지 효과는 상승 작용을 일으켜 TV를 가장 강력한 미디어로 추대한다.

요컨대 언론은 수용자 자체가 아니라 수용자의 구매력에 관심이 있으며, 예나 지금이나 오로지 수용자의 숫자만을 중요하게 생각한다. 따라서 많은 수용자를 확보하려는 열정이 언론을 '민주화'시킨다는 사고는 소득에 따른 가중 투표제처럼 처음부터 신빙성이 없었다! 미디어정치에는 게임, 쇼와 같은 흥미 위주의 정치로 미디어의 속성에 부화뇌동해 광고료 이상의 큰 대가를 치르지 않고 홍보 효과를 얻고 나아가 권력을 잡겠다는 의도가 깔려 있다.

TV는 광고료율이 높은만큼 제작과 송출이 다른 어떤 매체보다 고

비용 구조를 갖는다. 그러므로 TV에 선거캠페인을 의존하는 후보나 정당은 비싼 광고료를 내는 대신 유권자에게 자신들의 메시지를 효과적으로 전달하려 한다. 자신들의 메시지를 이슈 중심으로 구성해, 정책 하나하나를 설명하고 유권자의 동의를 구하기보다는, 후보자의 긍정적인 이미지를 전체적으로 알리는 전략이, 비용 대비 효과가 크다. 즉 후보나 정당은 즉 이미지 선거 전략을 구사함으로써 선거비용을 절감하려 한다.

[미국 주요 방송사 프로그램별 30초 광고료]

National & Int'l TV Show Ad Slot Price Tariff 30 seconds ads. slot(Airingtime)		
NBC	Sunday Fight Night Footbal	$593,694
FOX	American Idol	$355,943
CBS	The Big Bang Theory	$316,912
NBC	The Voice	$294,038
FOX	American Idol Results	$289,942
ABC	Modern Family	$281,951
NBC	The Voice Results	$278,987
FOX	New Girl	$236,857
FOX	The Simpsons	$231,532
FOX	The Following	$211,832

기준: 2020년 12월 20일

후보자 입장에서는 비용이 더 들더라도 자신의 메시지가 유권자에게 반드시 전달되어야 하기 때문에, 비싼 광고료를 지불하더라도 인기 시간대 즉 프라임 타임에 광고를 내야만 한다. 비인기 시간에는 광고가 거의 팔리지 않기 때문에 방송사의 수지 균형상 프라임타임의 광고료는 특별히 높게 책정된다. 미국 주요 방송사의 표준적인 프로그램별 광고료를 보면, 특별히 높은 광고료가 책정된 맨 윗줄 풋볼을 제외하면 대체로 30초에 30만 달러 내외에 광고료가 책정돼 있다. 2025년 4월 초 기준 원—달러 환율이 1,450원선이므로, 미국의 방송 광고료는 프라임 타임 기준으로 30초에 4억 4천만원선이다.

한국은 광고시장의 규모가 작고 방송사 수가 적어 15초 단위로 더 쪼개서 광고를 판매한다. KBS 2TV의 경우 종합편성채널이 출범하기 전인 2012년 6,030억 원의 광고수입을 올린 것을 정점으로 점점 광고수입이 줄어들어 2019년에는 2,437억 원이 되었다. 이를 KBS 2TV의 총 방송시간인 약 463만 분 즉 77,167시간으로 나누면 시간당 평균 광고수입이 나올 것이다. 미국에서는 공공 부문에서 방송광고료를 철저하게 방송사와 후보의 자유 계약에 맡기고 법이나 공공 부문은 개입하지 않는다. 한국의 군소 후보들에게는 참으로 다행스럽게도 한국은 법으로 공직후보자의 방송광고는 방송사가 염가로 제공하도록 강제하고 있다.

대통령선거는 다른 선거보다 훨씬 더 많은 비용이 필요하다. 이 비용은 공식 선거기간에 사용한 '선거비용'과 선거를 위해 공식 선거운동기간 전부터 사용한 '선거전 비용을 포함한 선거비용'으로 나뉜다. 후보들은 공식선거운동 기간 이전부터 비용을 지출해야 하기 때문에 선거법상의 선거비용 즉 법정선거비용과는 별도로 선거비용을 논할 수밖에 없다. 2007년 이명박 대통령은 2006년 6월 30일 서울시장을 퇴임하고 7월 3일 대선캠프인 안국포럼에 출근한 때부터 대선 캠페인을 시작했으니 선거비용은 이때로부터 기산하는 것이 옳다.

1950년대 아이젠하워 대통령 시절처럼 초보 수준으로 광고를 제작한다면, 다양한 동영상 촬영, 편집 장비와 솔루션이 발전한 요즘에는 전문가가 필요없고 편집 제작도 1인 시스템으로 가능해 광고료만 걱정하면 될 것이다. 선거캠프와 방송사가 협상으로 광고료율을 정하는 미국에서는 방송광고가 후보 진영으로서는 큰 부담이다.

방송사에 무료 광고를 편성하도록 의무화하거나 또는 선거 광고료는 저렴하게 책정하자는 주장이 있다. 일종의 선거 공영제에 가까운 발상인데 미국의 방송사들은 양보하지 않고 있다. 더구나 초대형 TV화면으로 후보의 동정이나 후보의 메시지를 전달해야 하는 선거용 방송광고는 품질과 소구력이 문제된다. 전문가의 손길이 필요하다는 이야기인데 이렇게 되면 광고료만이 아니라 제작비도 문제가 된다. 광고료 부담은 거의 없는 한국도 전문인력과 장비가 투입되므로 제작비 부담은 작지 않다. 방송사의 정규 프로그램은 표준제작비라는 것이 있지만, 특별 프로그램 제작에는 표준 제작비 규정이 없어 천차만별이 될 수 있다. 그리고 광고 제작비에는 거품이 많아 방송사 내부에서 프로그램을 제작하는 경우보다 비용이 수십 배 든다.

후보자의 TV광고가 이미지 위주로 제작될 수밖에 없는 이유가 또 있다. TV는 이미지 매체의 속성상 콘텐츠로서 보도와 시사, 교양만이 아니라 거의 반드시 엔터테인먼트를 다루게 된다. 심지어 보도와 시사 프로그램조차 연성화의 비난을 무릅쓰고 딱딱하지 않도록 만들려 한다. 다음 페이지 표를 보면 KBS 1TV는 오락 프로그램의 편성 비율이 12% 미만이지만, KBS 2TV는 오락 프로그램의 편성 비율이 4배에 가깝다. 법적으로는 오락이 아니지만, 실제로는 오락이거나 오락에 가까운 교양 프로그램의 편성 비율도 2TV가 45% 내외, 1TV는 60%에 육박하는 것이 현실이다.

사실상 어느 채널을 선택하든 정당이나 정치인의 메시지는 TV에서 유권자에게 도달하기 위해 엔터테인먼트와 경쟁하지 않을 수 없는 상황이다. 정당이나 후보의 메시지를 담은 TV 광고는 어렵고 딱딱한 이슈 캠페인보다는 이미지 캠페인을 전개하는 것이 유리하다. 이것은 후보자만의 문제가 아니라 시청률로 광고료율을 책정받는 방송사로서도 중요한 문제다. 비근한 예로는 한국 대통령의 남북 정상회담보다 미국 백악관의 강아지 소식이 더 중요한 뉴스라는 비아냥도 있다.

[KBS 1, 2 전체 시간대 방송 장르별 편성 비율]

채널	연도	장르별 방송시간(1,000분)/편성비율(%)					
		보도		교양		오락	
		시간	비율	시간	비율	시간	비율
KBS1	2019	157.1	30.7	297.3	58.1	57.0	11.2
	2018	148.8	29.8	291.4	58.4	58.5	11.7
	2017	143.0	28.0	307.9	60.3	60.0	11.7
KBS2	2019	44.2	9.5	203.0	43.8	216.3	46.7
	2018	40.0	8.8	197.5	44.6	206.2	46.6
	2017	32.7	7.1	215.9	46.5	215.3	46.4

여담이지만, 2000년 6월 김대중 대통령의 북한 방문으로 역사적인 남북 정상회담이 열렸다. 남북 정상의 조우 장면, 대한민국의 모든 눈과 귀는 평양 순안공항에 내리는 김대중 대통령과 김정일 국방위원장에게 쏠렸다. 세계 주요 언론사들의 기자와 카메라도 서울로, 평양으로 모였다. 미국의 한 네트워크 방송사는 서울은 물론, 도쿄, 베이징, 홍콩, 싱가포르의 전 주재원이 이 뉴스를 다루기 위해 서울에 집결했다. 그런데 그 날 서울에 집결한 이 방송사의 어느 기자도 자신의 방송사 메인 뉴스에 얼굴을 낼 수 없었다. 그날 백악관 강아지 소식 때문에 서울 남북 정상회담 기사는 막판에 밀려났다. 남북 정상회담을 취재하기 위해 그 방송사

에서 지출한 취재비 총액은 그 며칠에 간접비용은 제외하고 직접 비용만 50만 달러 이상이었다고 한다.

현대 민주주의 국가는 인구와 국토의 면적 등을 고려할 때 고대 그리스식의 직접 민주주의는 불가능하다. 선거캠페인 역시 대면 접촉이 불가능하다. 아무리 교통이 발달해도 통신의 속도와 미디어의 보편적 서비스를 따라 잡을 수 없기 때문에 선거캠페인은 미디어에 의존하지 않을 수 없다. 미디어 가운데에도 신문, 라디오보다 시각 매체인 TV에 의존하는 것이 유리하며, 각 후보 진영은 TV 매체를 전제로 선거캠페인을 조직한다. 시각 매체인 TV의 속성상 선거 캠페인은 자연스럽게 이미지 위주로 진행되며, 후보를 자신을 긍정적 이미지로 상대 후보를 부정적 이미지로 유권자에게 제시하고자 한다. 인터넷과 SNS 등도 TV를 전제로 제작된 고급 콘텐츠를 그대로 쓸 수 있어 선거 캠페인의 실무에서는 TV를 우선 고려하게 된다.

정치의 이미지화(化) 현상

이미지 정치에 대한 비판론에도 불구하고, 이미지 정치에는 장점이 많다. 정치학자들은 TV에 의한 이미지 정치가 군중 동원 정치보다 진일보한 바람직한 선거 문화를 정착시킬 수 있다고 기대했다.

첫째, 이미지는 자체로서 메시지(message)와 증거(reference; evidence)의 두 가지 기능을 동시에 갖는다. 바르트는 '사진은 항상 스스로 추천자(referent)를 동반하기 때문에 힘이 있다'고 말했다. 이미지는 거짓말을 하지 않는다는 일반적인 믿음 때문에 이미지는 설득력이 높은 메시지의 전달도구가 된다. 특히 사진이나 동영상은 맹목적인 신뢰를 받는다. 현실에서는 사진이나 동영상은 이미지를 조작할 수도 있다.

둘째, 사람들이 이미지와는 다투지 않는다. 인간은 언어에 대해 거의 무의식적으로 반대하거나 부정적으로 반응하지만, 이미지는 무조건 수용되는 경우가 많다. 바르트의 말대로 이미지의 '증거력(evidential force)' 때문이다. "일반적으로 우리는 어떤 것이 진실임을 증명한 뒤 '진실'이라고 선언한다. 그러나 역설적으로, 새로운 경험의 효과 아래서, 나는 강력하게 이미지의 진실성과 그 기원을 설득한다; 독특한 감정으로 진실과 현실을 확인했기 때문에."

셋째, 이미지는 교육이나 경험, 소득 등 수용자의 배경과 관계없이 무차별적으로 수용될 수 있다. 웃는 모습, 우는 모습 등 인간 감정을 나타내는 이미지는 가장 단순하면서도 효과적인 소통 도구다.

넷째, 이미지는 언어가 표현하지 못하는 것을 표현할 수 있을 뿐만 아니라 소재도 거의 무제한이다. 버드위스텔(Ray Birdwhistell)은 인간의 얼굴 표정이 25만 가지 이상이라고 주장했다. 언어로 표현할 수 있는 표정은 과연 몇 개나 될까?

다섯째, 이미지는 바르트가 말한 풍툼(punctum)을 전달하지만, 풍툼은 전체 이미지를 채우는 확장이기도 하다. 일부 또는 대부분을 가려도, 이미지는 전달하고 싶은 메시지를 충분히 전달한다. 이를 바르트는 두안 미샬스(Duane Michals)가 그린 앤디 워홀의 초상화를 예를 들어 설명한다. 초상화에서 워홀은 두 손으로 얼굴을 가렸지만, 그럼에도 누구든 그 초상화가 워홀의 초상화임을 알 수 있다. 이미지는 후보자가 돌아선 사진이나 동영상에서도 후보자가 누군지 알려준다. 실제 미국 대통령의 사진은 대통령의 뒷모습을 촬영한 예가 많다.

바르트는 카메라 루시다(Camera Lucida)에서, 스투디움(studium)과 풍툼(punctum)의 두 대조적 개념의 라틴어를 제시했다. 스투디움은 사물 혹은 사람에 대해 열성적, 호의적지만 특별한 강렬함은 포함되지 않은 감정을 의미한다. 반면에 풍툼은 '점(點)'인데, 화살촉처럼 꽂혀오는 강렬함을 뜻한다. 하나의 사진이 나를 찌르고, 상처입히고, 얼룩과 흔적을 남길 수 있다. 바르트는 풍툼은 구두점(punctuation)을 연상시키기 때문에 훨씬 적절하다고 했다.

그밖에도 바르트는 사진이 사건에 영원한 가치를 부여한다든가, 피사체를 부활시킨다든가 사소한 동작이나 행동을 지속하거나 반복시켜 중요하게 느끼게 하거나, 현존을 증명하는 방식으로 권력을 행사한다고 말한다.

미국의 연구에서는 세 가지로 후보 이미지를 범주화한다. '이상적 지도자(ideal leader)의 이미지' '포퓰리스트 운동가(populist activist)' 그리고 '패배자의 이미지(loser)'다. 물론 이 세 범주 안에는 하위 이미지가 있다. '이상적 지도자'는 직무상으로는 전문성과 경륜을 갖춘 '정치인 이미지'와 개인적으로는 '호감형 이미지'를 동시에 갖춰야 한다. 대표적인 호감형 이미지는 공감 능력이다.

[정치인 이미지의 범주화]

	이상적 지도자	포퓰리스트 운동가	패배자
직무 역량	정치인(statesman)	서민형(populist)	정상배(politician)
개성	호감형(hedonic)	호감형(hedonic)	비호감형(agonic)

3. TV의 등장과 '중간 무대의 개방'

중간 무대의 개방

캐나다 출신의 미국 사회학자 어빙 고프만은 다양한 맥락에서 일상생활의 행동을 미시적으로 분석했다. 사회적 상황을 의미의 틀과 자신의 환경을 관리하고 해석하는 연기자의 능력간의 연계라는 측면에서 보았다. 그의 주제는 경기나 공중집회, 낙인 찍혀진 행동, '직원'과 '수용자'와의 상호작용 등과 같은 사회적 행동에 초점을 둔다. 이러한 현상을 해석하는 데 있어서 '의식', '인상관리', '사회적 만남', '역할거리' 등과 같은 사회적 상황과 관계가 구성되는 원칙을 공식화하기 위해 고안된 이론적 구성물들을 사용하였다. 종종 사회적 상호작용론의 전통을 연결시켰으나, 후기 저작에서는 상이한 길을 걸었다.

그는 인간의 상호작용이 그 경계를 한정하는 상징적 부호와 행동의 법칙과 의미의 보편성에 의해 지배되는 광범한 사회적 환경에서 연기자의 지위에 의해 구조지어진다고 본다. 그의 세계에서 연기자는 그의 역할을 알고 그것을 해석한다고 가정된다. 개인은 행위의 틀을 구성하는 상호작용적 우연성의 망 속에서 움직이도록 허락된다. 사회적인 만남에서 받아들여지는 연기를 유지하지 못한다면 이는 당황과 자기비난과 제재로 이끌어 가게 된다. 여기에서 그의 시각은 사회심리학적 접근이라기보다는 구조적 모델에 기초하고 있다.

고프만의 용어에 따르면 사회적 인간이 수행하는 행동은 정면 무대(front-region) 동작과 후면 무대(Back-region) 동작으로 나뉜다. 전자 즉 전면 무대의 동작은 '사회적 역할에 대한 이상적인 개념을 수행하면서,

개인이 공공 소비를 위해 수행하는 신중하게 제작된 무대 위 활동'에 관한 것이다. 특별한 인상을 창조하거나 유지하기 위해, 의사의 진료소나 강사의 강단처럼 사회적 행위자에게 요구되거나 사회적 행위자에 의해 생산되는 구체적인 '연기'가 이루어지는 사회적 맥락이나 공공장소를 말한다. 전통적으로 배우, 웨이터, 교수 및 정치인을 포함한 정면 영역 역할은 무대 위 행동과 무대 밖 행동 사이에 명확하게 선을 긋는 규정된 상호 작용 방식에 집중한다(adhere to).

반면, 후자 즉 후면 무대의 역할과 활동은 '더 사적이고, 보호되지 않고, 솔직한 행동으로, 부엌, 연기 가득한 방, 개인 사무실 또는 파티가 끝난 뒤 벌어지는 막후의 상호작용'을 의미한다. '후면 무대'에서는 개인과 그의 실행을 공유하는 사람들이 긴장을 풀고 전략을 논의하며 전면 무대의 사건을 분석한다. 일찍이 롤랑 바르트가 사진의 위력을 말하면서 갈파한 대로다.

"모든 사진은 지시 대상물의 사적인 외양으로 읽힌다: 사진의 시대는 사생활의 공중화 폭발(explosion of the private into the public) 또는 새로운 사회적 가치의 창조와 정확하게 일치한다. 이는 사생활의 공적 관심이며, 사생활은 그렇게 소비된다."

정치에 전자 매체가 등장함에 따라 정면 및 후면 무대 행동의 측면을 모두 보여주는 새로운 '중간 노출 영역'(middle-region exposure)이 등장했다. 초점거리나 화상의 크기를 연속으로 바꿀 수 있는 줌 렌즈(zoom lens)와 특정한 방향으로만 전파되는 음파에 대해서는 감도가 높고 민감한 지향성 붐마이크는 개인의 내밀한 면까지 포착한다. 후보 진영에서 의도한대로 후보를 긍정적으로만 보도하려 들지 않는 언론인 특히 TV뉴스를 담당하는 방송기자와 카메라맨이 기회를 잡은 셈이다. 그들은 자신들의 잣대를 들이대거나 아니면 가능한 한 후보자를 객관화하거나 중립적 시각으로 보도하려 한다. 후보자가 답변하기 직전 순간적으로 주저하거나(hesitation), 보좌관, 행사장을 꽉 메운 지지자, 또는 러닝 메이트에게 흘린(offhand) 말 한 마디 그리고 찰나 스쳐가는 표정에서 떠오르는 의문처럼, 모든 사람이 보고들을 수 있는 후보자 스타일을 잡아낸다.

'중간 노출 영역'이 대두되면서, '보내려는 이미지' 중심의 정면무대 활동이, 본성(nature)이 판치는 후면무대에서 벌어지는 일들에 관한 단서를 드러낼 수 있다. 본성과 '내보려는 이미지'에 더해 '노출된 이미지(Exposed image or displayed image)'라는 새로운 이미지의 존재가 드러나는 것이다. 본인도 모르는 사이 '노출된 이미지'는 정치 후보자의 타고난 본성을 드러내는 것으로, 후보자의 지도자적 자질을 판단하는 중요한 기준이나 자료가 된다. '무의식적인 편견(Unconscious Bias)'의 효과적 관리를 통해 조직을 효과적, 효율적으로 이끌어갈 수 있다고 제안한 스티븐 영(Stephen Young)은 이를 마이크로메시지(micromessage)라 명명했다.

"동일한 메시지라 하더라도 사람마다 다르게 해석할 수 있고, 그 해석은 관계에 영향을 미치게 된다. 타인에 대한 호감이나 혐오감 같은 개인적인 감정은 메시지를 전달하는 방식에 영향을 주어 어휘 선택이나 제스처, 목소리 톤, 반응 등이 달라진다... 마이크로메시지를 통해 사람들은 충성심, 모욕, 책임감, 무관심 또는 영감이나 태업 등과 같은 행동을 실행한다. 마이크로메시지는 리더십의 영혼이며, 리더십은 성과를 내는 데 있어 주요한 원동력이다."

행위의 '의도'와 '노출된' 이미지

커뮤니케이션에 대한 정의에서 가장 까다로운 개념은 바로 행위자의 의도(intention)에 대한 해석이다. 커뮤니케이션이 의도적 행위라는 말은 의도성을 띠지 않은 행동은 커뮤니케이션의 범주에 속하지 않는다는 뜻이다. 그러나, 행위자의 모든 행동은 정보가 될 잠재력을 지니고 있기 때문에 행위자의 의도하지 않은 행동도 상대방에 의해 의도된 행동으로 해석될 가능성이 많다. 다시 말해서, 의도성을 메시지 송신자의 입장에서 규정하는가 아니면 메시지 수신자의 입장에서 규정하는가에 따라 커뮤니케이션 상황에 대한 해석은 완전히 달라질 수 있다.

텔레비전 카메라는 의도하지 않게 '노출된 이미지'$\mathcal{E}$ 를 더 많이 드러내고자 다른 미디어보다 더 많은 것을 기록하고―더 많은 것을 요구한다. 후보자의 개인적 삶을 침략해 들어가고, 경계를 침식하고 정면 무대의 역할을 수행할 후보자의 역량을 약화시킨다.

"우리는 정치인이 많은 지지자 앞에서 연설한 후 아내와 아이들과 인사하는 것을 목격한다. 우리는 후보가 정치 고문과 이야기할 때 합석하고, 텔레비전에서 전당대회를 시청하는 후보 뒤에 앉는다."

"무대 뒤도 보여지는 이제, 주인공은 연습할 시간이 없고 자신감을 쌓을 시간도 없다."

'개인 대화도 아니고 공개 선언도 아닌 행동 양식'을 요구하는 텔레비전 인터뷰에서 중간 영역 노출의 새로운 현실이 분명해진다.

인류학자 에드워드 홀이 말했듯이, 대화 톤, 표정, 그리고 언어의 선택은 종종 사람들 사이의 물리적 거리에 의해 결정되며, 보다 친밀한 스타일의 가까운 거리와 공식적 관계를 말해주는 먼 거리로 인해 후보자는 연설 무대보다 인터뷰에서 더 많은 행복감을 드러낼 것으로 기대된다. 연설은 기존의 일방향 커뮤니케이션 시대의 소통 방식이며, 인터뷰는 새로운 양방향 커뮤니케이션 시대의 소통 방식이다.

영어에서 파생된 '인터뷰'는 독특한 어휘다. inter+view 서로 본다는 의미 구조를 갖는데, 면접자(interviewer)와 면담자(interviewee)가 모두 인터뷰했다, 인터뷰한다고 말한다. 영어로는 인터뷰어와 인터뷰이로 주체와 객체가 분명하게 구별되는데, 우리 말에서는 주체와 객체가 구별되지 않는다.

영어보다는 우리 말이 인터뷰의 양방향성을 잘 드러내는 것 같다. 일방향 소통의 핵심 용어가 '효과'라면, 양방향 소통의 핵심 용어는 '관계'다. 면접자와 면담자 사이의 대화는 특정한 사교성과 붙임성을 알려준다. 따라서 "텔레비전 인터뷰는 웅변과 '아이디어'에서 벗어나 잡담과 개인신상으로 향한다."

이를 위해서 언론은 선거캠페인을 기획하고 실행하는 정당이나 후보자 캠프의 의도가 덧대진, '내보려는 이미지'를 걷어내고 후보자가 원래 가지고 있던 '주어진 이미지'에 접근해 이를 유권자(또는 시청자)에에게 제시하려 한다. 그래서 후보자의 사소한 언행에서 후보 진영이 내보고 싶지 않던 진면목이 노출될 수도 있다.

제 2 절

정치 후보의 이미지

1. '주어진 이미지'(gifted image) g

  기존 정치학이나 선거전에서는 후보 '이미지'라 하면 주로 후보의 인상(impression)이나 외모(appearance)와 같은 시각적 측면을 의미하는 좁은 의미의 이미지를 의미하며, 시각적 이미지를 구성하는 요소로는 매력적인 얼굴 표정, 매력적인 음성, 세련된 패션 등을 드는 것이 일반적이다. 1960년 풋내기 케네디와 노련한 닉슨의 대결에서 미남에 패션 감각이 세련된 케네디가 이겼고, 1980년 레이건과 카터의 대결에서는 강건하고 음성 좋고 연기력 뛰어난 미남 레이건이 이기고, 1992년 클린턴과 부시, 페로의 대결에서 젊고 잘 생기고 키 큰 클린턴이 이긴 결과를 근거로 든다.

  학계의 통설은 현실과 다르다. 만일 인상이나 외모의 이미지가 유권자들이 투표 행위를 결정할 때 가장 중요한 결정 요인이라면, 2000년 결코 앨 고어보다 체격도 작고 더 잘 생겼다고 말할 수 없는 부시가 이길 수 없었을 것이다. 2008년 백인에 백만 장자인 밋 롬니보다 버락 오바마가 더 잘 생겨서 승자가 되었다고 단언할 수 있을까? 2016년 남성인 도널드 트럼프와 여성인 힐러리 클린턴 가운데 외모의 우열을 어떻게 따졌는지 단정하기 어렵다. 한국의 경우는 더 하다.

1997년 다리가 불편한 김대중이 건강하고 상대적으로 젊고 건강한 이회창, 이인제를 압도한 이유는 무엇인지, 2002년 노무현이 이회창보다 과연 미남이라 할 수 있는지 질문할 수 있다. 2007년 확실히 정동영보다 체구는 왜소하고 외모, 음성, 음색, 언변 모두 떨어지는 이명박이 어떻게 승리했는지 질문할 수 있다. 2012년 남성인 문재인과 맞붙어 여성인 박근혜가 승리했을 때, 박근혜가 문재인보다 더 미인이라 유권자들이 표를 더 준 것이라고 말하기는 어렵다.

수치화하기는 어렵지만, 노무현이나 이명박은 외모로만 보면 평균 이하로 해도 별로 무리가 없을 수도 있으니 정치후보자의 '이미지'를 외모나 인상같은 단순히 시각 이미지만으로 볼 수는 없다고 봐야 한다. 물론 한국을 비롯한 동양에서는 '관상'이라는 일종의 인상을 이야기하기도 하지만, 관상은 서구식 미남미녀와는 확실히 다른 개념이다.

2차 대전이 끝나기 직전까지 40년에 걸쳐 트루먼에서 클린턴에 이르는 역대 미국 대통령을 지근거리에서 자문한 리처드 뉴스타트(Richard Neustadt)는, 대통령은 '직업적 평판(professional reputation)'과 국민적 신망이라는 자산을 갖고 직무를 수행한다고 말했다.

"그가(대통령이) 원하는 것을 추구할 때 협상을 유리하게 이끌 수 있는 그의 이점은 다른 사람들이 그를 어떻게 생각하느냐에 따라 늘어나기도 하고 줄어들기도 한다. 그들의 생각은 그들이 보는 것에 의해 형성된다. 더구나 그들은 혼자 보지 않고 함께 본다. 대통령에 대한 그들의 생각은 그들이 모두 똑같이 보는 것에 가장 큰 영향을 받기 쉽다. '모든 사람'의 눈에 비친 그의 모습은 그의 영향력에 전략적인 중요성을 갖게 된다. 평판 자체가 저절로 상대를 설득하지는 않지만 설득을 쉽게 만들거나 어렵게 또는 불가능하게 만들 수 있다."

찰스 존즈, 매슈 디킨슨 등은 뉴스타트의 발견을 적극 지지했다. 돈 프라이스처럼 뉴스타트의 '직업적 평판' 개념에 대해 선뜻 동의하지 않는 일부 정치학자들도 뉴스타트의 작업이 정치학의 수준을 한 단계 끌어올렸다는 사실 만큼은 인정한다.

또한 영국의 줄리아 예이츠와 트리스트럼 훌리(Julia Yates & Tristram Hooley)는 '경력 이미지'(career image)라는 개념을 개발했다. 예이츠와 훌리는 '경력 이미지'를 미모와 심미적인 자기 표현 그리고 인간관계 기술 등을 포함하는 개념이라 정의하고, 경력이 이미지를 만들어내는 것이 아니라 경력에 영향을 주는 요소로서의 이미지를 경력 이미지라 표현한 것이다.

예를 들어 루즈벨트 대통령의 부통령 트루먼은 루즈벨트 대통령의 서거로 대통령직을 승계한지 며칠 만에 루즈벨트의 구두 속에 있는 난쟁이(little man) 이미지를 얻었다. 용감하고 열심히 일하지면 '잔챙이(not big enough)'라는 것인데, 이 이미지는 절대 외모에서 얻어진 것이 아니다. 따라서 정치인의 이미지는 전통적인 정치학에서 말하는 외모나 스타일이 아니며 일부 스타일리스트들이 말하는 표정과 헤어스타일, 패션이나 액세서리를 의미하는 것은 더더욱 아니다.

본 저자는 뉴스타트의 '직업적 평판' 개념과 예이츠와 홀리의 '경력 이미지' 개념에 착안해, 정치인이나 공직 후보자의 **삶과 경력에서 자연스럽게 우러나오는 이미지**'를 그의 '주어진 이미지'로 다룰 것을 제안한다. 경력에서 우러나오는 이미지는 선거전에 임하는 후보가 스스로의 노력으로 얻은 것이지만, 선거운동 또는 선거전략의 관점에서는 '주어진 이미지'(gifted image)라 할 수 있다.

선거전에서는 인적, 물적, 시간 등의 자원이 주어지는데, 가장 중요한 자원은 '후보자' 자신이기 때문이며 후보자의 '주어진 이미지'가 강력하다면 다른 자원을 덜 동원하고도 선거전을 쉽게 이길 수 있다. 그러므로 후보자의 이 이미지를 선거운동의 핵심 자원으로서 '주어진 이미지'라 할 수 있다. 주어진 이미지 (gifted image)를 g 라 하자. g 가 시대정신 (Zeitgeist)이나 유권자가 기대하는 이미지 또는 이상적인 지도자 역량과 일치할 경우에는 g 를 확대강화하는 선거전략의 바탕 위에서 선거운동을 구사할 것이다. 만일 그렇지 못하면 후보 진영에서 g 를 보완하거나 수정, 전환하거나 최악의 경우 축소, 은폐를 시도할 수 있다.

2. '내보려는 이미지'(intended image) i

내보려는 이미지 i

후보자가 원래 가진, '주어진 이미지' g 만으로 '이상적 지도자' 이미지를 충족하는 경우에는 더도 말고 덜도 말고, 있는 그대로의 모습을 내보내면 충분할 것이다. '주어진 이미지'가 시대정신에 걸맞지 않은 경우에는 선거 진영은 후보 이미지의 축소나 전환을 시도할 것이다. 때로 상대 후보의 '주어진 이미지'가 후보자의 '주어진 이미지'를 압도하는 경우에는 이미지의 보완이나 전환을 시도할 수 있다. 후보의 경력에서 자연스럽게 나오는 이미지라도 차단하거나 확산을 최소화해야 할 경우가 있을 수 있다. 차단하려는 이미지는 내보내려는 이미지와 동전의 양면에 해당하기 때문에 내보려는 이미지의 범주에 포함시켜 다루기로 한다. 주어진 이미지의 확대 강화, 보완이나 전환, 축소나 은폐, 차단을 시도하는 이미지를 통틀어 '내보려는 이미지' intended image 즉 i로 명명한다.

후보의 경력 가운데 어떤 경력을 부각시키고 어떤 경력을 뒤로 가리며, 어떤 경력은 아예 노출시키지 않을 것인지, 나아가 어떤 동반자를 잡아 경력상의 약점을 보완할 것인지를 결정하는 것은 매우 중요한 전략적 결정이다. 이제 전략가는 '주어진 이미지' g 가운데 무엇을 강조하고 무엇을 감출 것인가, 또는 무엇을 더 보태거나 뺄 것인가'를 결정해야 한다. 때로는 이미지를 전환할 필요도 있다. 즉 '내보려는 이미지' i 를 결정해야 한다.

단 i 는 후보의 경력에서 우러나오는 이미지 g에 기반을 두어야 한다. 만일 i가 g 와 상반되거나 무관하다면 설득력이 떨어지거나 아니면 유권자들이 직관적으로 거부하게 될 것이다. 운 좋게도 주어진 이미지 g 가 내보려는 이미지 i와 일치할 수도 있다.($g = i$) g 가 i와 방향성은 같지만 부족하다고 느껴지면 강조, 확장해야 할 것이다. 방향성이 어긋나면 i 는 g 를 수정, 보완하는 내용이 될 것이며, 때로 방향성의 어긋남이 심하면 i 는 g를 축소, 은폐하거나 차단, 조작하는 것이 될 수도 있다. 또 전략가는 상대 후보의 '주어진 이미지' g 가운데 어떤 이미지요소를 직접 공격하고 어떤 이미지요소는 강조함으로써 비판하고 어떤 이미지요소는 무시하고 넘어갈지 판단하고 결정해야 한다.

이미지 전략과 내보려는 이미지 i

내보려는 이미지 i 를 내보내는 수단은 우선 후보의 경력을 바탕으로 지향점을 제시하는 슬로건이나 캐치프레이즈를 들 수 있다. 인간의 행보가 도형의 연장선처럼 과거에서 미래로 직진하지는 않겠지만 슬로건은 과거 경력을 바탕으로 하지 않으면 설득력이 없다. 그러나 과거에 매몰돼 먼 미래 비전을 크게 제시하지 못하면 아무도 표를 던지지 않을 것이다. 그래서 슬로건은 중요하다. 아쉽게도 한국의 역대 대통령 후보의 슬로건이나 캐치프레이즈는 과거 미국 대선에서 차용해 오는 경우가 많다. 심지어 50년 60년 전의 것이 소환돼 오기도 한다. 우리 정치의 후진성을 여지없이 드러내는 장면이다. 여기서 다시 뉴스타트의 주장을 살펴 보자. 여기서 '대통령'이라고 지칭된 이에 대해서는 대통령 후보 또는 정치인으로 바꿔 읽어도 의미는 동일하다.

" ... 대통령을 지켜보는 사람들은 대통령이 '그들에게 보여주고 싶어하는 것'(intended image, i)만 보지는 않는다. 그들은 그가(대통령이) 거의 모든 사람들에게 하는 거의 모든 일의 일부를 보고, 자기들이 볼 수 없는 것은 들으려고 애쓴다. 언론에 보도되는 모든 것이 그들의 시야에 추가된다. 그들의 이웃사람에게 일어나는 모든 일이 그들의 시야를 넓혀준다. 그들은 서로 질문하고 서로에게 이야기해 준다. 그들은 신문과 회보를 주의깊게 읽고, 그들과 같은 사람으로부터 얻은 '내부 정보'를 동시에 발표한 칼럼도 주의 깊게 읽는다...”

　예를 들어 1980년대 '정치 민주화'가 시대 정신일 때에는 민주화투
쟁으로 옥고를 치른 경력만큼 중요하고 우선 순위가 높은 경력이 없었을
것이다. 1985년 2. 12 총선 당시 신민당 박실 후보는 '박해받는 실력자'라
는 캐치프레이즈로 자신의 이름과 해직 기자(한국일보)라는 사실을 알리
고 당선됐다. 때마침 선거구에서 경쟁한 민정당 후보는 육사 출신의 젊
은 군사 엘리트였고, 민한당 후보는 경쟁 언론사 소속의 기자였기 때문
에 짧은 캐치프레이즈는 자신을 차별화하는데 적격이었다. g와 i가 정확
하게 일치한 사례라 할 수 있겠다.

　정치민주화가 어느 정도 달성된 21세기 한국 사회에서는 민주화투
쟁 경력 이상의 중요한 경력이 많다. 김대중은 1997년 대선에서 민주화
투쟁 경력을 전면에 내세우지 않고 오히려 '준비된 대통령'을 슬로건으로
국정 운영 능력을 내세웠고, New DJ 플랜으로 투사 이미지를 슬그머니
가렸다. 2002년 당선자인 노무현도 지금 대통령 선거를 치른다면 해양
수산부 장관 경력을 맨 앞에 내세울지도 모른다.

3. '노출된 이미지'(Exposed image) $\mathcal{E}$

　인간의 행동은 정면무대(front-region) 동작과 후면무대(Back-region)
동작으로 나뉜다. 전면 무대의 동작은 '사회적 역할에 대한 이상적인 개
념을 수행하면서, 개인이 공공 소비를 위해 수행하는 신중하게 제작된

무대 위 활동'이다. 후면 무대의 역할과 활동은 '더 사적이고 솔직한 행동'
이며, 여기서는 후보와 참모들이 긴장을 풀고 전략을 논의하며 전면 무
대의 사건을 분석한다.

정치에 전자 매체가 등장함에 따라 전면과 후면 무대를 모두 보여주
는 새로운 '중간 노출 영역'(middle-region exposure)이 등장했다. 언론인
특히 TV뉴스를 담당하는 방송기자와 카메라맨은 후보 진영에서 의도한
대로 후보를 긍정적으로만 보도하려 들지 않는다. 그들은 자신의 잣대를
들이대거나 아니면 가능한 한 객관화하거나 중립적으로 보도한다. 다른
사람이 토론하는 동안 무의식 중에 지루하다는 듯이 시계를 보거나, 주
저하거나(hesitation), 친근한 언론에 실언하거나, 보좌관이나 지지자에게
짜증을 내거나 그리고 찰나 스쳐가는 표정에서 떠오르는 의문처럼, 모든
사람이 보고 들을 수 있는 후보자 스타일을 잡아낸다. 1992년 대선 후
보자 TV토론에서 부시 대통령은 클린턴이 토론하는 동안 시계를 봤다
가, 경청하지 않고 상대를 존중하지 않는다는 공격을 받았다.

2004년 총선을 앞두고 정동영 열린우리당 당의장은 친해진 언론인
들에게 한 '노인 발언'으로 후보를 사퇴하는 등 곤욕을 치렀다. 박근혜 대
통령의 탄핵이 다가온 2016년 반기문 유엔 사무총장은, 취재기자들과
맥주를 마시면서 캠프의 재정 상황이 어려우며 자신을 정치에 끌어들인
인물들이 제대로 도와주지 않는다고 하소연했다가 역풍을 맞고 결국 하
차했다.

'중간 노출 영역'이 대두되면서, '보내려는 이미지' 중심의 정면무대
활동이, 본성(nature)이 판치는 후면무대에서 벌어지는 일들에 관한 단서
를 드러낼 수 있다. 본성과 '내보려는 이미지'에 더해 '노출된 이미지'(Ex-

posed image or displayed image)'라는 새로운 이미지의 존재가 드러나는 것이다. 본인도 모르는 사이 '노출된 이미지'는 정치 후보자의 타고난 본성을 드러내며, 지도자 자질을 판단하는 중요한 기준이 된다.

행위자의 의도(intention)를 해석하는 것이 커뮤니케이션에서 가장 까다롭다고 한다. 행위자의 의도하지 않은 행동도 상대방은 의도된 행동으로 해석할 수 있다. 텔레비전 카메라는 후보자가 의도하지 않은 이미지를 더 많이 드러내고자 후보자의 개인적 삶을 침략해 들어간다. 사생활에 대한 공적 관심이며, 사생할은 그렇게 소비된다." 롤랑 바르트가 말한 사생활의 공중화 폭발(explosion of the private into the public)이다. '개인 대화도 아니고 공개 선언도 아닌 행동 양식'을 요구하는 텔레비전 인터뷰에서 중간 영역 노출의 새로운 현실이 분명해진다.

후보는 딱딱한 연설 무대보다 부드러운 인터뷰에서 더 편안할 것이다. 새로운 양방향 커뮤니케이션 시대의 소통 방식인 인터뷰는 사교성과 붙임성이 생명이다. 붙임성이 좋고 인터뷰에서 구수한 언변을 자랑했던 클린턴은, 1992년 대통령 선거 당시 지지율이 조금 떨어지면 바로 심야 토크쇼를 섭외해서 출연하곤 했다. 클린턴은 이런 후면 무대에 워낙 강해서, 인터뷰만 잘 하는 것이 아니라 출연해서 선글라스를 끼고 색소폰을 부는 등 정말 다재다능했다.

"텔레비전 인터뷰는 웅변과 '아이디어'에서 벗어나 잡담과 개인신상으로 향한다."

방송사는 인터뷰를 통해 후보자의 '내보려는 이미지' *i* 를 걷어내고 후보자의 '주어진 이미지' *g*를 시청자에게 제시하려 한다. 후보자의 사소한 언행에서 후보 진영이 내보내고 싶지 않던 진면목이 노출될 수도 있다. 이렇게 후보자가 의도하든 않든 유권자에게 '노출된 이미지'(Exposed Image)를 $\mathcal{E}$ 라 할 수 있다. 우리는 노출된 이미지 $\mathcal{E}$ 가 ① i 전략이 의도한대로 주어진 이미지 g를 강화, 확대하는지 아니면 ② 수정 보완하는지 ③ 은폐 조작하는지 아니면 ④ i 전략이 의도한 바와는 달리 g를 무력화하거나 공격하는지 검토할 것이다.

4. 미국과 한국의 선거 환경 비교

2020년 대통령 선거에서 패배한 공화당의 도널드 트럼프 대통령이 바로 승복하지 않았기 때문에 우리가 미국의 선거 제도와 개표 제도, 각 지역과 주별 유권자의 투표 성향과 변화를 제대로 공부하는 계기가 되었다. 또한 미국 역시 여론조사의 부정확성 때문에 고민하고 있음도 알게 되었다. 사실 미국에서 부정확한 여론조사의 문제점은 어제 오늘의 일은 아니며, 이미 1990년에 문제를 인식한 선각자도 있었다. 그러나 오늘날 대통령선거처럼 막대한 조사비용이 투입된 여론조사가 광범위하게 부정확한 결과를 낳는 것은 별개의 문제다. 2024년 미국 대통령선거 역시 '치열한 박빙'이라는 수많은 여론조사 결과와는 달리 트럼프 압승으로 끝났다.

미국과 한국의 대통령 선거제도는, 국가원수를 대통령이라는 같은 직함으로 선출하는 것 이외에는, 다른 점이 훨씬 더 많을 지도 모른다. 나라의 역사와 영토의 크기, 인구 구성의 특성, 경제규모의 차이 등 이루 나열할 수조차 없이 많은 정치 환경의 차이가 존재하기 때문이다. 특히 일반 유권자는 선거인단을 선출하고, 한 표라도 더 많은 득표를 한 다수당이 주별로 선거인단을 독식하며, 선거인단을 단 한 명이라고 더 많이 확보한 후보가 당선된다는 미국식 선거인단 제도는 한국과는 전혀 다른 선거 캠페인을 요구한다. 그 많은 차이 가운데 이미지 정치와 관련해서 가장 눈여겨 볼 대목은 선거비용과 선거기간의 차이이다.

미국은 선거 비용이 무제한이다. 개인이나 기관이 기부할 수 있는 금액은 1인당 1,000달러로 제한이 있지만, 후보나 정당이 모금할 수 있는 비용과 지출할 수 있는 비용은 2만 달러로 사실상 무제한이다. 한국은 개인만 정치 헌금을 할 수 있을 뿐 법인이나 조직은 정치 헌금이 금지된다. 개인의 정치 헌금은 정치인 1인에 대해 10만 원, 달러로 80달러 정도다. 경제 규모나 소득 수준에 비추어 미국보다 한국이 훨씬 적다. 이를 20만 원 정도로 현실화하는 것도 검토할 만하지만, 국회의원에 대한 거부감이 큰 상황에서는 사실상 봉쇄돼 있다고 봐도 과언이 아니다.

한국은 민주주의 정치의 기본틀인 통치구조는 미국에서 수입하고, 선거운동을 규제하는 법은 영국 모델을 수입해 선거비용이나 선거운동 방법에는 제약이 많다. 최근 들어 미국에서도 정치 전문가 사이에서는 막대한 선거 비용이 돈 없는 인사의 출마를 봉쇄해 참정권을 제한한다면서, 1990년대부터 선거 비용을 줄이는 방안을 구체적으로 논의해왔다. 1995년부터 1997년 사이 시카고 트리뷴(Chicago Tribune)에 실린 기획 기사와 외부 기고문만 해도 10건 가깝다. 비즈니스 워크, 타임, 포춘, 월스트리트 저널 등 권위지들이 하늘 높은 줄 모르고 치솟는 선거비용을 우려하면서 제도 개혁을 부르짖고 있다.

그럼에도 아직까지 구체적인 진전은 없다. 선거비용의 제한 여부에 가장 크게 영향을 받는 것은 선거 광고와 지방 유세다. 미국은 나라가 크고 이동 거리가 길며 선거운동 기간이 길기 때문에 일찍부터 선거비용이 많이 들었다. 미디어 선거가 될 수밖에 없는 것도 그 때문이다.

TV는 미디어 선거의 메인 플랫폼이며 특히 저학력 저소득층이 가장 쉽게 접할 수 있는 미디어다. 때문에 TV는 미디어 선거의 꽃이며, 선거 비용의 많은 부분이 TV를 위해 지출된다. TV가 중계하지 않는다면, 아무리 당원 전체의 축제라지만 전당대회 행사를 그렇게 많은 돈을 들여 화려한 쇼로 기획하고 진행할 이유가 별로 없다. TV 뉴스나 신문이 보도하지 않는다면, 전당대회가 아니더라도 후보가 유권자와 만나는 기회를 공들여 기획하고 준비할 이유가 많지 않다.

광고료 제한이 없는 미국에서는 방송광고 비용이 어마어마하다. 지난 2016년 미국 대통령선거의 공식 선거비용만 15억 달러였다. 그러나 당내 경선이나 준비 과정을 포함해 실질적인 대선 기간인 2015년 1월부터 2016년 10월 말까지로 확대하면 선거비용은 64억 달러로 늘어나고, 심지어 전국, 주, 시군 단위까지 집행된 모든 선거비용을 합산하면 무려 98억 달러, 14조 원이나 된다.

그래서 선거자금 모금 자체가 지지율을 반영하며, 지지율 높은 후보는 선거자금을 많이 모아 자신의 메시지를 효과적으로 전달하니 지지율이 더 높아진다. 부익부 빈익빈이다. 미국에서는 물가도 인건비도 올랐으니, 30년 이상 묵은 1인당 1,000달러의 정치 헌금 상한액을 5,000달러 이상으로 현실화하자는 움직임이 있지만 아직 현실화되지는 못했다. 재산 규모에 따른 참정권의 제한 효과를 우려하는 것이다. 선거자금의 제한과 무제한 원칙의 차이가 한국과 미국의 이미지 선거전략 차이에 가장 큰 영향을 미치는 요소다.

선거 기간의 차이는 선거비용 다음으로 두 가지 차원에서 이미지 전략에 영향을 미친다. 선거운동 기간이 짧으면 검증이 어렵고, 때문에 허구적 이미지의 조작이나 허위 사실에 의한 비방의 가능성이 높다. 그러나 미국처럼 선거운동 기간이 길면 검증할 수 있는 시간이 충분하다. 허구적 이미지를 조작해 후보를 실제 이상으로 과대 포장하기 어렵고, 상대 후보에 대해 허위 사실로 비방하기도 어렵다. 나름대로 근거가 있어야만 과대 포장도 비방도 가능하다.

한편 선거운동 기간이 길면 선거비용이 늘어난다. 한국은 단순히 돈덜 드는 선거를 표방해 선거운동 기간을 짧게 잡았지만, 대신 네거티브 선거전으로 치닫게 하는 이유의 하나가 되는 셈이다. 어느 것을 선택하느냐의 국민적 결단이 필요하다. 예비 선거의 존재/ 당내 경선의 존재도 영향을 미칠 수 있지만, 최근에는 한국 정당도 대통령 후보를 당내 경선으로 정하기 때문에 이미지 정치의 차이에는 별 영향을 주지 않는다고 본다.

5. 이미지 선거와 네거티브 선거운동의 득세

이미지 선거의 가장 큰 부작용은 네거티브(negative) 공세다. 네거티브 캠페인은 '선거에서 정당이나 후보자가 유권자에게 상대 정당이나 후보에 대해 부정적인 인상을 심기 위해 상대 정당이나 후보의 약점이나 부정적 측면을 부각시키는 선거전략'이다. 네거티브 캠페인에 대해 아직

한국 대선에서는 막대한 영향을 끼치는지 의문을 제기하고 심지어 한국에서는 반대 현상까지 기대하는 저자도 있지만, '네거티브 선거캠페인이 전세계를 휩쓸고 있다'(parties and candidates around the world go negative)는 것이 학계의 통설이다. 한국 대선에서 1997년 그리고 2002년, 이회창의 병역비리 의혹을 제기하지 않았다면 김대중과 노무현이 아무리 다른 캠페인 전략을 잘 짰다 해도 승리하기는 어려웠을 것이다. 앞서 1992년 김대중에 대한 색깔론 공세를 펴지 않고도 김영삼이 승리를 장담하지는 못했을 것이다. 따라서 네거티브 공세가 효과가 있다 없다 논쟁은 무망한 것이라 생각한다.

네거티브 캠페인을 뒷받침하는 이론적 근거는 인지심리학의 '부정적 편향'(negativity bias)이다. 인간은 긍정적인 정보보다 부정적인 정보에 더 주의를 기울이고, 분석하고 판단할 때 더 높은 비중을 둔다는 것이다. 커뮤니케이션 연구 결과에서도 부정적 요소나 갈등이 기사와 사건의 '뉴스가치'를 높이는 것으로 나타났다. 투입 비용 대비 효과 측면에서, 자원이 부족한 정당과 후보는 네거티브에 의존하고 싶은 유혹을 더 강하게 느낄 것이다.

부정적 편향의 위력은 진화의 역사에서도 입증된다. 잠재적 위험을 감지한 인류에게 생존 관점에서 가장 유리한 초기 대응 전략은, 자신이 가진 자원을 방어 반응에 집중해 최대한 신속하게 반응하는 것이다. 위험이라고 예상되거나 또는 안전하다고 입증되기 전까지는, 두뇌가 합리적이고 이성적인 판단을 내리기 전에 무조건 피하고 보는 것이다. 아프리카 사바나의 초식 동물들이 바스락거리는 소리에 놀라 위험이 어느 쪽에서 닥치는지도 모르는 채 무리 전체가 황급히 무조건 달리고 보는 것과 매우 비슷한 양상이다.

생물로서의 생존 본능 때문에 인간 역시 이미지 특히 부정적인 이미지에 예민하게 반응하고, 위험하거나 부정적인 이미지는 특별히 오래 기억한다. 그리고 인간의 뇌 속에 잔존하는 이미지의 잔영이 다른 정보의 접수를 방해하기도 한다. 특히 친숙한 뉴스 설정과 특이한 행동 사이에 불일치가 발생하면 시청자 기대에 대한 배신으로 부정적인 시청자 반응이 발생할 수 있다.

게다가 우리 모두가 잊고 지내지만, 현대 민주주의 국가에서 채택한 선거제도의 원형인 고대 그리스에서 시행했던 도편추방 제도가 네거티브 캠페인이었음을 항상 염두에 두어야 한다. 현대에 와서도 공직 후보들은 네거티브 캠페인의 유혹을 떨쳐버리기는 쉽지 않을 것이다.

제 3 절
$gi\varepsilon$ 모델과 분석 과제들

미국 이미지 정치의 효시(嚆矢)로서는 소아마비 증세를 숨기려고 노력했던 프랭클린 루즈벨트를 꼽는다. 그 노력이 없었다면 루즈벨트 대통령은 '강력한 세계 지도자'의 이미지를 구축할 수 없었고, 2차 세계대전을 승리로 이끌 수 없었는지도 모른다.

아이젠하워 대통령은 1952년 대선 캠페인 단계에서부터 이미지 관리를 시작했다. TV광고가 시작되고, 기계 정치(보스 정치)가 끝나고 대중 정치가 시작되고, 미국의 대표 미디어가 라디오에서 TV로 바뀐 그 때를 미국 정치에서는 분수령 선거로 꼽는다. 학문적으로는 케네디와 닉슨이 대결한 1960년 선거를 본격적인 이미지 정치의 시작으로 보며, 이후 이미지 정치는 부침을 거듭하면서도 정치 캠페인의 많은 부분을 지배하기 시작했다.

[인구와 TV수상기 보급(미국)]

미국 연도	1950년	1960년	1970년	1980년	1990년
인구(백 만 명)	152.3	180.7	205.1	226.5	250.1
1인당 GDP(천 달러)	n.a.	3.00	5.23	12.57	23.88
TV 보급대수(만 대)	388	4,575	5,955	7,908	9,167

– 자료: 미국인구조사국, 세계은행

[인구와 TV 수상기 보급(한국)]

한국 / 연도	1985	1990	1995	2000	2005	2010	2015
인구(백 만 명)	40.8	42.8	45.1	47.0	48.2	49.6	51.0
1인당GDP(천달러)	2.46	6.52	12.33	11.95	18.64	22.09	27.11
TV 보급(만 대)	477	743	1,451	1,717	1,985	2,145	2,340

– 자료: 세계은행, 방송통신위원회

후보의 삶의 역정에서 우러나오는 이미지를 주어진 이미지 *g* 라 하면, 내보려는 이미지 *i* 는 *g* 에 이미지 전략이 적용된 이미지다. 그리고 드러난 또는 노출된 이미지 *Ɛ* 는 이미지 전략을 실행한 결과로서의 이미지다. 주어진 이미지 *g* 는 오랜 삶의 과정에서 생활화 또는 체화된 이미지이므로 후보자의 본성과 일치하거나 최소한 본성에 아주 가깝다고 볼수 있다. 그러나 주어진 이미지 *g* 가 시대정신과 부합하는지 여부는 알수 없다. 운좋게 부합할 수도 있지만 부합하지 않을 수도 있다.

전략가는 주어진 이미지 *g* 를 변형시켜, 시대정신에 부합하는 내보려는 이미지 *i* 를 구상하게 된다. 즉 내보려는 이미지 *i* 는 주어진 이미지 *g* 와 일치할 수도 있고 다를 수도 있지만, 어느 쪽이든 이미지 전략이 적용돼 시대정신이 반영된 이미지다. 그리고 노출된 이미지 *Ɛ* 는 이미지 전략 *i* 가 실행된 결과물이다. 만일 후보자의 주어진 이미지나 내보려는 이미지가 시대 정신과 부합해 이미지 전쟁을 주도한다면 금상첨화일 것이다. 그러나 만일 상대 후보의 강력한 이미지(g 든 i 든 또는 ε 든)에 대응하기 위해 어쩔 수 없이 내보려는 이미지 i 를 새로 만들어내야 한다면 무리가 따를 수 있을 것이며, 이미지 전략은 실패하고 말 것이다.

[후보 이미지의 분석 틀]

		정의 define	상대적 차이 relative difference	본성 nature	시대 적실성 era relevance
g	gifted	주어진 이미지	삶의 역정에서 우러나오는 이미지	본성 자체	
i	intended	내보려는 이미지	전략을 적용해 내보려는 이미지	일치 or 불일치	시대정신 반영
ε	Exposed	노출된 이미지	드러난, 또는 노출된 이미지	일치 or 불일치	시대정신 무관

무리한 이미지 전략을 수행하다가 값비싼 대가를 치른 예를 쉽게 찾을 수 있다. 1960년 닉슨은 겨우 4살 아래지만 겉보기로는 훨씬 젊어 보이는 케네디의 젊고 밝고 건강한 이미지에 대항하기 위해 무리한 유세 일정을 기획했다가 낭패를 봤다. 50개 주 순회 유세를 공언했다가 오히려 심한 부상을 입고 입원하고, TV토론에서조차 고열로 진땀을 흘리다 패배했다. 또 1988년 조지 부시 대통령의 전쟁 영웅 이미지에 대항하기 위해 마이클 듀카키스 후보는 탱크를 탔다가 우스갯감으로 전락하고 패배했다. 1996년 클린턴 대통령의 아메리칸 드림과 젊고 자유분방한 소통형 이미지에 대항하기 위해, 밥 돌은 반바지를 입고 보통 사람의 플로리다 피서 이미지를 만들어보려다가 위선적인 이미지만 남기고 패배했다.

미국은 워낙 큰 나라인데다, 50개 주의 경제 사회 환경이 크게 다르며, 인종과 민족, 종교 구성이 복합적이고, 국민의 소득과 지적 수준에 차이가 크기 때문에 이미지의 영향이 한국보다 훨씬 크다. 게다가 정당의 상설 중앙 조직이 없어 후보자의 g는 외모와 인상, 언변이 절대적으로 작용한다. 중앙 정치 무대에서 익히 알려진 인물은 신선하지 못한데 반해, 참신함을 무기로 떠오르는 상당수의 후보는 전국 인물이 아니어서 외모나 언변과 같은 스타일의 이미지가 중요하고 TV 토론이 후보자를 전국의 유권자에게 알릴 수 있는 절호의 기회가 된다.

한국은 미국과 선거 환경이 크게 다르다. 인구와 영토가 미국보다 훨씬 작고 국민 구성이 미국보다 훨씬 균질적이며, 상설 중앙 정당 조직이 있다. 이미 유권자에게 충분히 익숙한 후보자만이 양대 정당의 대통령 후보로 출마한다. 전국 유권자에게 알려지지 않은 후보끼리 경쟁하고 당선된 선거는 2017년 이후 선거뿐이었다고 해도 과언이 아니다. 때문에 미국의 대선 후보 이미지 요인과 한국의 대선 후보 이미지 요인은 다를 것이라고 가정하고 이를 검증함으로써 한국적 현실에 적합한 대안적 결론을 모색하려 한다.

선거는 이미지다.

전제	미국 정치에서는 젊음과 건강, 수려한 외모와 세련된 패션 등과 같은 스타일, 설득력있는 언변 등이 정치 지도자의 이미지를 구성하는 중요한 요소다.
가설 1	한국 유권자가 생각하는 지도자(대통령)의 이미지는 미국 유권자가 생각하는 지도자의 이미지와 다르다.
가설 1-1	한국 유권자가 생각하는 지도자의 이미지는 그가 살아온 삶의 역정 자체다.
가설 1-2	한국에서도 미국식 지도자의 이미지상은 제한적으로 유효하다.
가설 2	정치인의 이미지는 슬로건, 메시지, 스케줄로 구체화·강화 또는 보완될 수 있다.
가설 2-1	정치인의 이미지는 부적절한 슬로건, 메시지, 스케줄로 희석·약화 또는 파괴될 수 있다.

제3장

미국의 이미지 선거

1960년 케네디의 이미지와 선거 전략

1. 1960년 선거 환경

1960년 5월초, 파키스탄에서 출격한 미국 중앙정보국(CIA)의 첩보기 U-2기가 소련 상공에서 격추되고 탈출한 조종사 프랜시스 게리 파워즈가 소련 당국에 체포된 사건으로 미소 관계는 최악이었다. U-2기는 66,000피트, 19,800미터라는 고도에서 비행해 격추되더라도 기체가 흔적도 남지 않을 것이라고 미 CIA는 예상했다. 격추될 경우, 조종사는 자살하도록 극약이 지급됐다. 그러나 CIA의 기대와는 달리, 조종사 파워즈가 소련 당국에 체포돼 사실상 간첩 행위를 자백하고, 추락한 U-2 기체에서 간첩 활동의 증거물인 초정밀 촬영장치와 사진 자료까지 그대로 소련 당국의 손에 들어갔다.

미국 정부는 이러한 정황을 전혀 모른 채 터키에서 이륙한 항공우주국의 기상 위성이 산소공급 장치의 오작동으로 추락했다고 발표했다.

그리고는 모든 기상위성의 산소공급장치를 점검하는 등 부산을 떨었다. 당시 소련의 흐루체프 서기장은 미국이 거짓말 수렁 속으로 더 깊숙이 빠져들도록, 전략적으로 조금씩만 정보를 공개하면서 미국을 압박했다. 마침내 미국이 더 이상 어떤 변명도 할 수 없는 시점에 이르러 소련은 조종사 파워즈가 생존해 있으며, 간첩행위를 자백했다고 공개했다.

　소련이 파워즈 생존 사실을 공개할 즈음, 미리 예정된 동구권에서의 미소 정상회담이 열리고 있었다. 소련은 이 사건을 최대한 활용해서, 장거리 폭격기는 격추 위험성이 높아 전시에는 효용이 없다고 주장하면서, 중장거리 로켓을 쓸 수밖에 없다, 그러나 자신들은 이미 충분한 중장거리 로켓 재고를 확보해 추가 생산할 계획이 없다면서 미국 아이젠파워 대통령을 위협했다. 소련은 특히, 미국의 반대에도 불구하고 이 사건을 UN 안전보장이사회에 회부했고, 미국 외교는 노르웨이, 파키스탄, 터키 등 소련과 국경을 맞댄 동맹국으로부터 고립될 위기에 처했다. 소련은 조종사 파워스의 신병을 계속 억류하다가 1960년 11월 대통령 선거가 끝난 이후에야 미국에 넘겨주었다.

　미소간의 군축회담이나 동서 화해는 지지부진해졌는데, 원죄가 있는 아이젠하워 정부는 운신의 폭이 없었고, 닉슨은 자신이 강점이 있는 외교안보에서 선거공약을 내놓는데도 제약을 받았다. 후에 흐루체프는 자서전에서 이 사건으로 닉슨이 백 만 표 이상 손해를 보았을 것이라고 회고했다.

2. 케네디의 주어진 이미지 *g*

케네디는 1917년 보스턴 교외의 부유한 정치 명문에서 태어나, 마당에 야구장이 통째로 들어가는 뉴욕의 큰 집에서 9명이나 되는 형제 자매와 함께 부족한 것 없이 자랐다. 그러나 그의 증조부는 영화 '타이타닉'에서 디카프리오가 연기한 가난한 화가처럼 19세기 중반 대기근(the Great Famine)을 피해 여객선 화물칸에 실려 미국으로 건너온 아일랜드 이민이었다. 당시 아일랜드는 주식인 감자가 썩어나가는 대기근으로 인구의 1/3 이상이 사망했다. 조부 패트릭은 태어난지 10달만에 증조부가 세상을 떠나고 14살에 소년 가장이 되었다. 부두 노동자에서 시작해 주점을 열고 재산을 모아 주 하원의원을 거쳐 주 상원의원이 되고, 보스턴 시장 존 피체랄드와 사돈이 된다.

그 아들 조셉이 바로 케네디 대통령의 아버지인데, 조셉은 하버드 대학을 졸업한 뒤 증권 투자와 영화, 부동산 투자로 크게 성공한 사업가로 프랭클린 루즈벨트 대통령의 최대 후원자였다. 조셉은 대학생 시절 이미, 여름 방학 때 임대한 관광 버스를 관광지 셔틀버스로 운행해 몇 만 달러를 벌 정도로 사업에 수완이 있었다고 한다. 조셉은 2차 대전 직전 미국 외교의 핵심 포스트이자 미국민이 가장 선망하는 자리, 주영대사로 부임해 매일 아침 대통령과 통화하는 루즈벨트 최측근이었다.

케네디 대통령은 루즈벨트 대통령의 소개장을 들고 유럽의 국가 지도자들을 만나 그 대화록으로 하버드 졸업논문을 썼다. 학부 졸업생의 졸업 논문은 아버지 친구인 타임-라이프 공동창업자 헨리 루스가 서문을 쓰고, 역시 아버지의 지인인 뉴욕타임스의 런던 지국장이 초고를 손

봐서 책으로 출간됐다. 그 책 '영국은 잠자고 있는가(Why England Slept)' 는 영국 인세만 8만 달러나 받았다니 대단한 성공이었다. 이처럼 케네디 대통령이 사회에 진출할 무렵에는 미국 최상류층인 아버지와 아버지 친구들이 후견인이었다. 가문 전체가 아메리칸 드림의 구현이었고, 케네디 대통령 본인은 그 대표격이었다.

케네디는 2차 대전이 발발하자 해군에 입대해 장교로 남태평양 최전선에 투입되고, 부하들을 죽음에서 구해낸 공으로 무공훈장을 받았다. 형 조셉은 공군 폭격기 조종사로 유럽 전선에 투입됐다. 하버드 출신 엘리트 형제가 참전해 형은 전사하고 동생은 부상당했으니, 케네디는 강력한 전쟁영웅의 이미지를 갖는다. 종전 후 케네디는 잠시 기자로 일하다가 약관 29살에 연방 하원의원이 되어 연속 3선, 다시 연방 상원의원에 재선한 뒤 1960년 만 42세에 미국 대통령에 도전하게 된다. 극단적인 명문 엘리트에 워싱턴 내부자면서도 그런 이미지를 별로 풍기지 않는 것이 케네디의 최대 강점이었다.

동생 로버트도 법무장관을 거쳐 1968년 가장 유력한 민주당 대통령 후보로 거론됐다가 암살당하고, 막내 동생 에드워드는 1980년까지 유력 대선 후보로 거론되는 등 세상을 떠날 때까지 무려 47년 동안 연방상원 의원으로 일했다. 맏딸 캐롤라인 변호사는 오바마 대통령 시절 여성 최초의 주일 대사를 지냈고, 영화 배우 출신인 아놀드 슈워제네거 전 캘리포니아 주지사(재선)는 조카사위였다. 미국에서는 케네디가를 가리켜 캐멀롯(Camelot), 즉 오늘날 영국의 기틀을 닦은 아서왕(King Arthur)의 전설에 비유한다. 미국 책에서 앞뒤 설명 없이 캐멀롯 또는 원탁의 기사 이야기가 나오면 무조건 케네디 가문이다.

케네디에게도 약점이 있었다. 전쟁 때 입은 부상의 후유증으로 오래 앉아 있지도 못할 정도로 평생 허리가 좋지 않았다. 케네디는 인권운동에 참여한 전력도 없다. 특히 아일랜드계 카톨릭신자였다. 미국은 WASP, white, anglo-saxon, protestant(영국계 백인, 신교도)의 나라다. 케네디같은 아일랜드계 카톨릭 신자는 2등 국민에 불과했고, 당시 카톨릭 신자는 오늘날 흑인보다 더 낮은 신분이었기 때문에 여러 차례 공격을 받았다. 심지어 케네디가 당선되면 카톨릭을 미국 국교로 삼을 것이라는 흑색 선전까지 돌았을 정도였다. 결국 선거를 두 달 앞둔 9월 12일 케네디는 종교적 편견에 대해 정면 대응하는 연설을 하게 되었다. 후에 '케네디의 종교연설(Kennedy's Religion Speech)'로 알려진 휴스턴 목사총회 연설을 잠깐 보자.

"저는 미국이 정교 분리 국가임을 믿습니다. 미국은, 카톨릭 고위성직자가 대통령—비록 그가 카톨릭 신자일지라도 대통령에게 이래라 저래라 간섭하지 않고, 개신교 목사는 구역 신자들에게 누구에게 투표하라고 설교하지 않는 나라라고 믿습니다. 교회와 교회 부설 학교에 공적 기금이 주어지거나 정치적 특혜가 주어지지 않는 나라임을 믿습니다. 임명권자인 대통령과, 또는 대통령을 선출한 지지자와 종교가 다르다는 이유로 공무원이 불이익을 받는 나라가 아니라고 믿습니다."

"저는 공무에 관해 제 교회를 대변해 말하지 않습니다. 교회도 저를 위해 말하지 않습니다. 제가 대통령에 당선되면 어떤 이슈든 대통령으로서의 제게 주어질 것입니다. 산아제한, 이혼, 검열, 도박 또는 그 무슨 주제든 저는 결정할 것입니다. 외부 종교적 압력이나 명령이 아니라 제 양심이 국익이라고 말하는 바에 따라, 결정할 것입니다. 어떤 권력이나 형벌의 위협도 제게 달리 결정하도록 강요하지 못할 것입니다..."

케네디의 종교연설은, 현장을 본 개신교 목사들과 선거참모는 물론, 언론 그리고 보도된 기사를 읽은 유권자들로부터 모두 호평을 받았고 이슈는 잠재워졌다. 더욱 중요한 것은, 어린 후보로만 여겨졌던 케네디가 이 논란 많은 사안을 분별있고 지혜롭게 그리고 분명하고 진지하게 정리해 지도자의 자격이 충분하다는 평가를 받았다는 사실이다. 이처럼 케네디는 글도 잘 쓰고 말도 잘했다. 그의 중요한 연설문은 거의 모두 본인이 직접 쓴 것으로 알려져 있다.

3. 케네디의 내보려는 이미지 *i*

선거 2주 전 마틴 루터 킹 목사와 그 일행 60명이 경찰에 구금됐다. 백인 전용 식당에 들어갔다가 퇴거 요구를 받고도 거부하다가 출동한 경찰에 연행된 것이다. 케네디 후보의 선거 참모 해리스는 후보의 매제 사전트 슈라이버(Sargent Shriver)에게 전화를 걸어 후보가 나서줄 것을 요청했다. 사전트는 후에 경제기획국 국장을 거쳐 프랑스 대사가 되고, 1972년 민주당 대선 부통령 후보까지 된 인물이다. 영화배우 출신의 아놀드 슈워제네거 전 캘리포니아 주지사는 사전트의 맏딸 마리아 슈라이버의 남편이었다. 사전트는 케네디가의 막강한 인맥이라면 백인 식당에서 퇴거 요구에 불응한 정도는 충분히 해결할 능력이 있다고 믿었다.

케네디는 남부 백인 사회에서는 강력한 지지를 받지 못했다. 보수적인 남부 백인 사회에서는 아일랜드 이민 후예인 카톨릭 교도가 대통령에 된다는 발상 자체에 반대였다. 만일 케네디가 흑인을 위해 힘썼다는 보도가 나가면 남부에서 케네디는 더 이상 힘을 쓸 수 없을 것이었다. 당연히 모든 선거 참모 특히 후보의 동생이며 제1측근 로버트 케네디가 반대할 게 뻔했다. 케네디는 시카고 유세를 앞두고, 공항으로 가기 전 참모들과 점검 미팅을 하고 있었다. 슈라이버는 기다렸다. 로버트를 비롯한 모든 참모가 방을 나가고 슈라이버는 케네디와 단둘이 남았다. 주어진 시간은 단 2분. 이 2분이 대선의 승부를 결정지었다.

케네디는 먼저 킹 목사 부인에게 전화를 걸었다. 부인을 위로하고 자신이 나서 보겠다고 말했고, 실제로 킹 목사는 바로 풀려났다. 케네디 후보가 도움을 줬다는 보도가 잇따랐고, 사연을 알게 된 로버트 케네디는 불같이 화를 냈다. 남부 백인표를 모두 잃었다는 판단 때문이었다. 민주당 후보인 케네디가 공화당의 현직 아이젠하워 대통령에게 전화를 걸었던 것은 사실이다. 그러나 아이젠하워가 케네디의 전화를 받고 킹 목사를 석방했는지는 확실치 않다.

어쨌든 케네디는 인권 후보가 됐고, 닉슨은 인권에 담쌓은 후보로 전락했다. 수백 수천 만의 흑인이 케네디에게 몰표를 던졌고, 케네디는 당시까지 미국 대선 역사상 최소인 12만 표 미만의 표차로 최연소 대통령에 당선됐다. 케네디 대통령은 0.1%, 11,574표라는, 대선 당시의 득표 파이를 적은 메모를 주머니에 휴대하고 다니면서 틈날 때마다 초심을 다졌다고 한다. 이후 흑인들은 자신들을 대변하는 정당으로 노예에서 해방한 링컨 대통령의 공화당 대신 민주당을 선택하게 되었다. 결정적 순간의 작은 행동이 수십 년 쌓은 경력보다 정치인과 정당의 이미지 형성에 더 중요했다.

케네디는 밝고 젊고 건강한 후보의 이미지로 유권자에게 접근했다. 그러나 사실 케네디는 2차 대전에 참전했다가 부상당한 후유증으로 평생 허리가 좋지 않아 고생했다. 수영을 아주 잘하는 케네디는 해군에 입대해 장교로 임관했고, 어뢰정(PT109, Patrol Torpedo Boat) 정장으로 복무했다. 일본 구축함이 어뢰정 측면을 충격해 배가 두동강나면서 침몰당하고, 케네디는 부하 10여 명과 함께 수 km를 수영해 무인도에 표착했다가 본대에 복귀했다. 본인도 허리에 큰 충격을 받았지만, 더 큰 부상을 당한 부하를 끌고 수영해 구해낸 공로로 무공훈장을 받았다. 케네디는 충돌의 충격과 과도한 수영의 여파로 오래 앉는 자체가 어려웠고 비행기도 오래 타지 못했다. 대신 충분한 휴식을 취할 수 있도록 여유있고 느긋하게 유세 일정을 짰다.

4. 케네디의 노출된 이미지 &

케네디는 항상 건강하고 밝은 이미지로 텔레비전 화면에 노출됐다. 실제로는 닉슨이 훨씬 건강했지만, 텔레비전 화면의 이미지로는 닉슨보다 케네디가 훨씬 건강했다. 본인도 젊고 유쾌했지만 젊고 발랄한 부인 재클린의 미모도 한몫 했다. 9월 이후에는 부인 재클린 여사가 둘째를 임신중이라 함께 유세를 다니지도 못했다. 그럼에도 재클린 여사와 3살박이 어린 딸 캐럴라인의 동정은 언론의 큰 관심꺼리였고 정치인 케네디의 큰 자산이었다.

여담이지만 캐럴라인 케네디는 하버드 대학을 졸업하고 컬럼비아 대학 로스쿨에서 박사학위를 받은 변호사로, 오바마 대통령 시절 주일대사를 지냈다. 당시 미국내에서는 아무리 케네디 대통령의 딸이라지만 공직 경험이 전무한 50대 여성을 중요한 일본 대사로 보내느냐는 비판이 빗발쳤다. 그러나 일본 조야에서는 전설적인 케네디 대통령의 맏딸이 대사로 부임하는 것을 대국의 장공주(長公主)가 대사로 오는 것으로 영광스럽게 받아들이는 분위기였다. 역시 주일대사를 지낸 먼데일 전 부통령은 일본인들이 캐럴라인의 부임 소식에 전율을 느꼈다고 말했다. 시사 사진잡지 라이프의 기사 제목 '영부인 역할을 향한 사랑스런 열망'과 기사 첫머리를 보면 재클린 여사에 대한 미국 언론의 태도를 볼 수 있다.

"선거가 어떻게 되든 다음 퍼스트 레이디는 아름답고 지성적이며 우아할 것이다. 양대 정당 후보의 두 부인 모두 매력적이고 경애할 만한 분이었던 적이 언제였는지 기억도 나지 않는다. 그러나 이번 두 부인 재클린 부비에 케네디와 패트리샤 라이언 닉슨은 아름답다는 공통점 외에는 너무 다르다..."

케네디 부부의 유세는 선거 운동이 아니라, 미국의 청년 갑부 부부가 느긋하고 여유있고 즐겁게 휴가가는 인상을 주었다. 게다가 케네디는 항상 언론 관계가 좋았다. 선거 캐치프레이즈부터 언론인들이 좋아할 만했다. 'We like Ike, We nix Nixon,' '우리는 아이크(아이젠하워)를 좋아해.

그런데 우리, (아이젠하워와 같은 공화당의) 닉슨은 거부해.'

'We like Ike. We back Jack.' '우리 아이크 좋아해. 그렇지만 잭
(J.F.K.)을 지지해'

별 거 아닌 것같지만 언론인은 말장난(pun)을 즐기고, 이런 캐치프
레이즈들은 말장난 즐기는 언론인 취향에 딱이었다. 기자들도 젊고 밝
고 쾌활한 케네디를 좋아했다. 케네디 본인이 하버드 대학 재학 시절 인
턴 기자로 교황과 유럽의 정상들을 순방하고 인터뷰를 한 전력이 있었
고, 정치 입문 전 잠시 기자로 일하기도 한 터였다. 하버드 대학 정치학과
졸업논문을 출판해 그 인세를 영국 플리머스 주민에게 기부하고 남는 돈
으로는 고급 승용차를 사서 굴렸다.

케네디 대통령은 하원의원 시절 의회 출입 기자인 재클린 부비에를
만나 결혼했다. 재클린은 증권 중개인의 딸로, 조지 워싱턴 대학을 갓 졸
업하고 워싱턴 타임스-헤럴드라는 지방지 기자로 의회를 출입한지 1년
남짓 된 피라미 기자였다. 명문 대학을 졸업한 명문 부호 출신의 전도 유
망한 젊은 미남 정치인과, 예쁘지만 그렇고 그런 집안에 2류대 출신 무
명 여기자의 결혼은 당시 현대판 신데렐라 동화였다. 부인 재클린도 의회
출입기자로 일하다가 케네디와 맺어졌으니 언론이 케네디에 우호적인 것
은 어쩌면 당연했다. 본인이 경험이 있으니 기자들의 가려운 곳을 잘 긁
어주고, 정책 공약은 물론이지만 가벼운 대화를 잘 이끌어 가십용 기사
를 제공했다.

케네디의 '노출된 이미지' $\mathcal{E}$ 는 젊고 건강하며, 밝고 쾌활하고, 나이
에 어울리지 않게 지혜와 경험이 많으며, 여유있고 느긋하면서도 어려운
일을 쉽고 편안하게 해결하는, 이상적인 대통령의 이미지였다.

5. 닉슨의 이미지와 선거 전략

가. 닉슨의 주어진 이미지 *g*

닉슨은 캘리포니아의 빈한한 가정에서 태어나 지역 대학을 졸업한 뒤, 전면 장학금을 받아 동부의 명문 대학 로스쿨을 졸업하고 변호사가 된 입지전적 인물이다. 하층 계급에서 태어나 큰 꿈을 추구했고 부유한 정계에서 기대하는 '웃음과 약간의 웃음'에 힘입어 야망을 품었다. 정치에 입문해 약관 30대에 상하원 의원을 거쳐 인기 높은 아이젠하워의 부통령까지 된 아메리칸 드림의 상징이요 미국 공화당의 유망주였다. 닉슨은 전무후무한 전국 일주 대선 유세를 공언할 정도로 매우 건강했고, 1950년대 인권 운동에 참여한 전력이 있는 인권 후보였다.

흐루체프 소련 공산당 서기장과 부엌 토론을 벌일 정도로 토론과 외교안보 정책에 일가견이 있었다. 당내 경선에서부터 경쟁자들을 토론에서 박살낸 토론의 강자였고 공격적 토론자였다. 닉슨이 너무 강력한 공격자라 어리게 보이는 케네디에게 동정표가 쏠릴 수도 있다고 염려했던지, 러닝 메이트 로지(Henry C. Lodge)는 TV토론 당일 오후 멀리서 전화를 걸어 닉슨에게 좀 색다른 주문을 했다. "'암살자(assassin)' 이미지를 탈피하면 좋겠다."

빠른 속도로 상하원 의원과 부통령을 거침으로써 워싱턴 내부자 인상이 강해진 것이 불리한 요소라면 불리한 이미지였다. 닉슨도 언론을 불편하게 생각했고, 언론도 닉슨을 좋아하지 않았다. 언론인과 함께 있는 상황을 불편해 한 것도 흠이었다. 일상—중간 영역—을 대중에 공개해야 하는 TV 정치에 익숙지 못한 것도 닉슨의 약점이었다. 참모들은 지칠 줄 모르고 대중의 소비를 위해 그에게 연기를 요구했고, 그는 항상 불편하고 어색했다. 미소짓든 웃든 스포츠 스타나 유명인과 흥얼거릴 때도 어색했다. 검은 정장 구두로 해변을 걷는 닉슨의 사진은 어색함의 상징이다. 5인의 역대 대통령에 관한 책을 쓴 밥 그린(Bob Greene)에게 닉슨은 정장 사랑을 고백했다.

"그게 더 편해요. 항상 코트를 입고 넥타이를 매죠. 혼자 있을 때도 코트를 벗으면 감기 걸릴 걸요. 그런 식이죠."

나. 닉슨의 선거 전략과 내보려는 이미지 *i*

닉슨의 이미지 전략은 다분히 케네디를 의식한 것이었다. 건강하고 인권을 중시하고, 소통하는 보통사람의 이미지, 그것이 닉슨 참모들이 구상한 닉슨의 *i* 였다. 젊어보이는 케네디보다 건강해 보이고, 대선 유세를 느긋하게 즐기는 케네디처럼 자신도 느긋하게 즐기는 이미지를 유권자에게 전달하려 했다. 케네디가 닉슨보다 단 2살이지만 젊은 것은 사실이었다. 닉슨이 대머리인데다 일찍 워싱턴 정가에서 출세해 실제의 나이보다 훨씬 더 나이 들어 보이는 것이 문제였다. 닉슨은 매우 건강했고, 케네디보다 더 건강하다는 점을 과시하기 위해 무리한 전국 유세 일정을 짰다.

닉슨은 미국 대통령 선거 사상 최초로 50개 전 주를 모두 밟는다는 야심찬 계획을 세우고 7월 28일 공화당 대통령 후보 지명 전당대회에서 선언했다. "나는 지금부터 11월 8일까지 이 나라 50개 주 하나하나에서 선거운동을 직접 전개할 것입니다." 닉슨은 이 대목에 지명연설의 가장 큰 역점을 두었고, 그래서 이후 이 연설은 '닉슨의 50개주 공약 연설'이라 불린다. 그러나 실행하기는 어렵고 실행해 봐야 효과는 적은 공약이었다. 주어진 시간은 단 10주였다. 이전에도 없었지만, 이후에 그 어떠한 후보도 이런 공약을 하거나 실행하지 않았다.

미국은 본토만 해도 대서양 연안인 동해안과 태평양 연안인 서해안이 4시간의 시차가 있는 큰 나라다. 거기에 하와이나 알래스카는 어지간한 외국 이상으로 멀리 떨어진 곳이다. 한 주일 5개주씩, 월요일부터 금요일까지 매일 주 하나씩 날아가고 달려가는 초강행군이었다. 닉슨의 정무 보좌관 존 워너조차 '무모하고 멍청한 결정'이라고 비난했을 정도였고 결국 사달이 났다. 유세 중 서두르던 닉슨이 급히 승용차에서 내리다가 문짝에 무릎을 찧어 염증이 생긴 것이다.

8월 중순 노스 캐롤라이나의 그린스버러(Greensboro) 유세에서 닉슨은 차에서 내리다가 문짝에 무릎을 심하게 찧었다. 심한 통증이 왔다가 사라졌는데, 1주일 후 의사를 찾아야만 할 정도로 통증이 심해졌다. 의사는 감염이 심각하다고 진단하고 슬개골에 페니실린을 대량 투여해야 한다면서 월터리드(Walter Reed) 종합병원에 보냈다. 1909년 5월 설립된 워싱턴DC의 육군병원, 군 병원으로서는 최대 규모다. 대통령 후보가 선거를 3개월 앞두고 2주일 동안 병원 신세를 지게 된 것이다. 닉슨의 입원 소식은 바로 뉴스 매체를 타고 미 전역에 전파됐고, 환자복을 입은 닉슨의 모습이 텔레비전 뉴스 화면에 비쳤다.

닉슨의 유세는 좋게 말해 바쁘고 진지했고, 나쁘게 말하면 어둡고 침울했다. 불편한 언론 관계를 개선하고, 소통하는 이미지, 보통 사람의 이미지를 전달하려고 고민하던 참모들은 유세를 즐기는 이미지의 이벤트를 준비했다. 지방 유세 중 호텔 풀사이드에서 닉슨과 기자들이 편하게 이야기하기로 한 것인데 사진 기자들은 평상복 또는 수영복 차림의 닉슨을 찍을 모처럼의 기회가 왔다고 좋아했다. 취재 기자들은 일부는 정장으로, 일부는 캐주얼 차림으로 풀사이드에서 칵테일을 마시고 주스를 마시며 닉슨을 기다렸다. 기자들이 기다리는 풀 건너편에 닉슨이 수영복 위에 가운을 걸치고 나타났다. 닉슨은 취재진에게 손을 흔들어 인사하고는 바로 가운을 벗고 풀에 뛰어들었다. 닉슨은 잠시 수영을 즐기다가 수영장 밖으로 나온 뒤 다시 손을 흔들고 객실로 사라졌다. 닉슨과 기자의 캐주얼 미팅은 그게 끝이었다.

다. 닉슨의 노출된 이미지 $\mathcal{E}$

인류 최초의 대통령 후보 TV토론에 노출된 닉슨의 이미지 $\mathcal{E}$가 대선의 승부를 결정지었다. TV 토론이 진행되면서 닉슨의 이미지는 토론이 시작되기 전보다 '이상적인 대통령상'에서 훨씬 멀어졌다.

"연설보다는 닉슨의 그늘진 눈, 진땀 흘리고 눈을 깜빡이는(brow-mopping) 모습, 수그린 자세, 부적절하게 끄덕이는 고개, 그리고 그의 다른 태도(외모)들이" 유권자의 평가에 대가를 치르게 만들었다.

"...TV 토론 직전, 보다 못한 참모진이 화장품 가게에서 수염을 가려주는 남성용 크림 '레이지 셰이브(Lazy Shave)'를 구해 왔다. 스튜디오 조명 온도를 계산하지 못해 얼굴에 땀이 흐르면서 화장품이 녹아내렸다. 닉슨은 손수건을 꺼내 연신 얼굴을 훔쳐야 했다. 옅은 회색 양복은 창백한 얼굴을 부각시켰고, 양복 웃도리 첫 단추가 허술하게 풀려 단정치 못한 인상을 줬다. 토론 직후 닉슨의 어머니가 "어디 아픈 것 아니냐"는 걱정 섞인 전화까지 걸 정도였다."

토론 전날, 닉슨은 워싱턴 유세를 마치고 토론이 열리는 시카고 오헤어 공항에 밤 10시 30분에 내렸다. 일요일이지라 공화당 시카고지부가 준비한 5개 지구별 집회에 참석하고 숙소인 도심의 콩그레스 호텔(Congress Hotel)에 도착한 시간은 새벽 1시가 넘어서였다. 월요일, 토론회 당일 오전에도 일정이 있었다. 아침에 일어나 이발하고 목공노조(Carpenters Union) 총회에 참석해 연설을 했는데, 행사 참석자들은 닉슨을 별로 반기지 않았다. 오후에야 심신이 고달픈 채 참모들과 토론 준비를 시작했는데, 100개 이상의 질문과 답변을 검토하고 리허설하느라 5시간도 넘게 걸렸다. 닉슨은 토론장소인 CBS 시카고 스튜디오로 가는 차안에서도 계속 토론 메모를 들여다봤다. 노곤한 상태에서 차에서 내리느라 다쳤던 무릎을 다시 한번 차 문짝에 찍혔다. 대사를 앞두고 이래저래 일진이 사나웠던 닉슨이었다.

닉슨은 단 10주만에 전국 순회 유세를 한다는 자신의 지명 전당대회 공약을 지키려고 서두르다 사고가 났다. 아무리 닉슨이 건강을 과시해도 뉴스 배경은 병상이었고, 아무리 웃어도 닉슨은 입원 환자였다. 선거 직전까지 닉슨은 환자복 입고 병상에 누운 이미지로 유권자에게 인식되었다. 전형적인 연상적 병치(associational juxtaposition)에 현장성(mis-en-scene)의 사례다. 이미 닉슨이 서둘러 차에서 내리다가 차문에 다리를 부딪쳐 고통스러워하고 절룩거리는 장면이 두어 차례 텔레비전 뉴스 화면에 노출된 상황이었다. 다리도 아프지만, 누워 있는 동안 케네디가 전국 표밭을 누빌 생각을 하면 닉슨은 미칠 지경이었다. 미국인은 허약한 이미지를 싫어한다. 그리스 이래 서구의 오랜 전통이기도 하다. 굳이 '건강한 몸에 건전한 정신'(mens sana in copore sano)이라는 라틴어 격언을 인용하지 않더라도, 서구에서는 허약한 자는 지도자가 될 수 없다는 오랜 믿음이 있다.

참모들이 마련한 호텔 풀사이드 이벤트도 실패로 끝났다. 편안하게 기다리는 기자들 건너편에 나타난 닉슨은, 풀에 뛰어들기 전후 한번씩 손만 흔들뿐 기자들과 한 마디도 나누지 않았다. 닉슨의 노출된 이미지 $\mathcal{E}$ 는 언론 친화적 후보도, 소통하는 후보도, 보통 사람의 대표도 아니었다. 닉슨의 이미지 전략 i 은 후보가 전략을 소화하고 연기할 능력이 없어 실패했다.

인권 문제에서도 닉슨은 이미지 전략에 실패했다. 선거 2주 전 마틴 루터 킹 목사가 구금됐을 때 케네디만 활약한 것은 아니었다. 원래 인권 문제에 관심이 많았던 닉슨은 기민하게 움직였다. 닉슨은 백악관에 전화를 걸었는데, 같은 공화당 소속의 현직 아이젠하워 대통령이 "나설 수 없다"고 대답했다. 그것으로 닉슨은 포기했고, 인권에 담쌓은 후보로 전락했다. 닉슨의 $\mathcal{E}$ 는 허약하고, 소통할 줄 모르고, 여유도 없고, 인권에 무심한 후보였다.

라. 뉴 닉슨(New Nixon) 플랜

1960년 대선과 2년 뒤 캘리포니아 주지사 선거에서 연패한 뒤 닉슨은 1968년, 이미지 전문가들이 자신을 '새로운 닉슨(New Nixon)'으로 다시 브랜딩하도록 허용하면서 미디어 친화적 선거운동으로 정계에 복귀했다. 30년 뒤인 1997년, 김대중의 'New DJ 플랜'이 여기서 영감을 얻은 것이다. 2002년 이회창도 '알고보면 부드러운 남자'로 새로운 이미지 구축을 시도했으나, 구체적인 실천계획(Action Plan)이 없었다. 1968년 대선은 닉슨과 휴버트 험프리(Hubert Humphrey) 사이의 쓰라린 미디어 싸움으로 바뀌었다. 후보자가 상품처럼 광고되고 미국민에게 팔린 첫 선거였다. 닉슨의 도전은 정치 세계에서 미국 광고업계 매디슨 애비뉴의 영향력 증가에 일조했다.

시행 착오를 통해 닉슨과 그의 사람들은 캠페인 도구로서 텔레비전과 미디어의 중요성을 빠르게 배웠다. 경륜있는 정치인의 이미지를 전달하기 위해, 비즈니스 세계의 광고 전문가에게 의존해 상품 마케팅에 사용되는 최신 기술 개발을 통합했다. 닉슨은 정교한 정치 광고를 통해 정치 이미지를 연마해, 후임 대통령들이 이어간 트렌드를 시작했다.

컬러텔레비전, 공격적 광고, 잘 기획된 문답식 세션으로 닉슨은 '미국사에서 가장 찬란한 정계 복귀'를 이뤄냈다. 뿐만 아니라 고급 메이컵과 잦은 면도로, 오랫 동안 따라다니던 첫 번째 TV토론에서의 턱이 처지고 어두운(jowly and shdowy) 이미지를 벗는데 성공했다. 닉슨의 대통령 지명전은 비밀 선거운동 자금 의혹을 깨끗이 해명하기 위해(explain away) 전국적으로 TV 중계되는 전당대회 연설을 미리 조심스럽게 연습시킨 광고대행사 BBDO의 조언으로 구원을 받았다.

닉슨은 미디어를 영리하게 사용하여 따스하지도 유머감각도 없는 자신의 이미지를 부드럽게 다림질했다. 닉슨 캠프는 성공적 광고 캠페인을 개발하기 위해 여론 조사원과 대필 작가(ghostwriter)를 고용했다. 최종 결과는 실제 닉슨과 전설로서의 닉슨이 잘 버무려진, 실제보다 더 위대하게 보이고 실제보다 훨씬 흥미로운 인물 닉슨의 승리였다. 이 때부터 미국 정치인들은 단순히 자신을 유권자에게 제시하는데서 나아가, 한 바퀴 돌린 자신을 미디어 캐릭터로 제시하게 되었다.

닉슨은 매디슨애비뉴(Madison Avenue)의 이미지 전문가 할데만(H. R. Haldeman)과 존 얼릭만(John Erlichman)을 백악관 내부 성소에 초대해 비서실장으로, 고문으로 임명했다. 언론을 다루고 유리한 통치 이미지를 적극적으로 형성하기 위해 백악관 공보국도 설립했다. 1968년 조 맥기니스(Joe McGinnis)는 『대통령의 판매(The Selling of the President)』에서 이 과정을 간결하게 서술했다. 이 책 초판본 표지는 정치에 대한 대중 마케팅 기법을 천재적으로 잘 잡아냈다. 그것은 담배 팩을 장식하는 닉슨의 웃는 얼굴을 특징으로 하는데, 후보가 상품처럼 판매된다면 그들의 얼굴을 상품에 얹지 못할 이유가 무엇인가라는 의미를 던져준다.

닉슨에게 연설 제작은 이미지 제작이었으며, 전임자 린든 존슨과 마찬가지로 특정 주제를 환기하기 위해 특정 작가를 사용했다. "순수한 정치 연설을 위해 닉슨은 윌리엄 새파이어(William Sapphire)를 택했다. 만약 더 강력한 연설을 원하면 패트릭 뷰캐넌(Patrick Buchanan)에 의지했다". 나중에 영향력있는 미디어 전문가(그리고 뷰캐넌은 대통령 후보까지 된다)가 된 두 작가는 닉슨의 부통령 스피로 애그뉴(Spiro Agnew)가 발표한, 언론에 대한 독설을 썼다.

6. 사상최초의 TV토론

1960년 9월 26일 월요일, 미국 시카고 노스사이드(North Side)의 특별 스튜디오, 역사적인 아니 인류 역사상 최초인, 국가 지도자를 가리기 위한 텔레비전 토론이 벌어졌다. 텔레비전 토론을 앞두고, 공화당의 닉슨 후보는 그날 오후 내내 토론 준비를 했고, 민주당의 케네디 후보는 낮잠을 자며 체력을 비축했다.

이 대목에서도 전략의 차이가 드러난다. 케네디는 미국 사람 특유의 다소 흐트러진 듯, 여유있게 '즐기는' 자세로 토론을 대했는데, 닉슨은 굉장히 부담스럽고 어려운 '일(chore)'로서 토론을 대했다. 미국 유권자들은 너무 진지하고 심각한 태도를 별로 좋아하지 않는다. 닉슨 후보가 케네디 후보보다 스튜디오에 15분 먼저 도착해 관계자들과 가벼운 대화를 나누고 있었다. 케네디는 초연한 태도였지만(aloof) 닉슨은 처음부터 긴장한(tense) 모습이었다. 케네디는 들어서면서 "헤비급 챔피언들이 (권투 세계챔피언전이 자주 열리는 뉴욕의) 매디슨 스퀘어 가든에 들어서는 기분"이라고 가벼운 조크를 남겼다. 토론장인 방송사 스튜디오는 권투경기장은 아니었고, 원래 레슬링경기장이었다. 케네디는 분장은 받지 않겠다고 거절했고, 닉슨도 분장을 받지 않겠다고 했다. 그러나 닉슨이 계속 관계자들과 토론에 관해 이야기하는 사이, 케네디는 더 이상 잡담하지 않고 분장을 받고 있었다.

토론 당일 닉슨은 승용차 문에 부딪쳐 다쳐 감염된 무릎 때문에 고열에서 완전히 회복되지 않았고 병원에 들러야 했다. 그는 스튜디오에 들어가기 직전에 문제의 무릎을 다시 부딪혔고, 다리 꼬고 앉을 수도 없을 만큼 통증이 심했다. 케네디는 충분히 쉬고, 일광욕을 즐겼고, 운동도 하며, 강한 메시지를 내놓는(articulate) 것으로 보였다.

케네디가 분장을 하는 것을 보고, 닉슨도 수행 분장사로부터 분장을 받았다. 짙은 턱수염(beard)을 가리기 위해 강한 메이컵을 받은 것이 실착이었다. 결정적인 패착은 조명이었다. 참모들은 닉슨의 얼굴을 직접 비추는 상향 조명을 2개 특별히 요구했다. 얼굴을 강조하기 위한 일종의 각광(footlight)인데, 토론이 진행되는 동안 닉슨의 얼굴은 조명이 비칠 때마다 번질거렸다. 짙은 분장과 아래로부터의 조명으로 기괴하고 파리한 (haggard/ gaunt) 얼굴이 되었다. 닉슨이 계속 땀을 흘리고 있어서 담당 프로듀서인 CBS 돈 휴잇 프로듀서는, 케네디가 발언할 동안 닉슨이 땀을 닦으면 카메라를 비추지 않겠다고 약속했다. 현직 부통령이라 어마어마한 특혜를 받은 것이다. 휴잇은 두 사람에게 카메라 렌즈(viewfinder) 안에 유권자가 들어가 있다고 생각하고 카메라를 응시하라(Play to the camera. That's where the voters are.)고 조언도 해줬다.

[케네디-닉슨 TV토론 이미지 비교 분석]

	케네디	닉슨
전날 저녁	일찍 현지 도착 일찍 취침	늦게 현지 도착, 심야 일정 소화
준비 과정	느긋하게 준비 낮잠 자며 휴식	빡빡한 일정 오후 내내 집중 연습
마음가짐	초연, 여유	긴장, 압박
윗도리	짙은 감청색	밝은 회색
셔츠	푸른 셔츠	흰색 셔츠
신체 컨디션	일광욕 후 최상	무릎 아파 병원 치료
얼굴	면도 후 깔끔	거뭇한 수염
동작	자연스런 손동작	흘러내리는 땀
ε	건강하고 여유있는경험많은	허약하고 긴장한

의상도 닉슨의 이미지에 큰 타격을 주었다. 스튜디오 배경이 '짙은' 회색이라는 정보를 입수한 닉슨 팀은 밝은 회색 정장을 입혔다. 짙은 배

경에 밝은 정장이 돋보일 것이라고 본 것이다. 그런데 도착해보니 스튜디오 배경색이 정장과 별 차이 나지 않는 '밝은' 회색 아닌가? 닉슨 팀은 CBS에 강력히 요청해 자신들이 고른 '짙은' 회색 페인트로 세트를 덧칠했지만, 페인트가 마르면 다시 '밝은' 회색이었다. 두 차례나 덧칠하는 바람에 페인트가 채 마르지도 않은 상태에서 토론이 시작됐지만, 닉슨의 양복은 스튜디오 배경색과 너무 비슷해 윤곽이 흐렸다. 케네디가 입은 세련된 짙은 감청색 양복은 밝은 회색 배경에서 윤곽이 매우 뚜렷했다.

케네디팀도 큰 소동을 겪기는 했다. 케네디는 관례에 따라 흰 셔츠를 받쳐 입고 스튜디오에 도착했는데, CBS 프로듀서는 방송에는 푸른 셔츠를 입는 게 좋다고 권고했다. 케네디 팀은 다음날 오하이오 유세를 위해 짐을 미리 공항으로 보낸 상태였다. 케네디 일행이 투숙했던 앰배서더 이스트 호텔에 확인한 결과 다행히도 케네디의 옷가방 하나가 아직 호텔에 남아있었고 더 다행스럽게도 거기 셔츠가 여러 장 들어 있었다. 수행원 한 명이 경찰 사이카와 사이렌의 도움을 받아 총알같이 호텔을 다녀왔을 때는 방송 시작을 얼마 남기지 않은 상태였다. 수행원은 스튜디오에 뛰어들며 "가져왔어요"를 두 번 큰 소리로 외쳤다.

"I've got it! I've got the blue shirt!"

방송 3분 전 두 후보는 멀리 떨어진 각자의 자리에 가서 섰다. 방송 제작진은 토론을 밀도있게 보이려고 두 사람을 가까이 세우고 싶었지만, 양 후보 진영이 사안의 권위를 고려해 거리를 두겠다고 고집했다. 연단의 거리나 높이도 중요하다. 76년 대선 TV 토론 당시 키 1m77cm인 지미 카

터 민주당 후보는 1m 83㎝의 제럴드 포드 대통령을 의식해 자신의 연단
을 더 높여달라고 주문했다. 1988년 민주당의 마이클 듀카키스 후보는
TV토론을 마치고 공화당의 조지 W. 부시 후보와 악수하면서 15㎝나 작
은 키를 카메라 앞에 확연히 드러내는 실수를 저질렀다.

[케네디 닉슨 TV토론]

양자간에 토론은 4차례 하되, 외교안보와 국내문제를 반드시 한 번
씩은 한다, 단 몇 차 토론에서 그 주제를 다룰지는 닉슨이 정하게 합의
돼 있었다. 닉슨의 참모들은 닉슨의 강점인 외교안보를 클라이맥스가 될
마지막 토론에서 다루면서 피니시 블로우(finish blow)를 날리자고 주장했
고, 그래서 첫 토론은 국내문제, 마지막 토론은 외교안보로 정해졌다. 닉
슨은 소련 서기장 흐루체프와의 성공적인 부엌 토론으로 외교안보의 전
문가 이미지를 획득한 상태였다. 토론 규칙은, 질문은 1분 30초 이내, 답
변은 2분 30초 이내로 간략하게, 메모는 사용할 수 없게 돼 있었다. 추
후에 닉슨은 스스로 가장 많은 유권자가 시청하는 1차 토론에 외교안보
를 다루지 않은 것은 '전략상 최대의 실수'라고 말했다. 일련의 흐름을 보

면 토론 규칙이나 토론의 운영이, 현직 부통령으로서 여당 후보로 출마한 닉슨에게 여러 가지로 유리하게 정해졌음을 부인할 수 없다. 그럼에도 TV토론의 성패는 후보자 본인의 당일 퍼포먼스가 좌우한다.

너무 혼내지 말라는 러닝 메이트 로지의 그날 당부에 따라 닉슨은 케네디의 공격을 고분고분 받아줬다. 다섯 번이나 "케네디 후보님의 말씀은 우리 모두 동의하는 바죠.(The things that Senator Kennedy has said many of us can agree with)"로 답변을 시작했다.

라이프에 요약된 언론의 평가를 보면, 뉴욕타임스는 두 후보가 이미지에만 신경썼다고 비판했고, 헤럴드 트리뷴은 '느려터지고 감정에 젖은 신통치 않은 대결'이라고 폄하했다. 라이프는 논점도 없고 후보자의 권위라고는 찾아볼 수 없는 토론답지 않은 토론이라고 전제하면서, 승자가 있다면 케네디라고 단언했다. 라이프는 특히 케네디가 백전노장 닉슨에 당당히 맞서 판정승함으로써, 대통령이 되기에는 너무 어리고 경험이 부족하다는 공화당의 주된 공격을 무력화시켰다고 높이 평가했다. 토론 직전 1% 포인트 차이로 박빙이던 여론조사 결과도 중도층이 케네디 지지로 가닥을 잡으면서 케네디의 지지율이 유의미하게 상승하고, 민주당원들은 케네디에 대한 의구심을 거두고 크게 고무됐다고 진단했다.

네 차례 진행된 텔레비전 토론의 시청자 숫자는 엄청났다. 1차 토론이 7,400만 시청자를 기록한 것을 비롯해, 2차 2,400만, 3차 2,500만, 4차 2,400만이었다. (미국의 시사잡지 Life는 7,400만이라고 보도했는데, 윌버 슈람 번역서는 2,700만이라고 기술하고 있다.) 한 번이라도 시청한 사람의 4분의 1이 4번 모두 시청했고 2분의 1은 3번 시청했다. 특히 첫 번째 토론이 끝난 다음 케네디에 대해 '경험이 풍부한'이란 형용사를 적용하는 사람의 숫자가 크게 증가했다. 토론이 진행되면서, 케네디의 이미지는 사람들이 '이상적 대통령(ideal leader)'을 묘사할 때 사용하는 형용사로 옮겨갔다. 케네디는 대통령직을 맡기에 너무 어리지 않으며, 노련한 부통령에 맞서 자신의 소신을 지킬 수 있고, 진지한 목적과 지혜와 광범위한 정보로 무장했다는 이미지를 얻었다. 로퍼의 여론조사 결과는 이를 뒷받침한다. 텔레비전 토론으로 지지후보를 결정했다고 응답한 4백만 가운데 3백만이 케네디에게 투표했다.

7. 케네디, 닉슨의 이미지 분석과 선거결과

사상 최초의 TV토론 다음날 언론들은 후보들의 외모에 대해 집중 보도했다. 민주당의 케네디 후보는 "TV용의 짙은 메이컵을 하지 않고 시종 일관 별로 웃지 않으면서, 지상 최고위직에 어울리는 진지한 표정을 유지했다." 그러나 닉슨은 "짙은 턱수염을 가리기 위해 진한 분장을 한데다, 주장을 펼 때마다 자주 웃고, 뺨으로 흘러내리는 땀을 자주 문질러 닦았다." 1960년 당시 최대의 영향을 자랑하던 뉴욕타임스의 보도를 빌면 이미지 전쟁에서 닉슨은 참패했다.

전미 일주 유세라는 무리한 목표를 세우고 실행하던 와중에 무릎을 크게 다쳐 완쾌되지 않은 와중에 당일 다시 다친 자리를 승용차 문짝에 찧어 매우 고통스러운 상태로 TV토론에 참석한 닉슨의 불편함은 이해할 만하다. 그러나 그런 상태가 되지 않도록 조심하고 여유있게 일정을 짜는 것 역시 대통령 후보로서의 중요한 일이며 나아가 당선 후 국가원수로서는 더욱 중요한 일이다. 케네디는 다음과 같은 질문으로 대통령이 되기에는 경험과 준비가 부족하다는 세간의 중평을 벗어나려 했다.

"부통령과 저는 1946년 하원에 동시에 입성했습니다. 노동위원회에서 함께 일했지요. 부통령은 행정부에 들어갔지만, 저는 14년 동안 의회에서 계속 일했으니 경험의 차이는 별로 없습니다. 둘째, 우리가 옹호하는 계획이 무엇이며 우리가 지도하는 정당이 어떤 정당인가? 저는 이것이 더 중요하다고 생각합니다. 저는 민주당 후보로 출마했습니다. 20세기 들어 (1차 대전을 승리로 이끈) 우드로 윌슨, (대공황을 이겨내고 2차 대전 승전을 이끈) 프랭클린 루즈벨트, 해리 트루만을 배출한 민주당입니다. 오늘 제가 주장하는 계획과 정책을 지지하는 민주당입니다. 닉슨 후보는 공화당 후보입니다. 지난 25년 동안 공화당 지도부는 교육비 보조, 노인 의료비 지원, (대공황 탈출의 상징적인 개발 프로젝트인) 테네시 밸리 개발, 미국의 천연 자원 개발에 반대해 왔습니다. 저는 닉슨 후보가 공화당 지도부의 일원이라 생각하며, 닉슨 후보도 저를 그렇게 간주하시리라 믿습니다. 제 질문은 이겁니다. 우리는 미국을 어떤 입장에서 어떤 정당이 이끌기를 원하는가?"

사회자 : 닉슨 후보, 이 질문에 대해 하실 말씀 없습니까?
닉슨 : 답변하지 않겠습니다.

같은 공화당 소속인 현역 대통령 아이젠하워의 뜨뜨미지근한 지원도 문제였다. 아이젠하워는 닉슨의 전국 유세에도 동행하지 않았는데,

후에 아이젠하워 부인이 닉슨에게 '건강 때문'이라고 말하고, 공개하지 말아달라고 양해를 구했다고 한다. 퇴임시 61%의 지지를 받은 전임자가 마지못한 듯 뒤늦게 지원에 나선 것이 닉슨의 결정적인 패인의 하나였다. 8년 동안 닉슨 부통령이 모셨던 아이젠하워대통령이 지원하지 않은 것이다. 민주당의 TV 광고는 기자회견에서 아이젠하워가 농담삼아 한 말을 공략했다.

2차 대전에 참전했다가 부상당한 후유증으로 평생 고생한 케네디는 항상 충분한 휴식을 취할 수 있도록 여유있고 느긋하게 유세 일정을 짰다. 케네디는 언론 관계도 좋아, 항상 건강하고 밝은 이미지로 텔레비전 화면에 노출됐다. 1960년 9월 26일 역사적인 시카고 TV토론을 앞두고도 케네디는 낮잠을 자며 체력을 비축했다. 케네디는 초연한 태도였지만(aloof) 닉슨은 처음부터 긴장한(tense) 모습이었다.

닉슨은 건강을 자랑하느라 공언한, 10주 내 50개 주 유세라는 무리한 일정을 소화하느라 큰 부상을 입고 병원에 입원했고, TV토론 날까지 그 후유증으로 고전했다. 닉슨은 전날 밤 늦게까지 유세 일정을 소화했고, TV토론 당일 오후 내내 토론을 준비하느라 피곤이 겹쳐 있었다. 거기에 조명의 열기까지 겹쳐 닉슨은 계속 땀을 흘렸다. 케네디는 항상 밝고 경쾌하며 여유있는 지도자의 이미지로, 닉슨은 의도하지 않게 항상 심각하고 허약한 패배자의 이미지로 미국 유권자에게 각인됐다.

케네디의 '주어진 이미지' *g* 는 ① 명문가의 귀한 아들이 공부도 잘하고 운동도 잘해서 명문 대학에서 좋은 교육을 받고 글도 잘 쓰고 말도 잘한다. ② 전쟁이 터지자 군에 자원 입대해 최전선에서 복무하고, 위기를 맞자 장교로서 부하직원의 생명을 끝까지 책임져 모두 무사 귀환시킨

용감한 전쟁영웅이다.

케네디가 내보려는 이미지 *i*는, ① 사소한 일로 구금된 흑인 인권 운동 지도자 킹 목사를 석방시킨 인권 정치인이며 ② 구금된 킹 목사 가족에게 전화를 걸어 위로하는 소통형 지도자였다. ③ 닉슨만큼 경험과 경륜을 갖춘 정치인이며 ④ 젊고 건강해 국가 위기에 잘 대처할 수 있는 지도자의 이미지였다.

TV 토론을 통해 케네디의 드러난 이미지 *Ɛ*는 단순히 *i*를 구현한데서 끝나지 않고, 그 이상이었다. 닉슨처럼 경험 많은 정치인에게도 힘들고 어려운 일을, 훨씬 쉽고 편안하게 해낼 수 있는 이상적인 대통령의 이미지였다.

[케네디 이미지의 분석 틀]

	외모	젊음	건강	언변	엘리트	전쟁영웅	서민	식견	인권	드림	소통	이상적 대통령
g	○	○	×	○	○	○	×	○	×	○	○	?
i	○	○	○	○	○	○	×	○	○	○	○	○
Ɛ	○	○	○	○	○	○	×	○	○	○	○	○
평가	A	A	S	A	A	A	O	A	S	A	A	S

[닉슨 이미지의 분석 틀]

	외모	건강	언변	엘리트	전쟁영웅	서민	식견	인권	드림	소통	이상적 대통령
g	○	×	○	○	○	×	○	×	○	○	?
i	○	○	○	○	○	×	○	○	○	○	○
Ɛ	×	×	×	○	×	×	○	×	×	○	×
평가	F	S	A	A	F	O	A	F	F	A	F

선거를 며칠 앞둔 1960년 11월 7일 여론조사는 초박빙이었다. 투표일 저녁 8시, 커넥티컷에서 케네디가 승리했다. 자정 무렵, 판세의 시금석으로 알려진 오하이오는 닉슨의 승리였다. 케네디 대통령은 오하이오 주에서 패배한 후보는 대통령에 당선되지 못한다는 이른바 '오하이오 징크스'를 깬 유일한 대통령이다. 자정이 지나면서 일리노이에서 졌다는 보도가 나오면서 닉슨은 패배를 인정했다. 선거의 승패를 가른 것은 TV토론이었고, TV 친화적 후보의 승리였다. 선거 결과 표 차이는 118,000표로 전체 투표자의 0.17%라는 극히 근소한 차이였다. 대선 승리 엿새 후 케네디는 TV친화적 후보로 TV의 덕을 입은 사실을 잊지 않았다.

"TV였다. 물결을 바꾼 것은 다른 무엇보다 TV였다."

이 설명으로 보면 케네디와 닉슨의 대결은 이미지에서 모든 승부가 난 것으로 보인다. 그러나 그것이 모든 것은 아니었다. 인기 절정의 젊은 미남 대통령의 화려한 남부 도시 댈라스 방문은 때마침 대중 보급되던 TV로 전세계에 중계되고 있었다. 그 화려한 이벤트는 삽시간에 대통령의 암살이라는 비극으로 끝나면서 미국민에게는 영원한 부채 의식과 애틋한 추억으로 남게 된다. 그래서 역대 미국 대통령 후보는 조금이라도 비슷한 꺼리가 있거나 연결 고리가 있으면 케네디를 끌어들이려 한다. 케네디 이미지의 차용이다. 특히 뚜렷이 내세울 실적이나 스토리가 없는 젊은 정치인일수록 케네디 이미지를 내세웠다.

1988년 조지 부시 공화당 대통령 후보의 러닝 메이트로 출마한 댄 퀘일 상원의원도 케네디 이미지를 시도한 대표적인 예가 되겠다. 1992년 클린턴 대통령은 고교 재학시절 우수 고교생으로 선발돼 백악관에 초청받아 케네디 대통령과 악수한 경험이 자신이 대통령을 꿈꾼 단초가 되었다고 주장했다. 2000년 대선에 출마한 앨 고어 부통령의 행동거지는 다분히 케네디 대통령을 익식하고 모방한 것이었다. 2008년 흑인으로 소수파인 버락 오바마 대통령의 대선 캠페인 역시 다분히 케네디 대통령을 모방했다. 오바마는 케네디의 하버드 대학 후배기도 했다.

1960년대 미국은 철저히 WASP 즉 백인, 앵글로-색슨 개신교도(White, anglo-saxon, Protestant)가 지배하던 사회였다. 케네디 대통령의 종교 카톨릭은 소수파 정도가 아니라, 인간 이하의 취급을 받았다는 점을 염두에 두지 않고서는 오늘까지 이어지는 케네디 열풍을 이해하기 어렵다.

[1960년 미국 대통령 선거 가설 검증]

	주어진 이미지 g	컨셉	슬로건	전제	가설2	2-1
J. F. K	강건 젊음 여유 소통	아메리칸 드림	뉴 프런티어	○	○	
리처드 닉슨	허약 노령 긴장 불통	건강 경험		○		○

1980년 레이건 후보의 이미지와 선거 전략

1. 1980년의 선거환경

이란의 미국 대사관에 인질이 억류돼, 강대국 미국의 권위와 국제사회에서의 위상이 땅에 떨어진 마당에 대통령까지 약골이었다. 미국은 더당당한 느낌을 되찾을 대통령을 열망했다. 1979년 7월 4일 미국 독립기념일, 카터 대통령 비서실은 저녁 시간에 대통령 연설이 있을 것이라고방송사에 연락했다. 미국에 석유 공급을 중단할 것이라는 석유수출국기구(OPEC)의 결정으로 미국은 몇 주 동안 어려움을 겪고 있던 중이었다.공급 제한으로 주유소마다 긴 줄이 늘어섰고, 많은 주유소가 문을 닫았다. 물가는 뛰고 기름값은 천정부지로 오르고 있었다. 미국인 모두가 위기를 실감하면서 대통령이 뭔가 말해주기를 기다리고 있었다. 참모들도대통령에게 에너지 위기에 대해 연설할 것을 건의하던 참이었다.

그러나 대통령은 그날 밤 방송 연설 하지 않은 채 워싱턴 근처 대통령 휴가지인 캠프데이비드로 사라졌고, 측근 참모들 외에는 대통령이 어디 있는지 알지 못했다. 대통령은 캠프 데이비드에 틀어박혀 준비된 연설문을 다시 썼다. 대통령은 참모들에게 말했다. "나는 국민들을 기만할 생각없네." 7월 15일 다시 대중 앞에 선 대통령은 당초에는 반응이 좋았던 그러나 나중에는 레이건 대통령을 포함해 많은 비판자들의 조롱을 받은 '확신의 손상 (erosion of confidence)' 연설을 했다. 레이건 캠프는 횡재라 생각했고, 언론은 '병자의 연설(Malaise Address)'이라 불렀다. 연설은 처음부터 심각했다.

"미래에 대한 우리의 확신은 침식당하고, 미국의 사회적 정치적 환경은 파괴의 위협을 받고 있습니다…" 카터 대통령은 케네디 대통령과 로버트 케네디 법무장관, 마틴 루터 킹 목사의 암살 사건과 워터게이트 사건, 베트남패전까지 거론하면서 그러지 않아도 불안해 하는 미국민에게 다가오는 위기를 경고했다. "오늘의 메시지는 행복이나 신뢰가 아니라 진실과 경고입니다."

"에너지는, 단결하는 우리의 능력에 대한 즉각적인 시험이며, 우리가 결집하는 기준이 될 것입니다. 에너지 전장에서 우리는 새로운 확신을 얻을 수 있으며, 우리의 공동 운명에 대한 통제를 다시 한번 되찾을 것입니다…외국 석유에 대한 참을 수 없는 의존은 우리의 경제적 독립을 위협하고 우리의 안보 자체를 위협합니다. 에너지 위기는 현실입니다. 에너지 위기는 세계적입니다. 조국에 대한 명백하고 현존하는 위험입니다…"

"나는 국민 여러분께 요청합니다. 우리의 행복을 위해 조국의 안녕을 위해, 불필요한 여행의 자제와 카풀, 대중 교통 이용을 요청합니다. 에너지 절약을 위해 1주일에 한 번은 승용차를 세우고, 제한 속도를 준수하고, 온도계를 낮추실 것을 요청합니다. 이러한 에너지 절약 행동은 단순한 상식 이상입니다. 그것은 애국 행위인 것입니다."

1년 뒤 레이건은 카터의 비관적 애국 마케팅을 낙관적 애국 마케팅으로 바꿔 선거운동을 펼쳤다.

"저는 미국이 병들었다고 생각하지 않습니다. 미국민에게 잘못이 있다고 생각하지 않습니다... 카터가 4년 더 대통령직을 맡아야 할 정도로 일을 잘 했다고 확신한다면, 카터에게 투표하십시오. 카터가 여러분이 기대하는 리더십을 보였다면, 여러분께 국가에 대한 자부심을 심어 주었다면, 우리의 밝은 미래를 보여주었다면 그는 재선되어야 할 것입니다. 그러나 그렇지 않다면..."

카터의 에너지 위기 연설 넉달 뒤인 1979년 11월 4일, 이슬람 극단주의 대학생들과 전투적인 이슬람교도들이 테헤란 주재 미국 대사관에 강제 진입해 대사관 직원 등 미국인 66명을 인질로 잡았다. 13명은 11월말 풀려났지만, 나머지 53명은 이듬해 8월말이 되어서야 풀려났다. 인질 사태가 장기화되자 카터 대통령은 육군 특수부대 델타포스의 구출 작전을 승인했지만, 총알 한 발 쏴보지도 못한 채 헬기 2대가 충돌해 8명이 사망하고 부상자가 속출하면서 작전을 중단했다. 4월 24일 카터의 발표를 들은 미국민은 충격에 빠지고 세계 최강대국의 자존심은 무너졌다.

2. 레이건의 주어진 이미지 *g*

로날드 레이건(Ronald Reagan)은 본인의 삶과 영화배우로서의 배역 그리고 캘리포니아 주지사로서의 실적이 일관된 이미지를 창출한 특이한 사례다. 결과 레이건은 공화당 후보면서도 민주당 지지자로부터도 득표함으로써 레이건 민주당원(Reagan Democrats)이라는 신조어를 만들어낸 인물이다. 이를 도표화하면 다음과 같다.

[레이건의 삶과 정치적 이미지 구축 과정]

실제 삶(자수성가) 스포츠 캐스터(혁신) 영화 배역(가부장) 배우 노조위원장(협상력) G.E. PR책임자 주지사 실적(행정력)	⇨⇨	일관된 이미지	⇨⇨	**Reagan Democrats**

레이건은 몽상가며 알콜 중독자인 아버지 잭 레이건과 어머니 넬 레이건의 차남으로 일리노이주 탐피코의 피트니 잡화점 위층 작은 아파트에서 태어났다. 아버지 잭은 당시 미국에서 최하층민으로 분류되는 아일랜드 이민의 후예였는데, 신발 세일즈맨으로 일했지만 수입이 좋지 않아 주로 어머니의 희생과 헌신으로 성장했다. 어린 시절 술에 취해 눈밭에 의식을 잃고 쓰러진 아버지를 집으로 끌고들어오기도 했다.

10번이나 이사를 다니면서도 학생회장에 운동부 주장, 연극반, 인명

구조원으로 장학금도 받고 학비를 벌어 스스로 인생을 개척한 입지전적 인물이다. 젊은 시절 딕슨에 있는 록강(Rock River)의 로웰공원에서 인명 구조원으로 여섯 번의 여름을 보내며 레이건이 살려낸 사람이 신문 보도 등으로 확인된 숫자만 77명이나 된다 한다. 이들은 후에 열렬한 레이건 운동원이 됐을 것이다. 아무리 어려워도 반드시 해결할 수 있다는 낙천적 세계관과 '가난은 정부가 돌보면 안 된다'는 보수적 정부관은 이때 형성된 것으로 보인다.

1928년 일리노이 유레카의 유레카 칼리지에 입학해 경제학을 공부했다. 입학하자 말자 대공황이 닥쳤고, 재정난이 심해진 학교가 일방적으로 강의를 폐지하자 학생들이 수업거부 투쟁을 벌였다. 레이건이 열변을 토해 강의를 되살렸고, 이 사건으로 당시 학생회장이 사임하고 1학년인 레이건이 학생회장이 되었다. 축구와 수영팀, 연극반, 토론팀에 가입해 활동하면서, 학교 신문사 기자와 학생회장으로 바쁜 시절을 보냈다. 축구선수 장학금을 받았고, 학생회관과 여학생기숙사 식당에서 설거지를 하고, 인명구조원으로 또 수영 코치로 일해 돈을 벌어 학비에 보태고 어머니에게도 송금했다고 한다. 공부할 시간이 없었으니 학점을 관리할 수 없었고, 1932년 졸업 성적은 C일 수밖에 없었다.

유레카 대학을 졸업한 뒤, 1게임 중계에 10달러를 받기로 하고 아이오와의 작은 라디오 방송 데이븐포트의 WOC의 스포츠 캐스터가 되었다. 광고 문안의 첫줄만 확실히 암기하면 방송이 자연스럽게 들린다는 사실을 깨달았는데, 이 깨달음은 그의 평생 자산이 되었다. 2년만에 NBC 지역계열사인 데모인의 WHO방송으로 옮겨 지역 연고팀 시카고컵스의 경기를 중계했다. 게임 스코어만 알려주던 전통적 방식을 탈피해 경기장 분위기를 간접 중계하는 새로운 방식을 도입해 인기를 모았다. 1937년 워너브러더즈가 유망한 청년 남자배우가 교통사고로 숨져 비슷하게 생긴 대역을 급히 찾을 때 응모해, 주급 200달러라는 엄청난 계약을 맺고 영화계에 데뷔했다. 이후 20년 동안 53편의 영화에 출연했다.(53번째 영화는 극장에서 상영되지 않다가 1964년에야 TV 시리즈로 재제작되었다)

영화 대표작은 노터데임 축구팀의 전설적인 코치를 다룬 1940년작 크누테 로크니(Knute Rockne)였다. 로크니 역을 맡은 주연 배우 팻 오브라이언은 친구 레이건에게 단역이지만 결정적인 집(Gipp) 역을 챙겨주는데, 영화에서 집은 죽으면서 친구 로크니에서 부탁한다. "어렵겠지만 애들 경기장에 데려가서 단 한 번만 집을 위해 승리해 줘." 레이건은 후에 대통령 선거를 치르면서도 자주 기자들이나 지지자들에게 집의 대사를 말하곤 했다. 그래서 레이건 담당 기자들은 '지퍼(Gippers)'로 불렸다. 레이건은 연기력도 괜찮은데다가 대사를 잘 외워 감독들로부터 좋은 평가를 받았다고 한다.

2차 대전이 발발하자 레이건은 군에 장교로 입대했다. 근시가 심해 전투에 투입되지 못하고 육군 항공부대 제1 영화제작팀에 배속돼 훈련용 동영상 녹화와 녹음에 목소리를 제공했다. 레이건은 종전 후 영화계에 복귀하지만 진중한 역할을 맡고 싶었던 본인의 희망과 달리 계속 가벼운 역할만 주어졌다. 다소 의욕이 떨어진 레이건에게 제너럴 일렉트릭이 연봉 15만 달러에 '제너럴 일렉트릭 극장' 프로그램의 더빙 계약을 제안해 왔고, 레이건은 수락했다. 프로그램이 높은 시청률을 기록하면서 레이건은 안정된 직장과 연봉에 지명도에, 미국 전역 135개 GE 공장을 순회하면서 임원과 25만 직원 상대로 강연하면서 인맥까지 쌓게 되었다.

1937년 배우노조에 가입해 1947년에는 노조위원장이 되어 1954년까지 일했다. 배우노조위원장으로 영화사와 원만한 계약을 이끌어냄으로써 지도력과 협상력도 인정받았고, 제너럴 일렉트릭(G.E.)에 입사해서는 회사 입장에서 노조를 설득해 노사 분규를 예방함으로써 지도력과 협상력을 확인받았다.

민주당의 기린아, 거물 킬러인 에드먼드 브라운 주지사와 대결한 1966년 캘리포니아 주지사 선거는 운도 따랐다. 우선 실용주의 노선으로 평판 높은 선거컨설턴트 스펜서–로버츠를 영입했고, 레이건을 만만하게 본 브라운 주지사 측이 은근히 레이건을 지원해 공화당 경선에서 비교적 쉽게 이길 수 있었다. 공화당 경선에서 패배한 조지 크리스터퍼가 브라운에게 보복하기 위해 전력으로 본선에서 레이건을 지원하는 일련의 과정은 천운의 연속이었다. 그리고 브라운의 '극단주의자 레이건' 공격은 별로 먹히지 않았다. 레이건은 캘리포니아주 56개 시군 가운데 53군데에서 승리하는 등 백 만 표차의 대승을 거뒀고, 4년뒤 재선에 성공했다.

캘리포니아 주지사로서 레이건은 1960년대 세계의 대학가를 강타한 과격 학생운동을 주립대학에서 몰아내고, 그랜드 캐년에 댐을 건설하려는 계획을 폐기해 환경을 보전하는 등 치적을 남겼다. 1974년 퇴임 후 레이건은 전국 175개 신문에 실리고 200개 이상의 방송사에 방영되는 정기 칼럼을 쓰고 녹화했으며, 전국에 강연을 다녔다.

레이건의 '미국 가정의 수호자' '가부장' 이미지는 아무런 바탕없이 그냥 만들어진 것은 아니었다. 구릿빛으로 그을린 잘 생긴 얼굴과 큰 체격, 만능 스포츠맨으로 성장하며 다진 탄탄한 몸매가 가정과 사회와 나라를 지키는 가부장 이미지를 구축하는 바탕이 되었다. 신뢰감을 주는 묵직하고 박력있는 목소리는 라디오 방송의 스포츠 캐스터로서 수련한 결과일 것이다. 그의 가부장 이미지는 이렇게 어린 시절부터 대선 출마 직전까지 본인이 갈고 닦고 쌓아, 다른 누구도 탐내거나 가져갈 수 없는 축적물이었다.

드러난 경력 외에 대중적 호소력도 중요하다. 연임 초기 실시된 갤럽 여론조사에서 레이건은 역대 최고의 지지율을 얻을 정도로 따뜻한 인간미와 감성, 유머를 갖고 있었다. 그리고 레이건은 스스로 유권자로서 루즈벨트에게 4번, 후임 트루먼에게 한 번 투표한 골수 민주당원이었다. 레이건은 대통령 첫 임기를 시작한 지 2년 뒤인 1982년 1월 30일 루즈벨트의 자녀와 손자녀, 행정부와 공화당, 민주당 간부들까지 모두 초청해 루즈벨트 탄신 100주년 축하 오찬을 열었다. 루즈벨트를 사랑했던 민주당원 상당수가 레이건을 개인적으로 좋아할 수밖에 없었다.

레이건은 배우로서 대통령직을 수행하는 역할에 자신이 있었고, 단순히 관중의 반응뿐 아니라 전문적인 기준의 평가에도 관심이 많았다. 타이밍은 정확했는가? 포즈와 억양, 몸짓은 어떠했는가? 그는 텔레비전 연설을 정확한 시간에 끝내는 능력, 프롬퍼터(prompter)를 보지 않는 것처럼 읽는 법, 듣는 사람(listener)의 눈동자를 들여다보는 것처럼 카메라 렌즈를 응시하는 법(eye contact라고 한다), 더듬거리지 않고 큐카드를 이용하는 법, 실수하지 않고 분필 표시를 이용하는 법 등에 당시 어떤 정치인보다 능숙했다.

레이건의 선거 슬로건은 'Let's Make America Great Again 미국을 다시 위대하게' 였다. 사진은 철저하게 강한 미국, 강력한 지도자에 초점을 맞추고 있다. 포스터와 무대에는 성조기가 배경으로 깔려 애국심과 위대한 미국을 강조한다. 거침없이 허리를 제낀 채 거침없이 호쾌하게 웃는 강력한 지도자 옆에 미국민이 모여 단결하며, 후보 본인은 카우보이 모자를 쓰고 있다.(오른쪽 사진부터 시계 반대 방향) 사진 몇 장만으로도 충분히 드라마 각본을 쓸 정도로 전략가 마이클 디버는 용의주도했다. 트럼프는 레이건의 캠페인을 차용해 'Make America Great Again(줄여서 MAGA라 한다)' 슬로건을 2016년, 2020년, 2024년 세 번의 대통령 선거에서 연거푸 썼다. 이제는 MAGA 자체가 미국 정치의 한 흐름으로 확실하게 자리잡을 정도가 됐다.

3. 레이건의 내보려는 이미지 *i*

레이건은 배우이자 텔레비전에 자주 얼굴을 비치는 대변인으로서 전문적인 훈련을 받은 최초의 대통령이었다. 훈련을 통해 얻은 실제적인 기술은 그가 영향력을 행사할 수 있는 새로운 기회-커뮤니케이션 기술이 발달한 결과로 생긴 기회를 활용하는 데 도움이 되었다.

참모들은 문자 그대로 레이건을 연출하고, 그날의 주제에 맞도록 날마다 스케줄과 말과 사진을 대본화하고, 그밖의 것은 기자와 프로듀서의 손에 들어가지 않게 철저히 통제했다.

　1980년 로널드 레이건 후보의 타이밍은 그보다 더 나을 수 없었다. 레이건의 캠페인에서 3가지 중추적인 전술 결정이 중요했다. 레이건은 대통령 선거 운동 초기 6차례에 걸쳐 캘리포니아 주지사로서 실적을 알리는 연속 텔레비전 광고를 제작해 배포함으로써 유능한 행정가로서 자신을 알렸다. 카터 대통령이 이란 주재 미국 대사관 인질 사건의 무기력함과 재정적자에 시달리는 사이 가장 유력한 대안으로서 확실히 자리잡은 것이다. 카터의 인격적 공격을 회피하고 카터와 논쟁할 수 있게 되었다. 레이건의 여론 조사원 리처드 워스린(Richard Wirthlin)은 또 레이건에 대한 카터의 직접 공격이 레이건에게 상처를 주기보다 카터 본인의 이미지를 더 손상시켰다고 믿는다. 카터는 자신의 이미지를 인간성 나쁜 것으로 만들게 되자 공격을 그만두었다.

　레이건은 스스로 훌륭한 배우면서도 항상 이미지 전문가의 통제를 받음으로써 텔레비전 시대 이후 올바른 노출의 균형을 처음으로 마스터한 대통령이었다. 레이건의 슬로건은 2개로 정리된다.

　"Let's Make America Great Again." "미국을 다시 위대하게". 메인 슬로건에 "Are you better off than you were four years ago?" "4년 전에 비해 형편이 나아졌습니까?"였다.

　이때부터 레이건의 이미지는 '강한 나라 든든한 지도자'에 초점을 맞추는 것이었다. 이미지 작업의 끝판왕은 마이클 디버 보좌관이었다. 디버의 전략은 '가족'과 '이웃', '평화'의 강조였다. 레이건의 한 걸음 한 걸음마다 배경에는 셋 가운데 하나가 있었다. 디버에게는 비주얼이 모든 것이었다. 디버는 사람은 문자 정보보다 비주얼에서 더 많은 것을 인지한다고 생각했고, 조명이 비주얼 샷에 차별성을 부여한다고 믿고 많은 자산을 조명에 투입했다. 후에 클린턴과 대결한 돌 캠프 최고 책임자들은 디버의 충고를 찾아다녔다고 시인했다.

디버의 컨셉은 2002년 민주노동당 권영길 후보의 캐치프레이즈였다. 한국의 진보계열 정당 후보들이 미국 보수당 후보의 캐치프레이즈를 자주 차용한다는 점이 흥미롭다. 2017년 더불어민주당의 문재인 후보가 채택한 '문재인이 답한다'도 1952년 미국 공화당의 드와이트 아이젠하워 후보의 '미국이 묻고 아이젠하워가 답한다'를 차용한 것이다.

4. 레이건의 노출된 이미지 ℰ

배우는 자신이 연기하는 역의 사람이 될 수 있어야 한다. 선거일이 점점 가까워지면서 레이건은 대통령을 실제로 몇 년 동안 해온 것처럼 보이기 시작했다. 27년간 53편의 영화에 출연한 레이건의 오랜 연기 경력은 정치인에게는 확실히 큰 자산이었다. 동시에 이란 인질 위기에 대한 카터의 좌절은 그를 갉아먹고 정서적으로 끌어 내렸다.

레이건 캠프는 공화당의 전통적인 이슈를 53% 다루고 민주당의 이슈는 단 4%만 언급했는데, 카터 캠프는 민주당의 전통적 이슈를 50% 미만 다루면서 공화당의 이슈를 11%나 언급함으로써 자주 공화당의 논쟁에 끌려들어갔다. 민주당에 우호적인 뉴욕타임스 보도만 보더라도 레이건이 제기한 이슈와 쟁점을 카터가 제기한 쟁점보다 훨씬 더 많이 보도할 정도(20% 대 8%)로 레이건은 논쟁을 효과적으로 주도했다. 뉴욕타임스가 자주 보도한 실업과 인플레이션, 이란 사태 모두가 카터에 불리한 사안이었다. 레이건이 8년 임기를 마치고 퇴임할 즈음의 갤럽여론조사의 국정지지율은 아이젠하워보다도 2~3% 높아서 60%를 웃돌 정도였다. 40년도 더 지난 2024년 트럼프도 레이건의 이미지 전략과 슬로건을 그대로 빌려와 승리했다.

5. 카터의 이미지와 선거 전략

가. 카터의 주어진 이미지 *g*

지미 카터는 1976년 대선에서 '보통사람'의 이미지로 대통령으로 당선됐다. 땅콩 농장주 지미 카터('제임스'가 아니라 애칭인 '지미')는 청바지를 입고 조지아 들판의 땅콩 농장을 헤집고 다니는 다큐멘터리 스타일의 광고에 출연했다. 대통령 선거전에서 카터는 평범한 서민 캐릭터를 유지하면서, 자신의 옷가방을 들고 스포츠 카디건 스웨터를 입고 자신을 철저히 낮췄다.

시네마 베리테(cinema verité)는 1960년대 프랑스에서 일어난 영화운동이다. 인류학자이자 민속학자였던 장 루쉬(Jean Rouch)는 기록영화(다큐멘터리)가 현실뿐 아니라 사람과의 상호작용을 기록하는 것이라고 생각하고, 사람들이 일상에서 사용하는 말과 자연스러운 행동을 휴대용 카메라로 촬영했다. 일반적인 동시녹음 촬영기법을 따르지 않고, 먼저 실제 대화·인터뷰·의견 등을 녹음해 가장 좋은 소재를 고른 다음, 거기 어울리는 시각적 소재를 촬영하고 편집하는 방법으로 영화를 만든다.

[1976년 선거 당시 카터의 이미지]

카터 대통령은 1976년 선거운동 기간 내내 보통사람의 이미지를 강조했다. 특별한 경우가 아니면 그의 사진은 자켓을 입지 않은 모습만 담고 있다. 청바지에 남방 차림으로 일하거나 카디건을 입고 머그잔으로 커피를 마신다. 대통령 취임 후에는 정장 차림이 크게 늘어났다.

비슷한 시기 미국에서 일어난 '다이렉트 시네마'는, 인물·순간·사건의 실재를 카메라 앞에서 재배열하지 않은 채 그대로 포착하는 것을 목표로 했다. 가장 큰 차이는, 시네마 베리테는 카메라의 존재를 대상이 알고 있는 상태에서 촬영이 이루어지며 때로 끊임없는 질문을 통해 상호작용을 촉발한다는 점에서 감독의 의도가 적극적으로 반영되는 데 비해, 다이렉트 시네마는 감독과 카메라의 존재를 숨기거나 카메라를 고정시킨 상태에서 대상의 자연스러운 일상을 담으려 노력한다는 점이다.

카터의 광고를 제작하기 위해 고용된 다큐멘터리 제작자 찰스 구겐하임(Charles Guggenheim)은 대본에 별로 의존하지 않는 시네마 베리테 기법을 적용해 포퓰리스트 스타일로 카터의 캠페인 비디오와 광고를 촬영했다. 거칠고 닦지 않은 기법은 매끄러운 전통적 뉴욕 매디슨 애비뉴의 광고 제작 방식과는 완전히 대조적이었다. '제임스'라는 정식 이름을 쓰지 않고, '지미'라는 일상에서 쓰이는 애칭을 대통령 선거에서 사용한 자체가 '보통사람'의 이미지를 확산하는 데 큰 역할을 했다.

카터는 텔레비전에 나와 교과서를 읽는 재능도 없고, 많은 계획안을 극적으로 만들어줄 뚜렷한 사건도 없고, 무명 인사에서 느닷없이 대통령이 된 놀라운 등장을 제외하고는 시청자 마음에 새겨진 기록도 전혀 없는 상태로 첫 임기를 시작했다. 쉽게 말해 보통 사람의 이미지 외에는 정치인으로서 지도자로서 이미지도 존재감도 없었다. 석유수출국기구의 미국 금수 조처로 석유값이 뛰고 물가와 실업률은 두 자리를 오가는 최악의 경제난이 몰아쳤다.

갤럽여론조사에서 70%대로 임기를 시작한 카터의 국정 지지율은 13개월 뒤 40%로 떨어져 1978년 9월까지 그 언저리를 맴돌다가 캠프데이비드 정상회담이 성공한 뒤 56%로 올라간다. 그러나 이듬해 겨울 다시 40%대로 떨어져 계속 하락세였다. 갤럽여론조사가 시작된 이후 선출된 대통령 가운데 처음 2년 동안 지지율이 60% 이하로 떨어진 대통령은 닉슨 뿐이었다. 닉슨은 55%로 떨어졌는데, 카터는 40%대였을 정도로 인기 없는 대통령이었다. 민주당은 현직 카터 대통령의 대안을 찾아야 할 정도였는데, 정치 명문 케네디가의 막내 에드워드 케네디(Edward Kennedy) 상원의원의 당내 도전이 상황을 더욱 복잡하게 만들었다.

에드워드 케네디의 도전을 멈춰 세운 것은, CBS 기자 로저 머드 (Roger Mudd)와의 생방송 인터뷰였다. 케네디가의 오랜 친구며 에드워드와도 친분이 깊은 머드의 질문이 에드워드의 대권 행보에 결정적인 장애물이 되었다. 머드는 "왜 대통령이 되려 하는가?"라는 쉽고 단순하지만 근본적인 질문을 던졌는데, 그러나 에드워드는 336단어로 장황하게 대답했다. "케네디가의 막내는 왜 출마하는지 모르는구만"하고 생각한 사람은 머드 기자만이 아니었다. 에드워드는 1980년 8월 12일 민주당 전당대회에서 'The Dream Will Never Die'라는 연설로 카터에게 졌음을 시인하고 카터 중심으로 연말 대선을 잘 치르자고 말했다.

현직인 카터는 심각한 경제난과 이란 인질 위기로 이미지가 손상되고 허약해 보이는 격동의 시기를 겪었다. 왜소한 체격과 창백한 얼굴 때문에 나이가 상대적으로 젊은데도 노령의 레이건 후보보다 오히려 약세로 비쳤다. 이란의 미국 대사관에 인질이 억류돼, 강대국 미국의 권위와 국제사회에서의 위상이 땅에 떨어진 마당에 대통령까지 약골이라 미국은 더 당당한 느낌을 되찾을 대통령을 열망했다.

나. 카터의 선거전략과 내보려는 이미지 *i*

카터 캠페인의 대부분의 결정은 해밀턴 조던 비서실장, 로버트 스트로스(Robert Strauss) 선대위원장, 조디 파월(Jody Powell) 대변인, 패트릭 캐들(Patrick Caddle) 여론 조사원, 그리고 미디어 전문가 제럴드 랍슌(Gerald Rafshoon) 5명의 합의로 이루어졌다. 그러나 5인 합의 체제에 대해서는 의문이 제기되었다. 선거 캠페인은 신속하고 확실한 의사 결정을 요구하기 때문에, 전략가 5명이 아니라 한 개인이 책임지고 주도해야 한다는 것이다. 물론, 경제에 대한 대중의 불만이 다른 이슈보다 카터에게 더 많은 영향을 미쳤다는 사실을 무시할 수 없다. 정치의 수첩 문제는 모든 시민들이 대통령 후보를 평가하기 위해 바라보는 렌즈다. 경제가 어렵고 사람들이 재정적 고통을 겪는다면, 현직이 도전자보다 훨씬 더 부정적인 시각으로 보인다.

다. 카터의 노출된 이미지 ε

카터의 문제는 자신의 행정부에 대해 하고 싶은 말, 즉 메시지를 결단하지 못했다는 점이다. 앞으로 4년간 비전을 갖지 못했던 것이다. 카터는 전통적인 민주당 연합의 이미지로 표현된 선거 이전의 다양한 공약과 관련해 첫 의회에서 전략의 필요성을 인지하지 못했다. 그는 무엇을 할 것인지 우선순위가 없었는데, 이는 '자신이' 가고 싶은 곳을 확실히 의식하지 못한 때문일 수도 있었다. 20대 후반의 어린 나이에 연설 비서관이 되어 카터를 지근거리에서 관찰한 제임스 팰로우스(James Fallows)는 언론계에 복귀한 직후, 카터를 조심스럽게 비판하는 장문의 칼럼을 썼다.

카터의 가장 큰 실패는 도전자 레이건이 현직 대통령인 자신보다 더 "대통령답게" 보이게 내버려둔 것이었다. 1997년 신한국당 이회창의 실패, 2007년 열린우리당 정동영의 실패도 역설적으로 같은 맥락이라고 볼 수 있다. 두 후보 모두 여당 후보면서도, 야당 후보인 김대중과 이명박을 직접 공격함으로써 여당 후보의 프리미엄을 상실하고 자신의 이미지만 손상됐다. 2002년 한나라당 이회창은 야당 후보면서도 '제왕적 총재'의 이미지가 고착되면서 여당 후보로 인식돼 공격의 빌미를 제공했고 결국 패배했다.

[허약한 이미지의 카터]

카터 대통령은 1979년 6월 방한 중 미군 부대에서 아침에 조깅하다가 삐끗하는 장면이 보도돼 '허약한 미국, 허약한 지도자' 이미지로 낙인찍혔다.

카터는 왜소한 체격과 창백한 얼굴 때문에, 상대적으로 젊은데도 노령의 로널드 레이건 대통령보다 오히려 약세로 비쳤다. 게다가 카터는 한국 방문시 새벽에 조깅을 하다가 삐끗하는 장면이 언론에 노출돼 건강 이상설이 돌면서 약골 이미지로 낙인찍혀 재선에 실패했다. 이란의 미국 대사관에 인질이 억류돼, 강대국 미국의 권위와 국제사회에서의 위상이 땅에 떨어진 상황이었다. 레이건의 캐치프레이즈는 Let's Make America Great! 였다.

6. 레이건과 카터의 이미지 분석과 선거결과

[레이건 이미지의 분석 틀]

	외모	건강	언변	엘리트	전쟁영웅	서민	식견	인권	드림	소통	이상적 대통령
g	○	×	○	○	○	×	○	×	○	○	?
i	○	○	○	○	○	×	○	○	○	○	○
ε	×	×	×	○	×	×	○	×	×	○	×
평가	F	S	A	A	F	O	A	F	F	A	F

[카터 이미지의 분석 틀]

	외모	건강	언변	엘리트	전쟁영웅	서민	식견	인권	드림	소통	이상적 대통령
g	○	×	○	○	○	×	○	×	○	○	?
i	○	○	○	○	○	×	○	○	○	○	○
ε	×	×	×	○	×	×	○	×	×	○	×
평가	F	S	A	A	F	O	A	F	F	A	F

1980년 10월 28일 미국 대통령의 2차 후보자 TV 토론에서 레이건은 카터에게 결정타를 날렸다. 크리스천 사이언스 모니터의 엘리스 기자가 먼저 카터에게, 다음 레이건에게 같은 질문을 던졌다.

"대통령 각하, 1976년 각하께서 선출되실 때 4.8%였던 소비자 물가지수는 지금 12%입니다. 더 심각한 것은 인플레이션이 7%에서 9%로 치솟았다는 것입니다. 물론 그 일부는 미국이 통제할 수 없는 외부 요인, 즉 지난해 OPEC이 유가를 2배로 인상했기 때문이죠. 미국 경제가 이렇게 외부 충격에 취약한데 인플레이션 잡을 수 있겠습니까? 그렇다면 재선되신다면 어떤 조처를 취하실 계획이십니까?"

상황의 심각함과 해결의 어려움을 설득하는 카터의 장황한 답변 뒤에 레이건은 말했다.

"다음주 화요일 모든 분들은 투표장에 가서서 기표소에 서서 결정을 하실 겁니다. 저는 여러분들이 결정을 하실 때, 이런 질문을 하시면 좋겠다 생각합니다. '모든 사정이 4년 전보다 나아졌는가?' '4년 전보다 나가서 물건 사기가 쉬워졌는가?' '4년 전보다 미국에서 실업이 줄었는가?' '미국이 세계무대에서 과거처럼 존경받는가?' '4년 전보다 안전한가?' '미국은 4년 전만큼 강한가?' 이 모든 대답이 yes라면 누구에게 투표하실지 명백합니다. 그러나 동의할 수 없다면, 지난 4년간의 걸어온 길을 앞으로 4년 다시 걸어서는 안 된다고 생각하신다면 여러분은 다른 선택을 하셔야 마땅할 줄로 압니다."

4년 전보다 나아졌습니까? Are you better off than you were four years ago? 이 문구가 카터의 운명에 쐐기를 박았다.

레이건은 본인의 삶과 영화배우로서의 배역 그리고 캘리포니아 주지사로서의 실적이 일관된 주어진 이미지 *g*를 창출했다. 거기에 따뜻한 인간미와 인간적 감성 그리고 유머 감각까지 갖춰 주어진 이미지 *g*가 케네디 대통령 이후 가장 완벽하고 풍부했다. 유능한 이미지 참모를 두고, 이미지 전략을 수립해 운용했다. 캐치프레이즈도 시대 정신에 걸맞은 '미국을 다시 위대하게(Let's Make America Great! Again)' 였다. 아나운서를 거친 배우 출신으로 당시 어떤 정치인보다 TV 정치에 능숙해 내보내려는 이미지 i를 잘 구현할 수 있었다. 결과 레이건의 노출된 이미지 $\mathcal{E}$는 공화당 후보면서도 민주당 지지자로부터도 득표를 이끌어내는, 이상적인 지도자의 이미지였다.

지미 카터는 1976년 대선에서 보통사람의 이미지로 대통령으로 당선됐다. 보통 사람의 이미지 외에는 지도자로서 이미지도 인기도 없는 대통령이었다. 임기말 경제 난국과 이란 인질 위기로 이미지가 크게 손상돼 1980년 선거 당시 카터의 주어진 이미지 g는 매우 빈약했다. 내보려는 이미지 i가 없진 않았겠지만, 비전도 제시하지 못하고 우선순위도 없었고, 도전자가 현직 대통령인 자신보다 더 "대통령답게" 보이게 내버려두었다. 카터의 이미지 전략 i는 실패였고 노출된 이미지 $\mathcal{E}$도 최악이었다.

설상가상으로 한국 방문 당시 새벽 조깅을 하다가 삐끗하는 장면이 언론에 노출돼 카터의 노출된 이미지 $\mathcal{E}$는 패배자의 이미지로 요약된다. 카터는 테오도어 루즈벨트의 출마로 공화당 지지표가 갈려 우드로 윌슨에게 1912년 패배한 태프트 대통령과 대공황 책임으로 프랭클린 루즈벨트에게 1928년 패배한 후버 이후 52년만에 재선에 실패한 20세기 세 번째 대통령이었다.

카터는 1976년 무너진 미국의 도덕성을 회복하겠다는 캠페인으로 대통령이 되었지만, 미국 유권자의 본심은 도덕성의 회복이 아니라 무너진 미국인의 자존심 회복이었다. 레이건의 캠페인은 항상 성조기와 미국국가(The Stars and Stripes Forever)와 함께 하면서 시각적으로 청각적으로 애국심을 강조했다. 미국인의 심리를 예리하게 잘 파고든 레이건의 선거 슬로건 "Let's Make America Great Again"은 레이건의 생애 즉 주어진 이미지 g의 압축판이었고, 레이건의 이미지는 위대한 미국의 상징이었다.

[1980년 미국 대통령 선거 가설 검증]

	주어진 이미지 g	컨셉	슬로건	전제	가설2	2-1
로널드 레이건	강건(노령) 여유 소통	위대한 미국 든든한 가부장	Let's Make America Great Again	○	○	
지미 카터	허약 긴장	도덕적 민주주의		○		○

1992년 클린턴의 이미지와 선거전략

1. 1992년 선거 환경 분석

1992년 미국 대통령 선거는 현대 민주정치 특히 선거에서 정치와 경제의 상관관계를 다시 일깨운 선거였다. 1989년 1월부터 1992년 9월 말까지 부시 행정부의 집권 3년 9개월간 국내총생산(GDP) 성장률 2.2퍼센트, 고용증가율 0.9퍼센트, 가처분소득 증가율 3.8퍼센트였고 미국인들이 중요하게 생각하는 시간당 소득증가율은 0퍼센트로 나타났다. 반면 인플레이션과 실업지수는 10.5퍼센트에 달했다. 실업자 1,000만 명에 매일 수백 개의 기업이 파산하고, 재정적자는 4조 달러에 달해 미국인들에게 큰 정신적 압박이 되었다. 제2차 세계대전 후 집권한 9명의 대통령 가운데 최악의 점수였다. 부시가 패배한다면 최대 이유는 경제난 때문이었다.

양대 정당이 과점해온 미국 정치에서 3자 구도로 대선이 치러진 것도 익숙지 않은 장면이었다. 먼저 1991년 11월 아칸소의 시골뜨기 주지사 빌 클린턴이 사실상 민주당 단독 후보로 출마를 선언했다. 다음달 공화당의 뷰캐넌이 먼저 대선 출마를 선언해버렸다. 부시는 뒤통수를 맞은 셈이 됐지만, 뉴햄프셔 예비선거에서 뷰캐넌을 꺾고 대통령 후보로 결정됐다. 앞서 닉슨의 재기 대목에서 잠깐 소개한 적 있지만, 뷰캐넌은 닉슨 전 대통령의 연설 담당 비서관을 지낸 인물이다. 대통령의 일개 연설 비서관이 거대 정당의 유력한 대통령 후보로까지 성장할 수 있는 가능성, 그것이 미국 사회와 미국 정치의 매력이기도 하겠다. 뉴햄프셔 예비선거 이틀 후 백만장자 로스 페로가 대선 출마를 선언해 선거 구도는 3자 대결로 되었다. 페로의 출마로 보수표가 분열될 상황이었지만, 신선함을 무기로 하는 클린턴 진영도 안심할 수는 없었다. 페로는 아예 정치신인이었기 때문에 주지사 경력이 있는 클린턴이 신선함만으로 정면 승부를 거는 것은 위험 요소가 없지 않았다.

2. 클린턴의 주어진 이미지 *g*

클린턴은 하버드와 함께 양대 명문으로 손꼽히는 예일대 로스쿨을 졸업한 변호사 출신이다. 로즈 장학생으로 영국의 옥스퍼드에 유학했으며, 일찍 정치에 투신해 32살에 아칸소 주지사가 된 미국 최고 엘리트다. 대통령에 출마할 때 40대 젊은 나이였는데, 잘 생기고 키 크고 체격도 늘씬한데다 붙임성 있고 언변도 좋았다. 아일랜드계에 예쁘고 똑똑한 부인을 둔 것까지 여러 가지로 케네디 전 대통령과 비슷한 대목이 많았다.

그러나 케네디가 유럽의 여러 지도자들을 만나던 나이 때 클린턴은 옥스퍼드 뒷골목에서 맥주를 마시고 대마초를 피웠고, 시위에 가담했다가 경찰서에 연행돼 훈방되기도 했다. 케네디가 해군 장교로 무공훈장을 몇 개씩 받은 전쟁영웅이라면, 클린턴은 병역 기피 의혹으로 고전했다.

[1992년 대통령 후보 이전의 클린턴의 이미지]

클린턴은 생부가 교통사고로 죽은 지 석달 후 태어난 유복자다. 알콜 중독 계부와 어머니가 일찍 이혼해 불우한 소년 시절을 보냈다. 케네디 대통령 서거 넉 달 전, 전국 우수 고교생으로 선발돼 백악관을 방문하고 케네디 대통령과 악수한 사건이 클린턴의 인생을 바꿔놓았다. 마틴 루터 킹 목사의 '내게는 꿈이 있어요' 연설은, 클린턴이 통째로 욀 정도로 클린턴의 인생에 큰 영향을 미쳤다.

이후 클린턴은 미국 대학생의 꿈인 로즈장학생에 선발돼 영국 옥스퍼드에 유학하고 예일대 로스쿨을 졸업해 변호사가 되고, 예쁘고 똑똑한 예일 동창생 힐러리와 결혼했다. 32살에 아칸소 주지사가 되고, 한 번 낙선했지만 다시 연속 4선, 10년 동안 아칸소 주지사로 경제를 살리고 교육 제도를 개혁했다. 게다가 클린턴은 어려운 정책을 명쾌하고 쉬운 말로 재미나게 그리고 정열적으로 설명하는 재주가 뛰어났다.

1968년 이후 민주당은 대통령 선거에서 계속 졌다. 단 한 번 카터가 이겼을 뿐, 맥거번, 먼데일, 듀카키스, 연속으로 패배했고 이제 새로운 카드가 필요했다. 이때 아메리칸 드림을 실현한 클린턴이 등장했다. 작은 시골 동네 아칸소 출신의 청년 대통령이 탄생한 시발점이었다. 아칸소(state of Arkansas)는 1836년 25번째 주로 편입된, 면적 13만 7,732㎢ (29위), 인구 301만 명(30위)의 작은 주다. 클린턴이 LA에서 모셔온 선거전략가 폴 베갈라(Paul Begala)는 클린턴의 인생을 '아이에게 들려주고 싶은 나라의 동화'에 비유했다. "정치인은 껍데기뿐이라 우리가 채워줘야 하는데, 클린턴은 그럴 필요가 없었다. 콘텐츠가 있었다."

[케네디와 클린턴, 비슷한 점 다른 점]

	J.F.케네디	빌 클린턴
비슷한 점	40대 민주당 후보	
	명문대 출신	
	미남, 장신	
	언변, 사교성	
	재색 겸비한 부인	케네디 대통령을 예방한 고교생 클린턴

	J.F.케네디	빌 클린턴
	갑부 아버지	알콜 중독 계부
	화목한 명문	불우한 가정
다른 점	전쟁영웅(해군 장교, 무공훈장)	병역 기피 의혹
	하버드	예일 법대
	언론인	변호사

3. 클린턴의 내보려는 이미지 *i*

유권자들은 처음에는 빌 클린턴을 존 F. 케네디의 재림으로 봤다. 명문대 출신에 성공한 청년 정치인, 40대 대선 후보, 예쁘고 똑똑한 부인, 귀여운 어린 딸까지… 알고 보면 클린턴과 케네디는 다른 점이 훨씬 더 많지만, 클린턴은 케네디 후광 효과를 누렸고, 참모들도 처음에는 케네디 이미지의 '동화의 주인공'으로 이미지 전략 *i* 를 구상했다. 그러나 대마초에 징집 기피, 혼외 정사까지 부정적 이슈가 연달아 터지면서 캠프는 '돌아온 탕아'(return boy)로 이미지 전략을 수정했다.

첫 위기는 섹스 스캔들이었다. 클린턴 캠프는 강경 대응을 선택했고, 가장 강력한 무기는 부인 힐러리 클린턴이었다. 명문 예일대 법대 출신의 예쁘고 똑똑하고 단호하며 설득력있게 말하는 힐러리가 클린턴 후보와 함께 CBS의 '60 미니츠'에 함께 출연해 인터뷰했다. 1991년 1월 26일 슈퍼보울에 이어지는 황금 시간대 인기 프로그램의 인터뷰에서 힐러리는 남편 클린턴을 '사랑한다'를 넘어 '존경한다'고 표현했다.

"저는 그를 사랑하고, 존경하고, 그가 또 저희 부부가 함께 해온 것들을 존중하기 때문에 여기 앉아 있어요. 이것으로도 부족하다면, 젠장, 그에게 투표하지 마세요!"

녹화 과정에서 부부의 식지 않은 애정과 정서적 유대를 눈으로 확인시킨 해프닝이 발생했다. 스튜디오 천정의 조명이 갑자기 클린턴 부부의 머리 위로 떨어진 것이다. 힐러리는 남편 빌의 품에 매달리다시피 꼭 안겼고, 빌은 아내를 꽉 끌어안았다. 누가 시킨 것도 아니었고 연출을 해도 그럴 수는 없었다. CBS는 창피할 수 있는 방송 사고 장면을 편집해 방송하지 않았고, 시청자는 볼 수 없었다. 그러나 신문 보도와 방송가 가십 잡지를 통해 상황은 충분히 전달됐고 섹스 스캔들은 잠재워졌다.

뉴햄프셔 예비선거는 본선거의 판세에 대한 가늠자 역할을 하는 아주 중요한 선거 이벤트로 모든 후보 진영이 다른 어떤 예비선거보다 더 신경쓰는 행사다. 미국의 예비선거는 크게 두 가지로 나뉜다. 코커스 (caucus)는 순수한 예비선거로 우리네 지역별 당내 경선과 동일한 구조다. 당원들이 모여 당의 공직 후보를 선출한다. 프라이머리(Primary)는 조금 성격이 달라서, 당원뿐 아니라 비당원까지 특정 정당의 후보 선출에 참여하는 방식이다. 우리 말로 정확하게 번역하자면 '국민 개방경선' 쯤 되겠다. 주별로 코커스를 채택하기도 하고 프라이머리를 채택하는 경우도 있어서 후보 선출 방식이 다르다는 점도, 개성을 존중하는 미국다운 제도다. 선거전 초반의 판세를 결정하는데 가장 중요한 두 이벤트, 아이오와 코커스와 뉴햄프셔 프라이머리 두 이벤트는 하나는 당심, 하나는 민심을 알려주는 풍향계가 된다.

뉴햄프셔 거사를 앞두고 클린턴이 1969년 병역을 기피했다는 의혹이 제기됐고, 2월 18일 여론조사 결과 클린턴이 부시 대통령에게 밀리는 것으로 나타났다. 후보 대변인 스테파노풀루스는 백악관을 나온 후에 출간한 회고록 '너무나 인간적인'에서 뉴햄프셔 예비선거를 앞둔 시점의 막막하고 절망적인 심경을 밝혔다.

[클린턴 부부의 CBS 60미니츠 출연]

섹스 스캔들 위기를 돌파하는 계기가 된 CBS '60 미니츠' 녹화장의 조명 추락 사고. 천정에 달려 있던 조명이 떨어지자, 깜짝 놀란 힐러리가 남편의 품에 꼭 안기고, 당황한 CBS 프로듀서가 부부를 달래고 있다. 앳된 힐러리 여사가 인상적이다. (왼쪽 위로부터 시계 방향으로 사고 진행 순서)

"마지막 주말은 뿌연 안개속이었다. 나는 다 잃게 되었다고 확신했지만 클린턴은 순수한 의미의 힘을 내세웠다. 그는 뉴햄프셔의 모든 유권자들을 만나고 얘기하기로 결심했다... 그때 내가 깨닫지 못했던 것은 클린턴의 문제에 관심이 집중되면서 역설적으로 그에게 도움이 되었다는 점이었다. 정치의 영역에서는 부정적인 사안일지라도 불리하지만은 않다는 역설이 존재한다. 긍정적인 사안이 최선이지만, 부정적인 사안일지라도 언급되는 것이 차선이며 아예 언급되지 않는 것이 최악이라는 것이다. 또 뉴햄프셔 예비선거를 정치가 어떠해야 하는가에 관한 국민투표로 전환시켰다. 클린턴은 대중을 불쾌하게 했지만, 그것을 그에게 표를 던져야 할 이유로 바꾸어 놓았다."

스테파노풀루스 대변인은 클린턴의 로즈 장학생 후배다. 로즈장학제도는, 다이어먼드 회사 드비어스 창업주 세실 로즈가 1902년 사망하며 설립한 장학 프로그램으로, 영국 옥스퍼드대에서 2년간 공부할 장학금을 지원한다. 원래 미국을 비롯해 영연방 학생만 선발했는데, 현재 전 세계에서 80~90명을 선발하며, 한국인은 2018년 하버드 유학생 박진규 군에 이어 2019년 서울대 이혜민 양이 선발됐다.

[클린턴 부부의 뉴햄프셔 뚜벅이유세]

1992년 뉴햄프셔 예비선거를 앞두고 뚜벅이 유세 중인 클린턴 부부(왼쪽). 조지 스테파노풀루스(위)는 아칸소 주지사 대변인으로 시작해 민주당 경선, 대선캠프를 거쳐 당선 후 백악관 대변인에 이르기까지 클린턴의 최측근이었다. 그리스 이민의 후손으로, 클린턴과는 영국 옥스퍼드에 유학한 로즈 장학생 후배다.

클린턴은 8일 동안 목숨 걸고 표밭을 누비며 정면 돌파하겠다고 선언하고, 초인적 일정을 소화하며 많은 유권자와 직접 접촉했다. 넥타이 부대와 폼나는 정치 헌금 만찬 행사장의 와인 글라스를 포기하고 거리,

대형 할인 매장, 철도역, 지하철역, 버스 터미널을 누비며 밑바닥을 파고 들었다. 젊고 키 크고 잘 생긴 클린턴과 악수하면서 유권자는 눈물을 흘렸고, 지켜보던 캠프 관계자들은 후보의 눈물겨운 분전에 가슴이 먹먹할 정도였다. 예비 선거 결과는 클린턴의 기적적 압승이었다. 2017년 19대 대통령 선거 5일을 앞두고 지지율이 3위로 급락한 안철수가 전개한 '120시간 뚜벅이 유세'가 이를 모방한 캠페인이었는데, 역전극에는 이르지 못했다.

캠페인 기간 동안 클린턴은 경제와 변화, 두 가지에 초점을 맞췄고, 결과 전략적 관점에서 성공했다. 예비선거 기간에는 유권자의 귀에 공명하는 '변화'의 메시지를 시작으로 캠페인 전반에 걸쳐 유연성을 유지했다. 클린턴은 나이든 부시나 페로가 시도할 수 없는 파격으로 단순한 신선함이 아니라 '젊음을 강조하는 변화' 전략을 구사했다. 제임스 카빌(James Carville)의 제안에 따라 심야 토크쇼에 출연해 검은 선글라스를 쓰고 색소폰을 연주했다.

전당대회 단계에 들어서자 클린턴은 주제를 변화에서 경제로 바꾸어 재포지셔닝했다. 선거전략가 제임스 카빌은 3대 전략을 표어형 메시지로 정리해 아칸소주 리틀록에 마련된 선거운동 본부에 걸었다.

Change vs. more of the same – '바꿀래, 그냥 둘래?'
The economy, stupid! – '문제는 경제야, 바보야'
Don't forget healthcare. – '의료 복지, 까먹지 말자'

[색소폰을 연주하는 클린턴]

클린턴은 정치 신인 로스 페로에 대응하기 위해 대선 후보로서는 파격적으로 심야 토크쇼에 출연해 색소폰을 연주했다. 오른쪽은 취임 후 러시아의 옐친 대통령을 맞는 리셉션 연주 장면.

'전쟁 상황실(War Room)'에 걸린 표지는 선거본부가 절대 잊지 않은 메시지다. 그동안 민주당이 사용해온 슬로건 '국민이 먼저다(Putting People First)'가 진부하다고 보고 카빌이 새로 만들어낸 것이다. 선거본부 직원들이 보라는 것이었지만, 'The economy, stupid!'는 클린턴의 메인 슬로건으로 활용되었다. 연설, 광고, 다른 정치인의 지원 등 마케팅 전략의 모든 차원을 하나로 묶는 접착제로 사용할 수 있었기 때문에 큰 이점으로 작용했다. 이 표현은 대선 이후에도 살아남아, 미국 정계와 언론에서 '경제' 단어만 바꿔 계속 활용하는 널리 알려진 어구의 일부만 바꿔서 쓴 표현 '스노클론(snowclone)'으로 자리잡았다.

4. 클린턴의 TV토론 전략

1992년 클린턴 팀은 TV토론을 피하는 부시 대통령을 겁장이 병아리로 비유하면서 압박해, 부시 진영이 TV토론을 수락하도록 만들었다. 부시 진영에서 TV토론을 수락하자, 클린턴 진영은 방청석에서 질문을 하고 후보들이 대답하는 타운미팅(town meeting) 즉 방청객 참여 토론 방식을 제안했다. 애초에 클린턴 진영의 TV토론 협상팀 대표인 미키 캔터는 부시 진영에서 이를 수락할 리가 없다고 생각했다. 미국 무역대표부(USTR) 대표로 1990년대 문민정부 시절 한국 정부와의 우루과이 라운드 협상 대표로도 활약한 그 미키 캔터다. 그런데 클린턴이 제안이라도 해보라고 강권했고, 의외로 부시 진영에서 받아준 것이다.

클린턴 진영은 치밀하게 준비했다. 예를 들면, 높은 의자에 앉을 때 한쪽 발은 의자의 발받침대에 걸치고 다른 발은 플로어에 둔다는 것까지 습관들이도록 했다. 토론 중에 후보가 바로 힘차게 일어서 발언할 수 있도록 말이다. 신체 언어 가운데 적극적 자세를 보이기 위해서는 오른발부터 디디라는 말이 있다. 의자도 원래 토론장에 비치된 것을 쓰지 않고, 후보가 연습하던 의자로 바꿨다. 물론 처음부터 토론장의 의자 제원을 미리 파악해 똑같은 것으로 연습하긴 했지만, 그래도 후보의 기분은 달랐을 것이다.

방청객 참여 순서가 되자 한 방청객이 일어서 "서민 경제가 얼마나 어려운지 아느냐"고 질문했다. 부시는 성장률, 금리, 환율, 실업률 등 복잡한 숫자를 인용하며 어려운 말로 어렵게 대답했다. 클린턴은 행동과 대화 방식, 말의 내용 모두 부시와 달랐다. 먼저 행동이 달랐다. 의자에서 '힘차게' 일어나 질문한 방청객 앞으로 다가갔다. 대화 방식도 달랐다. 질문자에게 오히려 질문을 던졌다. 직업이 있느냐, 직장을 잃은지 얼마나 됐느냐, 먼저 걱정하고 위로했다. 방청객과 공감한 것이다.

마지막으로 말의 표현이 달랐고, 내용이 달랐다. 자신이 최근 해고당한 주민들과 계속 대화 중이라면서 직장의 안정성, 연봉과 생계, 생활비, 의료비, 월세 등 구체적인 문제를 하나씩 짚어나갔다. 서민의 언어로 서민의 피부에 와 닿는 서민의 관심사를 이야기했고, 서민인 방청객과 교감하며 서민의 고통을 이해하는 후보로 자리매김했다. 쉬운 언어, 단순한 문장을 쓸수록 당선 가능성이 높다는 최근의 연구 결과도 있다. 클린턴의 독무대였다. 지켜본 언론인 모두 감탄의 칼럼을 쓸 정도였다.

5. 클린턴의 노출된 이미지 $\mathcal{E}$

클린턴은 나이든 부시나 페로가 시도할 수 없는 파격으로 단순한 신선함이 아니라 젊음을 강조하는 전략을 구사했다. 클린턴의 선거 전략가 폴 베갈라는 '심야 토크쇼에 출연해 색소폰을 연주하라'고 제안했다. 클린턴은 지명 전당대회 바로 다음날 아세니오 쇼(Arsenio Show)에 출연해 '하트브레이크 호텔'과 '신이여, 어린이를 축복하소서'를 연주했다. 아세니오쇼는 정식 명칭이 아세니오 홀쇼인데 흑인 코미디언 아세니오 홀 (Arsenio Hall)이 MC겸 제작자로 제작해 전국 방송사에 공급하는 심야 토크쇼다. 클린턴은 원래 고등학교 시절 색소폰을 배웠고, 아칸소주 청소년 밴드에서 색소폰 주자로 활동하기도 한 실력파였다. 한때 뮤지션이 되려 했을 정도의 사연도 이렇게 알려졌다. 베갈라의 말이다.

"스튜디오에 도착하자 MC 아세니오가 클린턴의 줄무늬 넥타이를 보고 침을 놓았다. '헤이, 내 쇼에서 그런 구닥다리 넥타이 하면 안 되죠.' 아세니오가 잠깐 나갔다 들어오면서 요란한 노란 넥타이로 갈아매라고

시켰다. 내가 주머니에서 검은 선글라스를 꺼내 후보에게 건네자 후보는 선임 전략가인 제임스 카빌(James Carville)의 눈치를 살폈다. 카빌이 대답했다. '비틀즈 이전 일이면 제가 결정합니다. 비틀즈 이후는 베갈라가 결정하죠. 이건 비틀즈 이후 일입니다.' 그 선글라스는 엄청 유명해졌고, 나는 클린턴 박물관에 선글라스를 기증했다."

전통 언론의 반응은 경악이었지만, 베갈라는 의기양양했다. 전통언론이 황당해할수록 전략이 성공했다고 생각했다. 이로써 클린턴은 나이든 부시와 페로 두 사람 모두와 차별화한 이미지를 구축하는데 성공했고, 모험적인 이미지 전략은 적중했다.

클린턴 진영은 페리 쿠오모 뉴욕 시장의 전당대회 지원 연설을 사전에 철저히 미리 검토했다. 후보의 최측근이며 언론 총괄 담당자인 스테파노풀루스가, 후보보다도 정치의 대선배인 쿠오모 시장이 실제처럼 연설하는 것은 끝까지 들어보고 O.K. 사인을 냈다. 쿠오모 시장도 중간중간 스테파노풀루스에게 '이 대목 어때요', '이런 톤 괜찮아요?'라며 확인해가면서, 말하자면 후보 측에 사전 감수를 받았다. 후보 진영의 신중하고 꼼꼼한 점검과 쿠오모의 열성어린 지지로 경선 과정의 앙금에 대한 우려는 깨끗하게 불식됐다.

1992년 미국 대통령 선거는 현대 민주정치 특히 선거에서 정치와 경제의 상관관계를 다시 일깨운 선거였다. 부시 패배의 최대 이유는 경제난이었다. 1989년 1월부터 1992년 9월 말까지 부시 행정부의 집권 3년 9개월간 국내총생산(GDP) 성장률 2.2퍼센트였고 미국인들이 중요하게 생각하는 시간당 소득증가율은 0퍼센트로 나타났다. 실업자 1,000만 명에 매일 수백 개의 기업이 파산하고, 재정적자는 4조 달러에 달해 제2차 세계대전 후 집권한 9명의 대통령 가운데 최악의 점수였다.

클린턴은 경제를 선거의 가장 중요한 이슈로 제기했다. 지금도 잘 알려진, "It's the economy, stupid!(바보야, 중요한 건 경제야)." 캐치프레이즈가 선거의 승패를 결정해 버린 것이다. 클린턴은 1992년 7월 민주당 대통령 후보 지명 수락연설에서 "미국 경제가 독일에 뒤지고,(중략) 몇 달전 일본 총리가 '동정'을 느낀다고 말할 정도가 되었다"고 개탄하고 이같이 실추된 미국의 위신을 끌어올리겠다고 다짐했다.

투표를 마치고 나온 유권자들을 상대로 한 출구 여론조사에서 경제가 아주 좋다(excellent)는 응답은 단 1%, 괜찮다(good) 14%, 좋지 않다(not good) 45%, 매우 나쁘다(poor) 39%로 유권자 절대 다수가 경제에 불만이 많았다. 클린턴과 페로를 지지한 유권자는 부시 대통령이 경제위기에 제대로 대처하지 못하고 미국 서민의 우려를 이해하지도 못한다고 생각했던 것으로 밝혀졌다.

부시의 여론조사 전문가인 프레드 스티퍼(Fred Steeper)는 말했다. 유권자는 "클린턴에게 보답한 것이 아니라 최근의 불만에 대해 부시를 심판했다." 뉴스위크도 비슷한 논평을 남겼다. 클린턴은 "신념 때문이 아니라 분노의 파도 덕분에 백악관 문턱을 넘었다. 그는 4년 임기 동안 자신을 입증해야 하며 실패하면 조지 부시와 함께 희생물로 전락할 것이다."

	외모	건강	언변	엘리트	전쟁영웅	서민	식견	인권	드림	소통	이상적 대통령
g	○	○	○	○	×	○	○	×	○	○	?
i	○	○	○	○	×	○	○	○	○	○	○
ε	○	○	○	○	×	○	○	×	○	○	○
평가	A	A	A	A	O	O	A	F	F	A	F

6. 아버지 부시의 이미지와 선거 전략

가. 부시의 주어진 이미지 *g*

[부시 대통령의 전쟁 영웅 이미지]

아버지 부시는 2차 대전 당시 미해군 최연소 조종사로 남태평양 전투에 참전했는데, 작전 중 격추돼 간신히 구조되기도 했다. 왼쪽은 1980년 대선의 공화당 선전 배지. 레이건과 부시가 나란히 활짝 웃으며'Let's Make America Great Again'구호를 외치고 있다.

현역인 아버지 부시 대통령은 부친 프레스컷 부시가 연방 상원의원를 지낸 정치 명문가 출신이다. 명문 예일대를 졸업하고 텍사스의 정유회사 임원으로 큰 돈을 모은 성공한 기업인이다. 2차 대전 당시 새로 창설된 해군 전투 조종사에 18살에 자원한 최연소 조종사로 태평양 해전에 58회 출격해 무공훈장 3개나 받은 전쟁 영웅이기도 하다. 아버지 부시는 1944년 9월 2일 이오지마(유황도) 부근 지치지마 섬 근처에서 작전을 수행하다 피격당해 바다로 떨어졌으나 미군에 구조되었다. CIA 국장에 부통령, 대통령 경력까지 갖추었다. 미국 부통령은 상원의장을 겸하기 때문에 상원의 여야 지도자들과도 특별한 교분을 쌓았다. 대통령 재임 중 1990년 걸프전 승리까지 얻었으니, 이보다 더 좋은 지도자의 이미지는 없을 것이다.

나. 부시의 내보려는 이미지 *i*

부시 대통령은 이라크 전쟁에서 승리한 시점부터 서구 세계의 지도자로 또 위기에 의지할 지도자(레이건식 가부장 이미지)로서 자신의 이미지를 고정하려 했다. 부시는 대통령직 수행에 전념하는 게 최고의 선거 전략이라 믿었다. 문제는 경제난과 선거운동이었다. 경제난은 당장 단기간에 어쩔 수 없었다지만 선거운동은 달랐다. 참모들은 초조했고 여러 차례 선거 캠페인을 준비하자고 말했지만 먹히지 않았다.

선거일까지 11주 남은 8월, 부시 캠페인 조직에는 원칙도 전략도 규율도 없었다. 아직까지 제대로 된 여론조사도 유권자 분석도 하지 못했고, TV광고 제작은커녕 제작팀도 꾸리지 못한 상태였다. TV광고와, 1주일간의 전당대회, 다가오는 TV토론 준비(debate on the horizon)에 쓸 돈이 4천만 달러나 남아 있었다. 부시의 설득으로 돌아온 짐 베이커조차 혼란에 질서를 회복할 수 없었다. 베이커는 레이건 대통령의 수석 보좌관, 재무장관을 지내고 아버지 부시 대통령의 국무장관을 지낸 거물이었지만, 그도 손쓰기 어려울 정도로 상황이 어려웠던 것이다.

캠페인 조직 최대의 '기능적 붕괴' 중 하나는 어떤 전당대회 연설도 사전에 검토(censor)하지 않은 것이었다. 충성 당원들이 텍사스 휴스턴의 아스트로돔에서 활동하는 동안, 최고위 참모들은 교외의 더블트리 호텔에 처박혀 있었다- 심각한 실수였다. 1992년 공화당 전당 대회는 선거운동의 통제를 받지 않는 당 간부들이 계획했다. 결과 수백 만의 유권자가, 부시 대통령의 순서에서 소외되었다. 공화당 팻 뷰캐넌의 지원 연설은 부시정책을 옹호하는 게 아니었고 외려 비판조였다. 부시 백악관은 너무 흐트러져 정치적 방향이 매일 바뀌었고 대통령을 위한 연설비서관을 고용하는 데 7개월이 걸렸다.

캠페인 조직과 광고 담당자의 관계는 끔찍했다. 밥 티터(Bob Teeter)는 부시 대통령의 텔레비전 광고를 만들기 위해 매디슨 애비뉴의 최고 인재를 끌어들여 '11월 컴퍼니(The November Company)'라는 새 광고대행사를 설립했다. 미국 대통령선거가 11월이기 때문에 '11월 컴퍼니'였다. 그러나 광고 전문가와 선거조직 가운데 어느 쪽이 메시지를 책임질 것인지를 정하느라 여름 전체를 허송세월했다. 광고 전문가는 선거 조직 사람들이 무엇을 말하고 싶은지 모른다고 불평했고, 선거 조직은 광고 전문가가 내놓은 아이디어를 전혀 좋아하지 않았다.

원래 한 방면의 전문가들은 다른 분야의 전문가들의 개입을 별로 좋아하지 않는다. 한편 정치인, 정치권 인사들은 '권력'에 대한 집착이 강하다. 당연히 후보 주변의 문고리 권력과 홍보 광고 전문가 사이에는 갈

등이 발생하기 마련이다. 똑같은 문제가 2016년 반기문 캠프, 2017년 안철수 캠프에서도 발생했다. 반기문은 측근 외교관들의 기존 권력을 인정해준 결과 출마도 못한 채 주저앉았고, 정반대로 정무 감각 없는 전문가에게 일임한 안철수는 본선에서 실패했다.

결국 부시 캠프는 포커스 그룹이 메시지를 결정했는데, 어마어마한 큰 실수였다. 포커스 그룹은 이슈, 이미지 등을 위한 아이디어를 얻는 데 효과적이지만, 전체 인구를 무작위로 대표하지는 않는다. 포커스 그룹 인터뷰(F.G.I.)와 병행해서 항상 전체 유권자 집단에서 무작위로 선택된 표본을 대상으로 본격 마케팅 조사 연구를 수행해야 한다는 점을 잊어서는 안 된다.

캠페인 마지막 10주의 전략은, 두 번째 대통령 임기의 경제 의제에 대한 3주간의 소개와, 경제적 제안에 "높은 가치를 매긴" 클린턴보다 유리하게 비교한 몇 주 그리고 부시 대통령의 경험과 위상을 강조하고 클린턴의 이미지를 헐뜯는 비교하는 결론적인 광고로 구성됐다. '11월 컴퍼니'가 네거티브 광고의 제작 진행을 거부하자, 베이커는 8월에 합류한 인디애나의 정치고문 미치 대니얼스(Mitch Daniels)가 이끄는 B급 (즉, 2류) 광고팀을 고용하고, 1984년, 1988년 레이건 광고캠페인의 핵심이었던 시그 로기치(Sig Rogich)를 추가 영입했다. 로기치는 시리즈 광고 6개를 제작해 텔레비전에서 네거티브 캠페인을 펼쳤지만, 너무 늦고 체계적으로 관리되지 않아 별 효과를 보지 못했다.

다. 부시의 노출된 이미지 $\mathcal{E}$

최초로 타운홀미팅 방식이 도입된 리치먼드 대학에서의 10월 15일 2

차 TV토론이 결정타였다. 한 방청객이 일어서 "서민 경제가 얼마나 어려운지 아느냐"고 질문했다. 부시는 국채가 어떻고 금리가 어떻고 장기적으로 자녀 교육비가 어떤 영향을 받을지 거시적 관점에서 답변했다. 전문가나 식자층에게는 좋은 관점이고 답변일 수 있지만, '서민'에게는 피부에 와 닿지 않았다. 일반인이 바로 인식하기 어려운 난삽한 용어로 문제를 제기하고 답하는 이런 오류를 프레임 이론의 대가인 인지언어학자 레이코프는 신랄하게 비판한다. 어려운 용어를 쓰는 순간 스스로 논점을 흐리게 된다는 것이다.

클린턴은 질문한 방청객 앞으로 다가가, 답변이나 토론이 아니라 질문자와 대화를 시작했다. 클린턴의 독무대였다. 지루하기 짝이 없었던 부시가 손목시계를 들여다 보는 장면이 카메라에 잡혀 전국에 생중계됐다. "얼른 끝내, 얼른 나가고 싶어(Outta time. Outta here)"라고 말하는 것 같았다. 부시는 텔레비전 정치 행동에서 허용된 예의 규범을 위반한 것으로 널리 인식되었다.

대기실의 클린턴 참모들은 만세를 불렀다. 뉴스위크(Newsweek)는 "부시 시청자에게 친숙한 제스처였다. 마른(lanky) 팔목이 가볍게 지나가고(flick) 흘낏 시계를 본다... 그러나 지난 목요일 두 번째 대통령 후보 텔레비전 토론의 중간 쯤, 부시는 명백하고 참을성 없이 시간을 확인했고, 그 결과 시청자 8천만 명이 부시의 친숙한 습관이라는 더 큰 의미를 읽었다"고 토론 기사에서 보도했다. 부시 대통령의 조급함은 선거운동과 대통령 임기에 대한 은유가 되었다.

[1992년 대선 후보의 TV 토론]

클린턴은 질문을 받자 자리에서 일어난 뒤, 질문한 방청객 바로 앞으로 다가가 공감하는 토론으로 이끌어갔다. 반면 사회자가 말하는 동안 손목 시계를 들여다보는 아버지 부시(당시 현직 대통령). 이 장면은 TV토론전문가들이 누누이 강조하는 주의 사항에 포함된다. TV토론은 클린턴의 독무대였다.

[부시 이미지의 분석 틀]

	외모	건강	언변	엘리트	전쟁영웅	서민	식견	인권	드림	소통	이상적 대통령
g	○	○	○	○	○	×	○	×	×	○	○
i	○	○	○	○	○	×	○	○	×	○	○
ε	○	○	○	○	○	×	○	×	×	×	×
평가	A	A	A	A	F	○	A	F	F	A	F

7. 3위 로스 페로의 이미지와 선거 전략

페로는 CNN의 〈래리킹 라이브〉에 출연해 대선 출마를 선언하고, 자신이 출연해 비전과 정책을 설명하는 동영상 시리즈를 본인 비용으로 제작해 배포하는 새로운 선거 운동을 펼쳤다. 30분 남짓한 동영상에서,

페로는 도표를 잔뜩 그려놓고 앞에 앉아 레이저 포인트로 가리켜 가면서 어떻게 재정 적자를 해결하고 국가 부채를 줄여나갈지 설명하고 지지를 호소했다. 페로의 동영상은 정보(Information)와 광고(Commercial)를 동시에 제공하는 신개념으로, 인포머셜(Infomercial)의 새 영역을 개척했고 광고업계에 오래 회자됐다.

페로는 TV 토론에서도 색다른 메시지와 접근법을 구사했다. 국정 경험 없는 자신의 약점을 최대의 강점으로 부각시키는 능력을 과시했고, 정치권과 언론은 페로를 '위대한 단순주의자(Great Simplifier)'라 불렀다. 부통령 8년, 대통령 4년의 부시와 12년 주지사 클린턴이 국정 경험, 행정 경험을 강조하자, 페로는 역발상으로 '국정 무경험'이 강점이라 주장하며, 부시와 클린턴을 한두름으로 날려 보냈다.

"정말 중요한 대목입니다. 저는 마비상태인(gridlock) 정부의 경험이 없습니다. 정부는 무슨 문제든지 아무도 책임지지 않고 모든 사람들이 다른 모든 사람을 비난하는 곳이죠. 저는 산업화된 세계에서 가장 실패한 공교육 시스템을 만들어낸 경험이 없습니다. 산업화된 세계에서 가장 폭력적이고 범죄에 찌든 사회를 만들어낸 경험도 없습니다. 그러나 저는 일을 제대로 하는 경험은 있습니다. 저는 (정치권에서) 10년 걸린 문제를 10분만에 해결한 경험이 많습니다."

[로스 페로의 새로운 선거운동]

1992년 로스 페로는 CNN의 래리 킹 라이브에 출연해 대선 출마를 선언하고(맨 왼쪽) 방송에 출연해 도표를 제시하면서 직접 자신의 경제 정책을 설명했다.(왼쪽 위) 또한 배지와 셔츠 등 다양한 소품을 동원해 캠페인을 벌임으로써 선거운동의 규칙을 바꾸었다.

8. 클린턴과 부시, 페로의 이미지 분석과 분수령 선거 결과

1992년 미국 대통령 선거는 현대 민주정치 특히 선거에서 정치와 경제의 상관관계를 다시 일깨운 선거였다. 부시는 경제실적이 2차 대전 후 집권한 대통령 9명 가운데 최악이었다. 양대 정당이 분점한 미국 정치에서 클린턴–부시–페로 3자 구도로 대선이 치러진 것도 익숙지 않은 장면이었다.

작은 시골 아칸소 출신 청년 정치인 빌 클린턴은 옥스퍼드와 예일대를 졸업한 변호사로, 32살에 주지사가 된 최고 엘리트다. 대마초, 병역기피 의혹, 혼외 정사 의혹 등으로 위기도 많았지만, 위기 자체가 클린턴의 이름을 유권자에게 알리는데 기여했다. 캠프는 '동화속 왕자'의 엘리트 전략에서 '돌아온 탕아'(return boy)로 이미지 전략을 완전 수정했다.

클린턴은 경제와 변화에 초점을 맞추고, '문제는 경제야, 바보야' The economy, stupid! 캐치프레이즈를 던졌다. 심야 토크쇼에 출연해 검은 선글라스를 쓰고 색소폰을 연주하면서 '젊음을 강조하는 변화' 이미지를 강조했다. 클린턴은 TV토론에서 부시 대통령을 압도해 이상적 지도자의 이미지를 가져갔다.

가난한 가정에서 태어나 계부의 폭행을 견디면서 명문대학에 입학해 영국 유학을 다녀오고 변호사가 되고 변호사 아내를 얻고 교수가 되고 청년 주지사가 된 클린턴의 주어진 이미지는 아메리칸 드림의 상징이며 케네디의 재림이었다. 클린턴의 주어진 이미지 g는 '아이들에게 이야기해주고 싶은 나라' '동화의 주인공'이었고, 참모들이 구상한 '내보려는 이미지 i'도 그것이었다. 그러나 혼외정사, 병역기피, 마약 등 스캔들이 잇따르면서 참모들은 '돌아온 탕아'로 이미지 전략을 수정했고 클린턴은 수정된 전략도 잘 수행해냈다. 클린턴 부부의 CBS 60 미니츠 동반 출연, 뉴햄프셔 예비선거 직전의 뚜벅이 유세, 틈날 때마다 TV토크쇼에 출연해 자신의 진면목을 알리려는 개방적 자세 등으로 클린턴의 노출된 이미지 $\mathcal{E}$는 '돌아온 탕아'였다.

현직 부시 대통령의 주어진 이미지 g 는 정치 명문가 출신의 엘리트로 일도 잘 하고 약속도 잘 지키는 정치인이었다. 2차 대전 당시 남태평양 전선에서 최연소 해군 전투 조종사로 복무한 전쟁 영웅이고, 레이건 황금 시대를 잘 보필한 넘버 2맨이었으며, 대통령 첫 임기에는 걸프전을 승리로 이끌어 위대한 미국을 다시 한번 과시한 이상적인 대통령의 이미지로 대선을 맞을 수 있었다. 호감형의 주어진 이미지 g 에도 불구하고 이미지 전략을 제대로 구사하지 못했다.

클린턴 팀의 압박으로 강요 받은 타운미팅형 TV토론에서 결정적 실수를 범하고 불통 이미지, 나아가 패배자의 이미지로 유권자에게 전달되었다. 부시의 어려움은 '새로운 세금 신설 없다'는 1988년 대선공약을 대통령 재임 중에 어기면서 시작됐다. 레이건 시절 구 소련과 전략방위구상(Strategic Defense Initiative; SDI)등 군비 경쟁이 격화되면서 누적된 재정 적자에 걸프전을 수행하면서 재정 적자가 확대되자 민주당이 증세를 요구했고 어쩔 수 없이 동의한 것이 공약 위반이 되었다.

문제는 당내 경선 과정에서 경쟁자 뷰캐넌이 이를 집요하게 물고 늘어지면서, 부시가 공약 위반자로 낙인 찍힌 것이었다. 뷰캐넌의 집요한 독설 공세로 '부시는 어떤 공약도 지키지 않을 것'이라는 상대 후보들의 공격이 중도 유권자 사이에 설득력을 얻었고, 내보려는 이미지 i와 노출된 이미지 ε에 큰 괴리가 발생했다. 노출된 이미지 ε는 소통하지 않는 정치인과 거짓말하는 정치인이었던 것이다.

페로는 CNN의 〈래리킹 라이브〉에 출연해 대선 출마를 선언하고, 자신이 출연해 비전과 정책을 설명하는 동영상을 인포머셜(Infomercial) 시리즈로 제작해 배포하는 새로운 선거 운동을 펼쳤다. 페로는 TV 토론에서도 '국정 무경험'이 강점이라 주장했다.

1992년 대통령 선거의 투표자수는 1960년 이후 최대였는데, 유권자 득표율은 클린턴 43%, 부시 38%, 페로 19%였다. 선거인단 차이는 훨씬 더 압도적이었다: 클린턴 370대 부시 168이었다. 페로는 선거인단을 한

명도 획득하지 못했지만, 그의 유권자 득표율은 1912년 시어도어 루즈벨트의 27% 이래 3위 후보로서는 최대를 기록했다. 당선자 클린턴은 45세로 2차 대전 이후 태어난 첫 미국 대통령이자 케네디 이래 최연소 대통령이었고, 민주당은 상하원 양원을 모두 장악했다.

'위대한 단순주의자(Great Simplifier)' 페로의 등장으로 1992년 대선은 분수령 선거(分水嶺 選擧, watershed election)로 분류되었다. 선거의 규칙이 바뀌고 구도가 달라졌다. 분수령(分水嶺)은 '수계(水系)가 갈리는 고개'라는 의미인데, 예를 들면 빗물이 태백산맥 정상에 떨어지면 어떤 물은 동쪽 즉 영동(嶺東)으로 어떤 물은 서쪽 즉 영서(嶺西)로 흐르게 된다. 이 경우 태백산맥은 물을 가르는 고개, 분수령이 된다.

정초선거(定礎選擧 foundation election)라는 용어도 있다. '주춧돌을 놓는 선거'라는 뜻이다. 한 사회의 정치 지형을 확정짓는 선거며 국가의 미래를 결정하고 사회의 틀을 잡는 중대한 선거라는 의미로 쓰인 듯하다. 우리나라에서는 1992년 이후 20년 만에 총선과 같은 해 치러진 2012년 대선에 대해 일부 전문가들이 '정초선거'의 가능성을 제시했다. 그러나 5년만인 2017년 정권이 교체돼 2012년 대선은 정초선거의 의미를 상실했다. 재미난 것은, 위에 설명한 의미로는 정초선거의 영어 용례를 찾기 어렵다는 것이다. 단지 특정한 조직이나 기구에서, 조직의 대강을 정하는 선거를 foundation election이라 부른 예는 찾을 수 있다. 아마도 '정초선거'는 일본에서 작명해 국내에 수입된, 국적 불명의, 학문적 근거가 박약한 표현으로 보인다.

분수령 선거는 수십 년간에 걸친 정치의 큰 흐름을 결정하는, 획기적이고 특별히 기억할 만한 선거를 말한다. 양당 정치가 안정적으로 정착된 미국에서는 아이젠하워가 당선된 1952년, 클린턴이 당선된 1992년 두 선거가 정치학계에서 공인하는 분수령 선거다. 정치 경험이 전무하고 중앙당 지원을 받지 못한 트럼프가 SNS를 활용해 당선된 2016년 대선도, 트럼프가 2024년 재선에 성공함으로써 앞으로 분수령 선거로 꼽힐 가능성이 있다.

1992년 미국 대선을 분수령 선거로 꼽는 이유는, 후보들이 전통 미디어를 우회해 유권자들에게 직접 다가갈 수 있는 정교한 뉴미디어에 의존함으로써 게임의 규칙이 바뀌었기 때문이다. 40대의 클린턴과 기업인 출신 페로가 변화를 주도했다. 이들은 통신위성 기술에 의존해 장난감 제조업체가 토요일 아침 만화쇼에서 어린이에게 광고 메뉴를 타게팅하는 방식과 비슷하게 세분화된 유권자를 타겟으로 메시지와 호소를 내보냈다. 클린턴은 MTV에 출연해 색소폰을 연주했고, 페로는 CNN의 래리 킹 라이브에 출연해 출마선언을 하고 광고성 정보로 메시지를 전파했다.

[1992년 미국 대통령 선거 가설 검증]

	주어진 이미지 g	컨셉	슬로건	전제	가설2	2-1
빌 클린턴	강건 젊음 여유 소통	아메리칸 드림 ⇨ 돌아온 탕아	바보야, 문제는 경제야	○	○	
조지 부시	허약 노령 긴장 불통			○		○
로스 페로	역동	정치 교체		○	○	

제 4 절

승패를 가른 이미지 요소들

1. 당선자 이미지

가. 주어진 이미지 g

이미지 요소에 가장 중요한 첫 인상을 결정하는 '스타일', 즉 미남 이미지는 논할 필요조차 없다고 생각된다. 미국에서는 젊고 건강하고 강한 이미지가 '이상적인 지도자' 자격 조건으로 가장 중요하다. 대통령은 가정과 지역사회를 지키고, 나아가 국가를 수호하는 지도자여야 하기 때문이다. 1960년대 이후 건강하고 강한 이미지로 대선에서 승리한 대통령으로는 케네디, 레이건, 빌 클린턴, 아들 부시, 트럼프 등을 꼽을 수 있다.

미국은 명문대학 졸업이 자랑스런 이력에 속하고 득표에 대체로 도움이 된다. 세계를 지도하는 최강대국 미국의 지도자는 최고의 교육과 지도자 훈련을 받아야 하고, 유사시에는 가장 우수한 친구들의 조력을 받을 수 있어야 하기 때문이다. 하버드(루즈벨트, 케네디, 오바마), 예일(포드, 조지 부시 부자, 빌 클린턴) 펜실베이니아 와튼스쿨(트럼프), 시라큐사(바이든) 등 미국을 대표하는 명문 대학이 역대 미국 대통령의 출신 학교다. 오히려 이런 명문대학 출신 아닌 대통령들이 이채로운 정도다.(존슨, 닉슨, 카터, 레이건).

다민족 국가인 미국의 유권자는 국가, 애국가, 성조기, 군복에 대한 존중이 남다르다. 군복을 입고 나라를 지킨 전쟁 영웅, 특히 고급 장교나 장성 출신은 일상 생활에서는 물론 선거전에서 특별한 예우를 받고 큰 이점을 누린다.(앤드류 잭슨, 그랜트, 아이젠하워, 케네디, 아버지 부시 등) 레이건은 성조기를 자주 활용해 애국심 전략을 썼고, 선거 과정에서 병역 기피 의혹이 제기됐던 아들 부시 대통령도 함상에서 군복 차림으로 이라크 전쟁종전을 선언하는 등 성조기와 군복을 소품으로 자주 활용했다. 군 경력이 없는 클린턴 대통령은 대선에서 혼쭐이 났다.

미국민은 '상속자산'에도 확실히 관대한 것으로 보인다. 집안에 돈이 많은 준재벌이라도 상관 없고, 성공한 기업인이면 더 자랑스럽다. 루즈벨트, 케네디, 아버지 부시, 아들 부시 대통령, 트럼프 모두 가문의 후광이 작용한 예다. 트럼프는 워싱턴 아웃사이더를 자처했지만, 그의 재산은 본인 당대에 이룬 것이 아니라 상속받은 것이다. 자본주의의 본산이라서인지, 재산뿐만 아니라 정치 자산의 상속도 용인하는 분위기다.(루즈벨트, 케네디, 부시 부자) 그러나 아메리칸 드림의 나라답게 역경을 딛고 스스로 성공한 자수성가한 인물에게도 점수가 후하다.(앤드류 잭슨, 링컨, 카터, 레이건, 빌 클린턴, 버락 오바마).

미국은 서부 개척의 역사가 끝난 지 오래다. 건국의 역사가 짧아서 그렇지 서부 개척의 역사가 그리 오래된 과거도 아니다. 그럼에도 여전히 미국민은 미지의 영토를 '개척'하는 정신이랄까 기풍을 높이 평가한다. 케네디 대통령이 세상을 떠난 지 60년이 가깝지만 여전히 미국민의 사랑을 받는 것은 '뉴 프론티어' 정신, 개척정신을 강조하고, 새로운 영토로서의 가능성을 우주에서 찾은 것도 한 원인이다. 그 연장선상에서 미국민은 워싱턴 아웃사이더의 이미지를 좋아한다.(아이젠하워, 카터, 레이건, 클린턴, 아들 부시, 버락 오바마, 트럼프)

그리고 워싱턴 바깥에서 신인을 발굴하고 공천하는 것은 명예나 책임이 아니라 권력을 추구하는 정당 내부 권력 소유자의 이해관계와도 일치한다. 내부 권력자들은 흔쾌하지는 않지만 '믿을 만하면' 새로운 인물을 후보자로 내세운다. 신선함을 무기로 또는 특수한 업적에 의해 선거 승리에 필요한 흡인력을 확보할 수 있기 때문이다. 베버는 신인 공천이 독일, 프랑스, 이탈리아에 이식되기는 어렵다고 말한다. 국회의원 공천에서는 '물갈이'라는 명목의 신인 공천이 잦은 한국에서도 대통령 후보만큼은 신인 공천은 흔치 않고, 성공한 예는 윤석열 단 한 명이다.

실제로 2차 대전 이후 아이젠하워 대통령을 기점으로 현직 대통령이 재선에 도전하는 경우를 제외하면, 역대 대통령 선거에서 워싱턴 내부 인사와 맞붙은 워싱턴 외부 인사들은 단 2명을 제외하고 모두 승리했다.(닉슨, 카터, 레이건, 빌 클린턴, 조지 W. 부시, 버락 오바마, 트럼프) 단 2명의 예외는 1988년 민주당의 듀카키스 매사추세츠 주 지사를 꺾은 아버지 부시 부통령과, 2020년 공화당의 트럼프 대통령을 꺾은 민주당의 바이든 상원의원이다. 그러나 아버지 부시 대통령은 독자적인 인기나 지지보다는 퇴임 시 60% 넘는 인기를 누린 레이건 대통령의 후광 효과가 컸다고 봐야 한다.

[앨 고어의 지지율 20% 짜리 전당대회 키스]

2000년 8월 7일 민주당 지명전당대회. 앨 고어는 연단에 오르기에 앞서 아내 티퍼에게 뜨거운 키스(smooch)를 퍼부었다... 잠깐(perfunctory) 키스가 아니었다. 입에서 입으로 꽤 긴 시간 키스는 계속되었다. 혀가 관여한 것 같았다. 청중들이 박수를 보내고도 키스가 계속되자 청중들은 환호성을 올렸다. 고어의 참모들은 모두 놀랐다. 즉흥적인 순간이었고, '낮은 정보 신호로 가득찼다... 세상에 대해 "고어, 딱딱한 남자 아니예요"라고 말하고 있었다. 사실 그는 꽤 격정적인 사내처럼 보였다. 뉴욕 타임스가 나중에 시간을 쟀더니 3초였다고 하는데 3초 키스로 지지율 20%를 끌어올린다면 못 할 사람이 어디 있을까?

아이젠하워(육군 원수, 직업 군인), 케네디(케네디 역시 당시 상원의원이 었지만, 상대 닉슨은 상하원 의원 6년에 부통령 8년을 지내 내부자 이미지가 훨씬 강했다), 닉슨(1962년 정계 은퇴를 선언했다가 6년 뒤 야당 후보로 재도 전), 카터(조지아 주지사), 레이건(캘리포니아 주지사), 클린턴(아칸소 주지사), 조지 W. 부시(텍사스 주지사), 트럼프(기업인) 등 워싱턴 아웃사이더가 초 강세다.

2020년 대선에서 다선 상원의원에 부통령을 거친 노쇠한 워싱턴 인 사이더인 바이든이 당선된 것도 극히 이례적이다. 여기 대해 트럼프의 예 측 불가능한 돌출 행동과 거짓말, 그리고 분열의 정치에 미국민이 피로 증후군을 보였다는 분석이 많다. 바이든을 선택했다기보다는 트럼프를 반대했다는 해석인 것이다. 대통령으로서 유달리 워싱턴 외부인사를 선호하는 미국민의 선거 행태는 중앙 정치무대 경험을 중시하는 한국이나 일본의 국가원수 선택 기준과는 상당한 차이가 있어 보인다.

가족의 가치도 미국 유권자가 매우 중요시하는 가치다. 부인이 아름답고 가족이 화목하면 유리하고, 자녀가 어리면 금상첨화다. 1960년 케네디 대통령의 유세 기간 내내, 어린 자녀와 부인 재클린의 임신 소식은 주요 뉴스였다. 아들 부시는 후덕한 인상의 어머니 로라 부시 덕을 많이 봤고, 트럼프는 모델 출신 부인 멜라니아와 잘키운 딸 이방카 덕을 많이 봤다.(케네디, 레이건, 클린턴, 아들 부시, 오바마, 트럼프 등)

보통 사람의 이미지도 자주 애용된다. '보통사람'하면 단연 1976년 카터 대통령이다. 1970년대 후반부터 1980년대에 이르기까지 세계를 휩쓴 시대정신은 '보통사람'이었다. 보통사람의 명분과 카터 대통령의 철학에 공감한 헐리우드의 지성파 인기 배우의 로버트 레드퍼드가 1980년 주연, 감독하고 제작한 영화 '보통사람들'은 1981년 주요 영화상을 휩쓸었다. '보통사람' 이미지는 한국에서도 유행해, 1987년 대선 당시 민정당의 노태우 후보가 '위대한 보통사람의 시대'를 선언할 정도였다. 그러나 아무나 보통사람의 이미지를 얻고자 한다고 되는 것은 아니다.

1996년 선거에서 클린턴은 어떤 유권자 집단(segment)에게 소구하느냐에 따라 자유자재로 이미지 변신을 시도함으로써 역대급의 기억할 만한 이미지를 남겼다. 특히 메이슨 딕슨 라인 아래 남부로 내려갈 경우 대통령이 아닌 것처럼 걸음걸이부터 바꿨다. 메이슨-딕슨 선(Mason-Dixon Line)은 미국 독립 이전 펜실베이니아주와 메릴랜드주의 경계 분쟁을 해결하기 위해 만든 선이다. 영국의 측량기사 찰스 메이슨(Charles Mason)과 제러마이어 딕슨(Jeremiah Dixon)이 1763년부터 4년간 측량한 결과 설정돼, 1769년 영국 왕실의 승인을 받았다. 노예제도의 존재 여부를 가르는 경계선 역할을 했고, 오늘날까지 미국의 북부와 남부를 정치적 사회적으로 구분하는 상징적인 경계선이다. 남부를 가리키는 딕시(Dixie) 또는 딕시랜드(Dixie Land)도 메이슨-딕슨 선에서 나온 말이다. 남북 전쟁 때 남부를 찬양한 노래를 딕시(Dixie), 남부 재즈 음악의 일종을 딕시랜드(Dixie Land)라고 했다. 대표적 딕시(Dixie)는 1859년 댄 에밋(Dan Emmett)의 '딕시랜드(Dixie's Land)'다.

더 자주 씩 웃고, '오랜 좋은 친구' 인상을 주려고 스타일도 복고풍(nostalgic)이고 언어도 질펀해(colorful words), 남부인이 되는 것이다. 클린턴은 누구와 있든 거기 맞출 수 있는 놀라운 능력자였다. '보통사람' 이미지의 연장선상에서 쉽고 단순하며 편안한 언어를 구사하는 후보의 당선 가능성이 높다는 연구도 있다. 미국 카네기멜런대 언어기술연구소가 2016년 3월 주요 대선 후보의 언어능력을 분석한 결과 지지율과 언어 수준은 반비례하는 사실이 입증됐다.

미국 정치인들은 이런 이미지 가운데 한두 가지와 일치하는 이미지로 대권에 도전한다. 아메리칸 드림을 실현했으나 젊은 나이에 세상을 떠나 미국민의 가슴에 영원히 남은 케네디 대통령은 미국민들이 좋아하는 이미지를 모두 갖추고 출마한 것은 아니었다. 그러나 성공적인 이미지 전략과 전략의 충실한 수행으로, 서민 이미지를 제외한 거의 모든 긍정적 이미지를 갖춘 완벽한 지도자로 미국민의 가슴에 살아 있다. 이후 역대 대통령 후보들은 나이와 당적에 상관없이 케네디 대통령의 이미지를 빌리려 애쓰고 있다.

[미국의 대통령 당선자 이미지(1950년 이후)]

해당	당선자(대통령)	이미지	낙선자	해당
7명	아이젠하워, 닉슨, 카터, 레이건, 클린턴, 부시, 트럼프	워싱턴 아웃사이더	스티븐슨, 듀카키스, 롬니,	3명
	케네디, 존슨, 부시, 오바마	인사이더	험프리, 닉슨, 포드	3명
4명	케네디, 클린턴, 오바마	미남	먼데일	1명
6명	닉슨, 카터, 레이건 클린턴, 오바마	자수성가	포드, 먼데일, 밥 돌, 롬니	4명
2명	부자 부시	2세 정치인	스티븐슨, 부시	
5명	케네디, 클린턴, 부시, 오바마, 트럼프,	젊고 건강	먼데일, 맥거번	2명
7명	케네디, 부시, 클린턴, 부시, 오바마, 트럼프, 바이든	명문대	스티븐슨, 맥거번, 포드, 듀카키스, 앨 고어, 존 케리, 롬니,	7명
6명	아이젠하워, 케네디, 닉슨, 카터, 레이건, 부시,	전쟁 영웅	포드, 밥 돌, 듀카키스, 존 케리, 매케인,	5명
4명	케네디, 부시 부자, 트럼프	부호	부시, 존 케리, 밋 롬니	3명
1명	카터	서민	카터	1명

나. 경력과 일치하는 이미지 전략 i

후보의 삶의 궤적 즉 경력과 일치하는 이미지 전략이 필요하고 성공할 가능성이 높다. 경력과 이미지 전략, 정책, 그리고 선거 캠페인 전략이 일관되게 서로 뒷받침될 수 있도록 해야 승산 있다.

1992년 클린턴 캠프는 애초에는 클린턴의 화려한 학벌과 청년 주지사의 엘리트 이미지를 강조하는 전략을 세웠다. 미국민에게 아직도 가장 인기있는 대통령 케네디와 비교하고, 케네디를 연상하도록 하는 전략이었다. 그러나 섹스 스캔들, 마약 스캔들, 병역기피 의혹 등 부정적 이슈가 잇따라 발생하자 전략을 완전히 바꿨다. 확증이 있는 사실을 부정하기보다, '그럼에도 불구하고' 지도자의 자질이 충분하다고 호소하는 '돌아온 탕아' 전략으로 전략을 수정했고 선거에 승리했다.

케네디는 자신의 주어진 이미지 g를 보완하는 전략 i를 잘 소화해 노출된 이미지 ε로서 건강 이미지를 노출했고, 클린턴은 바뀐 이미지 전략 i도 소화할 수 있었지만 대부분의 후보들은 그렇지 못했다. 1960년 케네디와 경쟁했던 공화당의 닉슨, 1988년 부시와 싸운 민주당의 듀카키스, 1996년 클린턴과 싸운 공화당의 밥 돌은 특별히 그렇지 못했다.

[보통사람 이미지를 구축하려는 밥 돌]

밥 돌이 아무리 새로운 소품을 손에 들고 이미지 변신을 시도해도 결국 같은 옷에 같은 자세일 뿐이라는, '활동복 입은 아웃사이더?', 양복을 벗고 플로리다 해변에서 쉬는 장면을 노출함으로써, 평범한 미국 시민으로 이미지 변신을 시도한 돌.

어떤 이미지는 공격에 취약하고 어떤 이미지는 공격에 강인하다. 대체로 볼 때 도덕주의(카터, 듀카키스) 모범생(고어, 롬니) 노쇠(돌, 힐러리 클린턴) 심각 진지(닉슨) 워싱턴 내부자(닉슨, 돌) 이미지 등은 지루하고 인기없으며 공격에 취약한 이미지다. 1960년 이후 서민 이미지를 강조해 당선된 대통령은 지미 카터 단 한 명이다. 미국에서도 엘리트 행세 하는 것은 별로 도움이 안 된다.(앨 고어, 존 케리) 그에 반해 경쾌한 낙관주의(케네디, 레이건, 부시 2세), 귀공자(케네디, 부시 2세), 젊음(케네디, 클린턴, 오바마), 바람둥이(클린턴) 등은 상대 공격에 강인하게 버틸 수 있는 이미지다. 레이건에게는 어떤 비난도 효과가 없다는 '테플론' 대통령이라는 신조어도 생겨났을 정도다.

다. 이미지 전략*i*와 정책 공약

선거전을 치르다 보면, 상대 후보의 정책 가운데 특정 정책이 유권자에게 아주 좋은 반응을 얻을 때가 있다. 처음부터 정책 논쟁을 주도할 경우에는 논외지만, 다른 후보가 제안했더라도 수용하지 않을 수 없게 된다. 예를 들면 코로나바이러스가 창궐한 2020년 한국에서 국회의원 총선을 앞두고 재난지원금이 논란된 적이 있었다. 처음에는 정부 여당이 재난 지원금을 제안하고, 야당인 자유한국당이 반대하는 구도였는데, 워낙 상황이 심각하니 국민 여론이 '예비비를 편성하자' '재난 지원금을 주자'쪽으로 모이자 야당도 할 수 없이 재난지원금에 동의하게 되었다.

2002년 한국 대선에서 노무현이 충청권 수도 이전 공약을 발표하자, 이회창은 강력하게 반대했다. 결국 충청권 표를 확보해 호남– 충청의 지역 연대가 자연스럽게 이뤄지고, 노무현은 대선 승리를 거머쥐었다. 2012년 새누리당의 박근혜는 충청권 행정수도 공약은 국민과의 약속이라고 강조해 대선에서 승리했다.

서민 이미지, 보통 사람의 이미지는 다소 위험 부담이 있다. 도덕적이고 독실한 기독교 신자의 이미지로 보통 사람 캠페인을 펼친 카터는 1976년에는 성공했지만, 1980년에는 위대한 미국을 내세운 레이건에게 패배했다. 상류층 이미지가 강한 밥 돌(1996년) 존 케리(2004년)는 보통 사람의 이미지를 구축하는데 실패했다. 이미지를 확장하려다가 원래의 이미지까지 잃거나 위선적 이미지로 전락하는 경우도 있다.

2. 낙선자 이미지

1960년 닉슨은 건강을 과시하려다가 사고를 당해 크게 다치고, 환자복 입은 모습이 노출됐고 TV토론에서 땀을 닦다가 패배했다. 존슨 대통령은 수술 자국을 언론에 보였다가, 카터는 조깅 중 삐끗하는 장면이 언론에 보도돼 재선에 실패했다. 2016년 힐러리 클린턴은 승용차를 타러가다가 삐끗하는 동영상이 유포되고 뉴스에 보도되면서 약골 이미지로 전락했고 더 나이가 많은 트럼프에게 패배했다. 미국이란 나라가 선진국이라 장애자 복지제도도 잘 갖춰져 있지만, 지도자 선택에 있어서는 다르다. 약골을 싫어하는 미국민은 신체적 장애에도 인색해서, 1차 대전 이후 16명의 미국 대통령 가운데 장애자 대통령은 프랭클린 루즈벨트 단한 명이다. (주지하다시피 한국은 8명 가운데 1명이다)

미국 유권자는 거짓말쟁이나 말바꾸기 후보를 싫어한다. 그래서 대부분의 후보는 거짓말이나 말바꾸기 자체를 조심한다. 그러나 2004년 반전주의자 민주당의 존 케리(John Kerry) 후보는 전당대회에서 군대식 인사를 했다가 패배했다. 민주당 지명 전당대회, 존 케리는 연단으로 향하면서 참석자들에게 거수 경례를 하면서 "존 케리, 대통령 임무를 명받았기에 이에 신고합니다.(John Kerry, Reporting for duty)"고 선언했다. "강한 아메리카"라는 민주당 전당대회 메시지를 강화하고, "애국심과 삶에 대한 진실한 반영"을 제안한 것이다.

부시의 이라크 공격을 비난하던 케리가 거수경례를 하면서 전쟁 영웅으로 자리매김하려 들자, 월남전 참전용사들이 들고 일어났다. 그들은 "케리가 월남전 반대운동을 벌이면서 반역 언동을 했다"고 주장하며 케리가 군통수권자인 대통령이 될 자격이 없다는 책을 출판하고 TV 광고도 연거푸 내보냈다. 참전용사들은 케리가 별 전공없이 무공훈장을 2개나 받고 가벼운 부상에 상이기장을 3개나 받은 것에 대해 의혹을 제기했고, 유권자들은 케리의 정직성을 의심하기 시작했다. 부시 진영은 케리가 걸프전을 반대했고, 이라크 전쟁도 처음에는 찬성했다가 나중에 반대했다며 '변덕장이'라고 공격했다.

미국민은 워싱턴 내부자 이미지를 별로 좋아하지 않는다. 워싱턴 정치의 외부자와 맞붙어 승리한 내부자 이미지의 후보는 아버지 부시(당시 부통령)와 2020년 조 바이든(상원의원 + 부통령) 밖에 없다. 휴버트 험프리(1952년 대선, 상원의원, 부통령), 닉슨(1960년 대선, 6년 상·하원의원, 8년 부통령), 먼데일(1984년 대선, 상원의원, 부통령), 아버지 부시(1992년 대선, 부통령-대통령), 밥 돌(1996년 대선, 28년 상원의원, 원내대표), 앨 고어(2000년 대선, 16년 상·하원의원, 8년 부통령) 존 케리(2004년 대선, 19년 상원의원), 존 매케인(2008년 대선, 6선 상원의원), 힐러리 클린턴(2016년 대선, 영부인, 국무장관) 등 워싱턴 내부자로 인식되는 정치인들은 좋은 결과를 얻지 못했다.

워싱턴 내부자 이미지만으로 실패한 것은 아닐 수 있다. 험프리는 핵에 대한 입장을 공격하는 존슨 대통령의 네거티브 TV광고 '데이지'에 결정적 타격을 받았다. 먼데일은 TV토론에서 너무 긴장해 레이건의 노련함을 상대하기에는 '아직 어리다'는 평가를 받았다. 아버지 부시는 TV토론에서 상대 후보가 발언하는 동안 지루하다는 듯이 손목시계를 보는 장면이 노출돼, 상대에 대한 존중과 경청이 부족하다는 이미지를 뒤집어썼다. 밥 돌은 상대 클린턴에 비해 20살 이상 노령인데다, 세금 등의 이슈에 말을 바꾼 것이 치명적이었다. 앨 고어는 타운홀 미팅 형식의 스탠딩 TV토론에서 상대 부시 후보를 위협하듯이 발언해, 토론의 기본 원칙을 어기는 오만한 정치인 이미지를 얻었다.

전쟁 영웅 존 매케인은 하필 21세기 케네디로 불리는 버락 오바마라는 강자를 만나 고전했다. 힐러리 클린턴은 이메일게이트로 공직자 윤리를 의심받은 터에, TV 카메라 앞에서 걷다가 휘청대는 모습을 노출당해 건강에 문제가 있다는 공격을 받았다. 2위 낙선자들에게는 이런저런 낙선의 이유가 분명히 있다. 그러나 워싱턴 내부자 이미지는, 다른 이미지와 달라, 정쟁과 조작, 허언 등 다른 부정적인 이미지를 강화하고 고착화시키는 역할을 하는 이미지와 연결되기 때문에 더욱 위험하다. 밥 돌은 워싱턴 내부인 이미지를 탈피하기 위해 이미지 변신을 시도했으나, 오히려 '이중인격'의 더 나쁜 이미지를 뒤집어써야 했다.

워싱턴 외부 인사로 대선에서 패배한 이는 1988년 마이클 듀카키스와 2012년 공화당의 미트 롬니, 두 명의 매사추세츠 주지사가 있다. 듀카키스의 실패에는 네 가지 결정적인 요인이 있었다.

첫째, 초반 리드를 잡았을 때 매사추세츠 주로 돌아가 3주 가까이 주 업무를 챙기면서 공백이 생겼고, 주도권을 넘겨 주었다. 둘째, 여론 지지율이 역전 당하자 급히 TV광고 탱크를 제작 방영했는데, 어색한 표정과 미소로 심한 역풍을 맞았다. 셋째, 초반 주도권을 빼앗긴 뒤 TV 토론에서 가족의 강간 사건에 대한 냉정한 답변으로 가족과 가정의 가치를 모르고, 공감 능력이 부족하다는 이미지를 얻었다. 넷째, 상대 부시가 공격해도 반격하지 않고 계속 당하면서 부정적 이미지가 누적됐다. 예를 들어 윌리 호튼 광고나, 보스턴 항구의 오염 광고 등 부시 진영의 교묘한 네거티브 공격을 반박하지 않았다.

켈너는 "강간과 영아 살해는 허위 선전 공작에서 자주 사용하는 두 가지 악의 상징이다"고 주장했다. 1990년 이라크가 쿠웨이트를 침공하자 미국 정부는 홍보 대행사를 고용해, 개전의 명분을 얻기 위해 반 이라크 정서를 불러일으키려 했다. 홍보 대행사는 이라크 군대의 강간과 영아 살해를 집중 홍보해 이라크군에 대한 미국민의 분노를 불러일으켜 개전의 명분을 얻는데 성공했다. 그만큼 미국민에게 가족의 살해와 강간 이슈는 분노해야 마땅한 일이며, 가족의 살해와 강간을 좌시하는 남성은 미국민을 이끌 자격이 없는 것으로 간주된다.

롬니는 컨설팅 회사인 베인 CEO에 솔트레이크 동계올림픽 조직위원장을 거쳐 매사추세츠 주지사가 된, 철저한 워싱턴 아웃사이더다. 그러나 롬니의 패배는 버락 오바마 대통령이 현직의 이점에 더해 흑인으로서 아웃사이더, 소수자 이미지가 압도적이었기 때문이지 본인의 아웃사이더 이미지가 부족해서는 아니라고 봐야 한다.

미국민은 엘리트를 존중하고 존중하지만, 노골적인 엘리트 이미지에는 반감이 있는 것으로 보인다. 2004년 대선에 출마한 민주당의 존 케리가 엘리트 함정에 빠졌다. 소득 수준이 높은 미국에서도 돈 많이 드는 엘리트 스포츠로 간주되는 윈드서핑과 스노우보드, 스키를 즐기는 장면이 언론에 너무 자주 노출된 것이다. 스스로 어렵게 쌓은 포퓰리스트 이미지를 망가뜨렸다. 이미지 전문가들은 아버지 부시에게 골프나 보트타기 영상이 공개되면 "보통 사람이 접촉하기 어려운 귀족적 대통령의 이미지가 고착화될" 것이므로 절대 빠져들지 말라고(manic rounds) 강력하게 조언한 바 있었다.

불통 이미지도 미국민이 싫어하는 이미지다. 1992년 TV토론에서 다른 후보자가 발언하는 동안 지루하다는 듯이 손목시계를 들여다 본 아버지 부시 대통령은 타인을 존중하지 않고, 경청하지 않는다는 이미지로 낙인찍혀 재선에 실패했다. 2002년 TV토론에서는 토론에 자신있었던 앨 고어 부통령이 상대 후보의 공간을 침범하며 발언하다가, 역시 상대를 존중하지 않고 오만하다는 이미지를 얻어 부시 텍사스 주지사(아들)에게 패배했다. TV토론에서 언성을 높이고, 상대 후보의 발언을 가로막는 등 일방적인 주장만 펼치던 도널드 트럼프도 2020년 재선에 실패했고 2024년 토론에서는 태도를 바꿔 재선에 성공했다.

다민족 국가인 미국의 유권자는 성조기와 전쟁 영웅에 대한 존중이 남다르다. 트럼프는 2016년 선거에서 성조기 덕을 많이 봤지만, 2020년 선거에서는 진정성이 없어 보인다는 이유로 성조기 마케팅 전략이 별 효과가 없었고 결국 패배했다. 트럼프는 전쟁영웅 존 매케인을 모욕했다가 원래 공화당 지지세가 강한 매케인의 고향 애리조나에서 보복을 받았다.

닉슨은 워터게이트 사건을 은폐했다가 대통령을 사임했으며, 2016년 대선에서 힐러리 클린턴의 실패도 이메일게이트로 명명된 작은 은폐에서 시작됐다. 대재벌 사위인 존 케리의 서민 코스프레, 워싱턴 내부 인사인 밥 돌의 서민 흉내, 반전 주의자 듀카키스의 탱크 광고 등은 모두 위선이나 말 바꾸기로 인식됐다. 약골, 거짓말, 말바꾸기, 전쟁 영웅에 대한 존경심 부족 등은 미국민이 매우 싫어하는 이미지다.

[미국의 대통령선거 2위 낙선자 이미지]

이미지	해당하는 대통령 후보	해당
미남, 귀공자	밥 돌, 앨 고어, 힐러리 클린턴(여성)	3
엘리트(명문대)	듀카키스, 고어, 미트 롬니(이상 하버드), 존 케리, 힐러리(이상 예일)	5
전쟁 영웅	닉슨, 포드, 조지 부시, 듀카키스, 존 매케인	5
부호	조지 부시, 케리	2
워싱턴 인사이더	험프리, 닉슨, 먼데일, 고어(이상 S, VP), 부시(VP, P), 카터(P) 돌, 케리, 매케인(이상 S) 힐러리(S, 장관)	10
아웃사이더	듀카키스, 미트 롬니(이상 G)	2
자수성가	닉슨, 포드, 듀카키스, 매케인	4
명문가 출신	고어, 케리	2
서민	카터	1
허약한 이미지	카터	1
거짓말 이미지	듀카키스, 케리, 돌, 힐러리	4

S: Senator(상원의원) VP(부통령), P(대통령), G: Governor(주지사)

네거티브의 효과

1968년 민주당의 휴버트 험프리는 닉슨을 맞아 네거티브 캠페인에만 의존하다가 패배했다. 특히 닉슨의 러닝 메이트로 나온 역대 최연소 메릴랜드 주지사 스피로 애그뉴(Spiro Agnew)를 애송이라고 노골적으로 비웃는 광고 동영상은 거센 역풍을 맞았다. 선거 결과 험프리는 득표율 차는 0.42%차 였으나, 선거인단에서는 191 대 301로 참패했다. 1980년 레이건에게 뒤진 카터는 네거티브 캠페인에 의존했다가 판세를 뒤집지 못하고 자멸했다. 2016년 힐러리 클린턴은 도널드 트럼프의 네거티브 공세에 네거티브 공세로 맞섰다가 패배했다. 세 사람의 공통점은 자기 메시지 없이 네거티브에만 의존했다는 것이다.

1964년 존슨은 배리 골드워터에 대해 효과적인 네거티브 TV광고 '데이지 광고'로 61.1% 대 38.5%라는 기록적인 승리를 거두었다. 핵폭발을 모티브로 한 데이지 광고는 단 한 번 방영됐음에도, "전쟁에서는 무조건 이겨야 한다"는 강경론을 편 상대 후보 골드워터에게 치명적 타격을 주었다. 존슨의 캠페인은 1년 전 비극적으로 세상을 떠난 케네디의 후광이 아직 살아있는 상태였기에 가능했다.

　1988년 조지 부시 부통령은 민주당의 듀카키스 후보를 공격하기 위해 윌리 호튼 TV광고를 제작 방영했다. 매사추세츠 주지사였던 듀카키스는 죄수에게 주말 휴가를 주는 제도를 시행했는데, 주말에 휴가 나간 죄수 윌리 호튼이 백인 여성을 강간한 사건을 이슈화한 동영상이었다. 이 동영상은 부인이 강간당하더라도 범인의 사형에 반대한다는 듀카키스의 TV 토론 발언과 맞물려, 듀카키스의 범죄 정책에 대한 유권자들의 불안감을 가중시켰고, 선거전 초반 여론조사 지지율이 15% 이상 뒤지던 부시는 결국 승리했다.

　네거티브 캠페인은 뒤진 후보가 쉽게 선택하는 선거 전략의 하나다. 이미지 캠페인이 비용 대비 효과가 크다면, 자신의 메시지나 호감 이미지를 전달하는 포지티브 이미지 캠페인보다 상대 후보의 비호감 이미지를 전달하는 네거티브 캠페인은 비용 대비 효과가 훨씬 큰 효율적 전략인 것은 사실이다. 네거티브 캠페인은 다른 전략과 함께 사용하면 위력이 배가된다. 그러나 자신의 독자적인 메시지(I-Message) 없이 네거티브에만 의존하면 자신에게 역풍이 불어올 가능성이 높은 위험한 전략이기도 함을 알 수 있다.

3. 바람직한 이미지 전략과 전략가

전략과 전략가는 중요하다. 유목민족인 몽골의 징기스칸도 예뤼아포치를 스승 겸 참모로 삼아 세계 제국의 국가 체제를 정비했고, 중국 당태종에게는 직언을 서슴지 않는 위징이 있었다. 전략과는 거리가 있어 보이는 유가조차도 전략과 전략가의 중요성을 강조한 바 있다. 맹자의 말이다.

"장차 큰 일을 하고자 하는 군주는 반드시 함부로 부르지 못하는 신하를 두고서, 도모하고자 하는 일이 있으면 [그를] 찾아갔습니다... 탕 임금이 이윤에게 배운 뒤에 그를 신하로 삼았고, 또 그렇기 때문에 수고하지 않고 왕자가 되었으며, 환공도 관중에게 배운 뒤에 그를 신하로 삼았고, 또 그렇기 때문에 수고하지 않고 패자가 되었던 것입니다."

모든 창업의 뒤에는 스승으로 받들만한 '어려운' 참모가 있었다. 전략가가 굳이 후보자 자신보다 더 나이 많고 더 지위가 높아야 하는 것은 아니다. 자신보다 어린 사람을 스승으로 삼아 큰일 이룬 이로는 장량을 책사로 삼아 항우를 꺾고 한나라를 세운 유방, 제갈 량을 삼고초려해 천하삼분의 대계로 촉한을 세운 유비가 있다. 변화의 속도가 과거 어느 때보다 빨라진 현대 선거전에서는 어린 참모가 훨씬 유용한 경우가 많다. 클린턴에게 TV 예능프로그램에 출연해 색소폰을 불게 한 폴 베갈라같은 깜찍한 발상이 필요한 법이다.

이미지 전략은 몇 가지 유의해야 할 사항이 있다. 우선 후보의 주어진 이미지 g와 일치하는 i 전략이라야 후보가 소화하기 쉽고 실수할 우려도 적다. 만일 g와 동떨어진 전략을 세운다면 아무리 이상적인 전략일지라도 성공하기 어렵다. 가장 위험한 상황은 내보려는 이미지 i가 후보의 g와 방향이 달라서 원래 의도와는 다른 이미지로 노출되는 상황이다. 1970년대 닉슨이나 1996년 밥 돌이 보통 사람의 이미지를 만들어내려고 시도했던 이미지 변신이 그런 예 중의 하나다.

이미지 전략은 후보자가 무리없이 소화할 수 있는 실행 계획이 뒷받침돼야 한다. 전쟁 부상의 후유증으로 허리가 좋지 않은 케네디의 건강하고 밝은 이미지 전략은 항상 여유있게 일정을 잡고 미리 움직이는 치밀한 실행 계획과 실행이 뒷받침돼야 가능했다. 닉슨은 무리한 목표를 세우고 전력투구하다가 스스로 곤란한 처지에 빠지곤 했는데, 그처럼 매사 진지하고 심각한 정치인은 본인뿐 아니라 주변 모두를 긴장시킨다. 모든 대선 후보가 레이건이나 클린턴같이 주어진 대본대로 수행할 수 있는 능력을 가진 것은 아니었다. 특히 카터나 먼데일은 하필이면 레이건같은 직업 배우 출신의 위대한 소통자(Great communicator)와 대결해 더욱 힘들었다.

제4장

한국의 이미지 선거

TV와 한국 대통령 선거

1. 양당 구도 선거

대통령 선거는 정권을 놓고 주요 정당이 총력전을 펼치는 선거다. 일부 예외를 제외하면, 역대 대통령 선거에서 대개 1, 2위 득표자가 근접전을 벌이고 3위 후보의 자리는 매우 좁다. 그러므로 이미지와 선거 캠페인의 상관 관계 그리고 승패에 미치는 영향은 1, 2위 득표자만 살피는 것이 당연한 것처럼 느껴진다. 특별한 경우가 아니면, 5차례 선거에서 최종 득표 순위 1, 2위 후보만을 다뤘다.

가끔은 3위 득표자가 의미있는 득표율을 기록했다. 1992년 14대 대통령 선거에서 3위 정주영은 16%를 득표했고, 1997년 15대 때 이인제는 19%, 2007년 17대의 이회창은 15%, 2017년 19대의 안철수는 21%의 득표율을 기록했다. 결국 1992년 이후 7번의 대통령 선거에서 4번, 3위 낙선자가 의미있는 득표율을 기록했다. 국민의 투표 성향이 보다 복잡해지고, 2019년 공직선거법 개정으로 군소정당이 원내 교섭단체를 구성하기 쉬워져 앞으로는 제3 후보가 20% 이상의 득표율을 기록하는 경우가 늘어날 가능성이 높다. 따라서 의미있는 3위 후보에 대해서도 양대 후보만큼 정밀하게는 아닐지라도 이미지와 전략, 득표 결과의 상관 관계를 분석하는 것이 의미있을 것으로 보인다. 후보 개인의 이미지가 지배적 요인이었는지, 우수한 선거 캠페인이 원인이었는지 아니면 다른 구조적 원인이 있는지 살펴볼 가치가 있다.

분수령 선거 또는 정초선거 논쟁이 자주 벌어진다. 서구적 관념에서 보면 야당이 실제 득표율에서 여당을 앞선 1985년 2. 12 총선, 대통령 직선제가 도입된 1987년 대선, 최초의 정권교체가 실현된 1997년 대선, 5년간 여론조사에서 뒤지던 노무현 후보가 효과적인 미디어 전략으로 맞대결에서 승리한 2002년 대선, 노무현 대통령이 탄핵 위기를 벗어난 직후 실시돼 중간평가인데도 집권 열린우리당이 압승한 2004년 총선, 보수가 후보를 2명 내고도 압승한 2007년 대선, 진보가 단일화하고도 패배한 2012년 대선, 진보가 단일화하지 않고도 압승한 2017년 대선, 진보가 유사 이래 최대 의석을 차지한 2020년 총선 등을 모두 의미있는 선거로 꼽을 수 있을 것이다.

그러나 지나놓고 보면 그 모든 선거들이 이후의 선거에는 별 영향을 미치지 못하는 여러 선거 중의 하나로 판명되는 경우가 잦다. 그래서 한국은 아직까지 어떤 선거를 분수령 선거 또는 정초선거로 단정하기 어렵다고 본다. 새로운 선거 규칙을 만들어내는 점에서는 거의 모든 선거가 분수령 선거로 규정될 가능성이 있고, 비슷한 후속 사례가 이어지지 않는 점에서는 분수령 선거라 부르기 어려운 점도 있기 때문이다. 아직 민주정치의 역사가 일천하고 경제사회적 구조가 안정되지 않은 때문으로 생각된다.

2. 이미지 정치의 시작

한국 정치에서도 이미지 정치의 역사는 꽤 오래 거슬러 올라간다. 대표적인 예가 5.16 '군사 쿠데타로 집권한 정치군인'이지만, (평범한) '농민의 아들'로 이미지를 재편하기 위해 노력했던 박정희였다.

박정희는 군부 쿠데타로 집권했으나 단기간에 빠른 경제 성장을 이뤄내, 집권과정의 정당성은 결여됐으나 효율적 통치로 정통성을 얻은 정치학 교과서의 전형적인 사례로 언급된다. 관 주도형 경제 정책과 대기업 중심의 중화학공업을 기반으로 한 불균등 성장전략을 주도했다. 박정희 집권 18년 동안 대한민국은 2차 대전 이후 신생 독립국 가운데 유일하게 중진국 문턱에 들어선 모범국가로 발돋움했다. 5.16 쿠데타의 원죄에, 군부 독재로 경제발전에 걸맞은 민주주의를 실현하지 못했고, 유신헌법을 만들어 종신 대통령을 획책했다. 자주국방을 위해 핵개발을 시도하다가 미국과 불편한 관계를 초래했다.

박정희는 재임 시절 자주 삼베 작업복을 입고 밀짚모자를 쓴 채 논두렁에 앉아 농부들과 막걸리잔을 주고받는 사진으로 등장했다. 결과 많은 노년층에게 박정희는 검은 선글라스를 쓴 5.16 쿠데타 당시의 정치군인, 딱딱한 표정으로 꼿꼿한 자세로 연설하는 권위적 대통령, 그리고 일부지만 농민의 아들 세 이미지가 교차한다.

[박정희 대통령의 이미지 변신]

1961년 5.16 쿠데타 당일 아침 서울시청 앞, 국가재건최고회의 의장 시절 촌로들과 막걸리 마시기, 러닝셔츠 차림으로 모내기, 1979년 10.26 충남 아산 삽교천 방조제 준공식.(오른쪽 위에서 시계 반대방향)

이후 최규하 대통령은 이미지 전략을 시도하기에는 재임 기간이 너무 짧았다. 전두환은 12.12, 5.17 등 잇따른 군사 쿠데타로 집권한 뒤 철권을 휘두른 군사독재자였다. 전두환은 정규 육사 1기인 육사 11기의 리더로서, 일찍이 군대 내 사조직인 하나회를 조직하고 이를 기반으로 1979년 10월 26일 박정희 대통령 서거 후 기민하게 권력을 잡았다. 12. 12와 5.17로 실권을 잡고 통일주체국민회의에서 대통령에 선출됐다. 프로야구, 프로축구, 프로씨름, 86 아시안 게임 등 스포츠와 '국풍 81' 등으로 이미지 변신을 시도했고, 88 서울 올림픽을 유치했으나 그 혜택은 후임 노태우에게 돌아갔다.

1987년 민주화가 본격화되면서 대통령 직선제가 부활했다. 이전 즉 1972년 이후 1980년까지는 대통령 간접선거제였다. 제4공화국 이른바 유신헌법 체제에서는 국민이 선출한 '통일주체국민회의 대의원'들이 대통령을 선출하는 간접 선거제도였다. 1978년 7월 6일 소집된 통일주체국민회의는 재적 2,578명에 2,577명 출석, 2,577명 찬성으로 박정희 당시 대통령을 제9대 대통령으로 선출했다. 앞서 1972년 12월 23일에는 재적 2,359명이 전원 투표에 참여해 무효 2표를 제외하고, 2,357명의 찬성으로 박정희가 대통령으로 선출됐다. 후보와 직접 접촉할 기회를 조금은 가진 인사들이 대통령 선거 투표인단을 구성함으로써 선거 결과에 이미지가 미치는 영향이 상대적으로 적었다. 또 1972년 이전에도 대통령 직접 선거가 실시되기는 했으나, 여론조사가 전무했고 아직은 텔레비전이 주요 매체로 등장하지 않은데다가 신문조차도 제한된 지면에 선거 유세를 충분히 보도하지 못했다.

[전두환 대통령의 이미지 변신]

1979년 합수본부장 시절, 12대 대통령 취임, 백담사 그리고 친구 노태우와 법정에 선 전두환(왼쪽 위부터 시계 방향으로)

[13대 대통령선거 포스터]

노태우 포스터는 컬러를 적극 활용하고 공간을 넉넉히 둬서 시원하며 팔을 쭉 뻗어 미래 이미지를 지향한다. 김영삼은 글자가 너무 커서 답답하고, 김대중은 어둡고, 시선이 메시지를 외면하는 구도다. 양김의 포스터는 1970년대 이전의 감각이다.

6.29 민주화 선언과 제9차 헌법 개정으로 13대 선거부터 대통령 직선제가 다시 실시됐다. 노태우, 김영삼, 김대중, 김종필 4명의 후보가 출마한 1987년 1노 3김 선거는 후보자간 토론도 없었고, 제대로 된 여론조사도 없는 깜깜이 선거였다. 보수 진영은 노태우, 김종필 두 후보가 출마했으나 실제 투표 행태에서는 노태우로 단일화된데 반해, 민주 진영은 YS, DJ로 분열돼 실제 선거는 3자 구도로 진행됐다. 후보자를 각각 초청해 질문하는 관훈클럽 토론이 텔레비전으로 생중계돼 국민의 시선을 끌었지만, 노태우, 김영삼 두 후보의 거부로 후보자간 TV토론은 실시되지 않았다. TV보다 신문의 영향이 더 큰 마지막 선거였지만, 한국 정치에서 텔레비전을 활용한 이미지 전략이 처음 도입된 것도 이때다.

새 시대에 대한 열망을 반영하는지 13대 대선부터 선거 벽보에 컬러가 도입되면서 색상이 후보의 이미지를 드러내는 중요한 요소가 됐다. 노태우의 선거 벽보는 과감한 색상 대비와 역동적인 포즈로 타 후보의 포스터와 차별화됐다. 군사 쿠데타 세력인 노태우 후보만이 여론조사를 비슷하게라도 진행하고 이미지 변신을 위해 이미지 전략을 부분적으로 채택했을 뿐, 다른 후보들은 이미지 전략은 고사하고 버스 동원 등 구시대적인 주먹구구식 선거운동에 의존했다. 노태우는 '위대한 보통사람의 시대'를 캐치프레이즈로 내걸고 후보가 직접 가방을 들고 다니는 모습을 텔레비전에 노출함으로써 이미지 캠페인 시대를 알렸다. 세계적인 시대정신을 담은 '위대한 보통사람'이라는 슬로건이 당시 화제를 모았다.

[13대 당선자 노태우의 이미지 변신]

박정희 대통령에게 별을 달아받는 노태우, 보통사람' 슬로건, 그리고 타임표지.

노태우는 전두환과 육군사관학교 동창으로 전두환 소장과 함께 12.12 쿠데타를 일으키고, 군부독재체제의 마지막 대통령이다. 대통령 직선제 개헌을 골자로 한 6.29 선언을 하고 직선제 부활 이후 첫 대통령이라, 선거전의 이미지 전략, 임기 중의 이미지 관리가 관심사일 수 있었던 것으로 보인다. 군사 쿠데타의 이미지를 불식하기 위해 선거 기간 '위대한 보통사람의 시대'를 슬로건으로 내걸었다. 대통령 후보가 자신의 가

방을 들고 나선 장면이 선거전략의 하나로 제시된 이미지였다.

[1987년 한국 대통령 선거]

	주어진 이미지 *g*	슬로건	가설1	1-1	1-2	가설2	2-1
노태우	정치군인	위대한 보통사람	○	○	○	○	
김영삼	민주화투사	군정종식	○	○	○	○	
김대중	민주화투사	평민은 평민당 대중은 김대중	○	○	○		○
김종필	정치군인		○	○	○		○

1988년 취임 이후에도 '보통사람의 정부'를 표방했다. 노태우 대통령은 노타이, 007가방, 원탁회의 등으로 딱딱한 군출신 이미지를 탈피했다. 전두환 정부와의 단절을 위한 5공 비리 청문회로 사실상 국민정치시대를 열었다. 취임 초 총선에서 심각한 여소 야대 정국을 맞게 되자, 김영삼, 김종필과 3당 합당으로 보수 주도의 정치 구도를 완성했다. 전두환 시절 유치한 서울 올림픽을 성공적으로 치르고, 이를 계기로 공산권 국가들과 우호관계를 맺는 북방외교를 펼쳤다. 보통사람이라는 슬로건을 앞세워 대통령으로 당선되었으나 기대에 못미쳤다.

1992년 대통령 선거는 김영삼, 김대중, 정주영의 3인이 주요 후보였지만, 실제로는 김영삼-김대중의 양자 구도였다. 후보 캠페인의 전 과정이 텔레비전 뉴스로 비교적 소상히 유권자에게 전달된 최초의 선거며, 각 후보 진영이 비교적 과학적인 형태의 여론조사를 진행해 선거 캠페인에 반영한 첫 선거다. 김영삼과 김대중은 군부독재시대인 박정희, 전두환 대통령 시절 내내 독재에 저항한 민주투사 이미지의 정치인이다. 정주영은 당시 한국 최대 기업인 현대의 창업주로서 한국 경제를 상징하는 인물이었다. 김영삼과 김대중의 대결은 '누가 민주화 투쟁의 정통성을 그대로 갖고 있느냐'의 대결이었는데, 의외로 3당 합당으로 '변절'한 김영삼도 민주화 투사의 이미지가 강했다.

[14대 대통령 선거 포스터]

김영삼과 정주영은 공간을 넉넉하게 두어 시원한 느낌이고, 이미지와 텍스트 메시지가 모두 미래지향적이다. 김대중은 글자가 많아 답답하고, 얼굴은 웃지만 텍스트는 과거 회고적으로, 이미지와 텍스트 메시지가 충돌하고 있다.

[14대 당선자 김영삼의 이미지 변신]

군사 독재 시절 가택 연금 당한 민주화 투사 김영삼, 87년 대선 슬로건은 과거 청산형이지만 여당후보로 출마한 92년 슬로건은 미래지향적이다.

김영삼, 김대중은 물론 정주영까지 3자는 모두 30년 이상 피상적 이미지가 아니라 실체로서 유권자에게 충분히 알려진 인물들이라, 선거 결과에 대한 스타일 이미지 영향은 상대적으로 낮았다. 또한 후보자간 TV토론이 실시되지 않아 텔레비전을 통한 후보 이미지의 확인, 이미지에 대한 후보 진영의 공격과 수비를 유권자가 직접 확인할 수는 없었다. 김영삼은 선거 전이나 선거 후 특별한 이미지 전략을 구사하지 않았다. 1993년 취임한 뒤 '문민정부'를 내세웠고, 취임 초 잠시 'YS는 못 말려'라는 코믹 저서로 유머를 강조하긴 했으나, 대체로 권위적인 진지한 모드를 유지했다.

[1992년 한국 대통령 선거]

	주어진 이미지 g	슬로건	가설1	1-1	1-2	가설2	2-1
김영삼	민주화투사	다시뛰는 대한민국	○	○	△	–	–
김대중	민주화투사	정권교체	○	○	–	○	–
정주영	건설한국	경제대통령	○	○	–	○	–

1997년 대선은 6.25 이후 최대의 국가적 위기라 불리는 IMF 외환위기와 함께 진행된 선거라는 특성을 가진다. 거대한 특수한 사건이 대선 구도와 쟁점에 큰 영향을 미친, 이른바 '판이 기울어진 선거'다. 거대한 사건 직후 치러지는 선거에서는 후보 개인의 이미지나 정당의 캠페인이 선거 결과에 큰 영향을 미치지 못했을 수 있다. 당선자 김대중은 정권교체, 여당 후보 이회창은 3김 청산, 제3후보 이인제는 '세대교체'의 캐치프레이즈를 내걸고 선거운동을 펼쳤다. 김대중, 이회창 후보의 캐릭터가 너무 대비되는 선거인데다, 여당 후보가 현직 대통령의 지원을 거의 받지

못하고 여당 성향의 제3후보가 출마해 20% 가까운 득표를 잠식한 선거였다. * 후보자간 텔레비전 토론 실시 * 과학적 여론조사 * 본격적인 이미지 전략의 수행이 시작된 첫 선거였다.

2002년 선거는 김영삼, 김대중이 잇따라 대통령에 당선됨으로써 3김 시대가 끝나고, 새로운 인물들만의 대통령 선거가 진행됐다. 노무현, 이회창, 정몽준 등의 유력 후보들은 아직 3김 정도의 확립된 이미지가 없어 이미지 전략의 도움이 절실했고 전략과 전략의 수행 역량이 선거 결과에 절대적 영향을 미친 최초의 선거였다.

선거 포스터와 선거 슬로건이 이미지 선거에서는 가장 중요하다. 다음 후보자의 동영상 선거 광고다. 이미 20년 이상 지난 선거지만 2002년 대선 당시 노무현 민주당 후보가 서투르게 기타를 치면서 '아침이슬'을 부르는 선거 광고는, 지지하든 않든 아직도 대부분의 장년층에게는 아련한 기억으로 남아 있다. 그 5년 뒤인 2007년 대선에서 이명박 한나라당 후보의 '욕쟁이 국밥집 할매' 동영상 광고도 강력한 이미지를 전파했다. 정확한 대사는 기억나지 않지만, 영상은 기억에 남아 있다. 앞서 1997년 김대중 국민회의 후보의 'DJ 덕과 함께'는 심각하고 무거운 이미지의 김대중 후보를 발랄한 이미지로 접목하는데 일정 부분 성공한 것이 사실이다.

후보자 연설과 찬조 연설도 이미지 형성의 중요한 요인 중의 하나다. 2002년 대선 당시 노무현 후보는 '자갈치 아줌마'로 대표되는 찬조 연설자 조합으로 서민과 함께 하는 후보 이미지를 형성했다. 그에 반해 이회창 후보는 소위 '7상시(七常侍)'로 알려진 정상배(政商輩) 이미지의 늙은 측근 정치인들로 찬조 연설자 조합을 구성해 수구 꼴통 이미지를 확대 재생산했다. '특혜와 반칙'이라는 상대 진영의 공격을 정당화하고 말았다. 그 교훈을 바탕으로 2007년 대선에서 이명박 후보의 방송대응팀은 찬조 연설자로 다선 정치인을 철저히 배제했다. 대신 소외된 서민, 여성, 다문화, 농촌, 중소상공인 중심으로 찬조 연설자 조합을 구성했고, 정치인 찬조연설자는 여성(박찬숙), 개혁적 청년(남경필, 원희룡)에 국한시켜 성공적이라는 평가를 받았다.

7상시는 나관중의 '삼국지연의(三國志演義)' 약칭 삼국지에 연원을 둔다. 삼국지는 중국 후한 말기 영제 때 왕조가 쇠퇴하면서 이후 100년 동안 유비, 관우, 장비의 도원결의, 제갈 양, 조조와 사마의 등 수많은 영웅호걸이 출몰해 위·오·촉이 경쟁하는 전란기를 묘사했다. 혼란의 출발은 10명의 내시의 난 즉 '십상시의 난'이다. 정권을 잡은 측근 환관 10명이 정적을 제거하려다가 더 큰 혼란을 불렀다. 한국 현대 정치에서 '십상시'는 권력자 주변에서 호가호위하며 권력자를 오도하는 집단을 비유한다. 박근혜 정부에서 국정을 농단한 비서실 중심의 10명이 '십상시'로 거론됐다.

역대 대선 후보 이미지와 선거 전략

1. 1997년 김대중의 이미지와 선거 전략

가. 1997년 선거 환경

1996년 연말 노동법–안기부법 날치기에 이어 1997년 한보 사태와 김영삼 대통령의 차남 김현철 비리 사건에 이어 기아자동차, 진로, 벽산 등 대기업들이 차례로 무너져 내리고 IMF 외환 위기가 닥쳐오면서 김영삼 대통령의 국정운영에 대한 여론조사 지지율은 5%까지 추락했다. 국가 부도 사태의 어두운 그림자가 드리운 선거였다. 1997년 대통령 선거는 한국 정치사상 최초의 국민 직접 선거에 의한 정권교체가 이뤄진 선거였다. 대한민국 역사상 최초로 메인 후보 3자 모두 TV 직접 토론이 가능한 인물로 한국 대선 사상 최초로 후보자 TV토론이 도입돼 국민적 관심을 끌었다. 이회창 후보 아들의 병역면제 의혹은 최대 이슈로 부각되어 큰 파장을 일으켰다.

1997년 대선 포스터와 선거 결과를 보면 미국식 이미지 해석은 한국 정치에서는 적용되지 않음이 분명하다.

이회창의 오만이 본인과 보수의 운명을 결정지었다. 3김 정치 청산을 내건 이회창이 JP와는 손잡을 수는 없었다 하더라도, 이인제의 득표율이 19%나 되었으니 이인제만 잡았어도 이회창은 여유있게 승리할 수 있었다. 하필이면 3자 구도에서 이회창과 이인제는 지역 기반이 충청남도로 같았다. 1997년 9월 9일 여의도 63빌딩에서 이회창과 이인제는 오찬을 함께 했다. 오찬 시간은 겨우 1시간 10분, 정말 밥만 먹고 헤어진 것이다. 회동 후 이인제는 "또 만날 일이 없을 것"이라고 했고, 나흘 뒤 대선 출마를 공식 선언했다. 당일 이회창과 이인제의 회동을 공동 주선하고 옆방에서 식사하던 강재섭 특보와 김학원 의원은 두 인사가 1시간 10분만에 회담 결렬을 선언하고 나오자 기절 초풍했다고 한다. 대선에서 한 번 낙선하고도 이회창은 교훈을 얻지 못했다. 3년 뒤, 야당 총재 시절 이회창은 김대중 대통령이 제의한 여야 영수회담에 배짱을 내밀 정도로 오만했다.

김종필에 이어 이인제까지 보수는 3분열로 패배의 위기를 맞았다. 거기에 김대중이 김종필과 손잡은 호남-충청의 지역 연대가 김대중 당선에 힘을 보탰다. 정리하자면, IMF 외환위기, 이인제 독자 출마, DJP 연대의 3요소가 결합해 김대중의 승리를 이끌어냈다고 할 수 있다.

나. 김대중의 삶과 주어진 이미지 g

김대중은 1971년 대통령 선거에 출마한 이래 김영삼과 함께 한국 민주화 세력을 대표하는 인물이었다. 1990년 김영삼이 3당 합당으로 노태우, 김종필과 손잡고 민자당 대표가 된 이후에는 민주화 세력의 유일한 대표였다. 호남의 대표였고, 3번이나 대통령 선거에 출마해 낙선한 비운의 정치인이었다. 일제강점기인 1924년 전남 신안 하의도 후광리에서 이장 김운식과 장수금 사이 3남 1녀의 장남으로 태어났다. 김운식은 일본어를 공부하지 않고 소작쟁의를 주도한 의식있는 인물이었다.

김대중은 1939년 목포상업학교에 입학하고, 2학년 때 도요타 다이츄(豊田 大中)로 창씨개명했다. 1941년 일본이 태평양전쟁을 도발하면서 조기 졸업 후 1944년 전남기선주식회사에 경리로 입사했다. 1945년 8.15 광복 이후 목포 상선 합동 조합을 결성해 위원장이 되고, 여운형의 조선건국준비위원회 목포 지부에서 활동했다. 공산주의 계열인 조선신민당 조직부장으로 잠시 활동하다가 탈당하고, 목포파출소 습격사건에 연루돼 체포되기도 했다. 1947년 배 한 척으로 목포해운공사를 설립했는데, 수완이 좋아 여러 척을 운영할 정도로 키웠다. 1950년 6.25 때 목포를 점령한 북한군에 자본가라는 이유로 사형선고를 받고 죽을 고비를 넘겼다. 한국전쟁 당시 본인은 목포 해상 방위대에 복무했다고 주장하나 해군 본부는 확인할 수 없다고 답변하였다.

1950년 10월 수리한 선박 두 척으로 사업을 재개하고, 목포일보를 인수해 1952년 3월까지 취재도 하고 기사나 사설을 썼다. 이때 정보의 중요성을 깨우쳤는데, 김대중의 비서 출신인 장성민 전 의원의 증언에 따르면, "정치는 50%가 돈이고, 50%는 '정보!'라는 게 김대중의 지론이었다. 김대중은 정보를 얻기 위해 매일 일본 신문을 포함해 10여 가지의 신문을 꼼꼼히 살피고, 토막소식도 소홀히 여기지 않았다. 몸에 밴 메모 습관과 작은 단서에서 큰 흐름을 찾는 감각은 평생 큰 정치 자산이 되었다.

장인의 권고로 한민당에 입당해 시당 상무위원이 되고, 1954년 제3대 총선에서 목포에 무소속 출마한 것을 시작으로, 1960년 5대 총선까지 내리 3번 낙선했다. 이즈음 부인 차용애 여사가 세상을 떠나고, 1960년 대부 장면 전 총리의 대변인으로 발탁됐다. 이듬해인 1961년 봄 실시된 강원도 인제 보궐선거에 당선돼 3전 4기 끝에 국회의원이 되나 이틀 뒤 5.16으로 국회가 해산돼 국회의원직도 박탈당했다. 1962년 평생의 동지이자 반려자인 이희호와 재혼하고, 김대중은 1963년, 1967년 총선에서 목포에서 재선에 성공했다. 그리고 김영삼과 함께 40대 기수론을 펼치면서 1970년 대통령 후보 경선에서 김영삼을 젖히고 신민당 대통령 후보가 되었다. 장충단 공원유세의 마지막 대목은 아직도 나이든 유권자의 향수를 자극한다.

"4.19는 학생의 혁명이었습니다. 5.16은 군대가 저질렀습니다. 이제 오는 4월 27일은 학생도 아니고 군대도 아닌 전 국민이 협력해서 이 나라 5천 년 역사상 처음으로 국민의 손에 의해 평화적으로 정권 교체한 위대한 민주주의 혁명을 우리가 이룩하자는 것을 여러분에게 호소합니다. 7월 1일은 청와대에 새로운 대통령이 취임하는 날입니다. 서울 시민여러분, 7월 1일 청와대에서 만납시다."

1971년 4월 18일 '장충단공원 연설' 마지막 대목.

낙선은 했지만, 김대중은 김영삼과 함께 한국 야당의 양대축으로 성장했다. 신민당이 개헌저지선(69석)을 넘는 89석을 확보한 8대 총선에서 김대중은 지원 유세를 다니다가 국도에서 의문의 교통사고를 당해 고관절을 다치고 평생 지팡이를 짚는 신세가 되었다. 교통사고 후유증 치료를 위해 일본에 체류 중이던 김대중은 1972년 10월 유신 소식을 듣고 귀국을 포기했다.

1972년 10월, 영구 집권을 노리던 박정희는 ① 대통령은 통일주체국민회의에서 간접 선거로 선출되고, ② 임기는 6년으로 연장되며 종신집권이 가능하고, ③ 대통령이 국회해산권과 긴급조치권을 가지며 ④ 국회의원 정수의 3분의 1(유정회 국회의원)을 임기 2년으로 임명할 수 있도록 하는 내용의 유신헌법을 제정해 통과시켰다. 특히 '긴급조치'는 헌법에 준하는 효력을 가지게 돼 있었는데, 마지막으로 공포된 긴급조치 9호는 긴급조치에 대한 비판을 제기하거나 비판론을 전파하는 행위 자체를 범법행위로 처벌할 수 있도록 했다.

이로써 대한민국은 철저한 1인 독재체제가 됐다. 일본과 미국을 다니며 반유신 투쟁을 벌이던 김대중은 이듬해인 1973년 8월 도쿄에서 납치돼 동교동 가택에 연금됐다. 8월 8일 일본 도쿄 그랜드 팔래스 호텔에 통일당 양일동 당수를 만나러 간 김대중이 정보기관 요원 5명에게 납치돼 한일간의 외교문제로 비화된 이른바 김대중 납치사건이다. 김대중은 선상에서 동해에 수장(水葬)되기 직전 이를 모니터하던 미국 정보기관의 도움으로 극적으로 구출돼 사건발생 129시간 만인 8월 13일 밤 10시 집으로 돌려보내졌다.

1976년 김대중은 명동성당에서 윤보선, 정일형, 함석헌, 문익환, 함세웅 등과 3.1 구국 선언을 했다가, 긴급조치 9호 위반으로 구속돼 징역 5년을 선고받았다. 1년 이상 서울대병원 병실에 감금돼 있던 김대중은 단식 농성을 시작했고, 박정희가 9대 대통령으로 취임한 1978년 12월 27일 가석방됐다. 김대중은 1979년 3월, 재야 투쟁 기구 '국민 연합'을 구성하고 윤보선 함석헌과 함께 공동 의장에 취임했다.

1979년 5월 신민당 전당대회에서 김대중은 김영삼을 지지했고 김영삼이 총재로 선출되었다. 1979년은 혼란의 연속으로 2차 오일 쇼크, YH 사건, 김영삼 국회의원 제명, 부산 마산 항쟁에 이은 10.26 사건으로 박정희 대통령이 숨지고, 김대중도 연금에서 해제됐다. 1979년 8월 9일부터 11일 사이 가발수출업체인 YH무역 여성근로자들이 회사폐업조치에 항의하여 신민당 마포 당사에서 농성을 벌였다. 경찰의 강제해산과정에서 여공 김경숙 양이 옥상에서 투신해 사망했다. (1990년대 두 차례 부천시의원을 지낸 최순영 전 의원이 YH 여공 출신이다.) 김영삼 신민당 총재는 YH 사건을 강력하게 규탄하면서 박정희 대통령의 사임을 요구하고, 북한 김일성과 만날 용의가 있다고 선언했다. 이에 박정희 정권은 법원 판결로 김영삼의 신민당 총재 자격을, 10월 4일 국회 의결로 국회의원 자격을 박탈했다. 이에 10월 15일 부산대학교에서 시작된 학생시위가 부산 마산 일대로 확대, 악화되었다. 이른바 '부마항쟁'이었다.

10월 26일 저녁 종로구 궁정동 중앙정보부 안가(현재는 청와대 앞 대통령 기념관으로 바뀌었다)에서 함께 식사하던 박정희, 김계원 비서실장, 김재규 중앙정보부장, 차지철 경호실장 4인간에 언쟁이 벌어졌다. 언쟁 끝에 김재규가 이끄는 중앙정보부 요원들은 박정희와 차지철 등 경호실 요원을 저격해 살해하는 데는 성공했으나, 김계원, 정승화 육군참모총장을 포섭해 정권을 탈취하는 데는 실패했다.

47일 후인 12월 12일 저녁 국군보안사령부와 수도경비사령부 예하 여단, 특수전 사령부 예하 여단, 수도권 육군 보병사단 연대급 지휘관을 장악한 전두환(11기, 보안사령관), 노태우(11기, 9사단장), 박희도(12기, 1공수여단장), 최세창(13기, 3공수여단장), 고명승(경호실 작전과장) 정동호(이상 15기, 경호실장 직무대리), 장세동(16기, 수경사 30단장) 허화평(보안사령관 비서실장), 허삼수(보안사 인사처장), 김진영(이상 17기, 수경사 33단장) 등 정규 육사 출신이 정승화 육군참모총장을 연행하고, 장태완 수경사령관, 정병주 특전사령관 등을 체포함으로써 군을 장악했다. 이로써 김종필과 군 수뇌부를 비롯한 구군부는 밀려나고 전두환 등의 신군부가 군과 정부를 장악하게 된다.

군사 정권은 경호실(경내), 수경사(청와대 외곽), 특전사(수경사 외곽)가 대통령 경호를 담당하고, 보안사가 군의 동태를 파악하는 구조였다. 전두환, 노태우가 이끄는 하나회는 이 모두를 이미 장악한 상태였다. 12. 12 쿠데타로 군을 장악한 신군부는 1980년 5월 17일, 비상 계엄을 전국으로 확대하고, 김대중을 내란 음모 혐의로 긴급 체포했다. 다음 날 광주 민주화 운동이 시작됐다. 남산 중앙정보부에 끌려가 고문을 받던 김대중의 장남 김홍일은 자살을 시도하다가 파킨슨병에 걸려 평생을 고생했다. 군사재판에서 김대중은 사형을 언도받았으나 미국의 카터 행정부와 교황 요한 바오로 2세의 서한 등으로 무기징역으로 감형받고 미국 망명길에 올랐다.

1985년 2월, 12대 국회의원 선거를 앞두고 김대중은 귀국했으나, 바로 연행돼 동교동 자택에 연금됐다. 2.12 총선은 여당인 민정당과 창당 두 달의 신민당, 제1야당 민한당, 국민당의 4자 구도로 펼쳐졌다. 선거전의 최대 쟁점은 대통령 직선제 개헌이었는데, 민정당은 35.2%의 득표율로 원내 안정 의석인 148석을 차지해 외견상 성공했다. 신민당은 29.3%의 득표율로 67석을 차지해 제1야당이 되었다. 선거 후 민한당의 당선자가 대거 신민당에 입당함으로써 민한당은 의원 3명의 군소정당으로 몰락하고, 신민당은 개원 전까지 103석을 보유한 거대 야당이 되었다. 김대중–김영삼을 배후로 두고 급조된 신민당이 거대 제1야당으로 올라섰고, 김대중은 김영삼과 함께 민주화 추진 협의회 공동 의장에 취임해 사실상 정치를 재개했다.

1987년 6월 항쟁으로 대통령 직선제 개헌이 이뤄지고 김대중에게 기회가 왔다. 그러나 김대중이 미국에 체류하는 동안 한국 야당 정치와 국내 민주화 운동은 김영삼이 주도하고 있었고, 그래서 김대중에게 양보를 권하는 인사들이 많았다. '후보단일화추진위원회'의 활동은 무위로 끝나고 1987년 대통령 선거는 노태우 당선으로 끝났다.

이듬해 13대 국회의원 선거에서 김대중의 평민당이 제1야당으로 올라서면서 김대중은 재기할 수 있었다. (민정당 125석, 평민당 70석, 민주당 59석, 공화당 35석) 하지만 1990년, 3당 합당으로 다시 여대야소 국면으로 정치 판도가 바뀌고 김대중은 다시 소수파 대표로 전락했다. 1992년 연말 14대 대통령 선거에서 다시 김영삼에게 패배한 김대중은 정계 은퇴를 선언했다.

영국 케임브리지대학 유학 등으로 정치와 거리를 두었던 김대중은 미국과 중국, 일본 등지에서 호의적인 시선을 받은데 자신감을 얻어, 임동원을 재단 실무자로 삼아 정계 복귀의 교두보인 아태재단을 설립했다. 마침내 1995년 7월 정계 복귀를 공식 선언한 뒤 9월 새정치국민회의를 창당해 본격적인 대선 행보에 들어갔다. 1995년 연말 왼편으로는 김근태, 천정배를 필두로 하는 재야 시민단체 인사를, 오른쪽으로는 이종찬 (육사 16기, 4선의원), 임동원(육사 13기, 예비역 소장, 남북고위급 회담 대표, 통일부차관), 천용택(육사 16기, 2군단장, 합참 전략기획본부장, 예비역 중장, 비상기획위원장) 등 엘리트 군 장성을 영입해 좌우의 폭을 넓혔다.

다. 김대중의 선거전략과 내보려는 이미지 *i*

TV 정치 광고는 1992년 대통령 선거 때부터라고 봐야 한다. 미국이나 유럽의 정치광고처럼 두고두고 언급될 만한 본격적인 정치광고는 2002년 노무현을 기다려야 했지만. 1992년 여당인 민주자유당의 김영삼, 야당인 민주당의 김대중 두 후보는 당시 대다수 유권자에게 더 설명할 필요없을 정도로 잘 알려진 한국 민주화를 대표하고 상징하는 인물들이었다. 김영삼의 TV 광고 대사에서 언급되듯이, 양인은 1960년대부터 꼬박 30년 동안 때로는 서로 경쟁하고 때로는 서로 협력하면서 한국 현대정치 무대의 전면에서 활동해왔기 때문에 새로운 이미지의 구축이란 쉽지 않은 과제였다.

영남(김영삼)과, 호남(김대중)이라는 지역 대표성도 크게 대비되는 것이었지만, 유복한 집안에서 자라 고교 대학 모두 명문을 졸업한 김영삼과 어려운 집안에서 자라 지방의 상고를 졸업한 뒤 청년기에 사업으로 자수성가한 김대중 두 사람의 정치 입문 이전의 인생도 사뭇 대비되었다. 두 사람의 대결은 두 사람만의 정치적 대결일 뿐 아니라 상도동계와 동교동계로 대비되는 한국 민주진영의 세 대결이기도 했다. 그러나 짧은 TV광고에 이 모든 것을 담을 만한 기획 역량도 진영에는 없었고, 방송가도 제작할 역량이 부족했다. 이 시기까지만 해도 정치권도 방송가도 이미지의 상징성에 대한 연구가 부족해 TV 광고는 직설적인, 그래서 다분히 정부 홍보 영상을 연상케 했다.

김영삼의 TV 광고는 주인공 김영삼이 새벽 일찍 일어나 동네 주민들과 조깅하는 장면으로 시작한다. 메시지는 간명했다. 스스로 자랑하는 '건강'하고 '부지런한' 이미지를 확인하고 '서민과 함께 하는' 지도자 이미지를 확장하며 강조하는 것이었다. 건강하게 달리는 모습은, 군사독재 시절 고문을 받아 다리가 불편한 김대중을 다분히 의식하고 그와 차별화하는 것이기도 했다. 캐치프레이즈는, '깨끗한 정치'로 정치 개혁을 주장하면서, 여당 후보답게 '튼튼한 경제'를 댓구로 내세웠다. 전체적으로 무거운 느낌이 강했는데, '정치는 진지하고 심각'해야 한다는 1992년 당시의 인식을 반영한 것으로 보인다.

김대중의 TV 광고는 김대중이 등장하지 않고, 세련된 도시 여성 3명이 카페에서 맥주를 마시며 정치 환담을 하면서 김대중을 떠올리게 하는 대화를 주고 받는다. 광고 특히 정치광고에 주인공인 후보가 등장하지 않는 발상은 당시로서는 다소 파격적인 것이었다. 한국 정치의 소외계층이라고 할 여성 유권자를 내세워 그들의 대화를 통해, '이번에는 바꾸자', '변절하지 않은 야당 정치인 김대중을 선택하자'고 강조했다. 메시지로 사용된 '이번에는 바꾸자'는 한국 전통 야당의 오랜 구호, '변절하지 않은' 은 3당 합당으로 민주화 투사에서 낯선 여당 후보로 나타난 김영삼에 대한 네거티브의 성격도 띠었다. 출연한 여성들이 너무 세련되고 아름다워 김대중의 원래 민주화 투사 이미지, 지지층인 노동자, 농민과 다소 유리되는 것은 아닌가 하는 인상을 줄 수도 있었다.

뉴 DJ플랜

김대중은 DJP 단일화로 보수표를 일부 잠식하고, 노쇠한 이미지를 '경험'으로 바꾸는 'New DJ 플랜'을 선거 전략의 양축으로 삼고, '준비된 대통령'과 '수평적 정권교체'를 캐치프레이즈로 내세워 선거 승리를 거머쥐었다. 'DJ 비자금'같은 상대 후보의 네거티브 공격은 별로 큰 효과를 보지 못했다.

김대중의 제1전략은 단일화였다. 30% 박스권에 갇힌 여론조사 지지율을 당선권으로 끌어올리기 위해 충청권 출신의 보수 정치인 김종필과의 단일화를 강하게 추진했다. 단일화는 최소한 세 가지 조건이 충족돼야 한다. 첫째, 단일화할 때 당선 가능성이 50% 이상으로 높아져야 한다. 둘째, 단일화하지 않으면 패배가 확실하다. 마지막으로, 양보하는 쪽에 통큰 선물을 줘야 한다.

김대중은 김종필의 마음을 얻기 위해 명분과 실리를 제공했다. 선거 결과를 분석하면 김종필의 득표 기여율은 3% 남짓에 불과했다. 그 3%를 위해 1997년 김대중은 내각제 개헌을 약속하고, 김종필에게 책임 국무총리와 내각 1/2 구성권을 내주고 김종필의 대선 출마 포기와 지원 약속을 받아냈다. 김대중은 극렬 반대하는 참모들을 설득했고 결국 대권을 잡았다.

그것으로도 모자라 김대중은 서명 발표하기 전 김종필의 신당동 자택을 방문해 감사 인사를 하는 파격적인 행보를 보였다. 몸도 불편한 김대중이 집으로까지 찾아와, 소파 아래 맨바닥에 주저앉아 김종필에게 머리를 숙였다. 자신에게 '같이 가자, 약속 꼭 지킨다'고 간곡하게 말하는데, 아무리 정치의 세계가 허망하고 배신이 난무한다 해도, 적어도 그 임시에는 정치 8단 김종필도 감격했을 것이다. 그 차이가 1997년 대선의 향배를 결정했다.

[역대 선거 김대중의 이미지 변신]

선거를 치를수록 김대중의 표정은 점점더 부드러워지는데, 텍스트는 1997년에 가서야 미래 지향적이되었다. 1971년 포스터는 텍스트가 너무 복잡해서, 1992년 포스터는 이미지와 텍스트가 충돌하는점에서 아쉽다. 1987년 포스터는 직접 메시지인 텍스트를 등진데다, 텍스트가 너무 복잡해 최악이다. 1997년 포스터는 이미지와 텍스트가 미래지향적이고 시대정신을 반영한데다 여백도 적당하다.

필자가 현역으로 취재하던 1993년, 김종필 당시 민자당 대표는 대통령 주례보고를 마치고 돌아와, 한국 정치에서 입신의 경지 즉 정치 9단으로 김영삼, 김대중 단 두 사람을 꼽고, 스스로는 '7단 후하게 봐주면 8단'이라고 몸을 낮춘 바 있다. 그 시절에 비하면 요즈음은 '파란띠의 정치

9단'이 너무 흔하다.

박태준은 1992년 대통령선거를 앞두고 김영삼과 매우 불편한 관계가 되었다. 1992년 10월 4일 민자당 당직 사퇴서를 제출하고, 이어 중앙선거대책위원장을 맡아달라는 김영삼의 제안을 거부하고 백의종군을 선언했다. 이후 아예 국회의원도 사퇴한 뒤 일본에서 사실상의 망명 생활을 하다가 김영삼 대통령 임기말인 1997년 귀국했다. 포항보궐선거에 출마해 당선되고, DJP연대에 참여했다. 김대중 당선 후 김종필이 국무총리로 입각하자 박태준은 자민련 총재가 되고, 전현직 일본총리와 일본 게이단렌 총재 등 일본 인맥을 활용해 IMF 외환위기를 극복하는데 일익을 담당하게 된다.

김종필과의 DJP 연합, 나아가 박태준까지 포함하는 DJT 연대는 김대중의 약점인 '노쇠' 이미지를 강점인 '경륜'과 '경험'으로 프레임을 전환하는 원동력이 되었다. 특히 삼성 이병철, 현대 정주영과 함께 대한민국 산업화를 상징하는 인물인 포스코 박태준의 합류는 「민주화 세력과 근대화 세력의 협력」을 상징하는 일대 사건으로 인식됐다. 때마침 IMF 외환 위기로 국민은 안정을 희구하고 있었다.

김대중의 또다른 선거 전략은 밝고 젊은 DJ 이른바 'New DJ 플랜'이었다. 이미지 전략의 관점에서, 김대중은 거칠고 강경한 민주화 투사 경력과, 허언과 변신을 밥 먹듯이 반복할 수밖에 없는 정치인의 운명을 잘 포장해야 승산이 있었다. 특히 1924년 1월생으로 1997년 12월 실질적으로 74살의 나이가 큰 핸디캡이었다. 젊어 보이기 위해 김대중은 과감한 수준의 분장을 하고 사진과 동영상에 등장했다.

TV 광고는, 영상도 김대중을 젊고 밝은 분위기로 묘사하고, 로고송으로는 당시 인기 절정의 DJ 덕이 부른 템포 빠른 댄스곡 'DJ와 춤을'을 개사해 사용했다. 인기있는 젊은 정치인을 김대중 주변에 배치하고 후보가 그들과 회의하면서 경청하고 토론하는 장면을 TV뉴스 영상과 신문, 잡지 사진에 반복적으로 노출시켰다.

　정동영(방송), 정세균(기업), 추미애(법조), 김한길(방송), 정한용(연기) 등 전문성을 갖추고 이미지가 깨끗한 40대 정치인으로, 정한용을 제외하면 모두 한 차례 이상 당 대표를 역임할 정도로 정치권에서 성장한 기대주였다. 이로써 김대중은 노쇠 이미지를 불식하는데 성공했다. 'New DJ 플랜'의 압권은, 김대중이 '경험많은' '준비된 대통령' 캐치프레이즈였다. 'New DJ 플랜'은, 1960년 케네디와의 이미지 대결에서 참패한 닉슨이 1968년 험프리와의 대결에서 들고나온 전략을 연상시킨다. 닉슨은 1968년 선거에서는 과거의 딱딱하고 긴장된 이미지에서 탈피하는데 성공해 대권을 거머쥐게 된다.

　'New DJ 플랜'은 유권자에게, 김대중이 신체 나이와 상관없이 젊은 이와 소통할 수 있다는 인식을 심었다. 김대중 전 대통령은 1997년 대선을 앞두고 뉴DJ플랜에 따라 쓰리버튼 재킷, 칼라 행커치프 등의 의상과 소품을 활용해 과격한 투사 이미지를 탈피했다. 1998년 취임 당시 당명도 '국민회의', 집권 후 정부의 명칭도 '국민의 정부'로, '국민'을 앞세웠다.

도쿄 납치사건 직후 동교동 자택에서 기자회견, 자택 담장 너머 기자들의 질문에 대답하는 김대중, 그리고 1997년 김종필, 박태준과 DJT 연대 완성하는 장면.

라. 김대중의 노출된 이미지 *ε*

김대중은 유권자에게 이미 단단하게 형성된 '탄압받은 민주투사' 또는 '노쇠한 정치꾼' 이미지가 어지간한 공격을 견뎌내는데 도움이 됐다. 김대중은 '경험많은', '준비된 대통령'이라고 내세웠다. '노쇠' 이미지를 '경륜'으로 프레임을 전환한 좋은 예다. 레이건 대통령이 1984년 선거에서 젊은 먼데일을 상대로 '어리고 경험없다'고 역공한 사례를 떠올리게 하는 좋은 전략이었다. 이후 2012년 대통령 선거에서 박근혜가 '준비된 여성 대통령'으로, 2017년 대통령 선거에서는 문재인이 '준비된 대통령'으로 다시 채택할 정도로 '준비된 대통령'은 인기있는 슬로건이 됐다.

이미지 전략을 선거전 내내 그리고 취임 이후까지 지속적으로 구사한 것은 1997년 김대중 이후로 봐야 하겠다. 김대중은 개그맨을 불러 유머감각을 익히고, 성우들로부터 사투리를 교정하는 피나는 노력을 했다.

"TV 연기자가 성공하기 위해서는 낮은 압력(low pressure, 부드러운 이미지)으로 표현할 수 있어야 하며, 낮은 압력으로 표현하려면 강도 높은(high pressure) 조직화가 필요하다."

마. 이회창의 이미지 $g i \mathcal{E}$

1) 이회창의 주어진 이미지 g

이회창은 아버지 이홍규가 검사장, 장인 한성수는 대법관, 처남 한대현은 헌법재판관에 백부 이태규는 한국 최초의 화학박사, 이모부 강세형과 외숙부 김홍용, 김문용, 김성용 3명이 모두 국회의원을 지낸 명문 중의 명문 출신이다. 경기고와 서울 법대를 나온 우리나라 최고 엘리트로 판사로서 순탄한 승진 가도를 걷고 최연소 대법관(46세)이 되어 소수 의견을 많이 내다가, 5공 때 대법관 재임용에서 탈락했다.

노태우 대통령 시절 대법관에 다시 등용돼 대법관 겸 중앙선거관리위원장으로 있으면서 서울 영등포을, 강원도 동해시 보궐선거가 금권, 탈법으로 얼룩지자 감연히 여야 모두를 비판하는 성명을 발표하고 선관위원장직을 사퇴한 강단있는 판사였다. 체제를 수호하는 법 전문가로, 이후 김영삼 정부 들어 감사원장을 거쳐 일인지하 만인지상 국무총리가 되었다. 감사원장으로서 당시로서는 성역으로 일컬어지던 방위비를 감사해 율곡비리를 밝혀냈다. 그리고 과감하게 총리직을 던지고 정치에 뛰어들어 집권당 대표, 총재를 거쳐 집권당의 대통령 후보가 되었다. 보수 정당 최초의 비영남 출신 후보였다.

이회창은 권위에 도전하며 권력에 저항하는 '대쪽 판사' 이미지를 앞세워, 미래 대한민국을 건설하자고 주장했다. 그러나 '병역 비리 의혹' 공방을 벌이는 과정에서 두 아들이 모두 군대를 가지 않은 사실이 유권자들에게 각인되면서, 순수하고 깨끗한 이미지는 더럽혀졌다.

2) 이회창의 선거 전략과 내보려는 이미지 *i*

이회창은 1997년 대선과 2002년 대선 모두 '아름다운 원칙'이라는 이미지 전략을 썼는데, 아름다운 원칙의 내용이 무엇인지는 불분명했다. 내용물을 채우지 않은 이미지 전략은, 상대가 그 내용물을 자신들에게 유리하게 채워 역이용하기 때문에 실패할 가능성이 높다. 이회창의 경우에도 그렇게 돼 버렸다. 2022년 이재명의 소확행 시리즈도 그랬다.

이회창은 원칙과 소신 빼면 껍데기밖에 남지 않는다. 그러나 원칙과 소신이 부드러울 수는 없다. '원칙과 소신'을 강조하면 사람 냄새가 덜 날 수밖에 없고, 융통성과 포용력을 발휘할 여지가 없어진다. 실제의 이회창도 융통성 없고 포용력 부족한 깐깐한 판사였고, 만나본 사람은 공감 부족이라 느껴지는 것이다. 힘들고 고통스런 게 원칙과 소신의 삶이다. 오히려 사소한 일에 목숨을 걸고 덤비는 듯한 과하게 결연한 느낌을 준다. 김대중 캠프는 이 점을 집요하게 파고들었다.

이회창은 김대중의 오랜 여의도 정치 경력과 DJP 연합에 맞서, 깨끗하고 신선한 이미지를 강조하는 '깨끗한 정치, 튼튼한 경제'를 캐치프레이즈를 내세웠다. 김대중에 비해 상대적으로 젊은 이미지를 강조하기 위해 로고송은 빠른 템포였는데, '더 젊은' 이인제 라는 후보가 있었다는 게 문제였다. 경험을 강조하기에는 김대중보다 현실 정치의 경험이 적고, 젊음을 강조하기에는 이인제보다 나이가 많았던 것이 이회창의 문제였다. 게다가 두 아들의 병역 비리 의혹이 제기되면서 '대쪽 판사'라는 '깨끗한' 이미지가 결정적으로 손상됐다. 이회창의 이미지는 아직 단단하지 않아 공격에 취약한 상태였다.

경제와는 별 관계없는 후보 경력에도 불구하고, 여당인 한나라당의

IMF 외환 위기 책임론이 불거진 상황에서 '튼튼한 경제'를 내세운 것이 실착이었다. 선거전이 본격화된 시점에서 IMF 외환위기가 닥치고 IMF 와의 협상이 시작되면서 집권당 후보가 내세운 '튼튼한 경제'는 크게 금이 가버렸다. 3김 청산을 강조하면서, IMF 외환위기 책임론을 떨쳐버리기 위해 현직 대통령과 거리두기를 하는 과정에서 김영삼 대통령의 신한국당 탈당을 요구했다. 이회창은 여당 프리미엄조차 없는 지난한 선거를 치를 수밖에 없었다. 이 과정에서 김영삼 허수아비 화형식까지 한 것은 돌이킬 수 없는 패착이었다.

3) 이회창의 노출된 이미지 $\mathcal{E}$

이회창은 평생 법조문만 다룬 인물답게, 자신의 이미지를 확장 강화하거나, 수정 보완하거나, 숨기거나 감추려들지도 않았다. '있는대로의 이회창' 즉 g 만으로도 이길 수 있을 것으로 착각한 탓일까? 아마 주어진 그대로의 이회창으로 유권자에게 전달됐어도 선거전은 만만찮았을 것이다. 그러나 선거는 상대가 있는 게임, 상대는 이회창이 있는 그대로 유권자에게 다가가도록 내버려두지 않았다. 대쪽판사의 깔끔하고 순수하고 이미지는, 두 아들의 병역 비리 의혹으로 한순간에 더럽혀지고 말았다.

순수가 생명인 정치인은 순수를 잃는 순간 존재 가치를 상실한다. 게다가 이회창은 억울하다고 항변하면서, (멀쩡하게 생긴) 두 아들이 모두 군에 가지 않았음을 자신의 입으로 떠들고 다녔다. i 없이 선거전을 치른 이회창은 대한민국 선거 역사상 최초로 국민 직선제 대통령 선거에서 패배한 보수 후보가 되고 말았다. 요약하면 이회창은 특별한 이미지 전략 없이 주어진 이미지 '대쪽판사' 이미지와 조직력에만 의존해 선거전을 치렀다는 결론이다.

이회창에게는 여러 차례 기회가 있었다. 김종필의 지원 없이도 선거에 이길 수 있다고 판단한 것이 가장 큰 실착이었다. 이인제를 싸안지 못한 것도 역시 큰 실착이었다. 만일 1997년 이회창이 김종필이나 이인제 두 명 중 단 한 명이라도 포용하는 포용력을 보였다면 아직도 대한민국은 단 한 차례도 보수가 정권을 놓치지 않았을 거라고 믿는 이들이 있다. 뒤늦게 선거일을 20일 가량 앞둔 11월 21일 조순, 이기택의 민주당과 합당해 세력을 불렸으나 김종필, 이인제를 포용하지 못한 한계를 넘지 못했다.

김대중 대통령과 이회창의 득표율 차는 겨우 1.6%, 김대중은 10,326,275표(40.27%), 이회창은 9.935,718표(38.75%)를 득표해 표차는 겨우 390,557표(1.52%)였다. 이인제의 득표율 19% 남짓을 이회창에 보태면, 이회창은 17% 이상의 득표율 차이로 이길 수도 있었다. 실무자간의 조율은 이미 끝났고, 이회창과 이인제 두 당사자가 악수하면 되는 상황에서 이회창이 끝까지 작은 자존심을 굽히지 않아 이인제가 독자 출마했다는 것이 당시 이회창, 이인제의 단일화 협상을 진행했던 강재섭 전 한나라당 대표와 김학원 전 의원 등 협상에 관여했던 모든 이들의 일치된 술회다.

심지어 유시민은 〈나의 한국현대사〉에서 '이인제 씨는 선한 의도가 있어야만 선을 행할 수 있는 것은 아니라는 삶의 역설을 온몸으로 보여주었다.(중략) 나는 텔레비전에서 그를 볼 때마다 감사의 마음을 되새기곤 한다.'라며 조롱반 칭찬반의 평가를 내렸다. 유시민의 혜안은, 유시민 본인을 포함해 한국의 정치인 대부분에게 적용되는 말이기도 하다. 심지어 김종필만 잡아도 이회창은 승리할 수 있었다. 김종필이 김대중 대통령에게 기여한 득표율은 3% 남짓으로 평가되지만, 안팎으로 계산하면 6% 내외가 되니, 4%차 승리가 가능했던 것이다.

[김대중-이회창 이미지 평가]

g	김대중				이회창			
	민주화 투사	정치인	노령	포용력	대쪽 판사	친화력	유연성 부족	포용력 부족
	○	○	○	○	○	×	○	○
i	○	○	○	○	○	○	×	×
ε	희생한 투사	정치인	경륜	포용력	차가운 엘리트	불통	유연성 부족	포용력 부족
평가	성공	성공	성공	성공	성공	실패	실패	실패

바. 이인제의 이미지 $g \ i \ \varepsilon$ 모델 분석

이인제는 충남 논산의 가난한 집안에서 이윤식과 김화영 사이의 4남 2녀 중 3남으로 출생해, 서울 경복고와 서울 법대를 졸업했다. 대학 졸업 후 한때 유신 반대운동에 뛰어들었다가 체포돼 고초를 겪은 뒤 군대에 징집돼 육군 병장으로 전역했다. 1979년 31살의 늦은 나이에 사법시험에 합격해 2년의 짧은 판사 생활을 거쳐 노동 변호사로 활동하다가 김영삼 통일민주당 총재의 주선으로 1988년 13대 총선에 경기도 안양에서 당선돼 정계 입문했다. 이인제는 한국의 정치인 가운데 아주 특이하게 2003년이 될 때까지 자신의 평전이나 정치평론집을 내지 않았다.

초선 시절, 노무현, 이해찬과 더불어 국회 노동위원회 3총사로 이름을 날렸고, 청문회 스타가 되었다. 1990년 3당 합당 때 김영삼을 따라 민주자유당으로 옮겼고, 합당 실무협상자로 지명받을 정도로 김영삼의 신뢰와 총애를 받았다. 상도동계에 들어간 지 얼마 안 되는데도 신뢰는 대단했던 셈이다. 1992년 재선의원이 되고, 이듬해 김영삼 대통령 취임 후 45세 최연소 노동부 장관으로 기용되어 산업현장을 찾는 장관의 모습을 보였다. 1995년 부활한 지방선거에 경기지사로 출마해 당선돼 차기 대권 주자로 각광을 받았다.

1997년 신한국당 대통령 후보 경선에 뛰어들어 선전했으나, 결선투표에서 이회창에게 패했다. 경선 후 이회창의 두 아들에 대해 병역 비리 의혹이 제기되면서 이회창의 지지율이 급락했는데, 김영삼 대통령이 의중을 흐리면서 이인제는 9월 13일 경선 불복을 선언하고 탈당해 국민신당을 창당했다. 이인제는 경선 불복 이미지가 정치 인생의 평생을 따라다녔다. 또 여러 차례 당적을 옮기면서 철새 이미지까지 뒤집어쓰면서, 1997년 대선 3위 이후 영원히 재기하지 못했다. 2005년 공직선거법이 개정돼 당내 경선에서 패한 후보는 독자 출마가 금지되었다.

사. 김대중, 이회창, 이인제 이미지 비교 분석과 선거 결과

1997년 대통령 선거는 한국 정치 사상 최초의, 직접선거에 의한 정권교체였다. IMF 외환 위기의 어두운 그림이 드리운 가운데, 한국 대선 사상 최초로 후보자 TV토론이 도입된 선거다. 1997년 대선의 주인공이자 승자 김대중은 김영삼과 함께 한국 민주화 세력을 대표하는 인물이다. 김대중은 73살의 나이, 거칠고 강경한 민주화 투사 경력으로 중도 확장성에 제한이 있었고, 거짓말과 변신을 밥 먹듯이 반복할 수밖에 없는 정치인의 운명을 잘 포장해야만 승산이 있었다. 김대중의 선거 전략은 DJP 단일화로 보수표를 일부 잠식하고, 노쇠한 이미지를 '경험'으로 바꾸는 'New DJ 플랜'이 양대 축이었다.

'New DJ 플랜'의 압권은, '알고 보면 부드러운 남자'와 '준비된 대통령' 캐치프레이즈였다. '알고 보면 부드러운 남자' 캠페인은 1997년 대통령 선거 이후 다양한 분야 다양한 인물들에게 사용됐다. 조계종 종정 성철 스님에게도 쓰였고, 개그맨 김구라까지 썼을 정도다. 김대중의 주어진 이미지 g는 거칠고 강경한 민주화 투사요, 사형 선고와 암살 시도와 오랜 가택 연금과 망명의 원한에 사무친 '한의 정치인'일 것이다.

1997년 대통령 선거에 출마하며 그의 이미지는 매우 부드러워졌다. 웃는 모습이 자주 소개되었고 "알고 보면 부드러운 남자"라고 소개하기도 했다. '내보려는 이미지 i' 전략이 가동되고 김대중은 실행하기 시작한 것이다. 은연중 남아 있던 독기나 원한도 사라진 듯했다. 그가 주장하는 햇볕정책처럼 따스한 사람 같았다. 노출된 이미지 ε에 변화가 온 것이다.

김대중은 '준비된 대통령' 답게 당선 다음날부터 바로 IMF 외환위기라는 폭탄을 맞아 쉴 여유도 없이 실질적 대통령 역할을 하며 나라경제를 챙겼다. 선거 운동 기간에 이미 '경제를 살리는 김대중'이라는 구호도 함께 내세웠고, 선거전 막판 박태준이 가세함으로써 유권자에게 구호만이 아니라 실제 경제를 살릴 수 있겠다는 믿음을 줄 수 있었다.

당시 IMF는 한국에 대한 지원의 전제 조건으로, 김대중, 이회창, 이인제 세 후보로부터 세 후보가 당선될 경우 김영삼 정부와 합의한 사항을 지킬 것이라는 각서에 서명할 것을 요구했다. 정치부 기자로 이인제 후보를 담당했던 본 저자는 당시 이인제 후보가 장탄식하면서 서명하는 장면을 목격하고 위정자의 비전과 판단이 얼마나 중요한지 절감한 적이 있었다. 김대중은 당선 직후 대통령직 인수위원회와 함께 비상경제대책위원회(위원장 : 김용환), 노사정위원회(위원장 : 한광옥, 후에 경제사회노동위원회로 확대 개편) 등을 설치해 국민 전체의 의견을 수렴하고 국가 전체의 의지를 결집함으로써 IMF 외환 위기를 극복했다.

'노령'과 부정적일 수도 있는 '정치인'의 이미지는 '경륜과 경험' '유연성과 융통성'의 이미지로 수정 포장했다. 김대중은 유권자에게 '탄압받은 민주투사' 또는 '노쇠한 정치꾼' 이미지가 이미 단단하게 형성돼 'DJ 비자금'같은 네거티브 공격을 견뎌냈다. '준비된 대통령'은 2012년 박근혜가 '준비된 여성대통령', 2017년 문재인이 '더 준비된 대통령'으로 다시 사용할 정도로 인기있는 슬로건이 됐다

정당의 첫 비영남 후보로 우리나라 최고 엘리트인 이회창은 '깨끗한 정치, 튼튼한 경제'를 캐치프레이즈를 내세우고, 주어진 '대쪽판사' 이미지만으로 선거전을 치렀다. 그러나 이회창의 이미지는 아직 단단하지 않아 공격에 취약한 상태였다. 두 아들의 병역 비리 의혹이 제기되면서 '대쪽 판사'라는 '깨끗한' 이미지가 결정적으로 손상됐다. 이인제는 경선 불복 이미지가 정치 인생의 평생을 따라다녔고, 영원히 재기하지 못했다.

[1997년 한국 대통령 선거 가설 검증]

	주어진 이미지 g	슬로건	가설1	1-1	1-2	가설2	2-1
김대중	민주화투사	준비된대통령	–	○	–	○	–
이회창	대쪽판사	3김 청산	–	○	–	–	○
이인제	리틀 YS	세대교체	–	○	○	–	–

	김대중(국민회의)	이회창(한나라당)	이인제(국민신당)
득표수	10, 326, 275	9,935,718	4,925,591
득표율	40.3%	38.7%	19.2%

김대중 후보가 유효투표 총수의 40.3%를 얻어 38.7%를 얻은 이회창 후보를 1.6% 포인트 차이(득표수 차 39만 557표)로 누르고 제15대 대통령으로 당선되었다. 한국 현대 정치에서 과거의 정권교체는 모두 혁명이든 쿠데타든 정치사변에 의한 정권교체였는데 반해, 15대 대통령 선거는 한국 정치 사상 최초의, 직접선거에 의한 수평적 정권교체였다. 특정지역의 권력독점, 정경유착을 낳은 '구 정치질서'를 종식시키는 계기가 되었다. 다만 이회창은 '동'(강원과 영남권)에서 김대중은 '서'(수도권 충청권 호남권)에서 상대적으로 높은 득표를 하여 지역주의 투표행태가 심화된 것으로 나타났다.

2. 2002년 노무현의 이미지와 선거 전략

가. 2002년 선거 환경

제16대 대통령선거는 김대중 정부 중간평가로 일컬어진 6월의 제3회 전국동시지방선거와 '미니 총선'으로 불린 8월 8일 국회의원 재·보궐선거 뒤 실시됐다. 한나라당은 서울(이명박) 경기(손학규) 인천(안상수), 수도권3곳을 석권하는 등 전국 16개 광역단체장 가운데 광주, 충남, 전남북, 제주도를 제외한 11개 단체장을 모두 차지함으로써 압승을 거두었다. 이에 따라 이회창—서청원이 이끄는 한나라당은 연말 대선에서 이미 승리한 것 같은 착각에 빠졌다.

월드컵 4강과 아시안게임 등으로 '단군 이래 최대 호경기'라 불릴 정도로 경제 여건이 좋아진 상태에서 치러진 선거였다. 여당인 새천년민주당은 한나라당 견제심리를, 야당인 한나라당은 분위기 쏠림현상에 편승하여 승리를 기대했다. 하필이면 지방선거일 당일 경기도 동두천에서 여중생 2명이 미군 장갑차에 치여 숨진 효순이·미선이 사건도 노무현에게 유리하게 작용했다.

사실 선거 한 달 여전까지만 해도 여론조사 지지율이 가장 높은 잠재 후보는 국민통합21 정몽준 의원이었다. 선거를 한 달 앞둔 11월 18일, 노무현과 정몽준이 단일화에 합의하고, 11월 24일 실시한 여론조사 결과 노무현이 단일 후보로 이회창과 맞대결하게 되었다. 집권당 후보라는 점만 빼면, 조직과 자금, 시간이라는 선거의 모든 측면에서 노무현 후보는 불리했다. 게다가 투표 바로 전날 단일화 파트너인 정몽준 의원이 지지를 철회함으로써 결정적인 위기에 봉착했다. 그럼에도 불구하고 노무현 후보는 당선됐다.

2002년 대통령 선거는 후보자 선출 방식이 과거와 크게 달라진 점에서 주목해야 한다. 여당인 새천년민주당과 야당인 한나라당은 당내에서 일방적으로 후보자를 선출하는 방식에서 벗어나 국민이 참여하는 상향식 '국민참여 경선'을 통해 후보자를 조기 확정했다.

현대 민주주의에 있어서 정당의 공직후보 선출은 정당정치의 가장 핵심적 기능의 하나다. 공직후보의 지명과 선출을 통해 정당은 정부와 일반 국민 사이의 매개적 역할(mediating role)과 정치적 충원(political recruitment) 기능을 수행한다. 정당의 후보 선출은 "정당 내부의 제도적 기제(institutional mechanism)"로서, 선거 승리를 위한 정당간 경쟁, 계파 간 권력 배분을 위한 정당 내부경쟁, 그리고 국민적 지지라는 외부적 압력 등에 따라 후보선출 방식 자체도 변화하기 마련이다.

[16대 대통령 후보의 선거 포스터]

노무현이 국민후보인지는 확실치 않지만, '새로운 대한민국'은 확실히 그에게 어울리는 슬로건이다. 그러나 한일월드컵 4강으로 국가적 자부심이 한껏 고양된 상황에서, 이회창의 '나라다운 나라' 슬로건은 소구력이 별로 없었다.

후보경선 방식은 미국의 예비 선거가 원형이다. 미국의 예비선거는 폐쇄형(closed)과 개방형(open)으로 나뉘는데, 정당 내부의 의사 결정에 대해 주법(州法)이 개입한다는 점이 특이하다. 폐쇄형 예비선거 즉 코커스는 사전 등록과 지지 정당 표시나 당원 규정 고지를 의무화하며 개방형 예비선거 즉 프라이머리는 선거 전에 등록하면 누구나 예비선거에 참여할 수 있다.

미국의 예비선거는 1842년 민주당이 시작한 펜실베이니아 크로포드

(Crawford) 카운티 예비선거가 효시다. 그러나 실제로는 1968년 휴버트 험프리(Hubert Humphrey)가 후보 경선을 거치지 않고 대통령 후보로 선출된데 일반 당원들이 거세게 반발하면서 본격화된다. 예비선거제도는 19세기 내내 발호하던 지방의 보스 정치를 대체하면서 발전해왔다. 일부 남미 국가와 캐나다, 대만 등에 수출됐고 2002년에는 민주당이 한국에서 처음 수입해 실행했다. 일부 시행착오를 겪은 나라도 있었으나 대체로 일반 유권자들의 후보선출 참여와 정당의 상향식 공천을 유도함으로써 후보선출의 포괄성(inclusiveness)을 향상시키고, 정당의 당내 민주화에 기여했다는 평가를 받는다.

나. 노무현의 주어진 이미지 *g*

노무현은 1946년 경남 김해 진영읍 봉하마을에서 45살의 노판석과 이순례의 3남 1녀 중 막내로 태어났다. 이복누나와 이부누나가 있는 복잡한 집이었다. 아버지 노판석은 일제강점기 때 타이어 제조 사업을 하다가 사기로 모두 날리고 어머니가 가사를 꾸렸다. 큰 형 노영현은 교통사고로 일찍 세상을 떠나고, 노건평은 둘째 형이다. 1953년 진영 대창국민학교에 입학해 6학년 때 전교 학생회장을 맡았고, 1959년 진영중학교에 진학했다. 1학년 때 이승만 생일 기념 글짓기 대회에 '백지 동맹'을 일으켜 정학을 당했으니 조숙한 학생이었다고 봐야겠다. 2학년 때 당시 부산일보의 사장 김지태가 만든 장학회인 부일장학생으로 선발되었다.

중학교 졸업 후 부산상고 장학생으로 진학하지만, 어려운 가정 형편으로 방황하다가 21살 즈음에야 졸업했고 대학교 진학은 하지 못한 채 끝났다. 졸업 즈음 농협 입사시험을 쳤다가 떨어지고, 군에 입대해 12사단에서 군 복무를 마치고 1971년 1월 제대했다. 전역 이후 사법 고시를 본격 준비하면서 1973년 권양숙 여사와 결혼하고, 아들도 낳았다. 1975년 30세에 유일한 고졸로 사법시험(17회)에 합격했다. 연수원 동기에 진영 전 국회의원, 정상명 전 검찰총장, 안대희 전 대법관 등이 있고, 노무현 대통령과 가까운 사시 동기 '8인회'는 죽기 직전까지 교류가 있었다. 1977년 대전지방법원 판사로 임용됐으나 7개월만에 사임하고, 이듬해 부산에서 변호사를 개업했다. 상고 출신이라 회계를 잘 알고 형이 세무서를 다녀 세법의 세부 규정, 세무 행정의 관행과 인맥을 잘 파악한, 조세 전문의 잘 나가는 변호사였다.

[16대 대선 노무현 이미지 *g*]

청문회에서 정주영 현대 회장을 몰아붙이는 청문회 스타, '바보 노무현' 그리고 정주영 회장의 아들 정몽준 의원과의 단일화.

1981년 우연히 김광일 변호사의 부탁으로 부림사건 변론을 맡은 것을 계기로 인권 변호사로 거듭 나게 된다. 부림사건은 신군부 정권 초기인 1981년 9월 당시 통치 기반을 다질 목적으로 공안 당국이 부산 지역 양서협동조합에서 사회과학 독서 모임을 하던 학생과 교사, 회사원 등 22명을 영장 없이 체포해 불법 감금하고 고문해 기소한 용공조작 사건이다. 결국 38년 지난 2009년 8월 부산지방법원은 집회 및 시위에 관한 법률 위반 혐의는 면소, 계엄법 위반 혐의는 무죄를 선고했고, 2014년 2월에는 국가보안법 위반 혐의도 무죄를 선고했다.

김광일 변호사는 법무장관과 박근혜 대통령 비서실장을 지낸 김기춘 전 의원과 경남고, 서울법대 동기 동창으로 후에 김영삼 대통령의 비서실장이 된 인물이다. 당시 변호인단은 이흥록, 장두경, 박재봉, 정차두, 노무현 총 5명이었다. 노무현은 치기 어린 젊은이들의 사고로 생각하다가, 피고 중 한 명을 접견해 고문 흔적을 발견하고 미친 듯이 사건에 매달렸다. 본인이 피고인인 것처럼 열성으로 변호하고, 고문 사실을 폭로하면서, 때로 감정을 주체하지 못하기도 하였다. 피고와 가족들도 초반에는 변호사가 흥분한다고 걱정했지만, 시간이 지날수록 신뢰와 고마움을 가지게 되었고, 일부 피고들이 무죄 판결을 받으면서 노무현은 재야의 스타가 되었다.

해고 노동자를 위해 법률 상담을 해주고, 무료 혹은 담배 몇 갑에 소송을 대리해주며 민주화 운동에도 적극 참여했다. 경찰이 불법으로 사찰하고 검찰이 구속을 위협하고, 안기부(안기부는 국정원의 전신)가 변호사협회에 압력을 넣어 변호사 면허를 강제 정지시키는 등 갖은 압박을 받아도 굴하지 않았다. 이즈음 연수원 동기 박정규의 소개로 문재인을 만나 같이 일하게 되었다.

노무현은 김광일의 주선으로 통일민주당 김영삼 총재의 공천을 받아 1988년 제13대 국회의원 선거에서 부산 동구에 출마해 당시 실세였던 민주정의당 허삼수 후보를 꺾고 국회의원에 당선되었다.(허삼수는 12·12 사건 당시 계엄사령관인 정승화 육군참모총장을 관저에서 직접 연행한 인물이다.) 국회에서는 노동위원회에서 이해찬, 이인제와 함께 3총사로 명성을 얻었고, 5공비리 조사특별위원회(5공청문회) 위원으로 선임되었다. 청문회 때 전두환에게 명패를 내던지고, 증인으로 출석한 정주영 현대회장을 상대로 차분하게 질타해 명성은 더욱 높아졌다.

"그 절대 권력을 가지고 있는 군부에는 5년 동안에 34억 5천만 원이라는 돈을 널름널름 갖다 주면서 내 공장에서 내 돈 벌어 주려고 일하다가 죽었던 이 노동자에 대해서 4천만 원을 주느냐, 8천만 원을 주느냐를 가지고 그렇게 싸워야 합니까? 그것이 인도적입니까? 그것이 기업이 할 일입니까? 답변하십시오!"

이 무렵 김영삼은 노무현과 이인제를 상도동 자택으로 자주 불러서 청문회 활약상을 물으며 격려하고 활동 자금도 넉넉히 지원했다는 일화가 전해진다. 김영삼 대통령은 회고록에서 5공비리 청문회에서 통일민주당 소속 의원들의 활약상에 큰 자부심을 내비쳤다.

"청문회는 13대 총선 이후 다소 침체해 있던 민주당이 자신감을 회복하는 장(場)이었다. 사상 처음 열린 국회 청문회에서 통일민주당은 단연 돋보였다. 11월 8,9일 이틀 동안 한국갤럽이 실시한 '정당별 및 의원별 인기조사'에서 통일민주당은 4당 가운데 76%의 지지를 차지, 압도적인 우세를 보였다. 청문회에 투입된 의원들은 하루아침에 스타가 되었고, 통일민주당의 인기는 폭발적으로 올라갔다."

노무현은 정치적 대부인 김영삼과 3당 합당 때문에 갈라섰다. 노무현은 꼬마 민주당에 남아 1992년 3월, 제14대 국회의원 선거(부산 동구) 1995년 지방선거(부산 시장) 1996년 제15대 국회의원 선거(서울 종로구)에 내리 낙선했다. 그는 3당 합당을 위한 당무회의에서 항변했다.

"이게 회의입니까? 이것이 어찌 회의입니까? 이의가 있으면 반대 토론을 해야 합니다! 토론과 설득이 없는 회의가 어디 있습니까? 토론과 설득이 없는 회의도 있습니까?"

이후 김원기, 김정길, 이부영, 박계동, 김부겸 등과 '국민통합추진회의'(일명 '통추')를 결성했다. 1997년 대선을 앞두고 이부영, 김부겸 등은 한나라당 이회창을 선택했지만, 노무현은 쿠데타와 3당 합당의 원죄가 있는 당에는 들어가지 않겠다며 새정치국민회의에 입당해 1997년 김대중의 대통령 당선에 공을 세운다.

노무현은 1998년 초, 선거법 위반 사건으로 이명박이 사퇴한 뒤 치러진 종로 보궐 선거에 출마했다. 서울시장 출마를 선언한 상태였지만, 김대중 대통령이 고건 전 총리를 영입하자 쿨하게 출마를 포기하고 대신 종로구에 출마해 당선된 것이다. 6년만의 국회 복귀였다. DJ는 "정치는 노무현이처럼 해야 한다"면서 칭찬했다.

2년 뒤인 2000년 4월, 16대 총선에서 보좌진과 가족이 모두 반대하는데도 다시 불리한 부산(북구 강서구을)에 출마했다. MBC 시사매거진 2580은 권양숙 여사와 딸 노정연씨가 "종로에서 한 번만 더 해서 인지도를 높이고 부산에 내려가자고 만류했다."고 보도했다. 초반에는 앞서기도 했지만 결국 한나라당 허태열에게 밀려 낙선한다. 하지만, 지역주의에 도전한 이력이 알려져 주목을 받고, 이때부터 '바보 노무현'이라는 별명이 생겼다.

낙선 후 노무현은 해양수산부장관에 임명돼, 직원들과 이메일로 대화하며 조직에 토론 문화를 도입하고 다면 인사평가시스템을 도입했다.

장관에게 주어지는 의전을 모두 없애며 탈권위주의를 실천했다. 그리고 2001년 12월 대선 출마를 선언하고 당내 경선에 참여했다. 행정능력이 검증된 정치인도 아니고 다른 대권주자에 비해 인지도가 낮았지만, 노무현은 민주당 내 '영남후보론'을 제기하고, 가장 강력한 후보인 이인제의 정체성을 공격하면서 이른바 노풍을 불러일으키면서 역전승했다.

노무현은 2002년 대선 기간, 장인의 좌익 활동 전력으로 공격을 받았다. 노무현의 다소 불안정하고 급진적인 언행도 약점으로 지적될 수 있다. 아무리 정의감과 분노에서였다지만, 국회 본회의장에서 전두환 전 대통령에게 고성을 지르며 명패를 던진 행위가 대표적인 예였다.

다. 노무현의 내보려는 이미지 _i_

2002년 대선을 앞두고 노무현은 몇 차례 부침을 겪었다. 우선 당내 경선 자체가 큰 고개였다. 당시만 해도 민주당 의원과 동교동계 정치인 사이에서는 이인제가 대세였다. 1997년 대선에서 이인제가 20% 가까운 온건 보수표를 갈라가면서, DJ가 대통령이 될 수 있었다. 그래서 DJ 대통령이 이인제에게 강한 부채 의식을 갖고 있다는데 이인제 대세론은 근거를 두고 있었다. 그러나 전국을 순회하며 진행되는 당내 경선 첫날, 이변이 벌어졌다. 광주전남 지역 대의원들이 노무현에게 표를 몰아준 것이다. 행사 전날 'DJ의 의중은 이인제가 아니라 노무현'이라는 확인할 수도, 확인하기도 어려운 소문이 돌면서 판세가 확 바뀐 것이었다.

경선 승리 이후 상황이 꼬이기 시작했다. 월드컵 4강 신화를 타고 정몽준 축구협회장의 인기가 하늘 높은 줄 모르고 치솟고, 노무현의 본선 경쟁력에 의문이 제기되기 시작했다. 한때 노무현의 여론조사 지지율은 10% 전후까지 떨어졌다. 민주당의 주류를 이루는 동교동계의 분위기는 크게 달라져, 후보 교체론이 본격적으로 돌았다. 노무현은 정몽준과의 단일화에 동의했다. 좋게 말해 고도로 전술적인, 나쁘게 말하면 교묘한 트릭이 난무하는 협상 끝에 노무현과 정몽준의 단일화가 성사됐다. 놀랍게도 여론조사 결과는 노무현의 역전승이었다. 노무현이 여당 후보로 확정됐지만 이회창과의 본선 맞대결은 만만치 않았다.

노무현 후보측 인사들과 정몽준 진영 인사들간의 미묘한 감정 싸움과 견제가 또 문제였다. 정몽준 측근들 사이에서는, '단일화 협상에서 속았다', '사기당했다'는 분위기가 있었고, 그런 분위기가 간단없이 아이슬란드의 간헐천처럼 불쑥 솟았다 다시 잠잠해지는 일이 반복됐다. 위태위태하던 갈등이 마침내 투표일 전날 폭발하고 말았다.

선거운동을 정리하는 시점의 서울 시내 유세에서 노무현 후보측 인사들이, 정몽준에게 후보와 단상에 나란히 설 자리조차 내주지 않자 정몽준은 그 자리를 떠나버렸다. 그리고는 선거 중립을 선언하고 말았다. 사실상의 단일화 파기 선언에 노무현 진영은 당황했다. 그러나 노무현은 위기에 강했다. 정몽준의 집 앞에 달려가, 용서를 빌고 읍소했다. 집권당 대통령 후보가 다른 정치인 집앞에서 기다리는 모습이 TV 화면에 뜨고 인터넷에 생중계되면서 일반 국민은 노무현이 진심이라고 믿었다. 노무현은 정몽준을 설득하는데는 실패했지만, 국민들의 마음을 얻는 데는 성공했다. 그리고 대통령 당선자가 되었다.

노무현 대통령은 2002년 대통령 선거를 앞두고 '바보 노무현'을 앞세웠고, 2003년 취임한 뒤에는 '참여정부'를 타이틀로 내걸었다. 별칭은 그 정부가 추구하는 궁극적 이상을 나타내는 것이기도 하다. 2008년 'MB

정부'를 건너뛰어, 2013년 박근혜의 '국민행복정부', 2017년 문재인의 '국민의 나라'로 이어진다. 2004년 탄핵 소추 이후 치러진 2004년 총선에서는 친노 직계의 '열린우리당'을 창당해 오히려 국회 과반수 의석을 차지하는 압승을 거두었다.

정책공약이 중요했다. 충청 유권자들은 DJP, 김대중-김종필 연대의 전제 조건인 내각제 개헌 합의를 김대중이 파기한데 불만이 많았다. 자칫하면 전통적 영남-충청 연합이 복원될 수도 있었고, 이렇게 되면 선거는 여권 후보 필패구도였다. 게다가 상대인 이회창은 원적은 이북 출신이지만, 충청이 제2의 고향이었다. 이 상황에서 충청권 수도 이전 공약이 1997년 대선에 이어 호남-충청 연합을 유지하는 결정적 동인이 되었다. 노무현이 부산 출신이라 부산경남 지역, PK 지역의 이회창 표에 일정한 균열을 내는 것은 그리 어렵지 않았다.

노무현과 이회창이 중앙선거관리위원회에서 보전받은 선거비용을 살펴보면 선거 캠페인의 변화를 알려주는 몇 가지 주목할 대목이 있다. 돈 많이 드는 조직선거, 청중 동원 선거보다 돈 덜드는 미디어 선거를 권장하는 의미에서 신문과 방송 비용 보전액이 1997년 15대 대선 때보다 늘어났다. 특히 방송광고 비용과 방송연설 비용이 크게 늘어났다. 보전 상한액이 신문광고는 29억 3,710만원에서 16대 31억 1,330만 원으로 1억 7,620만원 늘어나는데 그쳤다.(6.0% 인상) 방송광고는 5억 6780만원에서 6억 8160만원으로 1억 1380만원 증가(20.0%), 방송연설 비용은 34억 1240만원에서 42억 160만원으로 7억 8920만원 증가(23.1%)했다. 선거전의 중심이 대중집회에서 미디어로, 미디어도 신문에서 방송으로 이동한 것을 공식으로 인정한 셈이다.

특기할 것은 금액의 다과와 상관없이 완전히 폐지된 항목과 신설된 항목이다. 거리를 어지럽게 하는 현수막 비용은 아예 비용보전 항목에서 빠졌다. 대신 인터넷(홈페이지 관리비용), 전화선거운동, 공개장소 연설 대담 비용이 새로 추가됐다. 공개장소 연설 대담 비용은 노무현과 이회창 진영이 거의 차이가 없다. 확 눈에 띄는 차이는, 노무현은 인터넷 홍보비용이 계상돼 있는데, 이회창은 아예 한푼도 잡혀 있지 않고, 대신 이회창은 노무현이 약세인 올드미디어 전화를 활용한 홍보에 상당히 많은 자원을 투입했다. 이 미디어 전략은 플랫폼의 선택과 콘텐츠의 품질 양면에서 구현되는데, 플랫폼의 다양성 측면에서 노무현 진영이 먼저 치고 나갔다.

[16대 대선 선거비용 보전 내역(단위 : 백만 원)]

항 목	16대(노무현)			
	보전 상한	실보전액		
		한나라	민주당	합계
선전벽보	16.6	16.6	16.6	33.2
전단 인쇄물	513.1	508.9	473.9	982.8
책자형인쇄물	2,115.7	2,100.4	1,936.2	4,036.6
현수막	–	–	–	–
신문광고	3,113.3	3,113.3	3,113.3	6,226.6
방송광고	681.6	632.8	635.3	1,268.1
방송연설	4,201.6	4,201.7	4,201.7	8,403.4
홈페이지관리	4.7	0	4.7	4.7
전화선거운동	766	495.4	106.3	601.7
공개장소 연설,대담	1,071.8	568.2	557.1	1,125.3
사무관계자 수당	3,257.5	2,692.5	2,296.5	4,989.0
합 계	15,741.9	14,330.0	13,341.6	26,671.6

라. 노무현의 노출된 이미지 $\mathcal{E}$

선거 운동 내내 노무현의 캠페인은 일반 국민, 서민의 마음을 얻는데 초점을 맞추고 있었다. 대통령 후보가 직접 서투르게 기타를 연주하면서 민주화 운동을 상징하는 노래를 불렀다. 1992년 미국 민주당의 클린턴 후보가 심야 토크쇼에 나가 검은 선글라스를 쓰고 색소폰을 불던 이미지 전략의 한국 운동권 버전이다.

TV 찬조 연설도 부산 자갈치 시장의 아줌마가 억센 부산 사투리로 '우리와 똑같은 서민 출신 대통령 만들어 보자', '서민이 잘 사는 세상 만들어 보자'고 호소했다. 70·80년대 고등학교와 대학을 다닌 국민은 노무현 진영의 참신한 발상 자체에 동의했고, '바보 노무현'을 자신과 동일시했다. 이회창과 노무현 두 인물의 맞비교에서 누가 대한민국 대통령으로 더 나은 인물인지, 더 준비된 인물인지 판단하기는 쉽지 않을 수 있다. 그러나 국민에게 나타난 이미지의 차이, 국민에게 전달된 메시지의 차이는 분명했다. 노무현은 국민과 함께 호흡하는 대통령 후보로 다가왔고, 이회창은 부패한 구닥다리 정치꾼의 대표로 접근했다.

노무현의 캠페인은 한국 선거에도 본격적인 정치 광고와 홍보 전략의 시대가 열렸음을 알렸다. 노무현의 TV 광고 시리즈는 포크 계열 가요와 팝송을 배경음악으로 채택해 70-80 세대의 감성을 자극했다. 영화 킬링필드의 주제가인 비틀즈 멤버 존 레논의 '이매진Imagine'을 배경으로 노무현이 눈물을 비치는 광고, 어두운 화면이 이어지다가 결론부에서 평화롭게 자는 아기의 모습이 비치는 찬송가 '어메이징 그레이스 Amazing Grace' 광고, 특히 노무현 본인이 셔츠 바람으로 기타를 치면서 70년대 80년대 학번 전원의 애창곡 '아침이슬'을 부르는 TV 광고는 비록 열성 지지자가 아닐지라도 저절로 가슴이 뜨거워지고 눈시울이 붉혀지게 하는 것이었다.

주제도 노래도 화면도 내레이션도 일관성있게 잘 선별돼 싸구려 시골 장터 분위기가 아니라 지지계층과 온건 보수층까지 끌어들이는 마력이 있었다. 노무현의 사투리도 나름 소구력이 있었다. 찬조 연설도, 구악 정치인을 전면 배치해 대다수 유권자들이 외면한 이회창에 대해, 부산자갈치 아줌마를 비롯해 편안한 이웃을 내세운 노무현의 압승이었다. 요약하면 노무현의 승리는 이미지와 일치하는 슬로건, 메시지, 선거 캠페인의 조화가 원인이다.

마. 이회창의 이미지 g i ε

1) 이회창의 주어진 이미지 g

이회창은 앞서 1997년 대선에서 소개했듯이 명문가에 명문고와 명문대를 졸업하고 대법관, 감사원장과 국무총리를 거쳐 집권당 대표, 총재, 대통령 후보까지 최고위직만 걸어온 최고 엘리트다. 이회창은 권위에 도전하는 '대쪽 판사' 이미지로 원칙과 소신을 강조하면서 미래 대한민국을 건설하자고 주장했다. 이회창의 주어진 이미지 g는, 사람 냄새 덜 나고 오만한 '대쪽 엘리트'였다. 병역 비리 의혹부터 시작해 상대의 집요한 네거티브 공세에 대쪽 판사 이미지가 무너지고 말았다.

2) 이회창의 내보려는 이미지 i

한나라당은 2002년 일찌감치 5월에 전당대회를 열어 이회창을 대통령 후보로, 서청원을 대표최고위원으로 선출해 대선 체제에 들어갔다.

한 달 뒤인 6월 지방선거에서 한나라당은 광역단체장 11명(승률 68.8%), 기초단체장 140명(승률 60.3%), 광역의원 431명(의석점유율 70.8%)을 당선 시켜 압승을 거두었다. 조기에 선거 체제를 정비한 효과를 보는 듯했다.

이회창은 '대쪽 판사' 이미지가 두 아들의 병역 비리 의혹으로 특혜와 반칙으로 얼룩지자 이미지 변신을 시도했다. '대쪽판사'의 긍정적인 하위 이미지는 원리원칙주의자, 준법·법치주의, 신뢰할 수 있는 공직자 등이다. 당연히 이회창의 내보려는 이미지 *i*는 대쪽 판사의 긍정적인 하위 이미지들이었다. 원칙과 신뢰, 특히 '아름다운 원칙'등이다. 그러나 '대쪽판사'에는 융통성 부족, 유연성 부족, 포용력 부족, 오만, 독선, 불통 등의 부정적인 하위 이미지가 따라다닌다.

여당의 공격 목표는 '대쪽판사'의 부정적인 하위 이미지를 집요하게 공격해 먼저 오만과 독선의 '제왕적 총재'의 틀에 가두고, 제왕적 총재 다음 단계로 부패 이미지를 덧씌우는 것이었다. 그리하여 '부패한 제왕적 총재' 이미지로 고착시키는 것이었다. 그러나 거듭되는 네거티브 공세만으로 '깨끗하고 순수한 대쪽판사'의 이미지를 '부패'이미지가 교체한 것은 아니다.

이회창 본인이 자초한 측면도 분명히 있다. 이회창의 찬조 연설은 일반 국민들이 얼굴 보기도 싫어하는, 부패한 이미지의 늙다리 정치인 일색이었다. 연말 대선에서 이회창 후보는 1997년에 이어 또 패배했다. 노무현 후보가 평균적 국민의 감성에 호소하는 전략을 쓴데 반해 이회창 후보는 1997년에 실패한 엘리트 계층의 이성에 호소하는 전략을 다시 쓴 것이 실패의 주원인이었다.

3) 이회창의 노출된 이미지 ℰ

일각에서는 당시 조작된 이회창 후보의 병역 비리 사건으로 선거 구도가 왜곡된 것이 결정적이라고 말한다. 특히 신한국당–한나라당–새누리당–자유한국당–국민의힘으로 이어지는 구 보수 정치권 인사들 사이에서는 그런 인식이 강하다.

"이해찬 의원이 모 신문에 밝힌 내용을 보면 당시 서울지검 특수부장(박영관)이 자신을 찾아와 국회에서 병풍을 재점화해 주면 즉시 수사에 착수하겠다고 했다고 합니다. 이미 1997년 한 번 걸렸던 사건인데 또 무슨 의혹이 있겠냐고 모두들 의아해했지만 병풍 사건은 그 후 정치검찰의 정교한 공작 수사와 일방적인 편파 방송을 타고 또다시 폭발적으로 전파되어 우리는 이를 방어하는 데만 허덕거리면서 또다시 힘든 대선을 치르게 됐습니다. 2002년 12월 대선은 새로운 인물과 과거 인물의 대결로 압축되었고 민주당이 만든 그 구도를 벗어나지 못한 한나라당은 또다시 패배할 수밖에 없었습니다. 법치주의를 상징하던 깨끗한 인물은 병풍 공작에 의해 부패한 과거의 인물로 전락해 버리고 그해 대선이 끝나면서 전 당원의 눈물 속에서 이 총재는 정계 은퇴를 선언하였습니다."

가회동 호화빌라, 증여세 포탈 의혹, 아들 정연씨의 원정 출산 의혹, 부인 한인옥 여사의 기양건설 10억원 수수 의혹, 후보 동생 이회성씨의 22억 원 수수설, 후에 허위로 드러난 후보 본인의 20억 달러 수수설 등 이어지는 노무현 진영의 네거티브 공세도 끝이 없었다. 그 가운데 허위 주장도 적잖이 포함돼, 뒤에 설훈 의원을 비롯해 허위 주장을 한 인물들이 유죄판결을 받기도 했다. 그러나 그럼에도 불구하고, 허위 주장은 허위 주장을 믿을 만한 요소가 있기 때문에 확산되고 투표에 영향을 미친다. 이회창 패배의 진실은 다음과 같다.

이회창은 이미지의 강점은 살리지 못하고 약점만 부각되는 슬로건, 메시지, 선거 캠페인으로 참패를 자초했다. 정상배(政商輩) 이미지가 강한 늙은 측근들이 TV 찬조 연설에 대거 출격해 이회창의 수구꼴통의 이미지를 고착화시켰다. 이회창은 1997년 대선 패배 후 서상목 기획본부장을 보호하기 위해 '방탄 국회'를 1998년 여름부터 1999년 초까지 7개월에 걸쳐 다섯 차례나 국회를 소집했다. 방탄국회라는 표현도 당시에 조선일보가 만들어낸 것이다. 보수지로 분류되는 조선, 중앙, 동아 3대 권위지가 모두 이회창과 한나라당의 행태를 비난할 정도면 이회창은 이미지만이 아니라 실제로 '부패한 제왕적 총재'로 전락했다고 봐도 과언이 아닐 것이다.

비슷한 선례가 많다. 워싱턴 정가의 오랜 단골 멤버인 밥 돌이 젊어 보이려고 갑자기 반바지에 여름 셔츠를 입고 플로리다 해변을 걷는다든지, 병역 기피 의혹을 받은 클린턴 대통령이 노르망디 상륙작전 50주년 기념식에 참석해 군복을 입은 채 노르망디 해안을 걷는다든지, 귀공자 타입의 마이클 듀카키스가 애국자 이미지를 얻기 위해 탱크에 걸터 앉고 지명 전당대회에서 거수경례를 했지만, 모두 이미지 변신에 실패했다. 선거 캠페인은 유권자의 마음 속에 있는 기존의 이미지나 생각과 일치해야 받아들여질 수 있다. 20세기말 21세기를 지배하는 마케팅 이론의 대가 알 리스가 제창한 '포지셔닝' 이론의 기본 원칙이다.

바. 노무현, 이회창의 이미지 분석과 선거 결과

제16대 대통령선거는 6월 지방선거와 월드컵 4강, 아시안게임 등으로 '단군 이래 최대 호경기'라 불릴 정도로 경제 여건이 좋은 상태에서 양강 구도로 치러졌다. 선거를 한 달 앞둔 11월 18일, 노무현과 정몽준이 단일화에 합의하면서 맞대결이 성사되었다. 조직과 자금이 열세인 노무현은 미디어 전략, 이미지 전략을 효과적으로 구사해 승리했다.

선거 운동 내내 노무현은 '바보 노무현'을 앞세워 일반 국민, 서민의 마음을 얻는데 초점을 맞추었다. 대통령 후보가 직접 서투르게 기타를 연주하면서 노래를 부르고, 자갈치 시장의 아줌마가 억센 부산 사투리로 찬조연설을 했다. 노무현은 국민과 함께 호흡하는 대통령 후보로 다가왔고, 이회창은 부패한 정치꾼의 대표로 접근했다.

[노무현과 이회창 이미지 평가]

	노무현				이회창			
g	민주화 투사	정치인	젊음	서민	대쪽 판사	부패	엘리트	불통
	○	○	○	○	○	○	○	○
i	○	○	○	○	○	×	×	×
ε	희생한 투사	정치인	젊음	서민	독선	부패	특권층	불통
평가	성공	성공	성공	성공	실패	실패	실패	실패

이회창은 '대쪽 판사' 이미지가 두 아들의 병역 비리 의혹으로 특혜와 반칙으로 얼룩지자 이미지 변신을 시도한다. '알고 보면 부드러운 남자' 캠페인을 시작했지만, '대쪽'이 부드러울 수는 없다. 이회창의 인생이나 당시의 이미지가 부드럽지 않았다. 노무현 진영의 네거티브 공세도 끝

이 없었다. 부패한 이미지의 늙다리 정치인 일색의 찬조 연설자들이 이회창의 부패 이미지를 강화했다. 노무현 후보가 평균적 국민의 감성에 호소하는 전략을 쓴데 반해 이회창 후보는 1997년에 실패한, 엘리트 계층의 이성에 호소하는 전략을 다시 쓴 것이 실패의 주원인이었다.

노무현의 슬로건은 '새로운 대한민국' '국민후보 노무현'이었다. 노무현이 '국민후보'인지는 확실치 않지만, '새로운 대한민국'은 확실히 그에게 어울리는 슬로건이다. 노무현처럼 상고 출신에 평생 비주류의 인생만 살아온 정치인이 대통령이 된다면 확실히 '새로운 대한민국'이 될 것이다. 그러나 이회창의 '나라다운 나라' 슬로건은 지금까지 '나라가 나라답지 않다'는 전제에 대한 합의가 있어야 하는데, 그런 합의를 이끌어내지 못한 상태에서는 소구력이 별로 없었다. 오히려 이 슬로건은 15년 후 박근혜 대통령의 탄핵과 19대 대통령 선거에서 문재인이 잘 사용했다.

16대 대통령 선거의 투표율은 70.8%로 1997년 15대 대선(80.7%)보다 10% 가까이 낮아졌으나, 노무현은 48.9%를 얻으면서 46.6%를 얻은 이회창 후보를 2.3%(57만여 표) 차이로 꺾고 민주당계 정당에서 최초의 영남 출신, 즉 지역주의를 타파한 최초의 대통령이 되었다.

[2002년 한국 대통령 선거 가설 검증]

	주어진 이미지 g	슬로건	가설1	1-1	1-2	가설2	2-1
노무현	민주화투사	바보노무현	–	○	–	○	–
이회창	대쪽판사	아름다운원칙	–	○	–	–	○

	노무현(민주당)	**이회창**(한나라당)
득표수	10, 326, 275	9,935,718
득표율	48.9%	46.6%

3. 2007년 이명박의 이미지와 선거 전략

가. 2007년 선거 환경

2007년 12월 19일 실시된 제17대 대통령선거는 정부수립 60년을 앞두고 치러졌다. 민주주의 공고화의 지표인 선거를 통한 정권연장 혹은 수평적 정권교체를 이룰 수 있는지 여부가 관건이 된 매우 중요한 의미를 가진 선거였다. 미국, 일본, 중국 등 주변 강대국과의 관계가 불편해지고, 민생 경제가 어려워진 상황에서도 여권은 토론만 하고 실천이 없다(No Action Talk Only, NATO)는 비판론이 무성했고, 정권 심판론이 팽배한 상태였다.

여권은 고건 총리라는 경험많은 유력한 후보를 잃은 상태였고, 서울시장(오세훈) 경기지사(김문수), 인천시장(안상수) 등 수도권 광역단체장을 모두 한나라당이 차지해 대선 구도는 야당인 한나라당의 압승이 예견된 상태였다. 한때 여론조사에서 차기 대권 주자 지지율 1, 2, 3위를 모두 한나라당 소속인 이명박, 박근혜, 손학규가 차지할 정도였다. 여야 정당은 1년 내내 50% 안팎의 지지율을 기록한 한나라당의 우세 속에서 본선거보다도 더 치열한 당내경선을 거쳐 후보자를 결정했다. 대통합민주신당은 정동영을, 한나라당은 이명박을 대통령후보로 선출했다.

[17대 대통령 선거 포스터]

2007년 대선 포스터를 보면 미국식 이미지 해석은 한국 정치에서는 적용되지 않음이 분명하다.

17대 대통령 선거는 정치학적 관점에서 몇 가지 논의할 점이 있다

첫째, 한국 정당의 '선거정당(electoral Party)' 특히 '대통령 선거 정당'(electoral Party for Presidential Campaign)으로서의 속성이 더욱 강해졌다. 일단 대선 국면으로 접어들면 정당은 존재와 운영을 대선운동 모드로 전환하여 정당의 모든 인력이 선거전에 투입되고 집중된다. 입법부의 주요 구성원인 국회의원들이 경선과 대선의 중심에서 각자 역할을 수행할 만큼 각 정당은 대통령 선거에 모든 자원과 정력을 쏟아 부었다.

둘째, 정당의 소모품화 현상이다. 정동영의 소속 정당 '대통합민주신당'은 1997년 김대중의 '국민회의', 2002년 노무현의 '새천년민주당', 2004년 총선 압승 당시의 '열린우리당'의 맥을 이었다고 하지만 당명이 또 바뀌었다. 대통합민주신당은 탈당과 이합집산을 거듭하며 당명을 세탁했을 뿐, '헤쳐 모여'를 통한 열린우리당 판박이이라는 비판을 받았다. 정동영 후보로서는 현직 대통령인 노무현과 노무현의 정당인 열린우리당과 거리두기를 하지 않으면 승산이 없었기 때문이다. 2012년 창당한 새누리

당도 새누리당—자유한국당—미래통합당—국민의힘(2021년)으로 10년 사이 네 번이나 당명이 바뀐다. '민주'와 '국민' 키워드면 충분한 것인지, 키워드만 남긴 채 당명들이 계속 바뀌었다.

셋째, 정당의 정체성보다는 정당 소속의 후보자 개인 득표력이 극단적으로 강조되었다. 당내 기반이 상대적으로 약한 이명박이 당 조직을 완전히 장악한 박근혜와의 당내 경선에서 이긴 자체가 그렇다. 2024년 당내 기반이 전무한 윤석열 전 검찰총장이, 국민의힘의 전신인 신한국당에 1996년 입당해 다선 의원을 지낸 홍준표, 원희룡, 유승민을 젖히고 국민의힘 대통령 후보로 선출된 것은 더욱 극적이다. 후보 개인 역량의 중시는 1987년 민주화 이후 점차 강화되는 경향으로, 3김정치의 퇴조, 정당을 공동(空洞)화/형해(形骸)화하는 유권자와 후보자의 직접적인 유대 강화, 국민참여형 경선제도, 수시로 발표되는 여론조사 결과 등에서 기인하였다고 보인다. 여론조사를 통해 후보자의 경쟁력과 선거결과를 예견할 수 있는 상황에서 정당의 정체성을 부각시켜 유권자에게 호소하려는 노력은 기회비용이 큰 것으로 보인다.

앨런 웨어의 지적대로, 유권자와 정당 간에는 사회적 유대, 정책 연계 그리고 후보자와의 개성/이미지 연계 세 가지 형태의 연계가 존재하는데 2007년 대선부터 이런 형태의 연계가 나타났다고 본다.

넷째, 통합신당의 후보경선과정에서 특정 후보의 동원 몰표와 후보 상호 비방, 무분별한 선거인단 모집과 명의 도용, 경선 중단과 파행 등 난맥상이 드러났다. 준비 안 된 후보 선출 제도의 결과 오로지 정치적 흥행과 집권에만 집착한다는 국민적 비판을 받았다. 연예인과 노무현 대통령 등 정치인 97명의 명의가 도용되어 선거인단에 등록된 것으로 밝혀진

이 사건은 결국 경선과정의 중단과 더불어 후보경선 방식의 변화를 초래하였다.

통합신당의 '제17대 대통령후보자 선출을 위한 시행세칙'은 2007년 8월 21일 제정된 이래 10월 1일까지 경선이 진행되는 50일 동안 모두 다섯 차례나 개정돼 '고무줄 규칙'이라는 비판을 받았다. 국민참여 선거인단의 평균 투표율이 16.2%에 그침으로써, 300만 선거인단을 모집하겠다던 통합신당의 주장이 얼마나 허황된 것이었는가를 입증했다.

다섯째, 한국 대선 역사상 네거티브로 시작해 네거티브로 끝난 유일한 선거였지만, 네거티브가 통하지 않은 선거였다. 비방과 흑색선전 등 네거티브 선거운동이 근절되지 않았고, 정책경쟁의 실종과 국민의 정치적 의사표현의 자유가 일부 제약되었다는 비판이 제기되기도 했다.

나. 이명박의 주어진 이미지 g 분석

왜소한 체구와 벗겨진 머리에 작고 찌그러진 눈, 쉰 목소리에 심한 사투리, 어눌한 말투 등 외모와 음성, 언변으로 본 미국식 이미지 점수는 좋을 수 없었다. 그러나 이명박은 자타가 공인하는 성공한 CEO 출신이며, 한국 샐러리맨의 신화다. 1965년 현대건설에 입사해 5년만에 이사, 12년만인 32살에 사장이 되어 1992년 민자당 의원이 되기까지 만 15년 동안 한국 최대의 건설회사 겸 당시 전 업종 통틀어 한국 최대의 기업인 현대건설 사장과 회장으로 일한 경력과 실적이 있었다. 성공한 CEO의 긍정적인 하위 이미지로는 CEO 특유의 '기획력'과 건설회사만이 갖는 위험요소를 극복하는 '추진력'과 '돌파력', '실행력'을 들 수 있다. 불도저 이미지다.

1996년 종로에서 4선 관록의 이종찬을 누르고 당선되었으나, 선거법 위반 사건으로 1998년 의원직을 사퇴하고 미국에서 연수하는 어려움도 겪었다. 그러나 2002년 서울시장 선거에 당선됨으로써 재기하고, 2006년까지 서울시장으로 재임하면서 성공한 CEO 출신다운 기획력과 추진력을 재확인했다. 청계천 복원, 서울 대중교통 체계 개혁, 뉴타운 개발, 서울숲 조성, 숭례문 개방, 수돗물 아리수브랜드 개발 등 일련의 실적들이 그 이미지를 재확인했다. 현대건설에 입사하기 전 한일 굴욕외교에 반대하다 옥고를 치른 6·3 운동권이라는 사실도 새롭게 알려졌다. 6.3 세대의 정치인은 서청원, 이재오, 김덕룡, 유인태 등이 있다.

건설회사 CEO는 부정적인 하위 이미지도 함께 가진다. 위험요소가 널린 거친 현장을 이겨내는 과정에서 부도덕, 편법, 탈법 등 약점이 많을 것이라는 이른바 '노가다 이미지'가 뒤따른다. 유능하지만 천박한 졸부의 이미지, 인간 관계를 신뢰보다는 실리적 거래 관계로 구축하며, 주변 인물도 별로 신뢰를 주지 않는다는 이미지 등이다. 집권 중 이상득, 최시중, 신재민 등 측근들이 수뢰 사건으로 옥고를 치른 것을 보면 황상민 박사의 진단이 어느 정도 적중했다고도 볼 수 있다. 또 평생 집사 김백준이 검찰에서 이명박에게 불리한 진술을 한 것도 역시 신뢰가 아니라 이익을 기초로 한 인간관계라는 방증일 수 있겠다.

이명박은 1941년 일본 오사카 부근의 조선 부락에서 이충우와 채태원의 4남 3녀 가운데 3남으로 태어났다. 이충우는 포항 흥해, 채태원은 대구 반야월 출신으로 고향 사람의 중매로 만나 결혼한 직후 일본으로 건너가 목장 일을 했다. 이명박에게는 형 이상은, 이상득과 누나 이귀선, 이귀애가 있었다. 이상득은 코오롱 사장과 회장을 거친 전문경영인 출신으로 이명박 대통령 만들기의 제1공신이다. 한편 '만사형통(萬事兄通)'으로 불리는 이명박 정권의 부패 스캔들의 핵심 인물로서 이명박 몰락의 제1 책임자이기도 하다. 일본 호적에 따르면 원래 덕쇠였던 이충우는 쓰키야마로 창씨개명했다. 이명박의 원래 이름은 이상정이었는데, 어머니가 태몽을 꾼 뒤 '밝을 명(明), 넓을 박(博)'으로 고쳐 지었다 한다. '명박(明博)'은 일본어로는 정확하게 '아키히로'가 된다. 그래서 2007년 대선 당시 이명박이 일본에서 태어난 것만이 아니라, 일본인 혼혈이라는 흑색선전이 나오기도 했다.

해방 후 이충우는 가족과 포항으로 돌아와 동지상고 이사장의 목장에서 인부로 일했다. 1950년에 6·25로 이명박은 누나 이귀애와 동생 이상필을 잃었다. 이명박 형제가 포항에서 성장하고 나란히 포항 동지상고를 졸업한 때문에, 이명박이 대권 도전을 공식화한 이후 포항과 인접 영일 출신의 공직자와 언론계, 노조 관련자, 대기업 임원 등을 중심으로 한 사조직 '영포회'가 결성돼 이명박의 선거 캠페인을 지원했다. 물론 중립 의무가 있는 공직자의 선거운동 지원은 불법행위며, 이들은 대선 이후에도 인사 등에 크고 작게 개입해 물의를 일으켰다.

어려운 살림을 보태기 위해 어머니 채태원은 풀빵장사를 했고, 어린 이명박도 초등학교 때부터 성냥, 김밥, 밀가루떡을 팔고 중학교 입학 후부터는 어머니의 풀빵장사를 도우며 간신히 중학교를 마쳤다. 소문난 포항 천재 형 이상득은 서울대 상대에 진학했지만, 이명박은 동지상고 야간부에 진학해 새벽이면 수레에 야채를 싣고 골목골목을 돌아다니며 팔고, 자투리 시간에 공부해 3년간 장학금을 받았다.

고등학교를 졸업할 무렵 가족은 서울로 이사했고, 이명박은 청계천

헌책방에서 산 책으로 독학해 1961년 고려대 경영학과에 입학했다. 이태원 시장에서 매일 새벽 쓰레기를 치워주고 학비를 마련해 대학을 다녔다. 입학하던 해 5·16쿠데타가 발생했고, 이듬해 군 훈련소 신체검사에서 기관지 확장증 판정을 받고 병역을 면제받았다. 3학년 때인 1963년 상대 학생회장이 되고, 1964년 고려대 총학생회장 대행이 되어 한일회담 반대 시위 이른바 6·3사태를 이끌었다. 이명박은 주동 37명의 1인으로 수배자 명단에 올랐고, 7월 초 경찰에 출두했다가 서울교도소에 수감되었다. 그가 감옥에 갇히자, 면회 온 어머니가 했다는 말이 걸작이다.

"별 볼 일 없는 놈인 줄 알았는데 알고 보니 너야말로 대단한 놈이다. 소신대로 행동해라."

이명박은 징역 3년, 집행유예 5년을 선고받았지만, 그해 10월 2일에 보석으로 풀려났다. 한 달만에 어머니는 세상을 떠났다. 이게 인연이 되어 이명박은 박정희, 다음에는 정주영의 주목을 받고, 정치인이 된 뒤에는 6·3동지회 회장이 되었다.

대학을 졸업한 후 이명박은 여러 회사에 지원서를 냈지만 전과 때문에 여러 차례 퇴짜를 맞은 끝에 박정희 대통령에게 부당한 취직 방해를 호소하는 편지를 써보냈고, 1965년 현대건설에 취직했다. 현대건설 사장 정주영은 명문대 출신이 보잘것없는 직원 100명의 중소 건설회사에 지원한 것을 매우 반겼다. 이명박은 면접시험에서 '건축이 무엇이냐' 는 물음에 '창조입니다' 라고 답했다.

이명박은 현대건설 입사 2년 만에 대리, 5년 만에 이사, 12년 만에 사장이 되고, 명실 상부한 현대그룹 2인자가 되었다. 현대건설도 급성장했다. 현대건설은 말레이시아 피낭대교, 이라크 알 무사이브 화력발전소,

한국의 수출 총액이 10억 달러였던 시절 10억 달러 짜리 사우디 주베일 항만공사를 맡으면서 한국 최대기업으로 성장했다.

현대건설 중기사업소 과장 시절의 일화가 이명박의 업무 스타일을 단적으로 보여준다. 중장비 수리공장은 당시 고급 주택이 즐비하던 서울 서빙고에 있었는데, 옆에 골재 생산 업체가 방진 설비 없이 골재를 실어 나르고 있었다. 분진 방지 시설을 갖추라고 여러 번 요구했으나, 업체가 청와대를 핑계로 들은 척도 하지 않자 이명박은 한밤중에 불도저를 끌고 가 진입로를 파내버렸다. 청와대까지 압력을 가했지만 이명박은 완강히 버텨 결국 주장을 관철시켰다. 이명박은 '불도저'가 되었고, 정주영은 무슨 일이 일어나면 "명박이한테 전화 걸어"라고 했다고 전한다.

[이명박의 주어진 이미지 *g*]

한일굴욕외교 반대 시위를 주도하다가 수의를 입은 법정 사진, 현대건설 사장 시절 정주영 회장과 함께 참석한 신입사원 환영회, 대기업 CEO로 세계를 누비는 모습은 이명박을 잘 모르는 20, 30대에게 강렬한 인상을 남겼고, 심리적 장벽을 무너뜨리는데 큰 기여를 했다.

이사가 된 1970년, 이명박은 이화여대를 졸업한 대구 출신의 김윤옥을 만나 결혼했다. 이명박은 토요일 오전 근무를 마치고 결혼식장에 갈 정도로 업무에 몰두했다. 김윤옥의 부모는 이명박을 반대했지만, 큰오빠 김재웅이 부모를 적극 설득해 성사시켰다. 관상을 보는 인물들은 이명박의 박한 관상으로는 대권과 거리가 멀지만, 김윤옥 여사의 후덕한 인상으로 가능했다고 말했다.

이명박은 현대건설 회장 외에 10개 계열사 사장과 회장을 겸했다. 이명박의 월급쟁이 신화는 1990년 〈야망의 세월〉이라는 TV드라마로 방영되었고, 이명박은 대중적인 인기를 바탕으로 정치인의 길을 걷게 되었다. '야망의 세월'은 1990년부터 91년까지 총 100부작으로 기획 방송된 KBS2 TV드라마다. 故 정주영 명예회장, 이명박을 모티브로 한 인물이 등장해 현대건설의 성공신화를 그려 최고 시청률 45%를 기록하는 등 상당한 반향을 일으켰다. 유인촌, 황신혜, 강부자, 이휘향, 오현경 등 인기 탤런트들이 출연했고, '꾸숑' 최민식의 출세작이다. 방송위원회는 1991년 "특정 기업을 미화했다"며 KBS에 사과 명령을 내렸다. 그러나 1992년 평생의 주인인 정주영 회장과의 결별은 그에게 큰 상처로 남았고, 2007년 대통령 선거를 앞두고서야 현대가와 화해할 수 있었다.

다. 이명박의 선거 전략과 내보려는 이미지 *i*

이명박의 대선 기간 캐치프레이즈는 '실천하는 경제대통령'이었다. 노무현 정부의 경제 정책 실패로 야기된 경제난 극복이라는 시대 정신과 본인의 긍정적인 이미지를 극대화하는 최적의 캐치프레이즈며, 이미지 전략이다. 전략가인 필자는 당시 참여 정부의 실패에 대비시킬 캐치프레이즈를 구상했는데, 참여정부의 약점은 '외교' '경제' '실천력 부족'으로 진단할 수 있었다. 그래서 필자는 '실천하는 글로벌 경제대통령'을 제안했다. 현대그룹을 퇴사한 이후 '글로벌' 요소가 부족했다고 판단했는지 '실천하는 경제대통령'으로 정해졌다. 부시 미국 대통령 면담이 성사됐으면, 애초 필자가 제안한대로 '실천하는 글로벌 경제대통령'으로 결정되었을 수도 있다. 도덕성에 대한 네거티브 공세는, '어차피 노가다'라는, 국민의 낮은 기대 수준 때문에 결정적 타격을 주지 못했다.

선거전 초기 주요 쟁점이 경제를 중심으로 형성됨으로써 판도는 일찌감치 결정됐다. 이명박은 '실천하는 경제대통령', 정동영은 평화와 경제가 한 몸이 되는 '통일경제', 이회창은 '서민을 위한 생활 경제', 민주노동당 권영길은 '비정규직 철폐', 창조한국당 문국현은 '중소기업 회생'과 '청년실업해소'를 내세웠다. MB 본인이 '개발시대의 성공한 CEO'라는 독자적 이미지가 굳건한데다, 박근혜, 정몽준이 지원하고, 작은 이슈를 선점해(예: 농촌 외국인 주부를 찬조연설자로 선정) 비교적 쉽게 선거를 치렀다.(득표율 48.67%)

이명박은 유명한 순대국 파는 '욕쟁이할머니' TV 광고로 재미를 봤다. 노브레인의 '넌 내게 반했어'를 개사한 로고송 '이번엔 이명박'은 이준익 감독의 영화 '라디오스타'를 통해 널리 알려졌다. KBS 프로듀서 출신인 강인식은, 한나라당이 취약한 20~30대 연령층을 공략하기 위해 그들에게 친근한 '넌 내게 반했어'를 택한 것은 전략적 차원에서 새로운 시도라 평가하고, 로고송 '이번엔 이명박'은 경쾌한 리듬으로 묘한 중독성이 있다고 말했다. 찬조연설도 5년 전 노무현의 '부산 자갈치 아지매'를 기획한 김정수 팀을 영입해 앞서 나갔다.

2007년 여당 후보인 정동영 대선 캠프의 핵심 인사들은 모두 1997년, 2002년 대선에서 연거푸 이회창 후보 자녀의 병역 비리 의혹으로 단단히 재미를 봤고, 2007년에도 큰 거 한 방을 노렸다. 당시 설훈 의원을 비롯한 열린우리당 중진들은, 만날 때마다 "이명박은 노가다하던 사람이라 약점이 많아. 한 방이면 훅 날아가. 한 방이면 돼."라고 말하곤 했다.

그러나 선거가 끝난 뒤, 노가다하던 사람의 맷집이 만만치 않음이 확인된다.

[17대 대선 3대 후보의 5대 공약]

	이명박	정동영	이회창
1	7% 성장, 300만 일자리, 친기업환경 조성	6% 성장, G-10 일자리 250만	강소국 연방제
2	금융 소외자 신용회복, 영세자영업자 지원, 주요생활비 30% 절감	중소기업 5만개, 글로벌중견 2천개	법질서 회복
3	주택공급 확대, 장기보유 세부담 완화	한반도 5대 철도망 구축	군인, 소방, 경찰, 국가희생자 처우개선
4	신성장 동력 발굴 및 지원	수능폐지, 내신선발, 영어 국가책임제	작고 효율적 정부, 민간주도
5	R&D 투자확대 및 과학기술강국	비정규직 25%, 외주용역 규제	감세

정동영 캠프는 MB의 비리를 캐는데 집중했고, MB의 BBK 의혹을 찾아내 공격을 집중했다. 정동영 캠프는 TV토론에서도 BBK 의혹에 관한 문답을 하나라도 더 끼워넣으려고 했고, 순서도 앞으로 올리려 했다. 후보 메시지도 캠프 대변인의 성명도 논평도 모두 BBK에 집중됐다. 결과 캠프의 모든 역량이 BBK에 투입됐고, 다른 이슈는 가려졌다. 결론부터 말하면 실패였다.

이명박이 미국 체류 시절 가까이 지내던 에리카김의 동생 김경준 씨와 이명박이 세운 BBK가 다스로부터 190억을 투자받았다. 다시 김경준은 옵셔널벤처스라는 투자회사를 만들고, 주가조작으로 투자금 384억 원을 챙겨 미국으로 달아났는데, 이 사건에 이명박 후보가 개입했다는 것이 의혹의 골자다. 정동영 후보는 불리한 판세를 뒤집기 위해 이명박의 BBK 연루 의혹을 연일 제기했고, 선거 운동 기간 내내 검찰 수사가 진행돼 김경준이 소환 입국했다. 여당 후보인 정동영 캠프의 의도대로 투표를 보름 앞두고 수사 결과가 발표되고, 이명박 후보의 동영상이 공개되는 등 17대 대선은 BBK 대선이라 할 만했다.

MB 소유의 건물에 퇴폐 영업하는 유흥 주점이 세들어 있다는 사실은 차기 국가 원수로서의 체통에 전혀 어울리지 않았다. 그것 하나만으로로 양김 같은 대전략가라면 충분히 대선을 치러낼 이슈였다. MB의 딸이 일도 안 하면서 외삼촌 회사에서 20년 가까이 월급을 타먹으며 세금한 푼 낸 적 없다는 사실은 청년 실업으로 고통받는 젊은이들의 공분을불러일으키기 충분했다. 역시 수십만에서 수백만 표가 왔다 갔다 할 수있는 큰 건이었다.

이명박 후보는 다스의 도곡동 땅 실소유주 의혹, 상암동 DMC 특혜분양 의혹, 서울시장 재직시 도시개발 정책 사적 이용, 비서 김유찬의 범인 도피 폭로, 15차례의 위장 전입, 자녀의 위장 취업 등 대통령 후보로서는 상상할 수 없을 정도로 주변이 정리되지 않은 정황이 속속 드러났다. 한 건 한 건, 드러날 때마다 몇 시간 안돼 수만 수십만의 댓글이 달리곤 했다. 설령 당선되더라도 정부 운영의 공정성을 의심케 하는 스캔들의 연속이었다. 아마도 훨씬 더 많은 피부에 와 닿는 부정적 이슈가 불거질 수도 있었을 것이다. 그러나 BBK는 모든 부정적 이슈를 삼켜버리는 거대한 블랙홀이었다.

필자는 민간인 그것도 건설업자 출신의 MB가 제대로 주변 관리를했을 것으로 애초에 기대하지 않았다. 부정적 이슈가 수없이 돌출될 것으로 예상했다. 그런가 하면 정동영 후보 진영의 BBK 공격수들은 자신들이 받고 있던 화려한 조명을 다른 이슈에 양보할 생각이 전혀 없었다. 2차 대전 당시 일본군이 전쟁 원래의 목적을 잊어 버리고 상승 부대 관동군에 모든 자원을 우선 투입한 것과 비슷한 현상이 정동영 후보 진영에도 나타난 것이다.

필자는 이런 현상을 이용했다. 사실 필자는 BBK의 파괴력은 크지 않다고 생각했다. 워낙 어렵고 복잡해 이해하기 어려운 사안인데다, 당시만 해도 국민 대다수는 주식이나 증권 게임에는 관심이 별로 없다는 것이 중요했다. 대신 퇴폐 영업이나 딸의 무임 승차는 특별한 설명을 하지 않아도 누구나 쉽게 사건의 본질과 MB의 부도덕성을 인식할 수 있는 소재였기에 휘발성이 크다고 봤다. 그래서 퇴폐 영업이나 딸의 무임 승차가 중심 이슈가 되지 않도록 차단하기 위해 신경을 썼다.

MB 진영에서는 TV 토론 의제 협상에서도 트릭을 썼다. 'BBK가 의제에 들어가면 토론에 응할 수 없다.' MB 쪽 협상 대표의 워낙 강경한 태도 때문에 정동영 쪽 협상 대표는 BBK를 의제에 포함시키기 위해 모든 것을 양보하고 모든 것을 동원했다. 결과 MB는 TV토론에서 가장 두려운 의제, 퇴폐 영업과 딸의 무임 승차는 대답하지 않아도 됐다. 전혀 아프지 않은 곳에는 죽는 듯이 비명을 지르고, 정말 아픈 곳을 찔리면 죽는 고통을 느끼면서도 웃는 표정을 짓는... 전쟁에서는 이런 교활함이 필요하다. 허허실실의 대표적인 사례다.

라. 이명박의 노출된 이미지 ε

선거전 초기 주요 쟁점이 경제를 중심으로 형성됨으로써 판도는 일찌감치 결정됐다. MB 본인이 '개발시대의 성공한 CEO'라는 독자적 이미지가 굳건한 데다, 노무현 정부의 경제 실정을 바탕으로, 비교적 쉽게 선거를 치렀다. 이명박은 '실천하는 경제대통령'을 캐치프레이즈로 내세워 유명한 순대국 파는 '욕쟁이할머니' 광고로 재미를 봤다.

TV 뉴스 앵커 출신인 정동영이 절대 우세할 것으로 예상된 TV토론에서도 이명박은 만만치 않은 저력을 보여 BBK 의혹에 대한 다른 후보들의 일방적인 공격을 선방했다. 사실 이명박은 2002년 서울시장 선거에서 민주당 김민석 후보의 맹공을 경험과 노련함으로 견뎌낸 전력이 있었고, 사전에 김인규를 위시한 방송 전문가들의 조련을 받아 이미 훌륭한 TV토론자로 성장해 있었다.

마. 정동영의 이미지와 선거 전략

1) 정동영의 주어진 이미지 g

정동영은 중산층 가정에서 태어나 대학 시절 민주화 운동에 참여했고, 방송사에 입사해 성공한 방송기자 출신이다. 수려한 외모와 음성, 언변, 세련된 미모의 부인도 긍정적인 이미지를 전하는데 한몫 했다. 1996년 총선에서 전국 최고득표율로 정계에 입문한 이후 정치인으로서도 일찍부터 두각을 나타냈다. 김대중 총재 대변인, 1997년 대선 이후 김대중 당선자 대변인 등 DJ의 남다른 총애를 받았다. 2002년 대선을 앞두고는 이미 판세가 결정된 경선에 끝까지 남은 경선 지킴이로, 외로운 노무현 후보를 지키는 신의와 뚝심을 보여주었다. 이후 노무현 대통령의 참여정부에서는 최고위원, 당의장 등 참여정부의 황태자로 순탄한 길을 걸었고, 여당 대통령 후보가 되었다. 정동영의 g는 '잘 생긴 방송기자' 또는 '유망한 정치인'이다. 방송기자로는 뚜렷한 족적을 남겼지만, 정치인으로서는 뚜렷한 실적이 없는 것이다.

2) 정동영의 선거전략과 내보려는 이미지 i

2004년 총선에서 '노인 발언'으로 모범생 이미지에 상처가 났고, 2007년 대선을 위한 당내 경선 과정에서 당내 갈등은 심화되고 본인과 캠프의 도덕성에 의문 부호가 달렸다. 1997년 대선부터 2002년 대선까지 이회창이 잘 보여주듯, 도덕성이 중요한 '공직자' '정치인'이, 도덕성에 흠집이 생기면 설 자리가 좁다. 그리고 언론인 출신 정치인 역시 공적인 영역이 정치적 자산이다. 이명박과 정동영의 정책 공약을 비교하면, 1번 경제성장으로 대체로 비슷한데, 정동영의 공약이 목표를 조금씩 낮게 잡고 있다. 표에서 공약 1호를 가져와 분석하면 다음과 같다.

[이명박- 정동영 1호 공약 내용 비교]

이명박		정동영
7% 성장	경제 성장률	6%
300만개	일자리 목표	250만개
친기업 환경 조성	최종 목표	G-10

성장률은 7% vs. 6%, 일자리는 300만 vs. 250이다. 원래 목표는 조금 높고 힘들어야 목표다운 법이며, 너무 현실적이면 목표라는 느낌이 들지 않는다. 그리고 샐러리맨 신화를 쓴 '불도저 이명박'이니 다소 무리해 보이지만 어떻게든 해내지 않겠느냐는 막연한 기대감이 작용했다. 즉 이명박의 경우에는 이미지가 힘이 있었고, 이미지를 근거로 제시하는 정책 공약은 다시 이미지를 강화하는 선순환이 이뤄졌다. g 와 i, ε가 같은 방향성을 가지고 상호 확장 강화하는 아주 바람직한 이미지 캠페인, 선거

캠페인이 이뤄졌다. 그러나 상대적으로 정동영의 정책공약 1번은 이명박에 비하면 임팩트가 약하다. 딱 떨어지는 숫자가 아니며, 속된 표현으로 한 곳 밀리는 것이다.

정동영은 평화와 경제가 한 몸이 되는 '통일경제'를 내세웠으나, 1번으로 가야할 관련 정책공약 '남북철도 건설'공약이 3번째로 밀렸다. 다른 경제 공약도 구체적인 검토나 아무 실적 없이 급조한 흔적이 역력했다. 이명박 진영은 정동영에 대해 구전 홍보팀을 동원해 '빈수레'라는 이미지 공격을 했고, 유권자들도 이 네거티브에 대해 일정 부분 동의했었다.

3) 정동영의 노출된 이미지 $\mathcal{E}$

정동영의 노출된 이미지 $\mathcal{E}$ 는, 근거가 박약한 슬로건과 정책으로 엘리트 방송인의 이미지를 훼손하고, 정치인으로서 콘텐츠가 부족하다는 이미지만 확인하고 말았다. 이명박을 따라잡기 위해 네거티브와 단일화 전략에 의존하면서, 자신의 이미지를 확립하지 못해 패배했다. 포지티브 없는 네거티브는 성공할 수 없다.

정동영 진영은 BBK 의혹에 너무 집착함으로써 실패했다. 선거전 내내 심각한 수준의 네거티브 캠페인이 난무한 선거였다. 그러나 네거티브 캠페인만으로는 선거에 이길 수 없으며, 포지티브 즉 비전을 설득력있게 제시해야 승리할 수 있음을 보여준 선거였다. 비교적 도덕성에 대한 요구가 덜한 기업인 출신에 대해 도덕성 요구 수준이 높은 이회창을 상대하던 1997년, 2002년 전략을 답습해 BBK 의혹을 지속적으로 제기함으로써 역전을 노렸으나 참패했다.(득표율 26.14%)

바. 이명박, 정동영의 이미지 분석과 선거 결과

2007년 12월 19일 실시된 제17대 대통령선거는 미국, 일본, 중국 등 주변 강대국과의 관계가 불편해지고, 민생 경제가 어려워진 상황에서 실시됐다. 여권은 말만 무성하고 실행이 없다는 비판론이 무성했고, 정권 심판론이 팽배한 상태였다. 네거티브로 시작해 네거티브로 끝났지만, 네거티브가 통하지 않은 선거였다.

이명박의 스타일 점수는 좋을 수 없었다. 그러나 자타가 공인하는 성공한 CEO 출신이라는 경력과 실적이 있었다. 선거전 초기 주요 쟁점이 경제를 중심으로 형성됨으로써 판도는 일찌감치 결정됐다. TV토론에서도 이명박은 선방했다. 이회창의 독자 출마나 BBK 사건이 위험 요소였으나 효과적인 대응으로 오히려 선거 구도를 일찌감치 정리하는데 도움이 되었다.

정동영은 성공한 방송기자 출신으로 정치인으로서도 일찍부터 순탄한 길을 걷다가 여당 대통령 후보가 되었다. 정동영의 *g*는 '잘 생긴 방송기자' 또는 '유망한 정치인'이다. 평화와 경제가 한 몸이 되는 '통일경제' 공약은 급조한 흔적이 역력했다. 정동영 진영은 BBK 의혹을 지속적으로 제기했으나, 효과를 보지 못했다. 불리해진 정동영은 선거전 막판 단일화를 추진했으나 실패했고, 정동영은 사상 최대의 표차로 참패했다.

선거 포스터를 보면, 정동영의 포스터는 정동영의 얼굴이 꽉 들어차 답답한 느낌인데 텍스트 글자 수가 너무 많아 복잡하고 혼란스럽다. 인물의 머리 일부가 잘려나간 사진을 쓴 것은 의도라고 보기에는 큰 실수로 보인다. 젊음을 강조하기 위해 노타이 차림의 후보가 등장하는데, 그럴 필요까지 없었다. 오히려 정동영은 경험 부족, 실적 부족을 보완할 이미지 전략을 구상했어야 했다.

이회창은 반듯한 대한민국, 든든한 대통령의 슬로건을 택했는데, 이회창은 단구에 왜소한 체격이라 만나보면 절대 든든하지 않다. 더 심각한 것은, '반듯한'이다. 모범 학생, 심하게 말하면 '새나라의 어린이'를 연상케 하는 이미지다. 초등학교 어린이 회장 선거도 아니고, 국가와 민족을 책임질 지도자로 출마하면서 어떻게 이런 슬로건을 낼 생각을 했는지 알 수가 없다. 이회창은 영원히 선거직에는 맞지 않는 듯하다. 이명박은 포스터 레이아웃이 여백이 많아 시원하고, 이름도 보수 진영 후보로서는 흘려쓴 글씨로 파격적이었다.

투표율은 63.0%로 역대 대통령선거 사상 최저를 기록했고, 한나라당 이명박 후보가 48.67%를 획득했다. 이회창 후보의 무소속 출마로 보수가 분열됐음에도, 당시까지 역대 대선 가운데 최대 득표차로, 향후 다시 나오기 어려운 보수의 압승이었다. 이명박이 제17대 대통령에 당선되고 또 한번 선거를 통한 정권교체가 이루어졌다. 이회창이 무소속으로 독자 출마해 보수 성향의 표를 15.07% 잠식했음에도 정동영의 득표율이 30% 미만에 그친 것은 전략상의 대실패라고 해야 할 것이다. 박근혜 대통령 탄핵 직후 치러진 2017년 대선에서 안철수가 21%를 득표했을 때 홍준표의 득표율이 24%였음을 생각하면 정동영의 2007년 대선이 얼마나 처절한 참패였는지 알 수 있다.

[이명박-정동영 이미지 평가]

g	이명박				정동영			
	성공한 CEO	경험	실천력	도덕성	정치인	방송인	엘리트	경제
g	○	○	○	×	○	○	○	○
i	○	○	○	−	○	○	×	×
ε	○	○	○	−	빈수레	○	경험부족	실적 부족
평가	성공	성공	성공	성공	실패	성공	실패	실패

[2007년 한국 대통령 선거 가설 검증]

	주어진 이미지 g	슬로건	가설1	1-1	1-2	가설2	2-1
이명박	불도저	실천하는 경제대통령	○	○	−	○	−
정동영	방송앵커	개성동영	○	○	−	−	○
이회장	대쪽판사	반듯한 대한민국	−	○	−	−	○

[17대 대통령선거 결과]

	이명박(한나라당)	정동영(민주당)	이회창(무소속)
득표수	11, 492, 389	6,174,681	3, 559,963
득표율	48.67%	26.14%	15.07%

4. 2012년 박근혜의 이미지와 선거전략

가. 2012년 선거 환경

2012년 12월 19일 실시된 제18대 대통령선거는 20년 만에 국회의원 선거와 같은 해에, 10년 만에 여당인 새누리당 박근혜 후보와 야당인 민주당 문재인 후보의 양자 구도로 치러졌다. 박근혜, 문재인 두 후보 모두 대중에게 그리 노출되지 않은 데다가 TV 토론을 포함한 대중 노출에 익숙지 않아, 이미지 구축이 상당히 중요한 과제였다. 박근혜만 해도 대다수 유권자가 이름은 1970년대부터 들었고, 20−30대들조차 1990년대 말부터 들은 터라, 익숙한 이름이었다. 그러나 실제로 박근혜가 어떤 생각을 하고 어떻게 행동하고, 어떤 철학을 갖고 있는지 의사결정은 어떻게 하는지 잘 알지 못했다. 말수도 적은 편이라 신비주의적이라고 해야 하나, 대충 그랬다.

문재인 역시 노무현의 변호사 사무실 동지로 20년 이상 같이 일한 꼼꼼한 성격의 법률가며, 노무현 대통령의 비서실장이었다는 것, 그리고 노무현 대통령의 장례식장을 지킨 상주 격이었다는 것 외에는 알려진 것이 거의 없었다. 정책적 차별성도 별로 두드러지지 않았다. 두 사람에게 독자적인 정치 철학이나 정책이 있었는지조차 확실치 않았다. 선거를 석 달 남겨놓고 최진 대통령 리더십연구소장은 "국민들의 각 후보들의 정책적 차별성을 구체적으로 알기 어렵다"며 "후보들의 패션이나 화법 등 이미지에 따라 지지를 결정하는 경향이 적지 않다"고 밝혔다.

2012년 대선은 철저한 이미지 선거일 수밖에 없었고, TV토론이 위력을 발휘했다. 스마트 기기의 보급이 확대되고 SNS 이른바 '카페트'(카카오톡, 페이스북, 트위터)를 선거운동에 적극 활용하면서 더욱 이미지 정치가 심화되고, 기존 정치권에 대한 불신과 새로운 정치에 대한 욕구가 분출되면서 '안철수 바람' 현상이 나타났다.

TV토론의 영향력에 대해서는 꽤 여러 가지 논의가 있다. TV토론이 유권자의 선거에 대한 관심과 참여를 증진시키는지, 유권자의 후보 선호나 투표 선택을 바꾸는지의 질문이 대표적이다. 한국 유권자들은 대체로 두 가지 질문에 대해 긍정적인 반응이라는 것이 기존 연구 결과다. 갤럽의 2012년 대선 사후 조사에 따르면 전체 응답자의 54% 이상이 투표 결정시 TV토론을 참고했다고 밝혔다. 그럼에도 불구하고 한국의 TV토론은 비현실적인 후보자간 '형평' 때문에 효과적인 토론이 되지 못한다.

[18대 대통령 선거 포스터]

박근혜의 포스터는 주인공과 여백의 안배, 이미지와 텍스트의 방향성 등 전체적으로 완성도 높은 포스터다. 어두운 문재인의 사진 배경은 그의 맑은 심성과 대비되고, 슬로건은 다소 공허하다. 이정희의 '가식적으로 느껴지는' 활짝 웃는 얼굴은 박근혜의 당선에 결정적으로 기여했다.

인지균형이론(cognitive consistency theory)에 입각한 기존 연구들은 TV토론은 유권자가 이미 가지고 있던 태도를 더 확고하게 만드는 강화효과(reinforcement effects)가 있다고 확인한다. 정당 일체감이 강하거나 사전 정치지식이 높거나 이미 결정한 유권자들은 TV토론이 새로운 정보를 제공하더라도 지지를 재고하기보다 선호 후보에 대한 지지를 더 강화시키거나, 선호 변화에 영향을 미친다 해도 최소한(minimal change)에 그친다는 것이다.

제한적 영향력(limited effects) 이론이 주류를 형성한 가운데 TV토론이 의미 있는 영향력을 행사한다는 연구도 있다. 아울러 TV토론이 후보자 중 널리 알려지지 않은 후보가 포함되거나, 박빙의 승부가 점쳐지거나, 지지 후보를 아직 결정하지 않았거나 무당파 유권자들이 많으면 큰 영향력을 행사할 수 있다는 연구도 제시돼, TV토론의 영향력에 대한 논쟁은 종결되지 않은 셈이다.

이정희가 마지막 텔레비전 토론에서 박근혜를 물고 늘어진 것은 오히려 역효과를 냈다. 이런 현상은 2002년 서울 시장 선거 과정에서 벌어진 후보자간 텔레비전 토론에서, 젊고 잘 생기고 토론에 능한 김민석 민주당 후보의 예리한 공격을 견뎌낸 한나라당 이명박 후보가 토론 후 오히려 지지율이 올라간 사례에서도 확인된다.

한국의 TV토론에서는 서구식 토론의 승리가 승리가 아니다. 정확하게 말하면 공격을 견딘 후보가 반사적 이익을 보았다. 토론과 연설을 중시하는 서구의 전통과 달리 달변이 흠결 요소며 오히려 '눌변'을 '대인'이나 '군자'의 특성이라 보는 우리나라 유교적 전통에서는 '토론 잘 했다'는 의미가 서구와 동일할 수 없다. 1987년 대통령 선거 이후 이명박, 박근혜, 문재인 등 세 대통령 모두 눌변이라는 점은 시사하는 바 크다.

나. 박근혜의 삶과 주어진 이미지 *g*

박근혜는 누가 뭐래도 고 박정희 전 대통령의 딸이다. 박정희는 근대화의 영웅과 일본군 장교 출신이라는 포폄(褒貶)이 심하게 엇갈리나, 한국 경제의 초석을 놓았다는 것만큼은 누구도 부인하지 못한다. 박근혜의 어머니는 '청와대 야당'으로 불릴 정도로 직언을 서슴지 않으면서, 전통적

국모 역할을 잘 수행해 대다수 국민에게 호감 이미지로 남은 육영수다. 부모가 모두 비극적인 죽음을 당해 상당수 노장층으로부터 동정심을 이끌어낸다. 본인은 서울에서 자랐지만, 아버지는 경북 구미, 어머니는 충북 옥천이 고향이라 영남과 충청의 강력한 지원을 받았다.

박근혜는 1952년 박정희와 육영수의 맏딸로 대구에서 출생했다. 초등학교 3학년 때 아버지 박정희가 5.16으로 집권해 국가재건최고회의 의장으로 취임하면서 평범하지 않은 인생이 시작되었다. 성심여고와 서강대학교 전자공학과를 졸업하고, 프랑스 남동부 알프스 산자락의 고풍스런 도시 그르노블 대학에 유학갔다.

1974년 8월 15일 22살때 어머니 육영수 여사가 재일교포 문세광의 흉탄에 쓰러지면서 귀국해 1979년 10월 26일 아버지가 서거할 때까지 5년 동안 퍼스트 레이디 역할을 했다. 27살에 청와대를 떠나 18년 동안 칩거하며 부모님의 추모와 장학 사업에 매진했다. 한국걸스카우트 명예총재와 정수장학회, 육영재단, 영남대학교 등의 재단이사장 등이 박근혜의 직함이었다. 1997년 이회창 총재의 권유로 정치권에 발을 디뎠고 이듬해인 1998년 대구 달성군 보궐선거에 출마해 당선되면서 정치에 정식 입문했다.

국회의원으로 연속 5선을 기록하고, 2004년 노무현 대통령이 탄핵소추된 역풍으로 한나라당이 큰 위기를 맞자 박근혜는 재선의원으로 당대표가 되어 천막당사 체제로 전환한 뒤 국회의원 총선을 이끌었다. 이때부터 2006년 지방선거에서 수도권을 석권하는 등 진두 지휘한 모든 선거에서 전승을 기록해 '선거의 여왕'으로 불렸다. 2007년 이명박과의 당내 경선에서 패배해 대통령 도전을 미루고, 2008년 본인을 지지하는 정치인들이 한나라당 공천에서 배제되는 어려움을 겪었다.

박근혜의 2012년 사진들을 보면 치밀한 전략에 의해 한 장 한 장이 일관된 이미지를 확대 재생산하고 있다. 자주 쓰이는 주제는 애국심이고 소품은 태극기며, 손동작이 자연스럽게 메시지를 뒷받침한다. 소통을 강조하고, 김지하 시인 등 과거와 화해하는 이미지로 확장했지만, 시사주간지 타임은 '독재자의 딸'이라 요약했다.

    2011년 말 디도스 사건, 박희태 국회의장의 당 대표 선거 돈봉투 사건 등으로 위기를 맞은 한나라당의 비상대책위원장으로 복귀해 새누리당으로 당명을 바꾸고 2012년 총선에서 과반수 의석을 차지함으로써 다시 한번 국민적 인기를 확인했다. 박근혜는 충청권 행정수도 공약을 비롯해 주요 현안에 대해 현직 이명박 대통령과의 거리두기를 기본 전략으로 채택하고 당명(黨名)과 당색(黨色)을 바꾸고, 경제민주화 등 파격적인 정책 공약을 내세워 2012년 연말 제 18대 대통령 선거에서 대통령에 당선되었다. 비슷한 특징이 집권 민주자유당이 49.8%의 의석을 차지한 14

대 총선(1992년 4월)에서도 발견된다.

다. 박근혜의 내보내려는 이미지 *i*

"니는 예전부터 그녀에 대한 호오(好惡)나 비판보다는 어떤 사람인지가 궁금했다. 그녀는 독특한 인간형이다. 체현(體現)되지 않는 몸을 '데리고 다니는' 사람이다. 정치적 입장과 인간성의 '미추'를 떠나, 살아있는 인간은 타인에게 감각을 준다. 그러나 박 대통령은 살아있으되 '선거의 여왕'으로 활약할 당시조차도 사람이 아니라 상징, 물신(物神)의 느낌이 강했다. 주로 파시스트나 나르시스트에게 발견되는, 자아가 없고 타인, 이념, 물상을 뒤집어쓴 오브제(objet) 같다. 그나마 나는 그녀의 물신성(物神性)이 '국가'라고 생각했다. 한국 사회는 그녀가 어떤 사람인지 몰랐고, 지금도 파악 불가능한 상태다."

작가 정희진이 박근혜 탄핵 당시 한겨레신문에 기고한 글의 일부다. 실제 박근혜는 오래도록 국민에게 익숙한 이름이었고 얼굴이었지만, 몇 가지 어렴풋한 이미지로만 기억될 뿐 삶의 역정이 구체적으로 알려진 부분은 많지 않다. 꼭 다문 입술의 단정한 얼굴과 옷차림, 바른 자세, 단색 정장, 고정된 파마머리 등의 차가운 얼음공주, 국민에게 각인된 박근혜의 이미지다. 어머니 육영수 여사의 유산인 올림머리와 아버지 박정희 전 대통령의 유산인 V자형 셔츠 칼라도 패션 특징이다. '철의 여인' 대처 전 영국 총리를 떠올리게 하는 강한 인상을 풍긴다. 평소 원칙과 소신을 강조했고, 어린이들을 대상으로 신의의 정치인 이미지를 강조한 어린이 도서까지 발간할 정도로 '신의'를 중시했다.

2004년 17대 총선을 앞둔 천막당사 시절, 바지 차림에 붕대감은 손으로 표밭을 누볐고, 2012년 4.11 총선 당시 빨간색 점퍼차림으로 선거 현장을 훑으면서 강한 이미지를 남겼다. 한국갤럽이 2012년 대선 직후 실시한 여론조사에서, 박근혜에게 투표한 유권자에게 박근혜를 지지한 이유를 물었다. 결과 '신뢰감과 약속을 잘 지킬 것 같다', '공약, 정책이 좋았다', '최초의 여성 대통령', '업무수행을 잘 할 것 같다'를 꼽았다. 특히 박근혜가 내세운 캐치프레이즈 '준비된 여성 대통령'은 미래지향적인 이미지일 뿐 아니라 유권자들의 공감을 얻었다. 진보진영에서조차 부인할 수 없을 정도로 강력한 슬로건으로 평가했다.

진보지식인 허성우교수의 대선 직후 '민중의 소리' 인터뷰다.

"'준비된 여성대통령'이라는 슬로건의 등장은 일종의 '티핑 포인트'였다고 생각한다. (Tipping Point : 작은 것이 더해져 상황의 균형이 깨지고 단숨에 극적으로 변화하는 순간. 본 저자가 '제국의 몰락'(2013년)에서 사용한 물리학 용어인 임계점(Critical point)과 비슷한 느낌이라고 보면 되겠다.) 경제민주화와 복지, 민주 대 반민주, 단일화 등의 이슈를 두고 양쪽이 경합하던 와중에 새누리당이 여성대통령론을 내놓으면서 여론의 주목을 받았고, 이는 새누리당에 유리한 방향으로 진행됐다. 민주당 문재인 후보와 대단히 차별성을 주는 이슈였다.

역사에 한 번도 없었던 여성대통령, 준비된 대통령. 사실 '준비됐다'는 말도 틀린 말은 아니다. 박정희 정부 때부터 퍼스트레이디 역할을 하고 오래 정치권에 있었고, 1998년 국회의원에 당선된 후 한나라당을 위기에서 구했고, 경선에서 이겨 대통령 후보가 된 과정을 보면 '준비된 사람'으로 보일 수 있었다."

또 박근혜는 '약속을 지키는 정치인', '위기에 강한 정치인', '글로벌 리더십'등을 내세우는 TV 광고를 선보였다. 애니메이션으로 제작된 '네가 꿈꾸는 세상으로'는 엉성하기는 했지만 선거용 TV 광고치고는 꽤 공들인 흔적이 보였다. 박근혜 진영은 경제민주화 이슈를 선전하고, 이인제가 이끄는 선진당과 당대당 통합을 통해 보수의 대연합을 완성해 승리를 이끌어냈다. 대통령 선거에 8개월 앞서 실시된 국회의원 총선거에서, 박근혜는 이자스민 의원을 비례대표 의원으로 공천함으로써 다문화 가정에 대한 배려까지 선점했다.

박근혜의 현직 이명박 거리두기는 8월 20일 전당대회에서 18대 대통령 선거 후보로 선출되면서 본격화되었다. 11월 말 부산 지역의 선거운동에서는 "노무현 정부도 민생에 실패했고, 이명박 정부도 민생에 실패했다"고 비난하고, "과거 정권과는 완전히 다른 세상과 정부를 만들겠다"고 선언하며 이명박과 결별하는 모습을 보였다.

선거 이전 이명박 정부 초기부터의 행보가 매우 중요했다. 박근혜는 2008년 4월 국회의원 선거에서 친박계 인사들이 공천에서 대거 탈락하자 유명한 '나도 속고 국민도 속았다' 발언으로 이명박 대통령과 거리두기를 시작했다. 2009년 이명박 대통령이 세종시 계획을 재검토하겠다고 밝히자, 10월 말 박근혜는 "정치는 신뢰인데, 신뢰가 없으면 무슨 의미가 있는가"라고 반문하고, "국회가 국민과 충청도민에게 한 약속"이라며 강한 원안 고수 입장을 밝혔다.

2011년 연말 당 비상대책위원장으로 선출된 박근혜는 2012년 2월 13일 당명을 새누리당으로 바꾸고, 선대위원장을 맡아 총선에서 승리했다.(152석). 강원택은 2012년 총선은 회고적 평가가 이루어지 않고, 12월 대통령 선거를 의식한 전망적 투표 때문이라고 평가했다. 4월 총선 결과에 따라, 12월 대선도 박근혜의 승리를 예견할 수 있었다는 뜻이다.

라. 박근혜의 노출된 이미지 ε

2012년 박근혜는 1987년 노태우, 1992년 김영삼처럼 현직과의 거리두기 전략으로 성공했지만, 1997년 이회창과 2007년 정동영은 거리두기 전략으로 실패했다. 단임제 하에서 집권당의 후보는 현직과 거리를 유지해야 하는 유인 구조를 지닌다. 대통령의 국정 운영에 대한 국민 지지율은 임기말이 가까워질수록 떨어지게 마련이기 때문이다. 그러나 현직 대통령 거리두기는 현직 대통령과 그 지지자의 표를 잃어버릴 수도 있는 양날의 검이다.

현직 대통령과 '거리두기' 전략은 다양한 전략적 계산이 필요하다. 정밀 분석이 필요하겠지만, 이미지전략의 일부로서 거리두기는 조건이 갖춰져야만 성공하며, 유권자들이 당황하지 않을 상황이라야 성공한다. 박근혜의 현직 대통령 거리두기는 대선 직전 급조된 것이 아니라 이명박 취임 직후부터 이어진 것이어서 유권자들이 예상할 수 있는 거리두기였다.

노무현, 이명박 두 대통령의 품위없는 언행에 지친 보수적 유권자들은 박근혜에게서 반듯하고 '타의 모범이 되는' 정치인상을 발견했다. 이명박 대통령의, 공사를 구분 못하고 사익을 노골적으로 추구하는 행위를 비판하는 국민들은 노블레스 오블리주를 실천할 정치인의 이미지를 박근혜에서 찾았다. 지지집단이 본 박근혜의 이미지는 차가운 얼음공주, 귀한 집의 규수나 귀공녀에서 출신 성분 좋은 에비타 이미지로 바뀌었다.

에비타는 빈민 출신으로 아르헨티나의 대통령 후안 페론의 부인이 된 후 하층민에 대한 관심과 애정, 적극적인 자선 행위로 여신 수준의 대중적 인기와 지지를 받았다. 즉 박근혜는 보수가 위기에 처할 때마다, 그리고 보수 지지층이 가진 사회 현실과 정치인에 대한 불만을 해결해줄 수 있는, 어떤 이상적인 정치인의 이미지를 띠기 시작했다. 반대 집단은 박경리 선생의 소설 '토지'의 여주인공 '최서희' 이미지에서 '여왕'의 이미지로 바꿔 보았다.

마. 문재인의 이미지와 선거 전략

1) 문재인의 주어진 이미지 *g*

문재인 후보는 월남 이주민의 아들이다. 경남 거제에서 태어나 부산에서 성장하고, 지역의 명문 경남고와 서울의 경희대를 졸업한 인권 변호사 출신이다. 대학 재학 중 군에 입대해, 당시 전두환 준장이 지휘하던 1공수특전단에서 복무했다. 직업 군인 출신이 아닌 대통령 후보로서는 유일한 공수부대 출신이다. 제대 후 사법시험에 합격해 변호사가 되었다. 사법시험이나 사법연수원 성적은 비교적 우수했는데도, 판·검사를 거치지 않고 바로 노무현과 함께 개업해 오래 변호사 생활을 했다.

노무현이 대통령에 당선된 이듬해인 2003년 지방의 인권 변호사를 그만두고 서울에 올라와 공직자로 변신했다. 대통령 민정수석으로 시작해 비서실장으로 일했고 이때만 해도 자신은 정치를 할 운명이 아니라고 여겼다. 당시 노무현 대통령의 정책실장으로 문재인과 호흡을 맞췄던 김병준은 문재인이 워낙 꼼꼼하고 치밀했다고 술회한다.

2009년 5월 노무현 전 대통령이 검찰의 수사를 받다가 스스로 세상을 떠난 이후 경남 김해 봉하마을의 빈소를 '든든하게' 지키는 모습에서부터 정치 인생이 시작되었다. 2009년 5월 29일 거행된 노무현 대통령 국민장의 공동장의위원장이 첫 정치행보라 할 수 있다. 2012년 총선 부산에서 출마해 당선돼 국회의원이 된 지 몇 달 되지 않아 연말 대통령 선거에 출마했다.

외모에서 풍기는 첫 인상은 강한 눈빛과 함께 부드러우면서도 두터운 턱으로 든든한 느낌이다. 흑백 정장, 무테 안경, 짙은 눈썹, 반백머리 등 시대정신에 투철하고 가난한 서생의 이미지다. 문재인의 성격을 가장 잘 드러내는 2011년 '문재인의 운명, 우리들의 운명' 북콘서트 발언 마지막 대목을 인용한다.

탁현민: 오늘 이 자리, 마지막으로 한 말씀 부탁 드립니다.

문: 제가 책 제목을 '운명'이라고 했는데요. 사실 운명이란 말을 제목으로 쓰고 싶진 않았습니다. 너무 무겁게 생각되었고, 틀림없이 정치적인 뜻이 담긴 제목으로 생각할 것 같기도 했기 때문이었습니다. 원래 생각했던 제목은 '동행'이었습니다. 이희호 여사께서 책을 내시면서 제목을 동행이라고 하셔서 다른 단어를 찾아야 했습니다. 결국, 그 제목이 운명이었습니다. 막상 제목을 운명으로 삼고 보니 욕심이 생겼습니다. 보다 많은 분들이 공감을 해주셨으면 하는 마음이 생긴 것이죠. 제가 말씀 드리는 운명을 문재인의 운명이 아니라, 우리 모두의 운명으로 생각해주셨으면 합니다.

이처럼 문재인은 남이 먼저 차지하면 다투거나 설득하지 않고 아예 피해버리는 인물이다. 이 자리에서 탁현민의 첫 질문은 왜 염색하지 않느냐였다. 문재인의 대답은 "검은 머리로 염색을 해본 적은 없습니다. 안 해왔기 때문에 안하고 있습니다. (웃음)"였다. 하지 않았기 때문에 안 한다. 이 답변에서 추론할 수 있는 문재인의 성격은 하던 것을 그대로 지켜나가는 '보수'다.

2) 문재인의 선거전략과 내보려는 이미지 i

흰 머리를 염색하지 않았고 앞으로도 하지 않겠다고 이야기하는 문재인, 문재인의 18대 대선은 '주어진 이미지 g'를 지키고 변신을 추구하지 않는 캠페인이었다. 또 변신을 추구할 준비도 없었고 시간도 없었다. 결국 '노무현 비서실장', '왕수석' 문재인은 가장 쉬우면서도 가장 효과적인 선거 전략을 채택했다. 철저하게 '노무현 비서'로 자리매김한 것이다. 서민의 눈물을 닦아주는 후보, '사람이 먼저다' 등 인물만 노무현으로 바꾸면 바로 노무현 대통령의 캠페인으로 오인될 정도였다.

2012년 대선의 문재인 캠페인에서 주목할 대목은 TV 광고다. 감성적 측면의 소구를 주로 쓴 것은 대선 캠페인의 일반적인 경향에 따른 것인데, 이슈 광고와 이미지 광고를 반반씩 섞어 나름대로 변화를 구했다. 특히 야당 후보로서 박근혜에 도전하는 입장인데도, 부정적 광고를 거의 집행하지 않고 긍정적 소구에만 의존한 것은 감성 + 이회창 네거티브 공격에 의존한 2002년의 노무현과 확실히 차별화되는 대목이다.

문재인의 내보려는 이미지 i 는 '대한민국 남자, 맏형'의 가부장 이미지였는데, 온건·보수 성향 표를 이끌어내지도 못하고 젊은 층이나 진보 세력으로부터 "이게 뭐냐"는 반응만 얻었다. 공보물도 팔짱 끼고 있으면 부인이 아래에서 쳐다보는 온건 보수의 이미지였다. 어떤 드라마틱한 요소도 사람들의 감성을 자극하는 스토리텔링도 없이 평범했다.

말하자면 박근혜는 2007년 당내 경선에서 이명박에게 아깝게 패배하고 5년 이상 절치부심 대선을 준비해 왔고, 문재인은 2010년 노무현 대통령이 비명에 떠난 이후 급하게 대선을 준비한 차이가 TV 광고에서도 나타난 셈이다. 공약도 지역별로 구체적이거나 세부적인 공약을 만들기보다 전 국민을 대상으로 하는 포괄적인 공약이 많았다. 결과 문재인 후보가 몰표를 받아야 할 호남에서도 지역주의에 기반을 둔 투표보다 이른바 경제투표의 형태로 이탈이 나타났다.

문재인은 단일화를 통해 안철수의 지지를 이끌어냈으나 안철수는 투표 전날 해외로 출국함으로써 '내키지 않는 지지'의 인상을 강하게 풍겼고 결국 문재인은 패배했다. 문재인이 박근혜와 근접전을 펼친 것은 안철수의 공이나, 문재인이 패배한 것 역시 안철수가 막판에 힘을 뺀 때문이라는 해석이 가능하다. 노무현–정몽준 단일화에 이어 여론조사 단일화의 후유증이 다시 한번 노출됐다. 필자가 2017년 지적한 바와 같이 여론조사는 조직화된 집단이나 후보의 지지를 과대 반영하고, 조직화되지 않은 집단이나 후보의 지지를 과소 반영하는 심각한 문제점이 있다. 양자에 대해 어느 정도의 조정을 해야 적절한 지에 대해서는 깊은 실증적 연구가 필요할 것이다.

3) 문재인의 노출된 이미지 E

TV광고의 절반을 이슈 광고로 집행함으로써 이미지 광고만 집행한 박근혜에게 승기를 넘겨주었다는 일각의 분석이 있으나 동의하기는 어렵다. 2012년 대선 때의 문재인은 의도적으로 노출된 이미지 $\mathcal{E}$ 가 사실상 없었다고 봐야 하고 만일 노출된 이미지가 있었다면, 의도하지 않은 '엘리트적이고 가부장적인 딱딱한 이미지', 대한민국 남자, 맏형, 가부장의 이미지였다. 적수인 박근혜에게도 예의바르게 처신한 점은 높은 점수를 얻을 수 있었으나, TV 토론에서도 이정희가 사퇴한 이후에 비로소 발언할 기회를 찾는, 점잖다기보다는 얌전한 후보였다.

이희호 여사가 책 제목을 동행이라 썼다 해서 본인이 생각하던 제목을 포기할 정도로 투쟁적이지 못한 정치인이다. 문재인의 유권자들에게 문재인은, 노무현 비서실장에 노무현 상주 정도, 문재인에게는 지도자로서 이미지를 만들고 준비할 시간이 더 필요했다. 안철수 열풍 때문에 문재인이 자신을 유권자에게 알릴 기회는 더 제한적이었고, 정책적으로도 경제민주화같은 쟁점을 박근혜가 선점해 문재인은 고전했다. 특히 선거대책본부와 민주당 조직이 분리돼, 과거 노무현 대통령 비서실 인맥 중심으로 선거를 치르다시피 하면서 한계가 컸다는 점도 지적해야 한다.

바. 박근혜, 문재인의 이미지 분석과 선거 결과

2012년 12월 19일 실시된 제18대 대통령선거는 20년 만에 국회의원 선거와 같은 해에, 10년 만에 양자 구도로 치러졌다. 박근혜, 문재인 두 후보 모두 대중에게 그리 노출되지 않은데다가 TV 토론을 포함한 대중 노출에 익숙지 않아, 이미지 구축이 상당히 중요한 과제였다. 정책적 차별성도 별로 두드러지지 않았다. 2012년 대선은 철저한 이미지 선거일 수밖에 없었고, TV토론이 위력을 발휘했다.

박근혜는 2011년 말 보수진영이 위기를 맞자 당 비상대책위원장이

되어 새누리당으로 당명을 바꾸고 친정 체제를 구축했다. 2012년 4월 총
선을 진두지휘하고 2012년 대통령 선거에 출마했다. 2011년 연말부터,
그 이전부터 현직인 이명박 대통령과 전략적인 거리두기로 운신의 폭을
넓혔다. 박근혜가 내세운 캐치프레이즈 '준비된 여성 대통령'은 미래지향
적인 이미지일 뿐 아니라 유권자들의 공감을 얻었다.

문재인은 2012년 총선에 당선된 지 몇 달만에 대통령 선거에 출마했
다. 준비가 부족했던 문재인은 철저하게 제2의 노무현으로 선거운동을
치렀다. 단일화 파트너 안철수가 선거 전날 해외로 출국한 것이 마지막
패인이었다.

[박근혜-문재인 이미지 평가와 선거 결과]

	박근혜				문재인		
	공주	원칙	신의	지도자	노무현 비서실장	인권 변호사	정치인
g	○	○	○	×	○	○	×
i	○	○	○	○	○	○	×
ε	○	○	○	○	○	○	×
	성공	성공	성공	성공	보통	보통	보통
득표수	1,577만 3,128표				1,469만 2,632표		
득표율	51.55%				48.02%		

박근혜의 2012년 사진들을 보면 치밀한 전략에 의해 한 장 한 장이
일관된 이미지를 확대 재생산하고 있다. 자주 쓰이는 주제는 애국심이고
소품은 태극기며, 손동작이 자연스럽게 메시지를 뒷받침한다. 소통을 강
조하고, 김지하 시인 등 과거와 화해하는 이미지로 확장했지만, 시사주
간지 타임은 '독재자의 딸'이라 요약했다. 문재인은 제대로 준비할 시간도

없이 '노무현 비서실장', '왕수석'등 가장 쉬운 이미지 전략을 채택했다. 문재인은 독자적인 이미지도 채 형성되지 않은 상태에서 두루뭉수리한 슬로건과 선거 캠페인으로 패배했다.

새누리당 박근혜 후보가 유효투표수 3,072만 1,459표 중 1,577만 3,128표를 득표하여 51.55%의 지지로 제18대 대통령으로 당선되고, 새누리당은 집권을 연장했다. 2위로 낙선한 민주통합당 문재인 후보자는 48.02%를 득표하였다. 득표율 격차가 겨우 3%에 불과했으니, 좌우 양 진영의 득표 역량은 거의 대등해졌다고도 평가된다. 특히 박근혜가 여당 후보였는데다가, 박근혜가 충청도가 외가에 김종필, 이인제, 심대평 등 충청권 인사들의 전폭적인 지지를 얻었음을 감안하면 문재인으로서는 아쉬운 패배라고 할 수 있었다. 만일 문재인이 조금만 더 예리한 슬로건과 선거 캠페인, 당조직과의 유기적인 협업 체제가 가동됐다면 선거전의 향배는 달라질 수도 있었을 것이다.

[2012년 한국 대통령 선거 가설 검증]

	주어진 이미지 g	슬로건	가설1	1-1	1-2	가설2	2-1
박근혜	얼음공주	준비된 여성대통령	○	○	○	○	–
문재인	노무현 친구	사람이 먼저다	△	○	○	–	○

5. 2017년 문재인의 이미지와 선거 전략

2017년 선거 환경 분석

2017년 대통령 선거는 박근혜 대통령의 탄핵으로 3, 4개월의 짧은 준비 기간으로 조기에 실시되었다. 박근혜 대통령은 2016년 12월 19일 국회에서 찬성 234명 반대 56명으로 탄핵소추안이 가결돼 직무가 정지되고, 2017년 3월 10일 헌법재판소에서 전원일치로 탄핵당했다. 노무현 대통령이 2004년 3월 12일 국회에서 찬성 193표, 반대 2표로 탄핵소추됐다가 5월 14일 헌법재판소에서 기각돼 직무에 복귀한 지 꼭 12년 5개월만의 일이었다.

2017년 선거는 현직 대통령이 탄핵당하고 치러지는 보궐선거 성격의 선거였다. 3자 구도라 말하기에는 특수한 선거였고, 구체적으로 말하면 문재인이 보수 성향의 홍준표, 안철수 두 후보를 경쟁시킨 선거였다. 보수성향의 노태우가 진보 성향의 김영삼, 김대중 두 후보를 경쟁시키던 1987년 선거와 진영만 바뀌었을 뿐 구도가 더 닮아 있다. 한국 대선에 있어서 유권자 구성(연령별, 지역별 인구), 유권자 성향(진보화), 매체 영향력(신문 방송의 퇴조와 인터넷. SNS의 득세), 선거 제도(사전 선거 제도 채택 등) 등 다양한 변화를 확인한 선거였다.

박근혜의 탄핵은 대통령제의 가장 큰 흠결을 드러낸 대사건이다. 이미 2004년 노무현 탄핵소추로 정치 체제의 위기를 맞은 정치권이 대통령과 국회의 대립 구도를 해결할 중재 기구를 고민하지 않은 결과 대통령 탄핵 사태를 맞고 말았다. 민주주의 선진국 미국 역시 대통령 선거에서 패배한 트럼프의 저항으로 2020년 연말에서 2021년 연초에 걸쳐 비슷한 함정에 빠졌고, 폭도들이 의회에 난입해 헌정 중단의 위기에 빠졌다. 미 의회는 2021년 1월 7일 오후 1시 선거인단 투표 결과를 인증하고 바이든을 합법적 당선인으로 확정하기 위해 상 하원 합동회의를 개최했다. 트럼프가 선거결과에 불복하고 일부 공화당 의원이 동조하면서 원래 요식절차인 합동회의가 길어지고 있었다. 그 사이 트럼프를 지지하는 폭도들이 의사당에 난입해 폭력 사태가 빚어져 경찰 1명을 포함해 4명이 숨지고 52명이 경찰에 체포됐다. 불복 폭력 시위를 조장한 트럼프는 상황이 커지자 뒤늦게 페이스북에 "의회 경찰과 법 집행관을 지지해달라"는 메시지를 올렸지만, 트윗에서 폭도를 '애국자'라고 칭한 장녀 이방카와 함께 내란죄의 현행범으로 체포될 위험에 처했다.

JTBC에서 최순실의 테블릿 PC를 찾아내서 최초 보도하여 만천하에 드러난 최순실 사건이 18대 박근혜 대통령을 탄핵하고, 19대 대통령 선거를 앞당긴 결정적인 사건이었다. 비선 실세 최순실이 대통령의 연설문을 고치고 인사와 정책 결정에 부당하게 개입한 정황이 드러나 '국정농단 사건'으로 명명되었다. 전 국민에 엄청난 충격을 준 핵폭탄급 사건이었다. 젊은 층을 중심으로 국민들이 "박근혜는 하야하라"라고 외치기 시작했고 광화문 광장의 촛불 집회로 발전했다. 박근혜 대통령은 대국민 담화문을 통해 최순실과의 관계를 인정하면서도 하야는 거부했다. 국민의 여론은 식지 않았고 촛불집회는 전국적으로 퍼져나갔다.

7차 촛불집회가 열릴 즈음인 2016년 12월 19일 국회에서 탄핵소추안이 가결되고 탄핵 정국이 시작되었다. 박근혜 대통령을 지지하는 '박사모'(박근혜를 사랑하는 모임)와 '어버이연대'가 태극기집회를 열어 헌법재판소의 결정 직전까지 촛불집회에 팽팽하게 맞섰다. 2017년 3월 10일 이정미 헌법재판소장 권한대행이 탄핵 소추안을 최종 인용하고 박근혜 대통령의 파면을 선고하면서 박근혜 정부는 끝난다.

황교안 국무총리 겸 대통령 권한대행이 취임했고, 헌법에 따라 탄핵 60일 뒤인 5월 9일 대통령 선거가 치러졌다. 반기문 전 UN 사무총장은 일반 시민의 기본 상식도 부족한데다, '박근혜가 지명한' 이미지가 강해 지지율이 폭락하고 결국 불출마했다. 선거 판도는 갈 곳 잃은 온건 보수층(swing vote)이 어디로 향하느냐에 따라 막판까지 출렁거렸고 지지율 2위 후보도 계속 바뀌었다.

박근혜–최순실 게이트로 보수 지지층이 완전히 붕괴되고, 선거 초반의 여론 조사 지지율을 보면 역대 대선과 달리 1위(더불어민주당 문재인 전 대표), 2위(더불어민주당 안희정 충남지사)를 진보 진영이 차지하는 이변이 발생했다. 더불어민주당의 안희정 충남지사가 '통합' 메시지로 온건 보수 표를 흡수해 2위로 올라선 것이다. 문재인–안희정–이재명 3파전으로 진행된 민주당 대선후보 경선에서는, 문재인 전 대표가 최종 대선 후보가 된다.

박근혜 대통령의 구속이 확정되자, 안희정에게 몰렸던 온건 보수층은 다시 국민의당 안철수 후보로 옮겨갔다. 안철수는 양자대결 시나리오에선 문재인 후보를 앞서기는 등 선전하다가 스스로 제안한 스탠딩 토론에서 완전히 자멸했다. 이들을 다시 자유한국당 홍준표 후보가 흡수했지만, 이미 대선이 5일째 밖에 안 남은 시점이었다. 선거전 막판에는 여론조사 결과를 공개할 수 없다는 선거법 규정 때문에 온건 보수층은 안철수와 홍준표 어느 한 사람에게 표를 결집할 수 없었다.

[19대 대통령 후보의 선거 포스터]

문재인의 포스터는 후보 가운데 가장 인지도 높은 후보라는 점을 의식해 얼굴과 이름을 키우고 나머지 당명과 슬로건 글자는 최소한으로 줄였다. 홍준표는 글자가 너무 잡다하게 많아 메시지가 통일되지 않고 혼란스럽다. 안철수는 스스로에 대한 과신 때문에 자신의 이름을 부각시켰는데, 멋쩍은 미소와 잘려나간 손, 배경의 그림자 등에서 낮은 완성도를 실감하게 한다.

정책 선거를 위해 TV토론을 중시하고 또 더 중시해야 한다는 전문가 집단의 견해에도 불구하고, 역대 대선에서 일반유권자들은 TV토론에 대해 극히 제한적인 효과만을 인정했고, 16대 대선에서는 후보자토론이 유익했다고 인식했던 유권자가 설문 조사 응답자의 절반도 되지 않았다. 그러나 19대 대통령 선거에서는 TV토론 시청률이 30%를 넘어 40%에 육박할 정도로 유권자반응도 폭발적이었고, TV 토론을 보고 지지 후보를 바꾼 유권자도 적지 않았다. 유권자 설문조사 결과 TV 토론이 필요하다는 응답은 95%, 반드시 필요하다도 70%를 넘었다. TV토론이 처음 도입된 1997년 이후 20년만에 위력을 발휘한 대통령 선거였다.

TV토론에 대한 관심은 유권자들이 갑자기 바뀌어서가 아니다. 2017년 대선이 박근혜 대통령의 탄핵으로 치러진 보궐선거 성격의 선거로, 유권자들이 문재인을 제외한 다른 후보들을 제대로 알지 못했기 때문에 빚어진 결과라 할 수 있다. 1997년 이후 역대 대선 당선자는 모두 절대 다수의 유권자가 짧으면 14년, 길면 30년 가까이 알아온, 기지(既知)의 인물(household name)이었다.

그러나 2017년 대선의 주요 후보들은 문재인만이 2012년 대선에 출마해 일반 대중에게 알려진 지 5년에 가까웠을 뿐, 다른 인물들은 대통령 후보로서는 거의 무명에 가까웠다는 점 때문에 TV토론에 대한 유권자의 관심이 높았던 것이다. 안철수의 높은 지지율도 신선한 이미지 덕분이니, 냉정하게 말하면 유권자들이 잘 모르기 때문에 지지율이 높았다는 역설이 성립한다. 요컨대 유권자들은 실제로 TV에서 진면목을 보고 싶었던 것이고, 보고나서 투표 행위를 결정했다.

나. 문재인의 주어진 이미지 *g*

문재인은 월남 가족의 아들로 1953년 경남 거제에서 태어나 부산 경남고를 졸업하고 경희대 법대를 졸업했다. 대학 시절, 유신반대 시위를 주도하다 집시법 위반으로 구속 제적되고, 1980년에는 계엄포고령 위반으로 구속되었다. 1982년 사법연수원을 차석 수료했으나 시위 전력 때문에 판사로 임용되지 못하고 부산으로 내려와 인권변호사의 길을 걸었다. 동의대 방화사건 등 1980, 1990년대 시국사건 대부분을 맡아 변론했다. 부산지방변호사회 인권위원장, 부산 경남 민변 대표, 노동자를 위한 연대 대표, 「한겨레」 창간위원 등으로 활동했다.

노무현 전 대통령과는 부산에서 인권변호사로 활동하며 인연을 맺었고 줄곧 '동지적 관계'를 유지해왔다. 참여정부 출범과 함께 청와대 민정수석을 지냈으나 건강이 나빠져 한때 사직했다가 2004년 노 대통령이 탄핵을 당하자 달려와 변호인단을 꾸렸고, 2005년 다시 청와대로 들어가 시민사회수석, 비서실장을 지냈다. 이명박 정부 출범 이후 노무현 전 대통령이 검찰 수사를 받는 동안 변호인을 맡았고, 서거 이후에는 장례 절차와 관련한 모든 일을 도맡았다.

노무현 재단 상임이사·운영위원장, 아름다운 봉하 재단 감사를 맡아 노무현 기념사업의 운영에 관심을 쏟았다. 2012년 총선에 부산에서 출마해 당선돼 국회의원이 된지 몇 달 되지 않아 그해 연말 대통령 선거에 출마하나, 박근혜 후보에 패배했다. 2015년 12월 부산 사상구 보궐선거에 다시 출마해 당선됨으로써 19대 국회의원에 지역구만으로 2차례 당선된 특이한 기록을 남겼다. 2015년 12월 더불어민주당 대표 겸 인재영입위원장이 되나 한 달 여만인 2016년 1월 모두 사퇴하고 김종인 비대위원장을 영입해 2016년 총선을 진두지휘하도록 했다.

"문재인은 책을 엄청나게 빨리 읽어요. 나한테서도 책을 빌려가면 한 사나흘 있다가 다 읽었다고 가져와요. 독서 속도가 아주 빨라요. 그 양반 부인도 그렇고. 책을 억수로 읽는데도 그렇게 말을 많이 안 해요. 듣는 걸 많이 하지. 지금 청와대에선 어떻게 하는지 모르겠지만 성격이 그런 것 같아. 그 양반은 그렇게 (지식을) 많이 갖고 있으면서도 그걸 다른 사람에게 표현을 별로 안 하는 성격이에요."

노무현 대통령의 멘토며 부산 운동권의 대부로 알려진 송기인 신부가 언론 인터뷰에서 문재인을 평한 말이다. 문재인의 이미지는 입이 무겁고 보스의 뜻을 빈틈없이 받드는 유능한 비서다. 아울러 공수부대 시절 베레모와 군복을 입고 낙하산훈련 받는 과거 사진이 언론 등을 통해 노

출되면서 '사나이 패션'도 완성했다. 친근감과 지적 이미지를 동시에 추구
한다는 점에서 조용한 노무현 스타일이라고 볼 수 있다.

선거 후 더불어민주당에서 발간한 2017년 대통령선거 백서에는 컬
러사진 101장이 실려 있다. 문재인 후보는 총 59장의 사진에 등장하는
데, 사진들을 표정과 의상, 손 동작, 소품, (배경), 같이 있는 사람의 숫자
등을 기준으로 분류하면 다음 표와 같다. 여기에서도 문재인은 적극적
으로 신체 언어를 표출하거나 표정으로 감정을 표현하는 일이 별로 없다
는 사실이 확인된다.

[문재인 당선자 이미지 분석 : 민주당 대선 백서]

	의상		표정		소품		손 동작		동작		등장인물		사람 수	
	정장	35	미소	36	피켓	8	오른손	5	경청	3	정치인	21	군중	6
	셔츠	4	파안대소	5	촛불	4	만세	6	연설	4	신사복	6	+10	14
	노타이	1	심각	7	깃발	1	엄지척	6	절하기	3	서민	2	4~10	10
	파카	5					악수	7	손동작	34	노동자	2	2~3	14
	군복	1					합장	5	기타	4	약자	7	단독	4
	기타	2					기타	5			기타	6		
무		0		0		35		14		0	단독	4		
계		48		48				48				48		48

다. 문재인의 내보려는 이미지 *i*

2017년의 미디어 환경은 지상파 TV와 종편 채널로 대표되는 전통
매스미디어와 유튜브를 비롯한 SNS 중심의 뉴미디어, 크게 두 가지 축
으로 구분될 수 있었다. 문재인 캠프는 2012년 대선 때에는 종편을 무시
하는 전략을 썼으나 2017년 대선 때에는 종편을 포함해 모든 미디어 플

랫폼을 적극 활용하는 전략으로 전환했다. 다른 진영보다 먼저 출마를 준비한 만큼 멀티미디어를 잘 활용해 소통성을 확대하고 선점했다. 또 다른 후보가 제기한 부정적 이슈에도 적극적으로 잘 대응했다.

[19대 당선자 문재인의 이미지]

2017년 대선 당시 문재인의 널리 알려진 이미지는 단 2종류였다. 노무현 대통령 서거 당시 마지막 비서실장으로서 빈소를 든든하게 지킨, 친노의 장형 이미지와 젊은 시절 전두환 '장군'이 여단장인 부대에서 복무할 당시의 씩씩한 공수부대원 이미지다. 한국 현대 정치사에서 가장 대비되는 두 사람을 보스로 모신 문재인의 생애가 매우 흥미롭다. 잘 알려지지 않았던, 양정철(기획)과 김어준(홍보)을 좌우에 거느린 북콘서트 사진은 문재인 정부의 국정 운영을 예감하게 한다.

2017년 대선에서 문재인 후보의 캐치 프레이즈는 '준비된 대통령'이었다. 2016년 12월 9일 박근혜 대통령에 대한 탄핵소추안이 국회에서 통과된 이후, 정부 각 부처는 문재인 대통령 측과 2017년 예산을 협의할 정도로 문재인 후보는 군 통수권이나 관료 임명권만 없지 실질적으로는 이미 대통령 역할을 수행하고 있었다.

당시 문재인 캠프는 2 트랙으로 운용되고 있었다. 하나는 선거전 (campaign)을 담당하는 선거대책본부요, 다른 하나는 선거를 이긴다는 전제 하에 선거 후를 대비하는 사실상의 인수위원회가 전윤철 전 감사원장(전 재정경제부 장관, 전 대통령 비서실장) 중심으로 가동됐다. 광고나 TV 토론, 그리고 선거 유세에서 후보 본인이 '모든 준비가 끝났다'는 자신감이 넘쳤다.

[문재인 대통령의 이미지 변신]

소박하고 수줍으며, 따스한 마음을 쉽게 말로 표현하지 못하는 자연인 문재인을 잘 표현한 포스터, 허구적 이미지(개방적, 소통) 전략을 노골적으로 실행한 포스터, 내심을 드러내지 않는 음험함을 드러낸 타임 표지 사진이 극히 대조적이다.(사진 왼쪽부터)

TV 광고는 일관성은 조금 부족했으나, 구성과 형식이 다양했다. 다양한 계층의 사람의 짧은 인터뷰로 정책을 소개하고, 후보의 등을 보여주며 어려울 때 기댈 수 있는 '든든한 대통령'이라고 강조하고, 후보의 얼굴 근접 촬영 사진을 제시했다. 사진작가의 눈으로 본 문재인의 눈물을 클로즈업하고, 후보의 눈과 발, 손, 등을 하나씩 보이며 나라를 위해 모든 것을 바치겠다고 다짐하는 것 등은 강한 인상을 남기는 수작은 아니었다. 그러나 다른 후보의 급조한 광고와 비교하면 '준비한' 대통령이라고 주장할 만큼의 차별성은 있었다.

포스터에는 흰 바탕에 문재인의 사진을 기본으로 '나라를 나라답게,

든든한 대통령'이라는 슬로건이 적혀 있다. '더민주 스트라이프' 디자인은 2016년 당명 개정과 함께 더민주를 상징하는 8컬러 스트라이프다. 19대 대선을 맞아 색을 6개로 줄이고 간격도 조절하여 활용했다. 당시 문재인 후보 캠프측은 '더 많은 준비, 다양한 전문가들, 풍성한 공약, 그리고 포용' 등이 더민주 스트라이프의 의미라고 설명했다. 문재인은 공수부대원 사진으로 온건 보수 성향의 청년표까지 흡수할 수 있었다. 문재인이 모든 면에서 선점한 것이다.

2012년과 2017년 포스터는 배경색이 어둡고 밝은 차이가 가장 두드러지지만, 기호가 2에서 1로, 기호색이 녹색에서 노란색(평민당 이래 전통적인 민주당의 색깔이다)로 바뀌었다. 가장 중요한 대목은, 2012년 대선을 앞두고는 염색을 해본 적 없어서 염색 안 한다던 문재인이 살짝 염색을 했다는 것을 알 수 있다. 2017년 대선을 앞두고 문재인이 이미지 변신을 위해 마음가짐을 바꿨다. 본인이 원치 않더라도 득표에 도움된다면 참모들의 주문을 수용했다는 뜻이다. 또한 2012년에는 양정철, 김어준같이 중도 유권자에게 별로 이미지가 좋지 않은 참모들과 같이 있는 장면도 자주 노출됐으나, 2017년에는 그런 장면이 별로 보이지 않는다. 맨 오른쪽 TIME 표지 사진은 별로 좋지 않은(음험한 눈빛) 이미지라, 홍보에 적극적으로 사용하지 않았다.

이미지 전략에서 문재인의 최대 약점은 박근혜처럼 말이 적고 대화를 즐기지 않는 성격 자체(g)였다. 캠프에서는 '소통'의 이미지로 문재인을 유권자에게 전달하기 위해 노력(i)했다. 문재인은 노무현 대통령 민정수석으로 일하면서 모처럼 대화를 했다가 역풍을 맞은 경험이 있었다. 부산에서 변호사로 일하던 시절부터 친하게 지내던 부산 출신 언론인과 사석에서 주고받은 말이 호남 반문 정서의 발단이 되고, 호남 반문 정서가 2016년 총선부터 2017년 대선 기간 내내 문재인 후보의 가장 큰 위험요소였기 때문이다. 문재인으로서는 더더욱 솔직한 대화에 부담을 느꼈을 것이다. 말이 적고 대화를 즐기지 않는 성격은 취임 후 4년이 되는 시점까지 기자회견을 단 6차례밖에 하지 않았다는데서 입증($\mathcal{E}$)된다.

라. 문재인의 노출된 이미지 $\mathcal{E}$

언론인 출신의 정치인 남재희 전 노동부 장관은 노태우 대통령 탄생에 일조하고, 김영삼 대통령 시절 노동부 장관을 지낸 인물로 언어 감각이 남다른 인물이다. 노태우의 대선 슬로건 '보통사람', 남들은 모두 '광주사태'라 부르던 시절 '광주민주화운동' 표현이 그의 작품이다. 그는 전직 대통령들의 특징도 한 마디씩으로 정리했다. "김대중−각고면려의 입지, 김영삼−대단한 투지의 돌파력, 김종필−마지막 한계에 부딪힌 로맨티스트, 노무현−진정성으로 일관한 드문 지도자". 그는 2019년 4월 언론 인터뷰에서 취임 2년이 조금 지난 문재인 대통령이 어떤 지도자인지 묻는 질문에 이렇게 대답했다.

"아직은 모르겠어. 잘 하시겠지."

2번의 대통령 선거를 치르고, 대통령으로 취임한 지 2년 지난 시점에서, 언론인 출신의 4선 국회의원을 지낸 전직 장관까지도 문재인 대통령에 대해 '아직은 모르겠어'라고 대답했다. 문재인 대통령은 그만큼 어떤 이미지가 그려지지 않는 특이한 정치인이다. 사람 좋아보이는 선거 포스터 사진과 책략으로 가득차 보이는 타임 표지 사진, 양면이 모두 문재인 대통령의 특징을 드러내는 사진이다.

선거 캠페인에서는 쟁점(이슈)이 있게 마련이고 그 이슈를 누가 먼저 제기하느냐에 따라 선거전의 주도권을 갖게 된다. 그러나 단순히 먼저 그 이슈를 제기했다 해서 당연히 그 이슈의 소유권(issue ownership)을 갖는 것은 아니다. 그 이슈를 다뤄본 적이 있는지, 다뤄보았다면 결과가 좋았는지 여부를 종합적으로 분석해서 유권자들은 이슈 소유권의 귀속 여부를 판단한다. 따라서 이슈를 다뤄본 경험이 있는 현직이 이슈 소유권을 갖는 것이 일반적이며, 만일 현직이 그 사안을 잘못 다뤄 상황이 악화된 경우에는 도전자에게 기회가 생긴다.

이슈소유권을 가진 자가 이익을 본다는 것이 학계의 정설인데, 꼭 그런 것은 아니다. 이슈 가운데 특히 중요한 이슈가 있을 수 있다. 메인 이슈(main issue) 즉 주전장(main battlefield)이다. 사안의 본질 때문에, 논란이 커지고 장기화될수록 이익을 보는 후보가 있고 손해를 보는 후보가 생긴다. 흔치는 않지만 양쪽 모두 이익을 보는 경우도 있고, 가끔은 양쪽 다 손해보는 경우도 생긴다. 오히려 토론자가 다수일 경우, 집요하게 문제를 제기해 확전을 시도하는 토론자가 오히려 손해를 보고, 공격당해 겉으로는 곤경에 처한 것처럼 보이는 토론자가 실제로는 이익을 보는 경우도 가끔은 있다는 점이다. 그게 연구실의 결론과 현실 선거의 차이이기도 하다. 그런 일이 실제 2017년 한국 대통령 선거 TV 토론과정에서 나타났다.

송민순 회고록 공방은 후보 가운데 유승민 후보가 집요하게 문제인 후보에 대해 문제를 제기한 사안이다. 공격을 제기한 유승민과 논쟁에 빠졌지만 이 사안에 대해 유화적일 것으로 예측된 안철수는 손해를 보고, 공격당한 문재인과 역시 논쟁에 빠졌으나 강경할 것으로 기대된 홍준표가 이익을 보았다. 안철수의 강철근 대변인은 "왜 (문재인 후보의 측근이자 노무현 전 대통령의 비서관이었던) 김경수 의원은 23일 공개한 문건을 미리 공개하지 않았느냐?"고 문제를 제기했지만, 논쟁이 오래 지속돼도 여론은 문재인에게 별로 불리하게 돌아가지 않았다.

마. 홍준표의 이미지 g i $\mathcal{E}$

1) 홍준표의 주어진 이미지 g

여당인 자유한국당 홍준표 후보는 특수부 검사 출신이다. 원래 경남 창녕에서 출생했으나 가족이 모두 야반 도주해 대구에서 불우한 유년기와 청년기를 보냈다. 중 고 모두 비 명문이라 대구에서도 주류로 인정받지 못한 아쉬움이 있었다. 서울지검 남부지청에서 근무하던 1989년, 노량진수산시장 경영권 강탈 사건을 수사해 전두환 전 대통령의 친형 전기환씨를 구속함으로써 강단 있는 검사로 처음 이름을 얻었다.

김영삼 대통령 취임 후인 1993년, 6공의 황태자 박철언 의원과 카지노 대부 정덕진, 이건개 고검장 등을 차례로 구속해 '모래시계 검사'라는 애칭을 얻고, 연말에는 언론에 의해 '올해의 인물'로 선정됐다. 국민적 지명도와 인기를 바탕으로 1996년 총선에서 서울에서 출마해 국회의원이 되었다. 지역구 3선을 하면서도 중하위 당직은 한 번도 맡지 못했고, 2006년 국회 환경노동위원장이 된 것이 국회직의 전부일 정도로 관운이 없었다.

2007년 대선에서는 한나라당 클린정치위원장이 되어 이명박의 BBK와 다스, 두 이슈의 대응과 방어를 총괄 지휘해 MB 당선에 혁혁한 공을 세웠다. 공로를 인정받아 당 원내대표에 이어 당 대표까지 올랐지만, 2011년 연말 디도스 공격 사건과 박희태 국회의장의 돈봉투 사건 등 악재가 겹치자 대표를 사퇴했다. 2012년 대선을 앞두고, 민주당 소속의 김두관 지사가 대선에 출마한다며 사퇴한 경남지사 보궐선거에 출마해 당선되고 재선해 행정 경험도 쌓았다. 경남지사로 취임한지 반년도 채 못되어 원내대표 시절 국회운영위원장으로서 받은 특수활동비 파문으로 언론의 질타를 받았다. 정치자금법 위반으로 재판에 계류중이었으나 2017년 2월 2심에서 무죄판결을 받으면서 바로 대선 출마를 선언하고 자유한국당의 후보가 되었다.

2) 홍준표의 선거전략과 내보려는 이미지 *i*

홍준표가 출마하기 위해서는 두 가지 장애물이 있었다. 정치자금법 위반사건 재판과 경남지사직이었다. 2016년 9월 1심에서 징역 1년 6개월을 선고받았던 정치자금법 위반사건은 2심 서울 고법 형사2부에서 무죄판결을 받아 일단 족쇄가 풀렸다. 다음 경남지사를 일찍 사퇴하면 보궐선거를 치러야 했다. 공직사퇴 시한을 단 3분 남기고 사퇴함으로써, 대통령 선거 출마 자격은 갖추고, 사퇴 사실이 선관위에 통보되는 시점은 다음날로 늦춰서 보궐선거를 치르지 않도록 꼼수를 쓴 것이었다. 당시 전 언론은 홍준표의 경남 지사 사퇴에 대해 "'꼼수 사퇴' 강행"이라는 제목으로 보도했다. 텔레비전 뉴스와 종합일간지는 물론, 스포츠 신문과 개그, 예능 프로그램까지 홍준표의 얄팍한 잔수를 비판했다. 대선 출마의 첫 걸음이 꼼수라면 결과는 볼 필요가 없었다.

"홍준표 지사는 공직을 수행하면서 공익에 대한 헌신이 늘어난 게 아니라, 법의 허점을 파고드는 '법꾸라지' 능력만 늘어난 것 같습니다. 도지사의 사퇴와 이로 인한 도지사 궐위 사실의 통보 시점이 문제가 된 것은 대한민국 역사상 처음 있는 일입니다...법을 공부하고, 법을 집행했다던 사람이, 심지어 법에 따라 도의 행정을 이끌었던 사람이, 법에 명시가 되지 않았다는 허점을 이용해 본인은 대선에 출마하고 도정은 1년 3개월간 마비를 시키려고 하고 있습니다. 이 얼마나 어이가 없는 일입니까."

정의당 나경채 공동대표 기자회견문 2017년 3월 28일.

19대 대선은 박근혜 대통령의 탄핵으로 급하게 치러져 문재인을 제외한 다른 후보들은 준비가 부족했고 그래서 큰 자금과 조직을 동원할 필요없는 TV토론이 매우 중요했다. 유권자들도 문재인을 제외하면 대부분 잘 알지 못하는 후보들을 대상으로 투표해야 하니 시청률 30%가 넘는 TV토론이 있을 정도로 7차례의 TV토론에 높은 관심을 보였다. 게다가 문재인 후보가 사투리가 심한데다 발음이 부정확하고 어눌한 편이라 다른 후보들은 TV토론을 역전의 계기로 생각했다. 홍준표는 다른 후보보다 더 늦게 출마했기 때문에 TV토론이 더욱 중요했다. 그러나 지사 사퇴 나흘만에 열린 첫 TV토론에서 거친 입담으로 '꼼수'에 이어 '막말'의 부정적 이미지를 얻었다. 정의당 심상정 후보에게 "(심 후보는) 대통령 될 일 없으니 그런 꿈 안 꿔도 된다"고 말한 것 막말의 시작이었다.

홍준표의 TV 광고는 한반도를 중심으로 한 세계 지도 그래픽을 줌아웃했다가 다시 줌인 하면서 '크게 보자' '안보 대통령'이라는 공허한 메시지를 던지고 있다. 홍준표의 어떤 경력에서 다른 후보보다 '크게 보는'

것인지, 왜 '안보대통령'인지 전혀 설명하지 못했다.

3) 홍준표의 노출된 이미지 $\mathcal{E}$

홍준표 후보는 그를 쓰지 않을 수 없는 그만의 장점이 있었다. 윗사람이 불편할 정도의 직언, 예리한 분석과 판단, 거침없는 언사, 대세를 읽고 이슈를 선점하는 정무적 역량, 그러나 바로 장점이 약점이었다. 항상 단기필마, 외롭다. 2011년 연말 한나라당 대표 시절에도 당내 기반이 약해, 위기가 닥치자 박근혜 비대위원장에게 당권을 넘긴 쓰라린 기억이 있다.

냉정하게 평가하면 난세의 효웅일 수는 있지만 평시의 지도자감은 아니라는 이미지다. 워낙 말이 많고 거칠며, 아랫사람의 말을 듣지 않고 여론을 무시할 때가 잦기 때문이다. 2017년 대통령 선거전 때도 그랬다. 앞으로 나아가 안철수, 문재인과 싸워야 할 판에 뒤돌아서 싸우곤 했다. 당내 경선에서는 김진태 당 최고위원과, 본선에서는 유승민 바른정당 후보가 상대였다. 언론과의 관계도 악화됐다. 경남 지사 재직 말기부터 동아일보와 채널A, 경남 KBS와 불편한 사이였고, 대선 당시에는 대규모 유세장에서 취재하는 jtbc기자를 공개 면박 주기도 했다. 다행히도 대선이라는 큰 전쟁에서는 홍준표의 강점이 잘 발휘되고 약점은 그런대로 묻혀 지나갔다.

홍준표는 스스로 '홍트럼프'라 자칭하면서 강경 발언을 쏟아냈다. SNU 팩트체크 서비스를 통해 12개 언론사가 후보 5명의 발언을 실시간으로 검증한 결과, '사실과 다른 발언'을 가장 많이 한 후보로 드러났다. 그의 노출된 이미지 $\mathcal{E}$는 '막말 홍준표'다. 그의 말은 내용(記義, signifié)

은 보수적일런지 모르나 말하는 방법(記標, signifiant)은 보수층이 듣기 거북할 때가 많다. 제1 보수정당, 제1 야당의 대통령 후보로서는 문제가 있었다. 보수는 말의 내용도 보수적이라야 하지만 말하는 방법도 보수적 이라야 하기 때문이다. 패션 감각도 문제로 지적됐다. 대선 이후인 2020 년 1월 22일 더불어민주당이 총선 출마자를 대상으로 마련한 교육연수 에서, 정연아 이미지테크 연구소 대표는 굵직한 정치인 가운데 패션테러 리스트를 3명 꼽았는데, 그중에 홍준표 후보가 들어있었다.

바. 안철수의 이미지 $g\ i\ \mathcal{E}$

1) 안철수의 주어진 이미지 g

안철수는 2011년 정치권에 혜성처럼 나타났다. 서울시장 보궐선거를 앞두고 박원순에게 야권 단일 후보를 양보하면서 인기가 하늘을 찌를 듯 했다. 여론 조사 지지율이 압도적으로 앞서는 자가 훨씬 뒤지는 주자에 게 양보한다. 한국 정치 사상 초유의 일이었다. 원래 안철수에 열광하던 2, 30대는 물론, 1987년 DJ와 YS가 양보하지 않고 고집피우다 민주화 를 지연시킨 아픈 기억이 있는 중장년층에게까지 신선하게 비쳤다. 21세 기 한국 정치의 샛별이요, 희망이었다.

안철수는 부산의 여유있는 중산층 가문에서 태어나 자란 부산 사람 이다. 서울대 의대에서 공부하고 의사가 되고 의사 부인과 결혼했지만, 일찍 IT 산업에 눈을 떠 벤처 사업가로 자리매김했다. 안철수연구소라는 자신의 이름을 내세운 인터넷 보안업체를 설립해 운영하면서, 백신을 무 료로 공개해 좋은 이미지를 얻었다. 2011년 서울시장 보궐선거를 앞두고 정치권에 입문해서도 시민운동가 박원순에게 야권 단일 후보를 양보해 신선한 이미지를 계속 잘 유지했다.

　개인의 스타일은, 대체로 블루 계열이나 모노톤셔츠 등 칼라와 노타이를 선호하며, 편안하면서도 감각적인 멋을 추구한다. 스마트한 밝은색, 가르마, 늘 웃는 표정, 단호한 입 등 젊고 도전적 이미지를 연출하려 했다. 아울러 과거 경영자 시절 푸른 와이셔츠에 배낭(백팩)을 메고 웃는 모습을 선보이며 '뉴CEO패션'도 선보인 적도 있다. 대선 막바지, 뚜벅이 유세로 과거 벤처 기업인 안철수의 신선함을 다시 떠올리게 하기도 했으나 거기까지였다. 안철수 캠프는 5일 동안 60시간 2분 유튜브, 카카오TV 등으로 생방송된 뚜벅이 유세의 누적 시청자가 1,207만 명에 이르렀다고 집계했다.

　좋은 평가만 받은 것이 아니다. 2012년 대선 당시 문재인과의 단일화 이후 투표 당일 해외로 출국하면서 문재인 지지자들로부터 '무책임한 안철수'라는 비난을 받았다. 2013년 정의당 노회찬의 의원직 상실로 실시된 서울 노원병 보궐선거에 출마해 지역구 의원이 됨으로써 정의당으로부터 '기회주의자 안철수'라는 비난을 받았다.

　2014년 지방선거를 앞두고 야당 통합을 명분으로 민주당과 통합하면서 제1야당인 새정치민주연합 공동 대표에 취임한 것을 시작으로 정치입문 4년만에 무소속-새정치민주연합-무소속-국민의당으로 4번 당적이 바뀌어 '철새 안철수'라는 별명도 생겼다. 2016년 총선 직후 국민의당 홍보비용 유용 사건으로 당 사무총장이 기소돼 '부패한 정치인'으로 전락했다. 그러나 2017년 국민의당 당내 경선에서 압도적인 지지를 얻어 대통령 선거에 국민의당 후보로 출마했다.

2) 안철수의 선거전략과 내보려는 이미지 i

안철수는 대통령 후보로서는 높은 점수를 받기 어려운 이미지였다. 부자집 응석받이 도련님 인상이 너무 강하고, 카리스마가 없어 보였다. 이미지메이킹 전문가 박선영의 진단을 들어보자.

"도시적인 이미지가 장점이지만, 카리스마나 전달력은 아쉽다. 자기도 모르게 생각에 잠겨 찍히는 사진을 보면 입을 꼭 다물고 있어 초조해 보이고 강인하지 못해 보인다."

평균적 인간은 변신이 어려워 성공하지 못한다. 그게 인간의 한계다. 그러나 안철수는 너무 잘 변신해서 성공하는데 어려움을 겪는다. 안철수의 '과감한 변신'을 다룬 기사 리스트를 한 인터넷에서 인용한다.

[헤럴드경제] 과감.편지.침묵...확 달라진 안철수(2011.10.25)

[헤럴드POP] 48일만에 눈에 띄게 달라진 안철수의 3가지(2011.10.25)

[노컷뉴스] 달라진 안철수...'북한 박근혜 문재인'에 본격 발언(2012.05.30)

[한국경제] 확 달라진 '안철수 스타일', 키높이 구두 신고...무스.젤리. (2012.10.10)

[폴리뉴스] 달라진 안철수, 헤어스타일도 과감하게..(2012.11.08)

[파이낸셜뉴스] '달라진' 안철수, 정치 행보 속 도전((2013.03.12)

[미디어오늘] 달라진 안철수 '노원병'발 정계개편 이끌까?(2013.03.16)

[한국경제] 언론에 저자세...달라진 안철수(*2013.07.21)

[JTBC] 180도 달라진 안철수..."재보선 2~3 곳이면 후보 안 내"(2013.09.15)

[머니투데이] 달라진 안철수...손석희 'JTBC뉴스9' 징계 고강도 비판

(2013.12.20)

[데일리안] 간보기에서 돌직구로...안철수가 달라졌어요? (2014.01.25)

[JTBC] "새정치 위해 당내 투쟁 마다 않겠다" 달라진 안철수 (2014.03.14)

[경향신문] 선거 후 달라진 안철수...발언 세지고 언론 접촉 강화(2014.06.12)

[전자신문] 안철수 새정치민주연합 의원 '대한민국 미래를 말하다'(2014.12.31)

[JTBC] 달라진 안철수 : "현안에 대해 할 말 하겠다".. 왜?(2015.01.12)

[머니투데이] 달라진 안철수, "朴정부 공약했으니 어쩔 수 없이 복지"
(2015.01.28)

[오마이뉴스] 확 달라진 안철수,신당 창당엔 선 긋기?(2015.07.24)

[매일경제] 순둥이? 달라진 안철수...그가 싸우는 법(2015.07.28)

[노컷뉴스] '달라진' 안철수, 날선 비판으로 혁신논쟁 주도(2015.09.21)

[채널A] "기업가 중 유한 사람 없다"...확 달라진 안철수(2015.12.01)

[MBN] '강철수'로 거듭난 안철수 "문, 이번 주까지 답 달라"(2015.12.01)

[동아일보] 확 달라진 안철수 "이토록 무책임한 대통령...처음" 맹공
(2015.12.16)

[한국일보] "회를 먹으니 회식이네요 하하" 달라진 안철수 화법(2015.12.20)

[채널A] 확 바뀐 安, '2대8' 헤어스타일도 "전격교체"(2015.12.22)

[MBN] 달라진 안철수...사람 챙기고 자기 돈 쓰고(2015.12.24)

[TV조선] 확 달라진 안철수, 달라진 모습 보여줄 수 있나?(2015.12.26)

[뉴스1] '달라진 안철수(2015.12.27)

[매일경제] 安, 기자들과 영화 보고 '전걸리' 만찬도...3년전과는 딴판
(2015.12.28)

[시사위크] 달라진 안철수, '꼼철수' 이미지 벗고 기자들과 소통(2015.12.29)

[TV조선] 2012년 대선멤버들이 말하는 '안철수가 달라졌다'(2016.01.05)

[매일경제] "철수가 달라졌어요" 측근들이 전한 안철수의 변화(2016.01.11)

[서울경제] 2013 안철수와 2016 안철수는 무엇이 다를까?(2016.01.12)

[뉴시스] '달라진' 안철수의 리더십…앞으로의 과제는?(2016.02.02)

[매일경제] "안철수가 달라졌어요"…길거리 음식 먹고 대중과 스킨십(2016.04.22)

[한국경제] 유머.독설…확 달라진 '안철수 화법'(2016.05.02)

[머니투데이] '다이내믹 안철수'_ 소매 걷고 락페에 등산까지(2016.08.28)

[한국일보] 안철수 '동물원 공방'에 강철수로 변신(2016.09.07)

[시사위크] 안철수의 변신, 다시 '강철수' 됐다(2016.09.09)

[연합뉴스] 연설 메시지부터 목소리까지 확 달라진 안철수(2017.03.27)

[머니투데이] 목소리 확 달라진 안철수…1주일 새 무슨 일이?(2017.03.28)

[한국일보] 안철수 쩌렁쩌렁… '강철수' 됐다(2017.03.29)

[국민일보] "안철수가 달라졌다" 강해진 그의 화법은 절박함 때문(2017.04.03)

[세계일보] 달라진 안철수, 본선행 확정…대선전략은?(2017.04.04)

[매일경제] 달라진 안철수 "과거 아닌 미래 책임질 후보가 나"(2017.04.04)

[국제신문] '강철수' '독철수' 모소리톤까지…180도 달라진 안철수(2017.04.05)

[중도일보] 달라진 안철수 목소리, 그 비밀은?(2017.04.05)

[중앙일보] 중앙일보. JTBC TV토론서 달라진 안철수의 비밀병기?(2017.04.26)

[경향신문] 안철수의 침묵(2017.07.04)

[뉴스1] 결단의 순간마다 변화한 안철수…헤어스타일 확 바꿨네(2017.08.13)

[동아일보] 소매 '제조'하고 원샷… 달라진 안철수(2017.09.09)

[채널A] 달라진 안철수…폭탄주 돌리고 '원샷'(2017.09.10)

    이 리스트를 분석해 보면, 안철수의 변신은 대략 6개월 주기로 이뤄지는 것을 알 수 있다. 변신 기사가 일제히 언론에 보도되며 얼마 뒤 안철수는 원상복귀하고, 다시 6개월 후 변신 기사가 언론에 보도되는 사이클을 반복한다. 몇 차례 이런 사이클을 반복하고 난 뒤에는 정체성에 관한 질문이 제기된다. 어느 쪽이 진짜 안철수냐? 그때마다 안철수는 "중도 확장성을 위해서는 전략적 모호한 입장을 택할 수밖에 없다"고 대리인을 통해서만 답변한다. 안철수가 틈새시장만 찾다가 필요할 때만 모습을 드러내던 벤처기업인일 때에는 이런 이미지 전략이 가능했다. 그러나 상시적 노출로 주류 시장을 차지하지 않으면 변두리에서 찌끼기만 챙길 수밖에 없는 정치에서는 이런 이미지 전략은 통하지 않는다.

    안철수의 약점은 TV토론에서 드러났다. 한 정치평론가는 이렇게 지적했다.

    "지난번부터 계속 네거티브를 하는 바람에 사회자가 몇 번이나 또 제지를 했지 않습니까? 물론 jtbc 토론회 말고 그 전 토론회를 제가 말씀을 드리는 건데. 그런 것이 결국은 안철수 후보가 새정치를 하겠다고 했고 정책공약 중심으로 정치를 하겠다고 했던 분인데 자꾸 네거티브 이야기를 하고 본인에 대한 공격에 대한 방어적인 그런 태도를 보인 것이 실망을 줬던 부분인데…"

    홍보 동영상, TV광고를 구상할 시간이 부족했던지 아니면 결정을 하지 못했는지, 글자만 크게 키워 이리 굴리고 저리 돌리는 수준의 동영상 광고를 선보였다. 선거 후 국민의당이 펴낸 대선평가보고서를 보면 국민의당이 홍보 나아가 대선 캠페인을 졸속으로 할 수밖에 없었던 속사정이 드러난다. 쉽게 말해 안철수 후보는 공당 후보로서, 국민의당은 공당으로서, 대통령직과 선거에 전혀 준비되지 않았다.

안철수의 선거전략의 핵심은 전략적 모호성을 유지하면서 중도를 표방하는 것이다. 그러나 한국적 정치 환경에서 중도란, 양쪽에서 협공당해 외줄타기 곡예를 반복하는 어려운 노선이다. 결국 안철수도 김대중과 이회창 사이에 끼였던 이인제와 똑같은 길을 걸을 수밖에 없었다.

"그게 딜레마예요. 한쪽을 버릴 수가 없는 상황이에요. 한쪽을 버리는 순간 본인의 지지율이 많이 빠져요. 한쪽을 지지하게 되면 지금보다 더 빠질 가능성이 있고 회복이 불가능할 가능성이 있습니다. 어쩔 수 없어요. 안철수 후보는 보수와 진보, 두 쪽을 다 끌고 가야 되기 때문에 모호한 입장을 계속 견지할 가능성이 높다고 봅니다."

3) 안철수의 노출된 이미지 $\mathcal{E}$

19대 대선에서는 미국식 스탠딩 토론이 처음으로 도입됐으나, 반응은 썩 좋지 않았다. 대본 없이 정책과 공약, 이슈에 대한 후보자의 식견을 깊이있게 다룰 수 있는 스탠딩 토론은 2명 많으면 3명 이하의 후보가 서로 질문과 답변을 주고 받을 수 있는 선거 구도에 적합한 토론 형식이다. 그러나 5인 토론에 스탠딩 토론을 도입하면서 기대와는 달리 형식이나 내용 측면에서 기존 착석식에 비해 산만하고 그다지 효과적이지 않다는 평가를 받았다.

안철수의 가장 큰 실패는 본인이 가장 강력하게 요구한 후보자간 직접 TV토론 그것도 스탠딩 TV토론이었다. 안철수는 문재인에게 질문할 차례가 되자, 강력하게 항의성 질문을 퍼부었다.

"대답하십시오. 내가 MB아바타입니까?"
"내가 갑철수입니까?"
"안 후보, 미래를 이야기하자면서 왜 과거만 이야기하느냐?"

상대 후보에 대한 예의도 없고, TV토론과 PR이론의 기초도 모르는 언행이었다. 스스로 'MB아바타', '갑철수'라고 말하다니, 자기 자신을 'MB아바타', '갑철수'의 프레임에 가둬버린 것이었다. 상대 캠프가 아무리 노력해도 달성하기 어려운 네거티브 캠페인을 자신에게 퍼부은 것이었다. TV토론의 실패로 지지율을 낮추는 자충수였다. 또 하나 문제는, 이미 상당수 유권자들 사이에 안철수는 'MB아바타', '갑철수'라는 인식이 자리잡고 있음이 확인됐다는 것이었다.

마케팅 이론에 '소비자 마음의 사다리'라는 게 있다. 소비자들은 마음 속에 상품의 서열을 매기고 있어서, 그 서열에 맞는 마케팅 전략이나 브랜드 전략을 구사하지 않으면 거짓으로 인식한다는 것이다. 광고학의 전설격인 알 리스(Al Reis)와 잭 트라우트(Jack Trout)의 저서 포지셔닝(Positioning)에 나오는 말이다. 이미지의 인지부조화 이론과 같은 맥락의 이론으로, 소비자 마음속에 서열이나 미리 정해진 자리가 있어서 그 서열이나 정해진 마음의 자리와 다른 주장은 소비자의 마음에 파고들 수 없다는 이론이다. 물론 그 마음속 서열에 부합하는 마케팅 전략이나 브랜드 전략은 훨씬 쉽게 받아들인다.

이 경우에도 '갑철수', 'MB아바타'라는 표현을 뒷받침할 만한 객관적 사실들이 존재했고 유권자들이 그런 인식이 이미 존재했기에 자기 프레임은 매우 효율적으로 작동했던 것이다. 결국 안철수의 노출된 이미지 $\mathcal{E}$는 '응석부리는 어린아이'로 고착되었고, '가룟 유다'라는 최악의 별명을 얻고야 말았다. 선거를 20일 가량 앞둔 시점, 언론은 추미애 민주당 선대위원장의 발언을 보도했다.

"안철수 후보는 수구보수표를 구걸하기 위해 김대중, 노무현 정신마저 부인하는 가룟 유다가 되어 버린 것"이라고 지적했다.

아무리 추미애 의원이 독한 말을 쉽게 한다 해도, 이런 비난을 들은 것은 안철수가 반성할 대목이다. 그에 반해 문재인은 당황스러워야 할 대목에서 다소 어눌한 어투였지만 적절하게 잘 대응함으로써 내보려는 이미지 i '든든한 대통령'의 이미지를 강화했다.

어깨 띠를 두른 채 두 손을 번쩍 들어 만세부르는 안철수의 상반신 사진에 당명도 없이 안철수의 이름만 크게 쓴 포스터가 선거 후 논란의 대상이 되었다. '국민이 이긴다'는 문구가 적힌 어깨 띠가 슬로건을 대신했다. 유권자들은 파격적이며 인상적이라는 평가를 내렸는데, 한 설문조사 결과, 전 연령대에서 사진은 매우 낮은 평가를 받았다. 심지어 안철수의 포스터 사진의 분열된 신체, 그림자, 잘려나간 손과 이름, 의미론적 불균형 등을 근거로 안철수가 심리적으로 매우 불안하고 초조해 한다고 분석한 연구자도 있다. 그 연구자는 논문 제목을 아예 '불-안감(sense of dis-ease: 不-安感)'이라고 썼다.

사실 안철수의 위기는 정치 멘토들과의 잇따른 결별에서 시작됐다. 최초의 멘토 손절은 윤여준 전 환경부 장관이었다. 일찍이 2010년 연간 청춘 콘서트를 기획해 진행하면서 안철수를 정치권에 입문시킨 윤여준 전 장관에 대해, 안철수는 "만일 윤여준 장관이 내 멘토라면 그런 분이 300명은 된다"며 평가절하했다. 윤여준 전 장관이 격노한 것은 물론이다. 윤여준은 안철수에게 여러 차례 모욕적인 장면을 당하고도 참고 또 참았는데 안철수가 중인환시리(衆人環視裏)에 돌이킬 수 없는 비수를 가슴에 꽂은 셈이다. 결국 윤여준은 2012년 대선을 앞두고 문재인 캠프에 합류했다.

"안철수 후보 멘토 300명 중 하나고... 그때 얘기했던 과정을 (안철수 본인이) 저한테 해명을 했으니까 저는 앙금이 남아 있는 게 없어요."

윤여준 전 장관은 언론 인터뷰에서는 그렇게 말했지만, 앙금이 없을 리 없다. 장하성, 이상돈, 손학규 등 함께 했던 옛 원로 멘토들은 모두 일방적으로 '해고 통보'를 받고 2017년 대선을 즈음해서는 거리를 두고 있다. 김종인 전 민주당 비대위원장, 최장집 전 고려대 교수 등과도 서운하게 헤어졌다. 심지어 이상돈 교수는 라디오 방송에 출연해 "진정성도 없다고 본다. 과거 안철수 대표와 뜻을 함께 한 사람들까지 다 망했다"고 비난했다. 금태섭, 송호창 등 따르던 측근들과 헤어지는 과정도 별로 아름답지 못했다.

사. 문재인, 홍준표, 안철수의 이미지 비교 분석과 선거 결과

황교안 국무총리 겸 대통령 권한대행이 취임했고, 헌법에 따라 탄핵 60일 뒤인 5월 9일 대통령 선거가 치러졌다. 여권의 지지를 받았던 반기문 전 UN 사무총장은 지지율이 폭락하고 결국 불출마했다. 선거 판도는 온건 보수층(swing vote)의 향배에 따라 막판까지 출렁거렸고 지지율 2위 후보도 안희정에서 안철수로 계속 바뀌었다. 안철수는 양자대결 시나리오에선 문재인 후보를 앞서기는 등 선전하다가 스스로 제안한 스탠딩 토론에서 완전히 자멸했다.

앞서 문재인은 2016년 초 김종인 비대위원장을 영입해 2016년 총선을 진두지휘하도록 했고, 총선에서 1당을 차지하면서 치밀하게 대선을 준비했다. 문재인의 캐치 프레이즈 '준비된 대통령'은, 탄핵 후 치러진 선거에서 국민이 갖는 불안 심리를 달래는 구호였고, 다른 후보의 급조한 광고와 비교하면 '준비된'이라고 주장할 만큼의 차별성은 있었다. 포스터 슬로건은 '나라를 나라답게, 든든한 대통령'이었고, 공수부대 복무 시절의 사진은 유권자에게 든든한 이미지를 심었다.

홍준표는 특수부 검사 출신의 정치인으로 경남지사로 일하던 중 대선에 출마했다. '크게 보자' '안보 대통령'등의 메시지는 공허했고, 쓸데 없는 기 싸움과 막말, '사실과 다른 발언'으로 전력을 소모했고 패배자의 이미지로 전락했다.

안철수는 2017년 대선 본선에서는 강한 인상을 남기지 못했다. 대선 막바지, 뚜벅이 유세로 잠깐 과거의 신선함을 떠올리게 했으나, 후보자간 직접 TV토론에서 패배자의 이미지로 전락했다.

2017년 5월 9일 실시된 제19대 대통령선거는 15명의 후보가 출마해 투표용지가 역대 가장 길이가 길었다. 중도 사퇴한 기호 11번 통일한국당 남재준 후보와 기호 13번 한반도미래연합 김정선 후보 2명 이름 옆 기표란에는 '사퇴'라고 표시되었다. 최종 후보는 13명, 투표율은 77.2%였다. 기호 1번 더불어민주당 문재인 후보가 13,423,800표(41.1%)를 얻어 당선되고, 자유한국당의 홍준표 후보는 24.03%의 득표율로 2위, 안철수 후보는 3위로 낙선했다.

[19대 대선 후보 이미지 비교와 선거 결과]

	문재인		홍준표		안철수	
g	노무현 비서실장	가부장	모래시계 검사	수구 정치인	새정치	4차 산업혁명
	○	○	○	○	○	○
i	준비된 대통령	든든한 대통령	당당한 서민대통령	홍트럼프	공동정부	미래 개혁
	○	○	×	×	×	○
ε	준비된 대통령	든든한 대통령	꼼수 특혜	막말	갑철수	MB 아바타
	○	○	×	×	×	×
평가	S	S	F	F	F	F
득표수	13,423,800		7,852,849		6,998,342	
득표율	41.08%		24.03%		21.41%	

[2017년 한국 대통령 선거 가설 검증]

	주어진 이미지 g	슬로건	가설1	1-1	1-2	가설2	2-1
문재인	친노의맏형	준비된 안보 대통령	○	○	–	○	–
홍준표	모래시계검사	막말정치인	○	○	–	–	○
안철수	성공한IT	'철수' 정치	○	–	○	–	○

제 3 절

이미지, 승패를 가르다

1. 역대 대통령의 주어진 이미지 *g*

사진작가 강영호는 말했다. "한국은 어쩌면, 좋은 '정치인'이 없는 것이 아니라, 좋은 정치의 '이미지'가 없는 것일 수도 있다." 군 출신에 쿠데타로 집권한 박정희, 전두환, 그리고 쿠데타에 참여했다가 직선제 대통령이 된 노태우는 아무리 정치 민주화와 경제발전에 기여한 공이 크다 해도 군사독재의 이미지를 떨치기는 어렵다. 그 대척점(對蹠點, antipodes)에 다른 어떤 정치인도 추월하기 어려운 김영삼, 김대중의 민주화 투사의 이미지가 있다. 김영삼은 1990년 3당 합당으로 다소 퇴색한 감이 있지만, 그럼에도 30년 민주화 투쟁의 경력이 완전히 없어지지는 않는다. 노무현, 문재인은 노동, 인권 운동과 민주화 운동의 이미지로 딱딱한 법 전문가의 틀을 벗고 대선에서 승리했다. 이명박은 성공한 CEO의 이미지를 잘 유지하고 '경제'를 2007년 대선에서 쟁점화해서 성공했다.

1987년 이후 2017년까지 노태우부터 문재인에 이르는 한국의 직선제 대통령 7명은, 대체로 크든 작든 자신의 노력으로 정상에 이르는 길을 닦은 자수성가형이다. 여의도 인사이더건 아웃사이더건, 2세 정치인(또는 2세 기업인)은 단 한 명 박근혜뿐이었다. 그만큼 한국 유권자는 자수성가에 큰 비중을 둔다. 정몽준, 김무성 등 많은 2세 정치인이 다선의원으로 활동할지언정 국민은 그들에게 대권을 쥐어주지는 않았다.

유일한 예외 박근혜조차 아버지 박정희의 후광만으로 그 지위에 오른 것은 아니다. 아버지 사후 18년 동안 칩거하다가 1997년 정치에 입문했고 정치에 입문한 지 꼬박 15년만에 대통령에 당선되었다. 후광 효과에 더해 선거의 여왕이라는 실적, 그리고 원칙과 소신의 이미지로 대권을 거머쥐었다. 그 원칙과 소신이 허구임이 드러나면서 탄핵되고 본인은 영어의 몸이 되고, 정권까지 넘겨줬다.

'안철수 현상'이라 불릴 정도로 선풍적인 인기를 얻은 벤처 기업인 안철수는 신선한 이미지를 잃고 2017년 대선에서 실패했다. 작고한 정주영 현대회장 역시 1992년 정치권에 신선한 충격을 줬지만 기업인 출신의 한계를 보여 1992년 대선에서 실패했다. 한일 월드컵의 성공을 기폭제로 급부상한 정몽준 의원은 2002년 대선에서 막판에 주저앉았다. 기업인 출신은 여의도 아웃사이더로서 신선한 이미지는 장점이지만, 정치력 부족이나 국정 경험 부족, 공공성(도덕성) 부족 등의 이미지는 불리한 점이 될 것이다. 특히 부의 형성 과정에 대한 국민적 거부감이 대통령까지 한 손에 쥐어주지는 않는 것으로 보인다.

이회창, 황교안은 판사, 검사로 강한 법률 엘리트의 이미지를 벗지 못하고 좌초했다. 역시 검사 출신인 홍준표는 거친 말로 딱딱한 검사 이미지를 벗었지만, '막말'이미지에 갇혀 득보다 실이 많다. 판사 출신인 이 인제는 법의 이미지에서 벗어나는데 성공했으나, 평생 '경선불복'의 이미지에 '철새 정치꾼'의 이미지로 실패했다.

[역대 대선 후보들의 슬로건과 이미지]

	15대 김대중	16대 노무현	17대 이명박	18대 박근혜	19대 문재인
g	민주화 투사	민주화 투사	성공한 CEO	박정희, 공주	노무현 비서실장
	노령	도전, 탈권위	경제, 실행력	원칙과 신뢰	
i	준비된 대통령	바보 노무현	실천하는 경제대통령	준비된 여성대통령	든든한 대통령 준비된 대통령
	경험	서민 탈권위	경제 활성화	외교 복지	?

2. 성공한 이미지

가. 자수성가형 이미지

1987년 대통령 직선제가 부활된 이후의 대통령 당선자는 박근혜를 제외하면 본인의 실력이나 실적으로 대통령이 되었다. 노태우는 치열한 경쟁을 뚫고 장성으로 진급한 직업 군인 출신으로 전임 전두환과 함께 12.12와 5.17 군사 쿠데타의 주역이다. 김영삼, 김대중은 30년 동안 민주화 투쟁의 전면에 서 있었고 대한민국 민주화의 최대 지분을 가진 양대 축이자, 권위적 민주화 운동 시대를 대변한다. 노무현은 빈한한 가정에서 태어나 변호사로서 인권 운동과 민주화 투쟁, 나아가 수평적 정권 교체에 기여한, 탈권위 시대의 민주화 운동을 대변한다.

이명박은 가난한 가정에서 태어나 대기업 CEO로 20년 일하며 산업화와 경제 발전 과정에서 건설 한국의 상징으로 알려진 인물이다. 월남민의 후손 문재인도 인권 변호사로 다시 대통령의 고위 참모로 스스로의 경력을 일군 자수성가형 인물이다. 일곱 명의 대통령 가운데 노태우를 제외하면, 중산층 가정에서 태어나고, 명문고에 명문대학(경남고, 서울대)을 졸업해 엘리트로 분류될 수 있는 인물은 김영삼 단 한 명뿐이다. 문재인은 명문고를 졸업했지만, 명문대학은 아니다.(윤석열은 명문대학 명문학과지만 명문고는 아니다.)

2012년 박근혜만이 선친 박정희의 후광을 입은 사례지만, 선친이 사망한 지 18년 후에 정계에 데뷔해 다시 15년 동안 정치권에서 입지를 넓힌 것을 고려한다면 선친의 후광만이라 단정하는 것은 본인에게는 억울한 측면이 있을 것이다. 이러한 양상은 정치뿐만 아니라 한국 사회 전반에 확립된 '자수성가에 대한 높은 평가'와 같은 맥락이다. 타고난 신분이나 인간적 연줄보다 현장에서 무슨 일을 하고 어떤 자리에 있느냐가 사람들의 현재와 장래의 사회적 위치와 관계 형성 그리고 개인적 삶의 보람의 중심적 가치가 되어 있다. 요컨대 자수성가형 이미지가 대선 승리의 필수적 요소다.

또한 자수성가형 이미지의 연장선상에서 세습 권력과 엘리트 계층에 대한 반감이 매우 강하다. 1987년 역대 직선제 대통령 가운데 부모의 후광으로 대통령이 된 이는 박근혜 단 한 명이었다. 대기업 2세인 정몽준도 2002년 월드컵의 성공적 개최와 세계4강 신화의 후광으로 높은 여론 지지율을 얻었지만, 여론 지지율이 역전당해 노무현에게 단일 후보를 넘겨주고 대권의 기회를 상실했다. 중산층 가정 출신조차 많지 않아서 어릴 적 밥술 뜨고 살던 대통령은 노태우, 김영삼, 윤석열 정도였고, 부모가 소작농(노무현), 어민(김대중), 피난민(이명박, 문재인) 등 극빈 계층이 대부분이었다.

세습 권력은 아니지만, 명문대학에 대해서도 유권자들의 거부감이 만만찮다. 역대 대통령의 출신 대학을 살펴보면 명문 대학 가운데 서울대가 2명, 고려대가 대통령을 1명 배출했을 뿐, 연세대를 비롯해 성균관대, 한양대, 외국어대, 이화여대는 아직도 대통령을 배출하지 못했고, 지방 국립대 출신도 단 한 명 없다. 오히려 서강대, 경희대와 같은 그리 사회세력이 크지 않은 중상위권 서울 소재 사립대 졸업생이 2명이다. 이회창은 경기고에 서울대 법대를 졸업한 전형적인 엘리트다. 집권당 한 번을 포함해 세 번이나 대통령선거에 뛰어들었지만 매번 실패했다.

2007년 정동영도 이회창만큼은 아니지만, 중산층 가정에 태어나 명문고와 명문대학(전주고, 서울대)을 졸업하고 방송사 앵커로 이름을 얻고 '참여정부의 황태자'로 불린 끝에 집권당 대선 후보로 나섰지만 역시 쓰라린 패배를 맛봤다. 홍준표(영남고, 고려대), 안철수(부산고, 서울대)는 명문대 출신으로 2017년 대선에서 나란히 패배했다. 우리 사회에 팽배한, 명문대 네트워크에 대한 견제나 거부감이 아직은 상당하며, 이는 조국 사건에서도 드러났듯이 입시 비리에 대한 과도할 정도의 사회적 비난과도 일맥상통한 대목이다. 박근혜 대통령 탄핵으로 이어진 최순실 국정농단 사건의 발단도 정유라 양의 이화여대 입학 비리가 발단이 되었음을 정치인들은 깊이 새겨야 할 것같다.

고등학교에 대해서는 견제 심리가 조금 덜한 듯하다. 지방 명문인 부산의 경남고가 2명(김영삼, 문재인), 대구의 경북고가 1명(노태우)을 배출했고, 노무현은 상고지만 지방의 명문 상고(부산상고)다. 그러나 서울의 경기, 서울, 경복, 용산, 지방의 부산고, 광주일고, 대전고, 전주고 등 다른 서울과 지방의 명문 고등학교는 단 한 명의 대통령도 배출하지 못했다. 오히려 노무현을 포함해 지방의 상업고등학교가 3명이나 대통령을 배출해 이채롭다.(김대중, 노무현, 이명박)

장기간의 군사독재에 대한 반감으로 사관학교를 포함해 군 출신은 노태우 이후 당분간 대통령을 배출하지 못할 것으로 보인다. 미국이나 유럽같으면 사관학교도 명문으로 꼽힐 것이나, 장기 군사독재를 겪은 한국에서는 자질이 우수한 고등학생들이 사관학교를 지원했다는 현실에도 불구하고 사관학교를 명문대학으로 꼽는 데에는 심리적 저항이 크다.

3김 시대까지는 외모나 스타일이 지도자 이미지에 중요한 요인이었다면 노무현 이후 한국 유권자들은 다소 외모나 스타일에 큰 의미를 두지 않는 것으로 보인다. 2007년 선거 결과는 외모나 스타일과 정반대였다. 연령과 건강, 외모와 스타일, 출신고와 대학, 언변과 도덕성, 여의도 정치 경험 등의 모든 면에서 정동영이 이명박에 크게 앞섰다. 이명박은 외모나 언변, 도덕성은 낙제 수준이고, 기업인으로 행정가로서 보여준 '실적'만 앞섰는데도, 선거 결과는 이명박의 일방적 승리였다.

2012년 박근혜와 문재인의 대결은 남녀 대결이기도 했지만, 두 사람이 모두 '예의바른 반듯한 이미지'로 비슷한 이미지에, 어눌하고 사교성 부족한 인물이었기 때문에 큰 차별화 요소를 찾기 어려웠다. 때문에 선거는 정책역량과 조직력이 앞선 박근혜가 이겼다. 역시 성대결인데도, 미모의 서울법대 출신 정치인 나경원 의원과 외모가 떨어지는 단국대 출신 시민운동가 박원순이 맞붙은 2011년 서울시장 보궐선거에서 박원순이 이긴 데서 알 수 있듯이, 한국의 유권자들은 수려한 외모에 명문, 엘리트에 대한 거부감이 매우 큰 것이 확실하다.

[한국의 대통령 당선자 이미지]

해당자	당선자(대통령)	이미지	낙선자	해당자
7	노태우, YS, DJ, 노무현, 이명박, 박근혜, 문재인	여의도 정치인	DJ, 정동영, 홍준표	3
	YS, DJ, 노무현 문재인	민주 투사	DJ, 문재인	2
4	YS, DJ, 박근혜, 문재인	미남	정동영, 문재인	2
6	노태우, YS, DJ, 노무현, 이명박, 문재인	자수성가	이인제, 홍준표,	2
1	박근혜	2세 정치인	본선 진출 없음	
1	노무현	젊고 건강	이인제, 정동영	2
2	YS, 이명박	명문대	이회창, 이인제, 정동영 홍준표, 안철수	5
–	없음	전쟁 영웅	없음	
1	이명박	부호	안철수	1
2	노무현, 문재인	서민	이인제, 홍준표	2

나. 의회 정치 경험의 이미지 : 테플론 정치인

자수성가형 이미지를 압도하는 다른 이력을 굳이 찾자면 의회 정치 경험, 즉 경륜의 이미지다. 한국 국민들은 국회와 정당 등 여의도 정치권에 대해 '극혐(極嫌)'이라 할 정도로 염증을 내고 박하게 점수를 매기지만, 직선제 대통령 가운데 여의도 정치를 경험하지 않은 인물은 윤석열 단 한 명이다. 특히 김영삼, 김대중은 30년 이상의 여의도 정치 경험을 쌓은 정치 9단들이었고, 2012년에 대통령에 당선된 박근혜는 그 8년 전인 2004년에 이미 제1야당의 대표였으며, 노무현은 해양수산부 장관 경력을 제외하면 경력의 대부분을 여의도 정치에서 쌓았다.

과거 아무리 화려한 경력과 실적을 쌓았더라도 초재선으로 대통령에 당선된 인물은 노태우(12대 의원), 이명박(14대, 15대 의원), 문재인(19대 의원) 3명이다. 한편 초재선의 첫 도전은 정주영, 이회창, 이인제, 정동영, 문재인, 안철수 모두 실패했다. 양김이 모두 출마해 패배한 1987년을 제외하면, 당선자보다 국회의원 선수가 더 많은 패배자는 2017년 홍준표 단 한 명이다. 한국 정치에서 초짜 이미지는 절대 불리하다.

1987년 노태우는 전두환과 함께 12.12 쿠데타 주역으로 집권당 후보라 예외로 둘 수 있는 데다가, YS, DJ가 동시에 출마해 민주 진영의 표가 갈렸음을 주목해야 한다. 2007년 이명박은 당시 주 경쟁자인 정동영, 이회창이 모두 재선의원으로 국회의원 선수가 같았기 때문에 재선이 큰 약점으로 부각되지 않았다. 2017년 문재인의 당선은, 박근혜 대통령의 탄핵으로 치러진 조기 대선으로 다른 후보들이 준비가 부족했고, 홍준표와 안철수가 보수 표를 나눠 어부지리를 취했던 것으로 분석해야 한다. 2022년 당선자 윤석열은 상대 이재명도 여의도 정치 경험이 전무했다.

1997년 15대 대통령선거가 다가오자, 집권 신한국당은 유력한 야당 후보인 김대중 국민회의 총재에 대한 비자금 사건 수사로 선거전을 치르고자 했다. 상당한 수준의 자료를 수집해 검찰에 넘겼지만, 선거 직전이라는 이유로 검찰은 수사 착수 자체를 거부했다. 하필이면 검찰이 수사 유보를 결정해 발표한 때, 이회창 총재의 국회 교섭단체 대표 연설이 생중계되고 있었다. 이회창 총재 즉 신한국당 후보의 얼굴 위에 주먹만한 글씨로 '수사 유보'의 자막이 실렸다. 이회창에게는 최악의 전조였던 셈이다. 최대의 위기를 넘긴 김대중은 이 이슈에 대해 '공작정치' 프레임을 걸어 역공을 취하고 대선에 승리했다.

2007년 17대 대통령선거는 이명박에 대한 비방과 공격으로 선거전이 시작되고 끝났다. 이슈도 다양했다. BBK 투자의혹부터 시작해 본인 소유 건물의 퇴폐 영업, 자녀가 외숙부 회사에서 일하지 않고 세금도 내지 않고 수십 년 봉급 명의로 용돈을 받은 의혹 등 실정법 위반과 심각한 도덕적 이슈가 잇따랐음에도 이명박은 큰 타격을 입지 않았다. 더 보수적인 이미지의 이회창 때문에 표가 분산됐음에도, 이명박은 집권 민주당 후보인 정동영의 배에 가까운 압도적인 득표율로 여유있게 당선됐다.

2012년 18대 대통령선거에 출마한 박근혜에게 최악의 아킬레스건은 최순실, 정윤회 커넥션이었다. 결국 대선 4년이 채 되지 못해 최순실의 국정농단 사건이 드러나 박근혜는 탄핵당하지만, 2012년 대선까지만 해도 막연히 짐작만 할 뿐 누구도 깊이있게 의혹을 파헤칠 엄두를 내지 못했다. 오히려 2007년 한나라당 경선 당시 이명박 진영의 공세가 더 아프게 느껴질 정도였다. 이렇게 1997년의 김대중, 2007년의 이명박, 2012년(2016년 봄까지)의 박근혜는 공격을 잘 당하지 않고, 공격당해도 큰 타격을 입지 않는 이미지의 정치인이었다. 미국식으로 말하면 3인은 네거티브가 잘 통하지 않는, '테플론 정치인' 이었다.

테플론은 프라이팬이나 냄비에 음식물이 눌러붙지 않도록 코팅하는 합성수지에서 용례가 확장돼 뻔뻔한 정치인과 마피아 대부들을 부르는, 시기와 증오가 담긴 부정적인 수식어로 쓰이기 시작했다. 레이건 대통령에게 쓸 때는 아무리 스캔들이 이어져도 호감형 이미지가 바뀌지 않는다는 긍정적인 의미가 담기기 시작했다. 2016년 미국의 트럼프가 '테플론 정치인' 으로 분류됐고, 한국에서는 1992년 김영삼, 2002년 노무현도 여기 해당하겠다. 그에 반해 모든 사소한 부정적인 이슈에도 큰 상처를 입는 운 나쁜 정치인에 대해서는 '벨크로(Belcro) 정치인' 이라 한다. 벨크로는 옷이나 신발, 가방 등에 사용하는, 쉽게 붙였다 떼는 찍찍이에서 온 말이다. 미국에서는 2016년 힐러리 클린턴, 한국에서는 1997년, 2002년의 이회창, 2022년의 이재명이 여기 해당하겠다.

김대중의 비자금 이슈에 대해 대다수 국민은, '오랫동안 야당 정치를 하면서, 돈 없이 어떻게 정치 하겠냐'며 심정적으로 이해하고 동정했다는 점이 중요하다. 이명박은 원래 도덕성이 크게 요구되는 정치인이 아니었고, 실적이 중시되는 기업인 그것도 가장 낮은 수준의 도덕률이 적용되는 것으로 알려진 건설 기업 CEO였다. BBK 의혹은 2002년 서울시장 선거과정에서 한번 걸러진 이슈였고, 금융사기 사건이라 일반인들이 이해하기에는 복잡하고 어려운 사건이었다. 박근혜는 부모를 잃고 결혼도 하지 않은 채 외롭게 60을 넘겼다는 동정론에, 독신 여성인데다 2007년 한나라당 대선 후보 경선 과정에서 정윤회, 최순실과의 유착 의혹이 한번 걸러졌다는 점 때문에 검증의 잣대가 다소 느슨했을 수 있다. 어쨌든 김대중, 이명박, 박근혜의 아킬레스건에 해당하는 이슈들이 과거에 논란이 된 적이 있어, 유권자들이 덜 심각하게 받아들였다는 것이 공통점이다.

노무현은 바보 이미지, 서민 이미지로 이슈를 돌파했다. 노무현은 바보기 때문에 실수할 수도 있고, 잘못할 수도 있다. 노무현은 서민이기 때문에 절대 다수가 스스로 서민인 유권자들은 노무현의 실수와 잘못을 자신의 실수와 잘못으로 동일시하고 쉽게 이해하고 쉽게 용서했다. 설령 그 실수가 쉽게 이해되거나 용서될 사안이 아닌데도 노무현이 저지르면 유권자들은 가볍게 넘어갔다. 노무현의 여론 지지율이 쉽게 내려갔다가도 강력한 복원력으로 회복된 것은 바로 '서민' 이미지와 '바보' 마케팅에 기인한다고 해도 과언이 아니다.

비단 노무현뿐만 아니라 민주투사 출신인 김영삼에 대해서도 한국 국민들의 잣대는 느슨했다. 1992년 당시 부산 초원복집 사건 때에도 여론은 '지역감정 조장'이라는 사건의 본질보다, '사생활 보호'라 주장한 김영삼의 프레임으로 사건을 규정했다. 요약하면 여의도 정치의 경험과 민주화 투사의 경력, 실적이 뒷받침되는 기업인 등은 상대의 공격에도 잘 견뎌낸, 자수 성가의 하위 이미지들이다.

3. 실패한 이미지

이회창은 선거 때마다 두 아들의 병역비리 의혹으로 고전에 고전을 거듭했고 결국 패배했다. 이회창이 경기고에 서울대 법대를 졸업한 최고의 엘리트인만큼 유권자들은 그에게 더 높은 도덕성을 요구했다. 본인의 도덕성이 가장 중시되는 판사 출신이며, 판사 생활 내내 소수의견을 낼 정도로 유별나게 옳고 그름을 따져왔다는 것이 역풍을 불렀다. '대쪽 판사'기 때문에 다른 후보같으면 쉽게 지나갈 수도 있었을 사소한 흠결도 치명타로 작용한다. 그리고 두 아들의 병역비리 의혹 이슈는 1997년 대선에서 충분히 논란이 됐지만, 2002년 대선에서도 쉽사리 넘어가지지 않고 다시 한번 그에게 고배를 안겼다.

2017년 19대 대선에서 안철수도 마찬가지의 어려움에 봉착했다. 2011년 정치에 입문해 2012년 문재인과 단일화 협상을 시작할 때까지만 해도 안철수의 기세를 꺾을 정치인은 아무도 없는 것 같았다. 그러나 '순수한' 이미지, '깨끗한' 이미지의 안철수는 작은 실수에도 큰 타격을 받았다. 2016년만 해도 몇 가지 실착이 있었지만, 치명적 실수는 후보자 TV 토론에서 벌어졌다. 사안 자체는 심각하다거나 중대하지 않았다. 그러나 깨끗하고 순수하다는 안철수의 최대 강점이 손상되었다. 자신의 부정적인 이슈로 상대 후보에게 항의한 다음, 지지율 1위에서 롤러코스터를 타다가 3위로 대통령선거를 끝냈다.

2007년 정동영 후보도 실패했다. 오히려 외모와 언변을 포함한 스타일에서 본인보다 훨씬 뒤지고 도덕성에서 문제가 많은 이명박 후보에 참패했다. 물론 2007년 선거는 경제가 유권자의 결정에 가장 큰 영향을 미친 사안이기는 했다.

2020년 총선을 진두 지휘한 황교안 자유한국당 대표도 모범생 이미지 때문에 본인의 선거도 실패하고, 당도 참패했다. 진보 계열의 정당이 170석 이상의 의석을 가져간 것은 역대 어떤 국회의원 선거에서도 없던 사상 초유의 대사건이었다. 도덕주의, 정의, 모범생, 엘리트 등 심각하고 진지한 이미지는 한국 선거에서도 득표에 큰 도움되지 않는다.

여의도 정치의 경험은 한국의 대통령 후보에게 중요한 경력이다. 윤석열, 이재명 이전에는 1, 2, 3위 후보 중 국회의원 경력이 전혀 없는 후보는 단 한 명도 없었다. 그러나 선수 즉 얼마나 여의도에서 경험을 쌓았는지를 따져보면 중요한 차이가 발견된다. 이회창은 3번 낙선할 때까지 겨우 초선(1997년, 경력 1년) 또는 재선(2002년, 2007년)이었고, 이인제(1997년) 정동영(2007년), 안철수(2017년)도 패배 당시 겨우 재선이었다. 문재인도 2012년 연말 대선에서 패배할 당시 그해 4월 당선된 초선이었다. 〈초재선 vs. 3선 이상 중진〉으로 분류하는 정치권의 관행상 여의도 정치의 실질적인 경험이 있는 낙선자는 1997년 이후 홍준표 단 한 명이다.

한국 유권자들이 행정경험을 대통령의 자격으로 얼마나 중요하게 생각하는지도 확인해 보자. 우선 1997년 대선에서, 감사원장과 국무총리를 지낸 이회창과 노동부장관과 경기지사를 지낸 이인제가 행정경험이 전무한 김대중에게 패배한 사실을 먼저 지적할 수 있다. 2002년 대선에서도 국무총리 출신의 이회창은 해양수산부 장관 경험밖에 없는 노무현에게 패배했다. 다시 2012년에는 대통령민정수석비서관에 비서실장을 지낸 문재인이 행정경험이 전무한 박근혜에게 패배했다. 경남지사를 재선한 4선의원 홍준표가 민정수석에 비서실장을 지낸 초선 문재인에게 패배했다.

2007년에는 서울시장을 지낸 이명박이 통일부장관을 지낸 정동영을 이겼으나 행정경험만으로는 비겼다고 볼 수 있다. 이명박이 임기 4년을 채웠으니 행정경험의 기간은 이명박이 3배 가까이 길기는 하다. 2022년 대선에서는 성남시장 8년에 경기지사 2년을 지낸 이재명이 검찰총장 1년여 경력의 윤석열에게 졌다. 검찰 총수는 일반적인 행정경험이라고 말하기 곤란한 특수한 영역이라는 점에서, 한국 유권자는 행정 경험 자체는 대통령 자격의 결정적인 요소가 아니라고 본다고 결론지어도 될 것 같다.

[한국의 대통령선거 2위 3위 낙선자 이미지]

이미지	해당 낙선자(1997년 이후)	해당자
미남, 귀공자	정동영, 안철수	2
엘리트(명문대)	이회창, 이인제, 정동영, 홍준표, 안철수	5
전쟁 영웅	없음	–
부호	안철수	1
여의도 정치인	이회창, 정동영, 이인제, 안철수(이상 재선) 문재인(초선), 홍준표(4선),	6(1)
자수성가	이인제, 문재인, 홍준표, 안철수	4
행정경험	이회창(감사원장, 총리) 이인제(장관, 지사) 정동영(장관) 문재인(수석, 비서실장) 홍준표(지사)	5
민주화 투사	문재인	2
명문가 출신	이회창	1
서민	이인제, 홍준표	2

　　명문대 출신 대통령이 적다는 사실은 앞에서 밝혔지만, 낙선자들의 출신 대학은 어떻게 되는가? 확실히 역대 낙선자의 출신 학교(고교, 대학교)는 역대 당선자의 출신 학교를 압도한다. 2022년 대선 당선자 윤석열(서울 법대)만이 낙선자 이재명(중앙대)의 학벌을 압도할 뿐이다. 그 외에 이회창(경기고, 서울 법대), 이인제(경복고, 서울 법대), 정동영(전주고, 서울대 문리대), 문재인(경남고, 경희대), 홍준표(대구 영남고, 고려대), 안철수(부산고, 서울대 의대) 등의 낙선자는 그해 당선자들과는 비교할 수 없이 학벌이 좋다. 역시 한국의 유권자들은 공직 후보자에 대해 일정한 수준까지는 명문고, 명문대학 출신의 진출을 용인하면서도 국가 원수에 대해서는 조금 다른 기준을 두고 있다는 심증을 갖게 된다.

4. $g \, i \, \varepsilon$ 모델에 의한 선거 전략 분석

가. 주어진 이미지 g : 후보 경력에서 우러나오는 이미지

일단 정당은 유권자들이 긍정적으로 받아들이는, 득표에 유리한 이미지의 후보를 공천해야 한다. 사례 연구에서 드러난대로, 한국 유권자는 세습형 신분과 권력, 부에 대해서는 생래적으로 거부하면서, 자수성가형 이미지를 높이 평가한다. 미국식으로 표현하면 코리안 드림을 실현한 후보가 초강세인데, 어떤 분야든 자기 분야에서 실적을 내고 성공한 인물이라야만 높은 가능성이 주어지는 것으로 보인다.

초재선으로 대통령이 된 인물은 노태우(12대 의원), 이명박(14대, 15대 의원), 문재인(19대 의원) 3명이다. 한편 초재선의 첫 도전은 정주영, 이회창, 이인제, 정동영, 문재인, 안철수 모두 실패했다. 당선자보다 국회의원 선수가 더 많은 패배자는 1987년 양김과 2017년 홍준표 3명이다. 유일한 예외는 2022년 윤석열인데, 낙선자 이재명 역시 의원 선수는 0선이다. 한국 대통령이 되려는 인물은 일찍 국회의원이 되어 의회 정치를 익혀야 할 것 같다.

행정경험보다 민주화투사 경력이 현재까지는 더 유리한 것으로 보인다. 민주화투사 이미지의 정치인으로 대통령에 당선되지 않은 인물은 아무도 없다. 단번에 당선된 노무현도 있고 재수(김영삼, 문재인) 4수(김대중) 등 대통령이 되어 성공했든 실패했든 한 차례씩은 국정을 담당할 기회를 가졌다.

그러나 주어진 이미지 g가 아무리 훌륭하다 하더라도 이미지 전략 즉 내보려는 이미지 i 전략이 주어진 이미지를 제대로 확장, 강화, 또는 수정 보완하지 못한다면 소용이 없다. 1997년 김대중의 성공, 2002년 노무현의 성공, 2012년 박근혜의 성공 그리고 2012년 실패한 문재인의 4년 반 뒤 성공은 이미지 전략과 수행이 뒷받침되었기 때문이다.

나. 내보려는 이미지 *i* : 슬로건, 포스터, TV 광고, TV 토론

후보의 경력 가운데 어떤 경력을 부각시키고 어떤 경력을 뒤로 가리며, 어떤 경력은 아예 노출시키지 않을 것인지, 나아가 어떤 동반자를 잡아 경력상의 약점을 보완할 것인지를 결정하는 것은 매우 중요한 전략적 결정이다. 이미지 전략은 모두 후보의 경력에서 우러나오는 이미지에 기반을 두어야 한다. 만일 후보의 경력과 상반되거나 무관하다면 설득력이 떨어지거나 아니면 유권자들이 직관적으로 거부하게 될 것이다.

1980년대 '민주화'가 시대 정신일 때에는 민주화투쟁으로 옥고를 치른 경력만큼 중요하고 우선 순위가 높은 경력이 없었다. 정치민주화가 어느 정도 달성된 21세기 한국 사회에서는 민주화투쟁 경력 이상의 중요한 경력이 많다. 1997년 김대중, 2012년 박근혜, 2017년 문재인의 '준비된 대통령' 슬로건이 대표적이다. 노무현 대통령도 지금 대통령 선거를 치른다면 해양수산부 장관 경력을 맨 앞에 내세울지도 모른다.

슬로건은 후보의 경력을 바탕으로 지향점을 제시하는 것이다. 인간의 행보가 도형의 연장선처럼 과거에서 미래로 직진하지는 않겠지만 슬로건은 과거 경력을 바탕으로 하지 않으면 설득력이 없다. 그러나 과거에 매몰돼 먼 미래를 크게 제시하지 못하면 아무도 표를 던지지 않을 것이다. 그래서 슬로건은 중요하다. 아쉽게도 한국의 역대 대통령 후보의 슬로건이나 캐치프레이즈는 과거 미국 대선에서 차용해 오는 경우가 많다.

심지어 50년 60년 전의 것이 소환돼 오기도 한다. 우리 정치의 후진성을 여지없이 드러내는 장면이다.

포스터 사진도 중요하다. 물론 TV, 인터넷, SNS 등의 발달로 후보의 다양한 모습이 유권자에게 가감없이 전달되는 세상이다. 그럼에도 불구하고 포스터는 후보 이미지를 전달하는 기본적 수단이다. 때문에 후보와 후보 캠프에서는 포스터 사진을 촬영하거나 고르는데 많은 시간과 노력을 들인다. 1985년 2. 12 총선 때부터 2017년 12월말까지 한국 야당의 역사를 사진으로 기록해 온 더불어민주당 송현권 국장은 1997년 12월 대선을 앞두고 부산에서 TV토론을 하는 동안 찍은 김대중의 사진을 자신의 대표작으로 꼽았다.

김대중은 역대 선거에서 '과격한 투사' 이미지 때문에 고전했고, 1970년, 1987년, 1992년 세 차례나 낙선했다. 그래서 부드러운 이미지를 내려 애썼고, '알고 보면 부드러운 남자'를 선거 캐치프레이즈로 내걸 정도였다. 그러니 송현권 국장의, 부드러운 미소를 짓는 사진이 얼마나 마음에 들었겠는가? 김대중은 이 사진을 대선 기간 포스터에도 쓰고, 취임 후에도 2년 이상 명함 사진으로 사용했다고 한다.

스틸 사진은 이제 눈길을 끌지 못한다. TV 시대, 동영상의 시대, TV 광고가 부쩍 중요해졌다. TV 광고는 창의성과 자금력의 결합체기 때문에 더더욱 중요하다. 2002년 노무현의 승리는 이회창에 대한 네거티브 공세와 함께, 성공적인 TV 광고에 의한 성공적인 이미지 전략의 합작품이다.

다. 차단하려는 이미지

후보의 경력에서 자연스럽게 나오는 이미지라도 차단하거나 확산을 최소화해야 할 이미지가 있다. 차단하려는 이미지는 내보내려는 이미지와 동전의 양면에 해당한다. 1987년 대선 당시 노태우에 대해 김영삼, 김대중 두 후보 진영에서는 노태우의 군 출신 경력과 12. 12 쿠데타를 주도한 전력을 들어 공격했다. 노태우 캠프는 '보통사람'이라는 성공적인 프로파간다로 쿠데타 전력을 극복하고, 선거에서 승리했다. 아무리 YS, DJ 두 사람이 민주 진영의 표를 갈라 나눠가졌다 해도 '보통사람' 슬로건이 아니었다면 승리는 불투명했을 것이다.

1992년 대통령 선거 당시 김영삼은 3당 합당으로 민주 진영의 변절자라는 비난을 받았다. 스스로 '머리는 빌릴 수 있지만, 건강은 빌릴 수 없다'고 할 정도로 김대중에 비해 정책 역량이 부족하고, 경제는 전혀 모른다는 공격을 받았다. 김영삼은 '다시 뛰는 한국인 앞장서는 김영삼'의 슬로건을 내걸고 김대중에 비해 '건강함'을 강조했다. 그러나 결국 김영삼 집권 5년 한국은 성장 잠재력이 훼손되고 집권 말기에는 IMF 외환위기를 맞았다.

김대중은 역대 선거에서 용공 좌익 전력을 의심받고 '용공조작' 대책위원회를 구성해 대응했다. 용공'조작'을 강조할수록 상대의 '용공' 프레임은 더욱 집요하게 김대중을 옥죄는 차꼬가 되었다. 오랜 정치 활동에서 어쩔 수 없이 만진 '불법정치자금' 역시 김대중의 아킬레스건이었다. 1997년 선거에서는 많은 나이도 문제가 될 수 있었다. 이를 보완하기 위해 젊은 신진기예를 대거 중용해 같이 회의하는 장면을 언론에 노출하고, TV 광고도 젊고 밝은 이미지로 제작했다. 그러면서 선거 캐치프레이즈는 '준비된 대통령'으로 노령을 역으로 활용했다.

노무현도 2002년 장인의 좌익 활동 전력으로 공격을 받았다. 또 상대는 노무현의 다소 불안정하고 급진적인 언행을 집요하게 물고 늘어졌다. 아무리 정의감과 분노에서였다지만, 국회 본회의장에서 전두환 전 대통령에게 고성을 지르며 삿대질한 행위가 대표적인 예였다.

노무현은 불리한 외모와 경력, 열세인 자금, 조직력을 '바보 노무현' 캠페인으로 극복해냈다. 2002년 노무현의 캠페인은 한국 정치에서 본격적인 감성 캠페인, 본격적인 이미지 캠페인, 미디어 캠페인의 시작이었다. 구체적으로 무엇을 하겠다는 것 없는 이미지 캠페인의 성공은 오히려 2007년 정동영의 실패의 단초가 되었다.

2007년 대선 당시 정동영은 성공한 방송인으로서 유려한 말솜씨에 말쑥한 이미지는 한국의 케네디로 떠오르는데 손색이 없었다. 그러나 콘텐츠 부족의 이미지에 시달렸다. 정동영 후보 진영은 이명박에 대해 부패한 기업인 이미지를 덧씌우려 했으나, 기업인 이명박에 대해 애초에 높은 수준의 도덕성을 기대하지 않았던 유권자에게 네거티브 캠페인은 별로 효과가 없었다.

'대쪽판사' 이회창은 두 아들의 병역 비리 의혹으로 두 차례 대통령 선거에서 고전을 면치 못하다가 패배했다. 깨끗한 소신 판사의 이미지에 특권과 위선의 이미지가 덧씌워진 것이다. 이회창은 또 포용력 부족, 정치력 부족 이미지로도 고전했다.

이인제는 경선 불복 이미지가 정치 인생의 평생을 따라다녔다. 또 여러 차례 당적을 옮기면서 철새 이미지까지 뒤집어쓰면서, 1997년 대선 3위 이후 영원히 재기하지 못했다.

박근혜에 대해서는 소통 부족과 리더십 부족, 그리고 비밀에 파묻힌 개인 행적이 공격의 초점이 되었다. 문재인 후보에 대해서는 순발력과 유연성, 융통성 부족이 공격의 대상이 되었다.

라. 노출된 이미지 $\mathcal{E}$: 자연스럽게(또는 본의 아니게) 드러난 이미지

TV 뉴스의 영상, 그리고 후보자 TV토론 동영상, 신문이나 잡지의 보도 사진에 잡힌 후보자의 모습은 후보자가 내보려고 의도한 이미지일 수도 있지만, 아닐 때가 훨씬 더 많다. 다른 정치인, 기업인, 고위 공무원과 악수하거나 일반 유권자와 손을 맞잡고 포용하며, 어린이나 반려동물을 안아 올리는 장면은 미리 의도되고 연출된 것일 수도 있고, 스스로 마음에서 우러나온 행동일 수도 있다. 예측못한 상황에 당황해서 놀랄 수도 있고 피곤해서 눈을 감고 쉴 수도 있다. 옷 매무새가 흐트러진 채 잠들 수도 있다. 남의 말에 고개 돌려 귀 기울일 수도 있지만, 때로 귀찮아 눈을 찡그릴 때도 있다. 이 모든 장면이 언론에 노출될 수 있다.

"신문이나 잡지의 사진은 신문이나 방송에 나오는 당 대표나 후보들의 사진은 눈을 감거나 찡그린 모습 등 부정적일 때가 많습니다. 당의 활동을 잘 알려야 하기에 웃는 표정, 특히 자연스러운 모습을 포착하려 애써 왔습니다."

1985년 2. 12 총선 때부터 2017년 12월말까지 한국 야당의 역사를 사진으로 기록해 온 더불어민주당 홍보국 송현권 국장의 술회다.

수학에 적분이라는 분야가 있다. 함수를 무한대로 잘게 자른 뒤 모아서, 함수의 평균값이나 곡선의 길이, 곡면으로 둘러싸인 부분의 넓이나 부피를 구하고 여러가지 물리량(物理量)을 정의하고 계산하는 수학의 한 분야다. 인간의 생도 적분에 비유할 수 있다. 한 인간의 현재의 모습은 과거의 적분이며, 미래는 (과거+현재)의 적분이다. 선거에서 유권자들은 후보에 대해 적분을 행한다. 즉 유권자는 후보의 과거의 적분으로서 현재를 이해하고, 과거와 현재의 적분으로서 미래값을 계산해 낸다.

거기에는 유권자 나름대로 오랫동안 사용해온 일정한 함수가 있다. 만일 후보의 선거운동이, 후보의 과거 이미지가 득표에 불리하다 해서 충분한 합리적 설명 없이 과거 즉 주어진 이미지 g를 부인하거나 상반되는 이미지를 구축하려 시도하는 이미지 전략은 실패한다. 그런 선거운동을 하면 유권자의 적분 함수가 작동하고, 후보의 선거운동은 실체 없는 선거운동이 되고 만다.

정치의 제1'원칙'은 융통성과 유연성이다. 2002년 대선에서 이회창은 '아름다운 원칙'이라는 슬로건을 내걸었는데, 아름다운 원칙은 이미지가 없다. 공허하다. 정의와 원칙을 강조하려면 철저하게 '법'에 의존하면 된다. 법으로 부족하기 때문에 정치가 필요한데, 다시 원칙이라...

2007년 정동영이 '개성동영'으로 브랜딩한 것도 또다른 실패의 예다. 정동영이 통일부장관을 했고, 북한을 방문해 김정일과 단독회담을 했다는 사실을 유권자 대부분이 알고 있다면 '개성동영' 나쁘지 않다. 그러나 유권자 대부분이 기억할 만한 남북 관계에서의 역할을 정동영이 만들어내지 못했다면 유권자는 왜?라는 질문을 하게 될 것이다. 그리고 질문에 대해 설명하고 답변해야 한다면 이미 이미지 전략은 실패다. 이미지 전략은 설명하고 답변하는 수고를 생략하는 것이 목표이기 때문이다.

당시 국민의 대부분은 정동영을 방송의 인기앵커 출신(심지어 상당수 유권자는 아나운서로 그를 인식했다) 또는 김대중 전 대통령의 대변인 정도로 인식하고 있었다. 그럴진댄, 정동영은 유권자 마음의 인식을 확장하는 '김대중 선생의 젊은 분신' 이런 식으로 브랜딩했으면 더 나았을지도 모른다.

지지 기반의 확장을 노리고 정체성을 모호하게 표현하는 경우가 있는데, 2012년 박근혜가 경제민주화를 부르짖은 사례다. 박근혜는 워낙 보수의 아이콘이라 아무리 경제민주화를 이야기해도 정체성이 흔들리지 않았다. 그러나 다른 이들은 정체성이 흔들릴 위험성이 상존한다. 2017년 대선 본선의 안철수와 민주당내 경선의 안희정이 중도 유권자에 소구하기 위해 자신의 정체성에 대해 전략적으로 모호한 입장을 취했는데, 당연히 실패했다. 상대의 효과적인 선거운동에 대응하기 위해 본인의 과거를 바꿔 설명해도 유권자는 후보의 정체성에 대한 혼란에 빠질 수 있다.

때문에 후보의 이미지 전략 i는 주어진 이미지 g의 바탕 위에서 이뤄져야 한다. 성공적 이미지 전략은 이미 주어진 이미지 g의 바탕 위에서 이를 잘 활용하면서, 보완하거나 강화하는 전략이다. 1997년 김대중의 '준비된 대통령' 캐치프레이즈는 30년 전부터 세 차례나 김대중이 대통령 선거에 출마했음을 알리는, 그러면서도 노령의 나이를 경험과 경륜으로 확장하는 성공적인 이미지 전략이다.

노무현이 서투르게 기타를 치면서 '아침 이슬'을 부르는 2002년 TV 광고도 성공적인 이미지 전략에 해당한다. 원래 다소 뜬금없고 다소 충동적인 '바보' 노무현의 이미지에 부합하고, 그런 이미지를 좋은 의미로 강화하기 때문이다. 이명박이 국밥 집에서 욕쟁이할매의 거친 욕을 들으면서도 묵묵히 순대국을 뜨는 2007년 대선 TV광고는, '말은 잘 못하고 서툴지만, 맡은 일은 해내고야 만다'는 노가다 이명박의 이미지와 일치한다.

5. 신·언·서·판(身言書判)

한국의 전통사회에서는 지도자를 판단할 때, 신언서판이라는 기준이 있었다. 외모와 체모, 말, 글, 그리고 판단력이다. 이 기준에 몇 가지만 추가하면 서구식 이미지 정치의 기준과 꽤 부합한다.

먼저 얼굴 표정. 과거에는 표정은 판단의 기준이 아니었다. 무게있게 진중하게 쉽게 표정이 바뀌지 않는 것을 높이 쳤다. 그러나 오늘날 이미지 정치에서는 표정이 중요하다. 미소 때로는 파안대소해야 한다.

다음은 손동작이다. 과거에는 말을 하더라도 수용공(手容恭)이라 해서 두 손을 공손하게 모으고 말하라 했다. 그러나 오늘날은 다양한 손동작으로 메시지에 힘을 싣거나 청자(聽者, listener)를 특정하거나 청중의 주의를 끌어야 한다. 다만 서구에서처럼 너무 요란한 동작은 한국 실정에서는 아직 곤란하다.

다음으로 움직여야 한다. 과거에는 족용중(足容重)이라 해서 발걸음 움직이기는 무겁게 하라고 했다. 그러나 오늘날에는 청중 또는 청자에게 다가가서 말해야 한다. 필요하면 발로 움직이면서 바디 랭기지를 전달할 수도 있어야 한다. TV토론도 스탠딩 토론으로 바뀌었으니, 움직이라는 뜻이다.

김영삼은 1992년 대통령 선거에서 민주화 투사의 이미지에 더해 여당 후보로서 국정 경험, 온건한 이념성 등을 내보내려 했다. 새벽에 동네 주민들과 함께 달리는 TV 광고로, 군사 독재 시절의 민주화 투쟁 방식인 민주산악회를 연상케 하고, 주민과 함께 하는 서민 이미지를 전파하면서 변절 공방에서 벗어났다.

김대중은 역대 선거에서 민주화 투사의 이미지를 내보내되, 용공 좌익의 이미지는 벗으려 애썼다. 그러나 1992년 이전까지는 직접 용공 좌익을 해명하면서 점점 더 '용공' 프레임에 깊숙하게 갇혔다가 1997년 New DJ 플랜을 가동하면서 용공 프레임에서 벗어날 수 있었다.

이명박은 진취적이고 실행력 강한 성공한 기업인 이미지를 내보내려 애썼다. 이명박의 성공은 욕을 먹고 공격받더라도 직접 대꾸하지 않고 도덕성 논쟁에서 아예 거리를 둔 점이다. 선거 캐치프레이즈도 실행하는 경제대통령이었고, 정책 공약도 경제가 압도적으로 많고 우선 순위도 높았다. 개인의 경력과 전략, 노출된 이미지가 일관될 수 있었다.

제5장

윤석열의 이미지 $gi\varepsilon$ 분석

제 1 절

2022년 선거환경

선거 구도 : 이념, 지역, 세대

전통적으로 한국 사회의 이념 구도는 중도 보수의 우위였다. 사회가 성숙해지고 경제가 발전함에 따라 사회 전체의 이념 지형이 진보 쪽으로 한두 클릭 이동하기는 했지만 여전히 대등 또는 중도 보수 우위라 할 수 있었다. 다만 문재인 정부 5년 내내 좌클릭이 워낙 심했던 터라 이념 구도는 보수가 박빙 열세였다.

한국 선거는 전통적으로 영남-충청의 연합에 호남의 고립 구도였다. 1997년 김대중이 전통적 영남-충청 연합을 깨고 호남-충청의 연합 구도로 만들어 집권에 성공했다. 이후 역대 대선의 지역 구도는 충청을 사이에 놓고 영남과 호남이 경쟁적으로 구애하는 모양새로 진행됐다. 윤석열은 서울에서 태어나 자란 수도권 인사지만, 아버지 고향이 충남 공주로 충청권에 연고가 있다. 때문에 보수 후보가 윤석열이라면, 충청이 영남에 구애하는 모양새로 충청-영남의 연합이 되므로 지역 구도는 보수 절대 우위였다.

2020년 즈음부터 세대 구도는 특이한 양상을 드러냈다. 정상적인 민주 사회에서 대부분의 사람들은 30대까지는 진보적이다가 40대에 접어들면서 보수화된다. 그런데 21세기 이후 특히 노무현 대통령의 사망 후 한국의 40대 50대는 극단적인 좌파 지지다. 왜일까?

현재의 40대, 50대는 IMF 외환위기의 직격타를 맞아 평생 안정된 직장 생활을 하지 못했다. 직장이 없으니 결혼도 못하고, 결국 직장도 가정도 없는 것이다. 현대 도시 사회에서 인간은 직장과 가정을 통해 사회 구성원이 되는데, 한국의 40대, 50대의 과반수는 직장, 가정, 자녀 모두 없으니 사실상 대한민국 사회의 구성원이 된 적이 없었던 것이다. 그래서 40대, 50대는 반사회적 반지성적 맹목적 극좌였다. 20대 이상이 모두 진보 또는 좌파 성향이라면 세대 구도는 보수가 크게 불리하다.

그러나 2022년 대선을 앞두고 20대, 30대는 특정 정파를 맹목적으로 추종하는 40대, 50대를 사회적 패배자(loser)로 간주했다. 공정과 상식을 요구하는 20대, 30대가 늘어났고 그들은 사안별로 지지와 반대를 결정한다. 그들은 문재인 정부의 입시 부정, 부동산 투기, 성추행 의혹을 추궁하며 정권 교체에 무게를 실었다. 보수 절대 열세일 거라는 일반적인 관측과는 달리, 세대 구도는 보수가 박빙 열세였다.

정권 교체의 열망과 윤석열

문재인 정권은 세 가지 큰 위기를 맞는다. 2019년 조국 사태가 첫 위기였다. 조국 법무부장관이 가공의 스펙을 만들어 자녀 둘을 비정상적으로 대학과 대학원에 입학시킨 사실이 드러나 검찰에 기소됐다. 강남 좌파의 아이콘인 조국이 '내로남불'의 상징으로 확인되고, 좌파 진영 전체의 도덕적 실추로 이어졌다. 이로써 문재인 정부의 검찰 개혁은 명분과 동력이 급격히 상실됐다. 문재인 정권은 조국 사태에 대응하는 과정에서 부당한 검찰 인사·예산권 제한으로부터 시작해 사상 초유의 검찰총장 감찰, 징계를 추진했다. 일개 검사 윤석열은 정권의 대항마로 떠올랐다.

두 번째 위기는 고위 인사들의 잇따른 성추문이었다. 성추문은 성폭행, 성추행, 성희롱의 단계가 혼재되는 경우가 많다. 그러나 문재인 정권 고위 인사들의 성추문은 피해 여성이 지근거리의 직원이며, '권력을 악용한 최악의 성폭행'이라는 점에서 변명의 여지가 없었다. 안희정 충남지사, 오거돈 부산시장을 신속히 손절 처리할 때만 해도 민주당이 성추문 이슈를 잘 대처하고 넘기는 것처럼 보였다. 그러나 박원순 서울시장이 스스로 목숨을 끊자, 좌파 진영은 '피해 호소인'같은 신조어를 만들어 2차 가해까지 자행했다. 도덕성의 우위를 주장하며 특히 여성 이슈에 관한 한 보수 정권보다 더 여성 친화적인 진영, 정당이라고 자처해온 좌파 진영, 민주당 정권의 위선이 부각됐다.

세 번째 위기는 정권 고위 인사들의 부동산 투기 광풍이었다. 청와대 비서실장, 공정거래위원장, 감사원 사무총장 등 문재인 정부의 고위 인사들이 1가구 2주택으로 부동산 투기 의혹을 받았다. 어떤 인사들은 부동산 임대료 인상을 제한하는 특별법이 발효되기 직전에 임대료를 올려받은 사실도 드러났다. 그런 가운데 청와대 정책실장의 "굳이 강남에 살 이유 없다" 조국의 "가재, 붕어, 게" 발언이 공정 이슈를 키웠다. 2021년초에는 LH 임직원들이 내부 정보를 이용해 조직적으로 부동산 투기를 부추긴 사실까지 드러났다. 청년들이 문재인 정부에 대해 의심하고 분노할 이유는 차고도 넘쳤다.

윤석열의 대권 주자 지지율은 2020년 9월말까지만 해도 10%대로 이낙연, 이재명의 절반 수준에 머물렀다. 이후 두어 달 동안 윤석열의 지지율은 2배 이상으로 껑충 뛰었다. 3, 4개월 뒤, 대선을 1년 앞둔 시점 검찰총장을 사퇴한 윤석열의 지지율이 이낙연, 이재명을 압도하기 시작했다.

[대권 주자 지지율 추이]

시기	2020년 9월 21일 ~25일	2020년 10월 26일 ~30일	2020년 11월 23일 ~27일	2021년 3월 22일 ~26일	2021년 4월 18일
윤석열	10.5	17.2	20.6	34.4	38.4
이낙연	22.5	21.5	19.8	11.9	12.3
이재명	21.4	21.5	19.4	21.4	22.2

리얼미터(오마이뉴스) 전국 2,500명 무선전화면접 및 유무선RDD 자동응답조사,
표본오차 : 95% 신뢰수준에서 ±2.0%, 응답률 4~6% 내외

여론조사 결과에 선행하는 것으로 알려진 빅데이터 언급량 분석도 윤석열의 급부상을 예고했다. 2020년 9월 빅데이터 언급량에서 이재명의 겨우 1/3 수준이던 윤석열이 석달만인 12월 이재명, 이낙연의 합계의 2배에 이르는 수준으로 떠오른 것이다. 9월 여론조사에서 여전히 1위를 차지했던 이낙연이 9월 빅데이터 언급량에서는 이미 이재명에게 뒤진 것을 알 수 있다.

[대권주자 빅데이터 언급량 추이]

시기	2020년 9월	2020년 10월	2020년 11월	2020년 12월	2021년 1월	2021년 2월
윤석열	9,535	27,400	49,356	79,362	21,474	11,072
이재명	29,593	16,691	16,186	20,095	40,768	32,711
이낙연	15,681	10,624	12,055	16,213	43,764	15,456

언노운데이터, 2020년 연말부터 2021년 연초까지 6개월간 조사

김건희 리스크와 X 파일

공정과 상식을 대표하는 강골 검사 이미지로 자리잡은 윤석열에게 도덕성 공격은 별로 효과가 없었다. 역시 이미지는 메시지보다 강하다! 좌파 진영은 약한 고리를 찾아냈다. 약한 고리는 부인 김건희와 장모 최은순이었다. 모녀는 생애 자체가 공직과 거리가 멀고, 주변 관리도 제대로 하지 않았다. 좌파 진영은 '줄리'니 뭐니 온갖 지저분한 이야기를 만들어 돌렸다. 박사학위 논문 표절 파문, 도이치 모터스 사건 등등 김건희 또는 친정과 관련된 흑색선전이 끝이 없었다. 그러나 야당의 네거티브 공세와 김건희 리스크의 본질은 전혀 별개다. 김건희 이슈의 본질은, 강남 사모님의 시기와 질투심이다.

김건희는 젊고 예쁘고 미니를 입을 정도로 날씬하다. 역대 퍼스트 레이디 가운데 김건희보다 젊은 여성은 단 2명이다. 박정희가 국가재건최고회의 의장이 될 때 육영수가 30대였고, 전두환이 대통령 취임할 때 이순자가 40대 초반이었다. 나머지 퍼스트레이디는 모두 50대 중후반, 심지어 70대였다. 성형 수술했다? 사모님들은 성형 안 했을까? 역대 퍼스트 레이디 가운데 영어 좀 되는 분은 이순자, 이희호 둘 정도다. 그런데

김건희도 영어를 하는 거다. 사모님들 열받게도 됐다.

법조계 특히 검찰은 군대 조직 비슷해서 부인들의 위계질서도 남편 따라 간다. 윤석열이 사법시험을 9수 끝에 합격하고, 김건희는 윤석열보다 12살 아래, 그러니 서초동 사모님 사회에서 김건희의 서열은 맨끝이다. 그런데 윤석열이 서울중앙지검장, 검찰총장 거쳐 대선 후보로 떠오르니 김건희도 최상석으로 올라갔다. 김건희는 집안 배경도 성장 환경도 출신 학교도 모두 강남 사모님, 서초동 사모님과 다르다. 자녀도 없다. 강남 사모님들과 공유할 경험이 전혀 없고 대화가 안 통한다. 김건희가 참석하면 강남 사모님들 입 닫고 지내야 한다. 서초동 사모님들은 김건희가 불편했다.

해외에서도 김건희의 활약은 계속된다. 유럽의 퍼스트 레이디, 왕실 귀부인들의 화제는 자선과 예술 두 가지다. 김건희는 자선은 몰라도 예술에는 일가견 있다. 작가의 식성이나 와인·커피 취향에, 공개 안 된 작가의 특이한 버릇까지 꿰고 있다. 작가와 깊이 친해지고 싶은 외국 퍼스트레이디들도 김건희와의 대화에 빠져들밖에. 그러니 강남 사모님들은 예술 전문가 김건희 때문에 무척 불편하다.

정치에 있어서는 진실 자체보다 사안을 다루는 정치인의 자세가 중요하다. 유권자들이 정치 지도자에게 요구하는 것은, 큰 틀에서 모든 책임을 감수하려는 자세다. 사실 자체는 별로 중요하지 않다. 민주당이 되는 소리건 되잖은 소리건 김건희를 공격하는데, 선거전에서는 사실을 밝혀 규명할 시간적 여유가 없다. 그래서 억울하지만 우선 사과하고 봐야 한다. 그러나 김건희는 제때 사과하지 않았다.

김건희는 "(주위의 강권 때문에) 사과했지만, 지지율이 더 떨어졌다."고 불평했다. 이 불평은 일말의 진실만 담고 있다. 사과를 언제 하느냐가 중요하다. 사과에도 시효가 있기 때문이다. 윤석열의 동기 전략가는 2021년 12월 22일 오전 10시라고 시한까지 정해 사과를 권유했지만, 김건희는 며칠 지나 사과했다. 그리고 김건희의 불평대로, 지지율은 해를 넘겨 2월에 접어들 때까지 계속 떨어졌다.

진영의 선거 역량 비교 : 국민의힘, 이길 수 없는 선거

대부분의 보수 인사들은 2022년의 선거 승리를 믿어 의심치 않았다. 김건희 리스크만 관리하면 된다고 믿었다. 그러나 객관적 지형은 보수 후보에게 절대 불리했다. 우선 겉으로 드러난 전력부터 비교해 보자. 전쟁과 전투를 이끌 필드 지휘관에서 민주당이 압도적으로 우세했다. 고급 지휘관급인 국회 의원수 170대 105, 광역단체장 수 14대 3으로 보수가 크게 불리했다. 중견 지휘관급인 기초단체장은 151대 53, 현장 운동원인 광역의원은 652대 137이었다. 심지어 선거의 승패를 가를 서울의 구청장수는 24대 1이었다.

보수는 사령관감도 없었다. 최경환은 감옥에 있고 김무성은 포항 수산업자 뇌물 사건으로 발이 묶였고, 정두언은 사망했다. 심지어 대선 선대위에서 팀장급 이상으로 대선을 경험한 인사조차 권영세 단 한 명뿐이었다. 민주당은 송영길, 임종석, 양정철을 위시해 2012년 2017년 문재인 선거 캠프에서 손발을 맞춰본 인사들이 즐비했다.

전략가도 김종인, 김한길, 김병준 등 알려진 인사는 모두 진보에 가까웠고, 보수 정치권의 멘토 윤여준은 소외돼 있었다. 민주당은 시사평론가, 여론조사 전문가, 시사 작가 등 여러 경로를 통해 훈련되고 단련된 젊은 전략·전술가가 대거 배출되고 있었고, 그들이 치열한 내부 토론과 논쟁을 통해 칼을 벼린 상태였다. 다만 전혀 드러나지 않은 재야 전략가 단 한 명이 윤석열을 위해 전략을 준비해 약세를 보완하고 있었다.

부사관급인 실무인력도 차이가 컸다. 민주당은 1995년 지방선거가 부활한 이래 당 사무처—의원 보좌진—지방의원의 3대 기구 순환 보직 인사를 통해 실무 인력을 체계적으로 양성해 왔다. 그에 반해 국민의힘 계열 정당은 2004년 차떼기 사건을 극복하는 과정에서, 박근혜 대표가 천막 당사로 옮기고 당 연수원을 국가에 헌납한 이후 실무 인력의 충원, 교육, 훈련 기능이 완전히 사라졌다. 20여 년 누적된 인재 충원 시스템의 차이가 실무 인력의 양과 질에서 어마어마한 차이를 낳았다.

외곽 환경의 차이 : 기울어진 운동장

공정하고 중립적인 선거 관리도 기대하기 어려웠다. 행정부에서 선거 지원 업무를 담당하는 행정안전부(전해철), 선거법 위반 사건을 다룰 법무부 장관(박범계)이 모두 민주당 정치인이었다. 김부겸 국무총리도 민주당 소속 정치인이었다. 역대 선거 때마다 야당에서 요구하는 '중립 내각'은 아예 논쟁조차 없었다. 선거 행정을 맡는 중앙선관위의 조해주 상임위원은 문재인 선거캠프 특보 출신이었다. 2018년 중앙선거관리위원회가 발간한 「선거연구」9호에는, "'드루킹 댓글 조작'의 형법 및 공직선거법 적용에 있어서 합헌적 해석의 필요성"이라는 논문이 실릴 정도로 선거관리위원회는 이미 극도로 편향돼 있었다. 사법부도 범죄 행위라고 단죄한 행위를 선관위는 합헌이라고 인증해준 셈이다. 선관위는 일찍부터 자기 무덤을 파고 있었던 것이다.

언론과 노조, 시민사회 등 외곽 세력의 분포도 친민주당 일색이었다. 노조와 시민사회는 스스로 문재인 정권의 탄생에 대주주로 행세하고 있었으니 아예 논외였다. 국민의 준조세로 운영되는 KBS, MBC, YTN, 연합뉴스TV, 연합뉴스 등 공영 언론의 경영진과 보도, 제작 간부들도 모두 친 민주당 인사들이었다. 게다가 문재인 정권은 '조건부 재허가' 카드로, 온건 중립일 수 있는 종합편성 채널방송에 편향적인 편성과 보도를 강요했다. 외곽 선거 환경은 윤석열에게 극히 불리했다.

윤석열의 주어진 이미지 g : '우직한 강골검사'

윤석열은 서울대 법대를 졸업하고 9수만에 사법시험을 합격해 늦깎이 검사가 되었다. 1987년 대통령 직선제 실시 이후 양대 정당 후보로서는 최초의 1960년대 생이다. 아버지 윤기중은 연세대 경제학과 교수요, 어머니 최성자는 이화여대 강사(요즘과는 달리 옛날에는 석사 학위 소지자도 귀해서, 일정 기간 강사 생활을 하면 종신 교수직이 주어지는 시스템이었다.)를 지낸 인텔리 집안 출신이다. 친가는 충남 논산의 파평 윤씨로 소론의 영수 명재 윤증의 방손(傍孫)이며, 외가는 강릉 최씨 갑부 집안이다. 외조모가 사업을 크게 해서 지역에서 장학 재단을 운영할 정도로 여유있게 자랐다. 요즘 표현으로 금수저다.

윤석열은 서울대 법대 79학번이다. 입학할 때부터 '공부못하는 법대 79학번'으로 소문나 있었는데, 이유가 있다. 79학번은 서울대 인문사회계열 수석도 차석도 모두 다른 학과에 넘겨주고, 사법시험 최연소 합격, 행정고시 최연소합격을 모두 다른 학교에 넘겨준 유일한 학번이었다. 그래도 동기간 단합이 잘 되고 동기애만은 끈끈했다.

'공부 못하는' 79학번은 긴급조치 9호 시절 서울 법대에 입학해 20살 이전에 10.26과 12.12, 5.18 광주 민주화 운동과 김대중 내란음모사건 재판까지 목격했다. 공부할 환경도 안 되고, 공부할 새도 없었던 세대다. 윤석열은 서울법대 졸업반이던 1982년, 5공 철권 통치의 서슬이 퍼렇던 시절, 12.12사건에 대한 '내란죄' 모의재판에서 전두환에게 사형을 구형할 정도로 정의감이 넘쳤다.

9수 끝에 늦게 시작한 윤석열의 검사 생활은 그리 순탄치 않았다. 연고없는 대구에서 정상명 부장검사 아래서 초임 발령을 받은 후, 부산 등등 지방을 전전했다. 정상명 부장검사는 노무현의 사법시험 동기로 후에 검찰총장이 되는데, 윤석열-김건희 부부의 결혼식 주례를 서는 각별한 인연으로 이어진다. 윤석열의 검사 인생이 꽃피게 된 것은, 존경하던 검찰 대선배 이명재 변호사가 검찰총장으로 복귀하면서부터다.

이후 윤석열은 엘리트 검찰의 집결소라 할 대검 중수부에 발을 디디고, 이후 중수부 과장으로 일하는 한국 제일검 남기춘(전 서부지검장), 김수남(전 검찰총장)등 대학 동기생들 아래 중수부의 고참 하사관 격으로 머물게 된다. 그리고 정몽구 회장의 구속에 이른 현대자동차 비자금 사건을 비롯해 여러 차례 대형 사건을 다룰 기회도 얻었다.

윤석열은 2014년 국정원 댓글 사건을 수사하면서 당시 국회에 출석해 일반 국민에게 유명해진 "조직에 충성하지 개인에 충성하지 않는다"는 말을 남겼다. 이 수사로 현직 박근혜 대통령의 역린(逆鱗)을 건드려 여주지청, 대구고검, 대전고검 등으로 좌천당했다. 박근혜 대통령이 탄핵된 직후 특검 수사단장으로 복귀해 이명박, 박근혜 두 전직 대통령과 삼성 이재용 부회장을 구속하는 등 수사 검사로서 정점을 찍었다. 문재인 정권 출범 후 서울 중앙지검장, 검찰총장을 거치며 승승장구하는 듯했다.

검찰총장 취임 얼마 후인 2019년 조국-정경심 부부의 입시 비리와 사모펀드 의혹 등을 강제수사하면서, 조국을 앞세워 검찰 수사권 제한을 추진하던 문재인 정권과 불편한 관계가 된다. 추미애 법무장관이 검찰 인사와 예산 등의 수단으로 압박하지만, 윤석열은 굽히지 않는다. 조국 법무장관이 낙마한 이후 마침내 2020년 가을, 문재인 정권은 윤석열에 대해 징계와 감찰의 칼을 들이댔다.

부당한 이유로 시작된 사상 초유의 검찰총장 징계와 감찰이 성공할수는 없었다. 2020년 연말 윤석열은 징계와 감찰 모두 혐의를 벗고 승리했다. 2021년 3월 임기를 다섯 달 남긴 상태로 검찰총장을 조기 사퇴하면서 윤석열은 공정과 상식을 회복하겠노라고 다짐한다. 이로써 대통령후보 윤석열이 등장한 것이다.

현대 한국 정치에서는 탄압을 받으면 정치적으로 큰다. 대통령 후보가 된다. 역으로 탄압받지 않고 정치적으로 크게 성장할 수 없다. 탄압을 이겨내는 맷집과 배짱이 필요하다. 맷집 약한 고건, 반기문, 황교안 등이 일찍 낙마하고, 관료나 행정가, 외교관 출신 대통령이 아직 배출되지 않은 이유다.

2022년 대선 직전 윤석열을 한 단어로 요약하면 '강골 검사'다. 수식어를 붙여나가면 다음과 같다. (현직 대통령에게 2번이나 항명한) 우직한 강골 검사, 서울대 법대를 졸업한 엘리트 특수부 검사, 공정과 상식을 중시하는 검찰총장, 부모가 대학교수인 유복한 가정 출신... 이러한 키워드를 선거에서 긍정적으로 작용할 이미지 요소와 부정적으로 작용할 이미지

요소를 나누면 다음과 같다.

[윤석열의 주어진 이미지 *g*]

	이미지 평가	키워드	동물
진 단	긍정적 이미지	우직한, 항명(할 말 하는) 강골 검사, 공정과 상식	곰, 개
	부정적 이미지	유복한 가정, 서울 법대, 엘리트 검사, 재벌 저승사자	고양이, 호랑이
	부족한 이미지	인간적 면모, 통합, 정책 역량	곰, 개

윤석열의 내보내려는 이미지 i

강골 검사 시대정신을 선점하다

강골 검사 윤석열은 존재 자체로 시대정신인 '공정과 상식'의 상징이었다. 박근혜, 문재인 다른 정권의 두 대통령과 맞선 전력 때문에, 특정 진영에 대항하는 이미지도 아니었다. 중도의 폭넓은 지지를 이끌어낼 수 있었다. 문재인 정부의 내로남불 이미지와 대비되는 발언과 행동으로 자연스럽게 야당의 대표 주자로 자리매김했다. 공정과 상식을 더 강조할 필요가 별로 없었다.

대부분의 인간은 총론으로서는 공정과 상식, 정의를 요구하면서도 각론에 들어가면 다른 선택을 한다. 이상으로서는 공정과 상식, 정의를 요구하지만, 현실, '나의 문제'가 되면 '상식을 뛰어넘는 불공정과 특혜'를 요구한다. 즉 대의명분과 개인의 의리가 충돌하는 지점이 있는 것이다. 이 지점을 찾아 균형을 잡는 것이 정치의 역할이다. 전략도 총론 수준의

'공정과 상식'과 함께 각론으로서 '인간미'를 지향해야 했다.

윤석열의 최대 강점은 '(대한민국 최고 명문 학교, 학과인) 서울 법대 출신의 엘리트 검사, 당장의 이익보다 대의 명분을 중시하는 강골 검사'로 요약된다. 그러나 최대 강점인 '서울 법대 출신의 엘리트 검사' 이미지 자체가 최대의 약점이었다. 요컨대 대한민국 사회에 널리 팽배한 '서울 법대 출신이 다해 먹는다'는 막연한 불안심리였다.

서울 법대 출신 엘리트에 대한 막연한 불안감을 해소할 수 있어야 했다. '머리에 송곳 꽂아도 피 한 방울 안 나올' 것같은 냉혹한 엘리트 이미지를 벗어야 했다. 해법은 공정과 상식, 정의 자체가 아니라 '인간의 얼굴을 한' 공정과 상식, 정의였다. '인간적인' 엘리트로 알려야 했다. 의리를 아는 인간으로 알려야 했다.

솔로몬 애시의 실험

1946년 펜실베이니아 대학의 솔로몬 애시는 재미난 실험을 했다. 두 그룹에게 가상의 사람을 묘사하는 단어 목록을 보여주고 가상의 사람이 어떤 성격인지 설명하도록 요구했다.

1그룹	지적인, 재주많은, 근면한, 따뜻한, 의지가 굳은, 현실적인, 조심성 있는
2그룹	지적인, 재주많은, 근면한, 차가운, 의지가 굳은, 현실적인, 조심성 있는

첫 번째 목록을 받은 피험자들은 대상 인물을 '너그럽고, 행복하며, 유머 풍부한' 사람으로 묘사했다. 두 번째 목록을 받은 피험자들은 대상 인물을 '인색하고, 재수없고, 피도 눈물도 없는' 인간으로 평가했다. 첫 번째 목록과 두 번째 목록의 차이는 단 한 단어다. '따뜻한'과 '차가운'이

다. 단어 하나 차이에 이렇게 다른 인물 평가가 나올 수 있는가? 있다.

왜냐하면, 인물을 묘사하는 모든 단어들이 동등한 가치를 갖는 것이 아니고, 어떤 특정한 단어가 다른 단어의 평가에 영향을 미치기 때문이다. 여기서는 '따뜻한'과 '차가운'이 그런 단어다. 이렇게 인물의 이미지를 결정함에 있어 특정한 특질이 다른 특질에 영향을 미치는 현상을 '동적 인상 형성 Dynamic Impression Formation'이라 한다. 윤석열의 대학 동기들이 '구수한 윤석열'을 기획 출간한 것이 바로 이 동적 인상 형성 효과를 노린 것이었다.

'인간의 얼굴을 한' 강골검사 : '구수한 윤석열'

2020년 12월, 감찰과 징계 파문이 가닥이 잡힐 즈음, 윤석열의 서울법대 동기 10여 명은 구수 회의를 열었다. 회의에서는 "아직 현역 검찰총장이고 임기도 반 년 이상 남았다. 그러니 일단 모임을 접었다가 검찰총장을 사퇴한 이후 다시 모여 논의하자"는 주장이 절대 다수였다. 선거 전략가는 강력하게 주장했다.

"한 번 흩어지면 다시 모이기 어렵다. 일단 모인 김에 흩어지지 말고 시동을 걸고 있어야 한다. 그리고 선거 1년도 못 남기고 사퇴하면 이미 늦다. 아무리 늦어도 1년 전에는 스타트해야 한다."

동기들은 모임을 계속하기로 했는데, 무엇부터 할 것인지 정했다. 전략가는 다시 제안했다.

"인간적인 면모를 다룬 평전, 유년기와 청소년기를 다룬 평전을 출간하자."

'구수한 윤석열' 출간 작업은 이렇게, 윤석열이 아직 현역 검찰총장인 2021년 1월 시작됐다. 동기들은 집필 작가를 2단계 집단 인터뷰를 통해 정하고, 출판사를 정하고, 조용히 자료를 모았다. 개인별로 자신만 아는 일화를 써서 제출하고, 귀중한 사진 자료도 모았다. 동기 전략가는 인간적 면모를 부각시키기 위해 유년 시절의 사진을 모아 실었다. '인간적인' 강골 검사의 면모를 드러내는 데에는, 덩치는 어른만큼 크지만 순진해 보이는 어린 시절 사진만한 게 없었을 것이다. 평전 제목은 '구수한 윤석열', 컨셉은 '인간미 넘치는' 강골 검사를 그려내는 것이었다. 아직 현역 검찰총장인만큼, 징계와 감찰이 막 끝난 직후인만큼, 평전 출간이 노출되면 그야말로 징계 사유가 될 수 있었기에 모든 진행 과정은 철저하게 보안에 붙였다. 출간 직전 한겨레 신문에 실린 기사를 잠깐 인용한다.

〈한겨레〉 취재를 종합하면, 윤 전 총장의 서울 법대 79학번 동기들은 윤 전 총장의 삶과 철학을 담은 책을 준비 중인 집필 작가를 돕고 있다… 책에는 윤 전 총장의 검사 시절과 검찰총장으로 재직하며 정권을 갈등을 빚은 일뿐만 아니라, 유년 시절의 일화까지 두루 담길 예정이다. '원칙과 법치를 중시한 강골검사'라는 점과 함께 인간적 면모를 부각시킬 것으로 보인다…

윤 전 총장의 또 다른 대학 동기로 전직 〈한국방송〉 기자였던 김구철 아리랑티브이미디어 상임고문이 작가를 도와 백여 명이 넘는 동기회 단체대화방을 통해 윤 전 총장의 사진과 학창 시절 에피소드를 모았다고 한다…

주요 내용은 사법고시에 8번 낙방하고도 9번만에 합격한 의지의 사나이, 한번 목표한 일은 포기하지 않고 반드시 이루는 집념. 오후 4시만 되면 오늘은 누구랑 한 잔 하나 생각하는 두주불사의 호주가. 친구들 길흉사 꼬박꼬박 챙기다 못해 그 중요한 9번째 사법고시 2차 시험을 사흘 앞두고 늦장가 가는 대학 동기의 함이 들어가는 장면을 보려고 대구행 고속버스에 몸을 실은 낭만파. 팝송을 원어로 2절까지 잘 부르면서도, 시위 현장에서는 동요 '앞으로 앞으로'를 선창하면서 사복형사와 백골단을 뒷걸음치게 만든 여유와 유머 감각. 계란말이, 김치국 등 요리도 잘하고 아이들과 반려동물 좋아하는 인간미 넘치는 고위공직자.

SBS '집사부 일체'를 통해 '구수한 윤석열'에서 표현된 인간미를 시청자들이 눈으로 귀로 확인할 수 있었다. 윤석열은 아들뻘의 연예인들과 편하게 형 동생 하며, 계란말이와 자신만의 레시피로 김칫국을 조리해 같이 식사를 한다. 또 모자챙을 뒤로 한 채, 검은 선글라스를 쓰고 '그런 사람 없습니다'를 열창한다. 노무현을 연상하며 약간 목이 메는 대목이 감흥을 자아냈다. 그에 비해 이낙연, 이재명은 보여주는 것 없이 밋밋한 대화로만 때워 크게 대비되었다. 이미지 전쟁에 관한 한 윤석열의 대첩이었다. 대선전 초기, 윤석열은 탁월한 이미지 전략과 실행으로 절대 열세의 선거 지형에서 압도적인 여론조사 지지율 1위를 달릴 수 있었다.

인간적인 검사
윤석열의 이미지

이미지 전략의 난맥상 : 곰이냐 호랑이냐?

동기 전략가가 전략과 전술을 직접 관장하지 못한 상태로 진행된 당내 경선과 본선 단계의 이미지 전략은 수준 이하였다. 윤석열이 6월말 대선 출마를 공식 선언한 후 첫 공식 지방 일정부터 이미지 전략과 스케줄이 엉켰다. 2021년 7월 6일 대전 방문은 첫 지방 일정으로 매우 중요하고 상징적인 일정이었다. 윤석열은 대전 현충원을 방문해 참배한 뒤, KAIST 대학원생과 토론하고, 저녁 식사 후 우연히 마주친 원자력학회 회원들과 다시 대화를 나눴다.

그날의 메시지는 분명히 문재인 정부의 '탈원전 비판에 방점이 있었는데 문제는 그림, 즉 이미지였다. 현충원에서 후보가 눈시울을 붉히는 장면이었다. 결국 지상파 TV 메인 뉴스에, 뉴스 내용을 소개하는 프리젠터 뒤에 걸린 기사 제목(영어로는 프리젠터의 어깨에 걸렸다 해서 어깨걸이 shouldering이라 한다)과 바탕 화면이 엇갈려 문자 메시지와 이미지 메시지가 충돌하는 현상이 발생했다. 어깨걸이의 이미지는 현충원, 문자(서브타이틀)은 탈원전 비판이었던 것이다.

문자 메시지와 이미지 메시지가 충돌하면 거의 언제나 문자 메시지가 패배한다. 대부분의 인간은 자신이 지적인 인간이므로 문자 메시지의 영향을 받는다고 생각하고 싶어한다. 그러나 실제로는 이미지 메시지의 영향을 훨씬 크게 받는다. 선사 시대 이래의 본능이다. 그래서 이미지 메시지와 문자 메시지가 일치하도록 해야 메시지가 시너지를 발휘하고 상호 강화하게 된다.

7월 6일 대전 방문 스케줄은 이미지 메시지와 문자 메시지가 충돌한 대표적인 사례다. 이미지 전략과 메시지, 스케줄이 일관된 전략에 의해 수행돼야 하는데 3자가 따로 논 것이다. 아니 따로 노는 정도가 아니라 서로 충돌한 것이다. 문자 메시지와 이미지 메시지를 통합해 강화하지 못하고, 오히려 메시지의 위력을 반감(半減)시킨 실패작이었던 것이다.

상징 동물도 그랬다. '우직한 강골검사' 이미지에는 곰이 딱 어울렸다. 곰은 단군 신화에서도 보듯이 한민족이 가장 선호하는 동물이기도 하다. 동기 전략가도 윤석열이 '곰'의 이미지로 유권자에게 접근하기를 주문했다. 그러나 본인과 본인 지근에 있는 검사 출신들은 진저리치면서 '호랑이'이고자 했다. 법을 추상같이 집행하는 호랑이 말이다.

윤석열의 서울 법대 79학번 동기 전략가는 차선책으로 호랑이와 곰의 중간에 해당하는 사자를 제시했으나 결국 윤석열이 채택한 이미지는 호랑이였다. '범 내려온다.' 어리석은 선택이었다. 호랑이는 단독행동을 하는 맹수니, 집단의 힘을 중시해야 할 정치에는 부적절하다. 같은 고양이과 맹수라도, 사자는 집단 생활을 하니 정치에 어울린다. 또 학정(虐政)과 가렴주구(苛斂誅求)를 호환(虎患), 즉 호랑이에 비유한다는 것을 안다면 정치에 호랑이를 끌어들일 수는 없다. 그러나 숫사자는 평화시에는 아기사자들과 장난치는 접근성 높은 맹수니만큼 강골검사가 택할 수도 있는 이미지다.

젊고 역동적인 보수 정당 : 국민의힘 이미지를 혁신하라

2020년 초겨울 윤석열의 대선 후보 지지율이 만만찮게 높게 나타났다. 개인 지지율이 국민의힘 당 지지율보다 훨씬 높게 나오자, 일각에서는 * 독자 출마론, * 제3지대에 머물다 국민의힘 후보와 단일화하자는 등의 주장이 제기됐다. 윤석열은 동기들의 권유에 따라 국민의힘에 조기 입당해 당 조직을 활용하기로 정리했다. 그러나 전직 검찰총장의 대권 도전에는 선결과제가 많았다. 이번에는 국민의힘 당 이미지가 문제였다. 국민의힘은 늙은 남자의 정당, 수구꼴통의 이미지였다. 윤석열이 국민의힘 대선 후보가 되기도 쉽지 않았지만, 후보가 된다 해도 청년과 중도 표를 잃고 대선에서 패배할 가능성이 컸다.

뿐만 아니라 국민의힘 내부에서는 윤석열을 불쏘시개로 쓰려는 구악 정치인들이 많았다. 그들은 정권 교체에는 관심없이, 대선 후보나 당권만 노리고, 대선 직후 지방선거의 공천권을 노리는 정상배들이었다. 윤석열은 정치인도 아니었고, 보수의 아이콘도 아니었다. 보수 진영의 비주류에 불과했다. 국민의힘에 입당한다 해도 당 후보가 된다는 보장이 없었다. 당 후보가 된다 해도 국민의힘이 수구꼴통 정당이면 역시 필패였다. 국민의힘 지도부를 바꾸고, 당 이미지도 바꿔야 했다. 젊고 역동적인 당으로 이미지를 쇄신해야 했다. 문제는 국민의힘은 스스로 이미지를 쇄신할 동력이 없다는 것이었다.

2021년 국민의힘 전당대회 초기, 정확하게 말하면 대구 경북 순회 경선 직전까지만 해도 국민의힘 대표는 나경원이냐 주호영이냐의 선택이었다. 나경원은 서울 법대에 판사 출신, 여성이란 장점은 있었지만 보수의 아이콘. 주호영은 출신 대학은 서울법대가 아니지만 고향이 대구에 판사 출신, 나이는 윤석열과 동갑, 누가 대표가 되더라도 국민의힘은 당후보와 당 대표가 모두 법조인인 법조 정당. 나경원이 대표가 되면 "서울법대가 다 해 먹는다"는 비난이, 주호영이 대표가 되면 "60대 동갑내기 법조인이 후보와 대표"라는, 수구꼴통 정당이라는 비난이 쏟아질 터였다. 이 경우 2022년 대통령 선거는 안정적인 패배가 확실했다. 국민의힘 지도부에 변화가 요구됐다.

국민의힘 지도부를 바꾸고 당 이미지를 바꿀 열쇠는 젊고 발랄한 초선 의원, 특히 여성 초선의원이었다. 윤석열의 대학 동기들은 국민의힘 전당대회를 멀찌감치 앞두고, 국민의힘 소속 초선의원들을 접촉해 사전 정지작업을 했다.

윤석열 본인도 초선 여성인 경제학자 출신 윤희숙 의원에게 "정치 같이 해보자"면서 운을 뗐다. 초선 의원들은 의제를 선점하고 논쟁을 주도하며 이슈를 장악하면서 전당대회 분위기를 완전히 바꿨다.

보수정당 최초로 펼쳐진 역동적인 전당대회에서, 의외로 30대의 젊은 이준석이 대표로 선출되고 김은혜, 조수진, 배현진 등 젊은 여성 초선의원 3명이 최고위원으로 뽑혔다. 이준석은 혼자 힘으로 당 대표로 선출된 것으로 착각하지만, 윤석열 동기들의 물밑 작업이 없었다면 불가능했을 것이다. 국민의힘이 젊고 역동적인 정당으로 거듭 났다. 지도부 교체와 함께 당 이미지가 크게 바뀌고, 청년 입당이 이어지고 당 지지율도 10%나 뛰었다. 뉴스 사진에 나타난 당 이미지도 국민의힘이 민주당보다 훨씬 젊고 역동적이었다. 정치는 이미지가 지배한다.

대부분의 기획은 기대한 결과에 못미치는 것이 보통이다. 기대한 결과의 50%만 달성해도 성공으로 평가되기도 한다. 그러나 '국민의힘 전당대회 판 흔들기 기획'은 애초 기대한 결과를 300% 달성했다. '구수한 윤석열'에 이어 성공한 기획 2탄이었다.

개암나무 그루터기 : 윤공정 포럼

국민의힘 당 이미지가 개선됨으로써 윤석열 대권 프로젝트의 큰 초석이 놓였지만, 해결해야 할 숙제는 여전히 많았다. 윤석열은 보수 진영의 비주류에 불과했고, 국민의힘 당내 기반도 없었다. 경선에서 이겨 당후보가 된다는 보장이 없었다. 국민의힘 당의 입장에서도, 당의 지지층을 확대하는데 기여하지 못하는 정치 지망생은 별로 환영할 이유가 없었다. 이 대목에서 개암나무 그루터기 윤공정포럼이 등장한다.

요즘 사람들은 개암나무 자체를 잘 모를 것이다. 개암은 키가 나지막한 작은 나무인데 작은 열매가 달린다. 열매는 너무 잘고 딱딱해 별로 먹잘 것 없다. 그러나 개암나무 자체는 포기 나누기도 되고 접붙이기도 되고, 햇볕만 들면 척박한 땅에서도 아주 잘 자란다. 쉽게 말해 생존력이 매우 강하다. 그러나 감나무는 씨를 심으면 부지하세월, 묘목을 키워도 가꾸기 쉽지 않고 생육도 더디다. 그래서 열매 좋은 감나무 가지를 생존력 강한 개암나무 그루터기에 접붙여 감나무로 길러 먹음직한 감을 따는 것이다.

2021년 3월 강남의 허름한 웨딩 플라자 식당에서 '윤공정포럼'의 출범식이 열렸다. 윤공정포럼은, 윤석열의 서울법대 79학번 동기 2명이 윤진식 전 산업자원부 장관을 대표로 영입해 중소기업인 2명과 결성한 외곽 조직이었다. 서울 법대 동기생들은 전면에 나서지 않고, 중소기업인들이 행사의 전면에 나섰다. 이들은 정치 행사커녕 일반 행사도 별로 경험이 없어 출범식은 엉성하기 짝이 없었다.

포럼 회원들은 토요일마다 모여 회의를 하며 조직 확장, 정책 개발 등을 논의했다. 초기에는 사무실도 직원도 없어 서울 송파, 또는 압구정동의 사무실을 전전하며 회의를 하는 악전고투의 연속이었다. 전형적으로 성경의 한 구절을 연상케 하는 장면이었다.

"네 시작은 미소하나 네 끝은 지극히 창대하리라"

윤공정포럼 출범 당시 윤석열 지지 모임은 10여 개, 회원수는 거의 10만에 이르고 있었다. 그러나 작은 조직 윤공정포럼은, 한 달도 지나지 않아 다른 윤석열 지지 모임을 모두 흡수 통합해 최대의 외곽조직이 되었다. 윤진식 전 장관이 구심점이 되고, 윤석열의 대학 동기 2명이 깊숙이 개입해 있다는 소문이 났기 때문이다. 아직 윤석열이 대선에 출마한다고 공식 선언하기도 전의 일이었다. 윤공정포럼은 초여름 접어들어 광화문에 전용 사무실을 내면서 조직 확대, 회원 모집에 본격적으로 가속도가 붙었다.

윤공정포럼 회원들은 국민의힘 당내 경선에 대비해 입당원서를 쓰고 당비를 납부해 권리 당원이 됐는데, 그 숫자가 무려 20만 명에 이르렀다. 이들 권리당원으로 입당한 윤공정포럼 회원들은 윤석열의 당내 경선에 결정적 승인이었다. 그리고 대통령 선거를 1달 앞둔 2022년 2월 즈음에는 포럼 회원수가 물경 130만에 이르렀다. 이들 한 명 한 명이 본선 승리에 필요한 표를 보탰다. 어떻게 보면 윤석열 대통령 탄생에는 2단계 개암나무 그루터기가 필요했던 셈이다. 1단계 국민의힘, 국민의힘을 뒷받침한 2단계 그루터기 윤공정포럼. 윤공정포럼 역시 윤석열의 서울법대 79학번 동기생들의 작품이다.

통합과 경제 살리기

윤석열 본인이 검사로서 또 특검 수사단장으로 구속한 이명박, 박근혜 두 전직대통령과의 화해, 경제인과의 화해가 어려운 숙제였다. 국민의힘 내부의 구악 정치인들도 이 틈새를 파고 들어 이간책을 폈다. 윤석열이 무슨 보수냐, 오히려 보수 대통령을 2명이나 구속한 보수 진영의 적아니냐? 대기업 총수를 여럿 구속한 반기업적 인사 아니냐? 그러나 이문제도 역시 윤석열의 서울법대 동기생들이 발로 뛰며 해결해냈다.

우선 대기업과의 화해였다. 동기 친구들이 다양한 경로로 대기업 부회장이나 경제단체장들과 접촉해 "윤석열이 대통령이 되면 기업 살리기의 전면에 나설 것"이라는 점을 설득했다. 재계의 반응도 좋았다. 비록 윤석열이 수사검사일 때 기업 총수를 구속하기는 했지만, 경제 정책의 기조 자체가 반기업적인 좌파 정권을 지지할 수는 없다는 것이 재계의 입장이었다.

이명박 전 대통령과의 화해도 비교적 쉽게 이뤄졌다. 윤석열과 죽마고우라는 정진석, 권성동이 이명박 대통령 시절 청와대에 근무한 인연이 크게 작용했다. 또 왕차관이라는 박영준 전 차관이 윤석열 후보 주변 인사들과 이런 저런 인연이 있어 이명박 대통령과의 채널은 비교적 쉽게 확보됐다. 상황 판단이 빠른 이명박 대통령도 "윤석열을 지원해야 내 명예가 회복된다"고 측근들을 독려했다 한다.

가장 어려운 문제는 박근혜 대통령이었다. 윤석열 본인과 캠프 인사들이 끙끙 앓으면서 시간만 보내던 2021년 가을, 외부로 드러나지 않은 박 대통령의 측근 인사를 통해 박근혜 대통령과 윤석열 사이에 섬세한 조율이 이뤄졌다. 박근혜 대통령은 내심으로는 윤석열을 지지하되, 투표일까지는 누구를 지지한다 아니다 아무런 메시지를 내지 않고 조용히 지켜본다. 다만 선거 이후 모양새를 갖춰 취임식 참석을 요청하고, 박근혜 대통령이 주빈으로 취임식에 참석하는 것으로 윤석열 지지를 표면화한다. 박근혜 대통령의 드러나지 않은 측근을 찾아낸 것 역시 윤석열의 서울법대 동기였다. 이로써 윤석열은 정치인과 경제인에게 저승사자라는 이미지를 벗어, 통합과 경제 살리기의 이미지를 얻게 되었다.

[윤석열의 이미지와 처방]

	이미지 평가	키워드	동물
진 단	긍정적 이미지	우직한, 항명(할 말 하는) 강골 검사, 공정과 상식	곰, 개
	부정적 이미지	유복한 가정, 서울 법대, 엘리트 검사, 재벌 저승사자	호랑이
	부족한 이미지	인간적 면모, 통합, 정책 역량	곰, 개
처 방	공정과 상식	시대정신 선점	
	인간적 면모	'구수한 윤석열' 출간 SBS '집사부 일체' 출연	
	젊고 역동적인 당	이준석 대표 젊은 여성최고위원단	
	통합	전직 대통령과의 화해	
	정책 역량	경제살리기(재계 화해)	

제 4 절

윤석열의 노출된 이미지 $\mathcal{E}$

윤석열 본인이 검사 생활을 하는 동안 쌓아올린 '공정과 상식'의 이미지는 이재명 캠프의 공격에도 훼손되지 않고 선거전 막판까지 건재했다. 전직 대통령 2명을 구속하고, 대기업 총수를 여럿 구속한 강골 검사, 인사권자인 현직 대통령과 두 차례나 부딪힌 소신파 윤석열. 사실 민주당 진영의 공격이 줄리 스캔들을 포함해 김건희에 집중된 것도, 윤석열에 대한 네거티브 캠페인이 별로 효과를 보지 못한 때문이다.

대학 동기들이 위험부담을 안고 시작한 '구수한 윤석열'은 대박이었다. 사법고시 9수, 사법고시 2차 시험을 사흘 앞두고 고속버스를 타는 낭만, 노래 실력에 요리 실력까지. 아이들과 반려동물 좋아하고. '구수한 윤석열'에서 표현된 인간미는 SBS '집사부 일체'를 통해 눈으로 귀로 각인됐다. 윤석열은 탁월한 이미지 전략과 실행으로 절대 열세의 선거 지형에서 선거전 초기 압도적인 지지율 1위를 달릴 수 있었다.

윤석열이 국민의힘에 조기 입당해 당을 장악한다는 전략은 결과적으로 성공했다. 또한 국민의힘 지도부를 젊은 여성 지도부 중심으로 바꾸고, 당 이미지도 바꾸려는 기획도 대성공이었다. 국민의힘이 하루 아침에 젊고 역동적인 당으로 이미지를 쇄신했고, 윤석열 후보와 국민의힘은 시너지를 발휘했다.

별로 내세울 거 없는 중소기업인들이 모인 윤공정포럼은 단순히 조직표에만 도움이 된 것은 아니었다. 백만 이상의 윤공정포럼 회원은 일반 국민의 보편적 정서를 대변한다고 할 수 있었고, 엘리트 검사 이미지를 완화하고 대중성을 강화하는데 큰 도움이 되었다. 가장 어려운 숙제였던 두 전직 대통령과의 화해, 경제계와의 화해까지 해결함으로써 윤석열은 정치인과 경제인에게 저승사자라는 이미지를 벗어, 통합과 경제 살리기의 이미지를 얻게 되었다. 동기 이철우 교수가 주도한 전문가와의 대화는 정책 역량을 과시하는데 큰 도움이 되었다. 대학 동기들이 주도한 이미지 캠페인은 대부분 성공했다.

그러나 동기들이 직접 참여하지 않고 캠프 관계자 또는 사이비 컨설턴트들이 독점한 당내 경선과 본선의 이미지 전략은 수준 이하였다. 이미지 전략과 일치하지 않는, 때로는 이미지를 훼손할 우려가 있는 메시지와 스케줄이 한둘이 아니었다. 6월말 대선 출마를 공식 선언한 후 첫 공식 지방 일정인 2021년 7월 6일 대전 방문이 대표적이다. '범 내려온다' 캠페인은 한심하다고 해도 지나치지 않다.

상대의 '바보 윤석열' 공격은 윤석열 캠프는 원치 않았겠지만, 동기 전략가로서는 바라던 바였다. 대한민국 유권자들은 서울 법대 출신 엘리트 검사가 너무 영리한 것을 원치 않는다. 오히려 바보, 돌쇠처럼 우직하게 일해주기를 바란다. 그리고 "아무리 사람이 물러도 서울대 법대 출신인데 바보일 리 없지.” 라고 생각한다. 이재명 캠프의 ‘바보 윤석열’ 공격은 철저히 실패했다.

본인이 쌓아올린 강골 검사 이미지, 대학 동기가 주도해 만들어낸 인간적 이미지, 대중적 이미지는 선거전 전체를 지배했다. 긍정적 이미지가 하루 아침에 무너지지 않고 투표일까지 아니 그 이후까지 오래 살아남았다. 윤석열은 그 힘으로 2024년 12월 3일 계엄 선포 이후 탄핵 정국에서도 오래 버틸 수 있었다.

[윤석열의 드러난 이미지]

	이미지 평가	키워드	동물
진단	긍정적 이미지	우직한, 항명(할 말 하는) 강골 검사, 공정과 상식	곰, 개
	부정적 이미지	유복한 가정, 서울 법대, 엘리트 검사, 재벌 저승사자	고양이
	부족한 이미지	인간적 면모, 통합, 정책 역량	곰, 개
처방	공정과 상식	시대정신 선점	
	인간적 면모	‘구수한 윤석열’ 출간 SBS ‘집사부 일체’ 출연	
	젊고 역동적인 당	이준석 대표 젊은 여성최고위원단	
	통합	전직 대통령과의 화해	
	정책 역량	경제살리기(재계 화해)	
결과	공정과 상식	시대정신 선점	성공
	인간적 면모	‘구수한 윤석열’ 출간 SBS ‘집사부 일체’ 출연	대성공
	젊고 역동적인 당	이준석 대표 젊은 여성최고위원단	대성공
	통합	전직 대통령과의 화해	성공
	정책 역량	경제살리기(재계 화해)	성공

이재명의 이미지와 선거 전략

이재명은 성남시장 재선에 현역 경기지사를 거쳐 2016년 연말 박근혜 대통령 탄핵 국면에서 두각을 나타낸 지 단 5년, 최단 시일에 집권 민주당의 대선 후보로 떠오른 정치권의 신데렐라였다. 2017년 당내 경선 때만 해도 의원 6명을 거느린 군소 후보가 단 3년만에 현역 의원 60명을 거느린 강력한 대선 주자로 급성장했다. 당내 경선에서는, 3선 국회의원에 재선 전남지사, 국무총리와 민주당 대표를 거친 이낙연을 꺾었다. 만일 윤석열에게 패배하지 않았다면 이재명은 한국 대통령 선거의 모든 기록을 깬 기록의 사나이가 될 뻔했다.

기회를 놓치지 않는 기민함과 대중선동, 시원시원한 의사 결정과 말이 최대의 강점이다. 성남 시장 시절 '기본소득'을 전국적 의제로 부각시키면서, 일개 기초단체장으로서는 전국 뉴스에 등장할 정도로 정책 역량도 뛰어났다. 가난으로 일찍 고향인 경북 안동을 떠나 경기도 성남에서 성장해, 성남을 정치적 뿌리로 거물 정치인으로 성장한 휴먼 스토리까지 갖췄다. 이때까지만 해도 이재명의 정치적 전망은 밝게만 보였다. 2018년 경기지사 선거 때 부정적 이미지가 너무 많이 노출됐다.

과거 민주당 계열의 대통령 후보는 대체로 국민의힘 계열의 후보보다는 도덕적 우위를 자랑했다. 크건 작건 민주화 과정에서 희생하거나 기여해, 학생 운동 출신과 노동계의 광범위한 지지를 받았다. 이재명은 한국 사회의 민주화 과정에서 희생하거나 기여한 실적이 전혀 없다는 점에서 역대 어떤 민주당 후보와도 다른 독특한 후보다. 국민의힘 후보 윤석열보다 도덕성이 떨어지는 후보였다. 이낙연 전 총리가 "평균적 국민보다 못한 도덕성의 인간"이라 갈파한 대로다. 핵심지지 세력도 학생 운동 출신이나 노동 운동 출신이 아니었다. 오히려 전통적인 호남 민주당 세력과 학생 운동·노동 운동의 주류는 이재명을 내심 경멸하고 있었다. 이재명의 핵심 참모는 뒤에 드러나지만 부패한 지방권력이었다.

민주화 운동, 학생 운동, 노동 운동 어디에도 기여한 바 없고 희생한 바도 없지만 혜택은 모두 챙겼다는 점에서 안철수와 아주 비슷하다. 그러나 안철수는 말이라도 점잖은 척 하는데 반해 이재명은 막말을 서슴지 않고 노골적으로 잇속을 챙긴다는 점에서는 다소의 차이가 있다.

이재명의 주어진 이미지 g

이재명의 유소년 시절은 어지간한 사람은 눈물 없이는 듣기 어려울 정도로 불운의 연속이었다. 이재명은 주민등록상 1964년 경북 안동에서 5남2녀 7남매 중 다섯째로 태어났다. 초등학교를 졸업하자 말자 가정이 어려워 경북 안동 고향을 등지고 경기도 성남으로 옮겼다. 청소년기에 공장에 다니며 돈을 벌어 살림에 보태고 공장 프레스기에 팔이 끼여 팔을 크게 다쳤다. 역경에 굴하지 않고 중·고등학교 과정을 검정고시로 이수한 뒤 전액 장학금과 매월 생활비 30만원을 받고 중앙대 법대에 입학했다. 사법고시에 합격해 변호사가 됐고, 노동변호사 노무현의 강의에 감명을 받았다.

사법연수원 시절, 운동권 출신 정성호 등과 가깝게 어울렸고 이후 정성호는 이재명의 평생의 멘토가 되었다. 문무일 전 검찰총장, 문형배 헌법재판관, 김재형, 민유숙 대법관(이상 2025년 현재) 이석수 전 국가정보원 기획조정실장 등이 사법연수원 동기다. (문무일만 고려대 출신이고, 나머지는 모두 서울대 법대 출신이다)

잠깐의 시민운동을 거쳐 2007년 대선 당시 정동영 캠프에서 일했고, 성남시장에 도전해 재수 끝에 2010년 당선됐다. 2014년 성남시장에 재선된 후 '청년 배당·무상산후조리지원·무상교복지원' 등 3대 무상복지 정책을 발표해 화제를 불렀다. 일개 기초단체장으로서는 흔치 않게 정책 논쟁 나아가 정치 논쟁의 한 축을 차지했다. 유능한 행정가의 가능성과 함께, 가끔은 중앙정부의 정책에 맞서는 배짱도 선보이며 차차세대 주자로 떠올랐다. 여기까지는 전형적인 흙수저 출신 정치인의 휴먼 드라마였다.

이재명이 중앙 정치 무대에 본격 등장한 것은 2016년 후반부터 2017년 초, 박근혜 대통령의 탄핵과 뒤이은 조기 대선 국면이었다. 이 시기 이재명은 "머슴이 간이 부었다"는 등 시원시원한 사이다 발언으로, 당시 차기 주자로 촉망받던 안철수, 박원순을 능가하는 탁월한 대중연설가의 자질을 과시했다. 휴먼 드라마에 유능한 행정가, 탁월한 대중연설가, 과감하고 신속한 말과 행동, 이즈음의 이재명은 대다수 국민에게 매우 긍정적인 이미지로 비쳐졌다.

승승장구하던 이재명은 2018년 경기지사 선거 때 한꺼번에 부정적인 이슈를 맞닥뜨리게 된다. 전해철 의원과의 당내 경선, 그리고 민주당 계열 출신인 김영환 전 의원(현 충북지사)과의 본선에서 갖가지 스캔들과 부정적 이슈가 동시다발적으로 터져나왔다. 형수 쌍욕 파문, 배우 김부선씨와의 동거 스캔들, 친형 정신병원 강제 입원, 검사 사칭, 조직폭력배 연루설 등등 이루 나열하기도 숨가쁠 정도였다. 특히 형수에게 쌍욕을 해대는 음성 파일이 돌면서 심각한 내상을 입었다. 비록 2018년 선거에서는 승리했지만, 이때 얻은 '패륜잡범 전과자' 이미지의 굴레는 이재명을 옥죄었고, 이재명에게 2022년 대선 패배의 쓴 잔을 안겼다.

대선 국면이 전개되기 시작한 2021년초만 해도 이재명의 이미지는 비교적 무난했다. 그러나 이낙연과의 당내 경선이 치열해지면서 3년 전 경기지사 때 이미 불거졌던 형수 쌍욕 파문, 배우 김부선씨와의 동거 스캔들, 친형 정신병원 강제 입원, 검사 사칭, 조직폭력배 연루설 등 부정적인 이슈들이 소환되기 시작했다. 경선 과정에서 불거진 대장동 특혜 비리 사건이 결정적이었다. '유능한 행정가'보다는 '약삭빠른 패륜잡범'이 이재명을 규정짓는 수식어가 되었다. 이후 대장동 수사 과정에서 관련 인사들이 잇달아 의문사하고, 이재명 본인과 캠프가 무신경하게 대응하면서 '몰인정한', '야박한' 이미지가 덧칠됐다.

	이미지 평가	키워드	동물
진단	긍정적 이미지	흙수저 유능한 행정가, 유능한 연설가	개, 말
	부정적 이미지	패륜(형수쌍욕, 친형 정신병원 강제 입원, 여배우 동거설) 잡범(검사사칭) 공적 편의주의 '선동가' '편가르기'	하이에나 여우 재칼
	부족한 이미지	포용과 통합, 품위, 공정	

이재명의 의도된 이미지 i

이재명 캠프는 이재명의 주어진 이미지 g, 패륜잡범 전과자 이미지, 사소한 일에 걸고 넘어지는 전투적 이미지를 불식하려고 애썼다. 우선 스타일 개선과 컨설팅에 과감하게 투자했다. 경선 때만 스타일링·이미지컨설팅 비용으로 배우자를 포함해 총 8, 660만 원을 업체에 지급하고 프로필 사진 촬영에 510만 원을 들였다. 회백색 머리를 검은 색으로 염색했다. 2025년 대선을 앞두고 민주당은 "2022년 스타일링 팀에 대한 내부 평가가 좋아 다시 고용한다"고 밝혔다.

검정고시 응시원서	로봇강아지 뒤집기	순대국 먹는 장면	코로나 당시 신천지 본부 단속 지시

결단력 있는 유능한 행정가

　이재명은 당내 경선과 본선에서 모두 서울 법대 출신 엘리트와 경쟁했다. 그런 사례도 흔치는 않을 것이다. 경선 상대 이낙연은 서울 법대 출신에 메이저 언론의 엘리트 기자, 작고한 김대중 대통령의 총애를 받아 국회의원이 되고 전남 지사로 재선한 뒤, 문재인 대통령의 낙점을 받아 국무총리에 당 대표를 거친 화려한 경력의 소유자였다. 본선 상대 윤석열도 마찬가지로 서울 법대 출신의 엘리트 강골 검사였다. 그래도 사법 시험 9수의 윤석열이 이낙연보다는 쉬운 상대로 보였을 수도 있다.

　'패륜 잡범 전과자' 이미지로는 '공정과 상식의 강골 검사'를 이길 수는 절대 없었다. 이재명도 중앙 정치 무대에서는 신인급으로 신선했지만, 정치 경력 1년의 신병 윤석열과 참신함으로 경쟁할 수도 없었다. 학력, 경력, 신선함 모두 윤석열보다 열세니 '일'과 '실적', '능력'을 내세울 수밖에 없었다. 캐치프레이즈는 '유능한 경제 대통령 이재명'이었다. 이재명의 이미지 전략 *i*는 '일하는', '일 잘 하는', '일 확실히 하는' 이른바 '이재명은 합니다' 시리즈였다.

　"이재명은 합니다."
　"이재명은 잘 합니다."
　"이재명은 확실히 합니다."

　그러면서 '확실히' 하는 장면을 보여주기 위해 경기도 계곡 정비 사업 장면과 코로나 19 당시 신천지교단을 압박하는 장면을 내보였다. 이 모든 것이 역풍을 맞았다. 계곡정비 사업에 대해서는 남양주시가 주도한 사업이라며 이의가 제기돼 발목이 잡혔다. 신천지교단은 코로나 때의 강경 단속에 대해 똘똘 뭉쳐 윤석열을 지원함으로써 보복했다. 신천지는 교단 차원에서 윤석열을 지원하는데 그치지 않고 다른 군소 종교 집단과도 연대해 윤석열을 지원했다.

계승도 거리두기도 모두 안 돼

정권 재창출을 꿈꾸눈 여당 후보는 현직 대통령을 계승(succession)하면서 또 거리두기(distancing)를 동시에 해야 한다. 이 외줄타기에 성공해야 당내 통합도 가능하고, 정권 재창출도 가능하다. 실패하면 당의 역량은 분열되고 정권 교체가 필연적이다.

2022년 대선 당시 문재인 정부의 외교안보.경제 정책 실패와 내로남불, 부동산 정책 실패 등으로 국민 과반수는 정권 교체를 희망했다. 그런데도 문재인에 대한 국정 지지율은 대선 막판까지 40%를 넘나들고 있었다. 이재명으로서는 어려운 선택에 직면했다. 문재인 계승으로 일단 40%를 잡고 중도층을 흡인할 것인지, 거리두기로 중도층 20%를 잡고 집토끼 40%는 운에 맡길 것인지. 이재명의 선택은 매우 어려웠다.

어려운 과제는 문재인과의 계승과 거리두기의 줄타기만이 아니었다. 이낙연과의 경선 과정에서 '수박 논쟁' 등으로 감정의 골이 깊이 패였고, 패배한 이낙연 계 인사들이 본선 참여를 거부했다. 일부 인사는 아예 탈당했고, 일부 인사들은 이재명에게 불리한 주장을 펴다가 출당 처분을 받기도 했다. 이재명은 막판까지 윤석열과의 진검 승부에 당력을 결집할 수 없었다.

[이재명의 이미지 전략]

	이미지 평가	키워드	동물
진단	긍정적 이미지	흙수저 유능한 행정가, 유능한 연설가	개, 말
	부정적 이미지	패륜(형수쌍욕, 친형 정신병원 강제 입원, 여배우 동거설) 잡범(검사사칭) 공적 편의주의 '선동가' '편가르기'	하이에나 여우 재칼
진단	부족한 이미지	포용과 통합, 배려 품위, 공정, 우직함 신중, 카리스마	곰, 소 사자 호랑이
처방	긍정적 이미지 강화	유능한 경제 대통령 '이재명은 합니다' 시리즈	
	부정적 이미지 무시	무답변, 무대응, 무시	

대장동 사건

공정과 상식을 내세운 윤석열에 맞서 이재명과 민주당은 처음부터 김건희 이슈로 맞불을 놓는 전략을 구사했다. 흙탕물 전략이었다. 윤석열의 대선 출마가 공식화되기 전부터 '줄리' 파문을 던져 윤석열이 선거를 포기하기를 압박했으나 그게 오히려 윤석열의 승부욕을 자극할 줄은 몰랐을 것이다.

민주당에는 박지원, 이해찬을 비롯해 네거티브 선거전의 전문가들이 즐비했고 역대 대선에서 재미도 적지 않게 봤다. 1997년, 2002년 대쪽 판사 이회창을 상대로 병역 비리 의혹을 퍼부어 승리했고, 비록 성공하지는 못했지만 2008년 이명박을 상대로 BBK 공세를 펼쳤던 경험이 있었다. 그러나 이재명과 민주당의 이전투구 전략에 대장동 사건은 예상외의 큰 장애물이었다. 그리고 대장동 사건에 대응하는 과정에서 이재명이 보여준 태도가 더욱 큰 문제였다.

사실 윤석열의 대권 도전을 준비하던 대학 동기 핵심들은 정확하게는 몰라도 어렴풋이 대형 이슈가 돌출될 것으로 예상은 하고 있었다. 이재명의 정제되지 않은 언행을 볼 때, 또 불투명한 성장 환경과 청년기 활동으로 미루어 드러나지 않은 대형 비리 스캔들이 있을 것으로 짐작하고 있었다. 그리고 민주당 내의 역학 관계는 그런 의심을 확실히 하기에 충분했다.

2017년 박근혜 대통령의 탄핵으로 치러진 5월 대선을 앞두고, 민주당 경선에서 이재명을 지지한 현역 의원은 정성호를 비롯해 겨우 대여섯 명 수준이었다. 그런데 3년만인 2020년초가 되면 이재명을 지지하는 민주당 현역 의원이 60명선으로 보도됐다. 혈연 학연 지연 모두 빈약한 이재명이 어떤 재주로 단 4년만에 계보 의원을 10배로 늘렸을까? 경선 상대는 국무총리에 당 대표를 지내고, 암암리에 현역 문재인 대통령의 지원을 받은 이낙연이었는데도 말이다. 2020년 총선 공천권도 당 대표 이낙연이 행사했을 텐데... 문재인 대통령의 제1측근 양정철과 민주당의 좌장 이해찬이 이재명의 멘토로 먼저 갔기 때문에?

문재인의 복심 양정철이 하필이면 문재인 청와대가 견제하던 이재명에게 가서 붙은 이유는 무엇일까? 혈연 지연 학연 아무런 연결 고리 없는 이해찬이 이재명의 멘토 역할을 자처한 이유는 무엇일까? 송영길 당시 당 대표가 호남 선배 이낙연을 젖혀 두고, 경선 과정에서 이재명을 지지한 이유는 무엇인가? 심지어 사사오입 경선 규정 해석이라는 비난까지 받아가면서 말이다. 모든 의문은 대장동 사건이 불거지면서 동시에 풀렸다. 성남시 대장동, 이후 성남시 백현동에서 조성된 조(兆) 단위의 불법 자금이 열쇠였다.

대장동 사건의 개요

대장동 사건은 성남도시개발공사(이하 '도개공')와 민간이 '성남의뜰'이란 컨소시엄을 만들어 추진한 경기도 성남시 대장동 재개발 사업에서 민간 사업자가 과도한 이익을 챙겨갔다는 비리 사건이다. 대장동 일대 97만㎡에 5,900가구를 짓는 1조 5천 억원 규모의 큰 사업이었다. 투자자 구성은 성남도개공, 금융기관(하나은행, 국민은행, 기업은행, 동양생명, 하나투신)에 순수 민간투자자는 화천대유와 SK증권이었다. SK증권은 김만배가 모집한 개인투자자였으므로, 실제로는 화천대유와 비슷한 성격의 사업 관계자였다.

처음 사건이 불거지자 이재명은 대장동 사건이 비리 사건이 아니라 시민을 위해 큰 기여를 했다는 식으로 견강부회했다. 국민의힘은 공정한 수사를 위해 특검을 요구했고, 당시 여당 민주당은 특검을 거부하고 검찰에 수사를 맡겼다. 수사 과정에서 50억 클럽의 존재가 드러나 의혹은 확산됐다. 50% 지분을 가진 성남도개공은 1,822억을 받았는데, 지분율 7%의 화천대유와 SK증권의 개인투자자 몫이 무려 4,040억이나 되었다. 심지어 남욱 변호사는 8,721만 원을 투자해 무려 1,100배 이상인 1,007억이나 배당받은 것으로 알려졌다. 검찰 수사와 언론의 후속 보도로 의혹이 사실로 확인되기 시작하자, 이재명은 특검을 도입하자고 태도를 바꿨다.

대장동 사건은 법원의 판결만 없을 뿐 이재명이 직접 개입한 대형 비리 사건으로 국민의 뇌리에 각인되고 말았다. 이재명의 주어진 이미지 *g*, '패륜잡범 전과자' 이미지가 절대적으로 작용한 것이다. 유한기, 김문기 등 성남 도개공의 핵심 관계자들이 잇달아 의문사하면서 사태는 악화일로를 걸었다. 사안은 달랐지만, 경기도 법인카드 착복 의혹 사건의 관계자와 변호사비 대납 사건의 핵심 증인도 수사 도중 숨졌다. 경찰은 '자살' 또는 '병사'라고 발표했지만, 세간에서는 한때 '자살 당했다'는 표현이 유행했다.

사건의 수사 과정, 언론 보도도 이재명에게 불리했지만, 이재명 스스로 문제를 악화시킨 측면이 컸다. 대선 3년 전인 2018년 경기지사 선거 때, 이재명은 "대장동 개발은 내가 직접 기획해 추진한, 성남 시장 시절 최대 치적"이라고 주장했다. 지사 선거 공보에도 대서특필했다. 그러나 2021년 비리 사건으로 언론에 보도되면서 본인은 "의사 결정에 관여한 적 없으며 사안의 내용을 잘 모른다"는 식으로 말바꾸기를 반복해, 중도층의 신뢰에 큰 타격을 주었다.

더욱이 수사 과정에서, 핵심 관계자를 "하급자라서 모른다"라고 부인하거나, 골프 치는 사진까지 공개됐음에도 "전혀 모른다"고 부인했다. 관계자가 사망했는데도 바로 다음날 즐겁게 노래부르는 동영상을 SNS에 올리면서 '인간미 없는 냉혹한 정치인'으로 전락했다. 희생자 유족들의 원망도 받았다.

이재명의 드러난 이미지 ε

마케팅 전략가 알 리스가 쓴 『마케팅 불변의 법칙』은 마케팅의 바이블로 불린다. 알 리스는 이 책에서 사실보다 인식이 중요하다고 말하면서, '불변의 법칙 22개조'를 제시한다. 22개조 가운데 가장 유명한 법칙 중의 하나가 '사다리의 법칙'이다. 소비자 마음 속에는 시장의 상품에 서열을 매긴 사다리가 있다는 것이다. 상품의 홍보와 광고 내용이 사다리의 메시지와 다를 경우에는 소비자는 홍보와 광고를 가짜뉴스로 간주하고, 수용하기를 거부한다는 것이다. 역으로 홍보와 광고는 사다리를 전제로 메시지를 구성해야 한다는 것이다. 사다리의 법칙은 정치에도 그대로 적용된다.

이재명은 유능한 경제대통령을 표방했지만, 유권자의 마음속 사다리에 '이재명 경제대통령'은 없었다. 1987년 이래 1,2위 득표를 기록한 역대 대통령 후보 가운데 경제대통령을 표방한 후보는 이명박 단 한 명이었다. 이명박은 40대 이하에게는 기억에 없겠지만, 정계 입문 전 당시로서는 한국 최대의 기업인 현대건설 CEO(사장, 회장)로 근 20년간 일하면서 고도성장기 '건설한국'을 상징하는 인물이었다. 샐러리맨의 신화였다. 서울시장 시절에도 청계천 복원, 뉴타운 건설, 대중교통 통합 등 서민 정책의 '실적'이 있다.

이재명은 경제적 실적이 전혀 없다. (조기 대선을 앞둔 2025년 3월 현재까지도 마찬가지다) 기본소득을 제외하면 변변한 경제 정책도 없어 국민은 이재명을 '경제대통령'으로 인식하지 않는다. 즉 대다수 유권자들은 이재명을 '경제'와 연관짓지 않는데, 이재명 캠프가 '경제대통령'을 강조함으로써 캐치프레이즈 자체가 가짜 뉴스로 인식된 점이 있었던 것이다. 수용을 거부하는 유권자 입장에서는, 다른 구체적인 정책 공약은 들어볼 필요도 없었던 것이다.

'유능한' 캠페인도 '패륜잡범 전과자'라는 주어진 이미지 *g*와 결합해 부정적 효과를 낳았다. 패륜잡범 전과자가 잘 하는 것이 뭘까 라는 단순한 질문에 누구나 '범죄'라는 답을 떠올리게 된다. 즉 '범죄에 유능한 대통령'이 되는 것이다. 소리내 발음해 보면 알겠지만, 경제와 범죄의 '제'와

'죄'는 발음이 유사해 일종의 각운(Rhyme)을 형성한다. 의도 즉 이미지 전략 *i*와는 달리 유능한 경제대통령 캠페인은 '유능한 범죄 대통령'의 치명적 결과가 된 것이다.

이재명은 2018년 경기지사 선거 때부터 이미 형수쌍욕 발언, 멀쩡한 친형의 정신병원 강제 입원 의혹, 영화배우 김부선 씨와의 동거설, 검사 사칭 사건, 석사학위 논문표절 등으로 '패륜 잡범' 이미지가 고착화됐다. 경선이 한창인 시점에서 터진 대장동 특혜 개발 비리 사건으로 이재명의 이미지는 회복 불능이 되었다. 대장동 사건은 긍정적인 측면도 있다. 전과 4범의 '패륜 잡범'에서 지능적인 대형 비리 사건의 혐의자로 '격이 크게 높아졌기' 때문이다.

대장동 사건 수사 과정에서 주변 인물들이 의문사하고, 의문사한 인물을 '모른다'고 부인함으로써 '냉혹한 인간'의 이미지가 추가됐다. 2021년 10월 말 '2021 로보월드' 행사에서 이재명이 로봇강아지 뒤엎은 영상이 공개되면서 '동물 학대'라는 비판까지 받았다. 작가 진중권은 페이스북에 "(이재명의) 행동에 많은 이들이 불편함을 느끼는 것은, 이 후보 역시 감정이입 능력을 공유하고 있을 거라는 당연한 기대가 갑자기 깨진 데에 대한 당혹감"이라고 썼다. 이 대목은 윤석열이 반려견 토리와 누워 자는 사진, 반려견 반려묘에게 밥을 만들어주는 자상하고 인간적인 면모와 크게 대비된다.

솔로몬 애시의 성격 묘사 실험을 다시 한번 살펴 보자.

1그룹	지적인, 재주많은, 근면한, 따뜻한, 의지가 굳은, 현실적인, 조심성 있는
2그룹	지적인, 재주많은, 근면한, 차가운, 의지가 굳은, 현실적인, 조심성 있는

첫 번째 목록에서 '따뜻한'(warm)과 '조심성있는'(careful)이 결합되면 '사려깊고 신중한'(considerate and prudent), 매우 긍정적인 인간형이 된다. 대선 당시 윤석열의 이미지였다. 두 번째 목록의 '차가운'(cold)과 '조심성 있는'(careful)이 결합되면 '계산 속 밝고 냉혹한'(selfish and cold-minded) 사람이 된다. 대선 당시 이재명의 이미지였다. 애시의 실험 결과대로였다. 유능함을 강조하기 위한 '이재명은 합니다' 시리즈 슬로건이 모두 부메랑으로 돌아왔다. 무엇을 하는지, 무엇을 잘 하는지, 무엇을 확실히 하는지가 문제였다. 예를 들어 '형수쌍욕 합니다.' '형수쌍욕 잘 합니다.' '형수쌍욕 확실히 합니다' 식으로 비아냥 섞인 비난은 방어할 수도 반격할 수도 없었다.

[이재명의 드러난 이미지]

	이미지 평가	키워드	동물
진단	긍정적 이미지	흙수저 유능한 행정가, 유능한 연설가	개, 말
	부정적 이미지	패륜(형수쌍욕, 친형 정신병원 강제입원, 여배우 동거설) 잡범(검사사칭) 공적 편의주의 '선동가' '편가르기'	하이에나 여우 재칼
	부족한 이미지	포용과 통합, 배려 품위, 공정, 우직함 신중, 카리스마	곰 사자 호랑이 소
처방	긍정적 이미지 강화	유능한 경제 대통령	
	부정적 이미지 무시	무답변, 무대응, 무시	
결과	긍정적 이미지 강화	유능한 경제 대통령	실패
	부정적 이미지 무시	부정적 이미지 확산, 기정사실화	대실패

윤석열, 이재명 이미지 분석과 선거 결과

윤석열이 절대 열세의 선거 지형과 진영 역량에도 불구하고 승리한 것은 이미지의 승리로 요약할 수 있다. 긍정적인 주어진 이미지 g, 공정과 상식의 이미지를 바탕으로 주어진 긍정적 이미지를 확장, 보완하는 이미지 전략 i를 잘 수립하고 실행해, 드러난 이미지 ε에서 이재명을 압도했기 때문이다.

또 역으로 이재명이 절대 우세한 선거 지형과 진영 역량에도 불구하고 패배한 것은 이미지의 패배로 요약할 수 있다. 이재명은 부정적인 주어진 이미지 g, '패륜 잡범'의 이미지를 불식시킬 수 있는 이미지 전략 i를 개발하지 못했다. 이재명 캠프는 잘못된 슬로건과 메시지 전략으로 스스로를 부정적 이미지에 가둬 버렸고, 부정적 이미지를 스스로 확인하는 결과를 초래했다. 이재명은 드러난 이미지 ε에서 윤석열에게 참패했다.

윤석열은 당내 경선과 본선이 진흙탕 싸움으로 이어지면서 압도적 지지율을 유지하지 못하고 신승하는데 그쳤다. (경선 6% 승리, 본선 0.73%

승리). '인간의 얼굴을 한 강골검사'라는, 선거전 초반의 효과적인 이미지 전략을 이어가지 못한 때문이다. 주어진 이미지 *g* 즉 우직한 '곰'의 이미지와는 어울릴 수 없는 '범'의 이미지를 채택한 것이 잘못된 이미지 전략의 시작이었다. 또 메시지의 위력을 반감시키는 잘못된 스케줄 전략으로 혼선을 빚음으로써 스스로의 이미지를 소모하는 우를 범했다. 주어진 이미지 *g*에 걸맞지 않은 이미지 전략 *i*와 메시지, 스케줄이 직접적 원인이며, 캠프의 미숙한 정책 역량, 비효율적인 메시지 역량, 조직 역량이 근본적 문제였다.

만일 윤석열이 본인의 주어진 이미지 *g*에 걸맞은 이미지 전략 *i*와 그 이미지를 강화하는 메시지, 스케줄로 캠페인을 치렀다면 득표율은 7% 이상의 큰 격차로 벌어졌을 것이다. 윤석열의 대학 동기들이 어렵게 구성한 30, 40대 청년 20여 명의 모임이 제안한 몇 개의 기획안을 9번이나 보고만 받고 끝내 채택하지 않은 것은 국민의힘 선대위 문제의 하나에 불과하다.

[윤석열-이재명 이미지 평가와 선거 결과]

	윤석열				이재명			
	강골검사	공정상식	인간미	지도자	변호사	행정가	범죄자	지도자
g	○	○	×	×	○	○	○	×
i	○	○	○	○	○	○		×
ε	○	○	○	○	○	○		×
	성공	성공	성공	성공	보통	보통	실패	실패
득표수	16,394,815				16,147,738			
득표수	48.56%				47.83%			

	주어진 이미지 g	슬로건	가설1	1-1	1-2	가설2	2-1
윤석열	강골검사	공정과상식	○	○	–	△	△
이재명	패륜잡범	이재명은 잘 합니다	○	○	–	–	○

뒷이야기

 '한국의 대통령 이미지'는 특별한 가문에서 태어나 특별한 청소년기를 보내고 정치에 투신해 특별한 정치 역정을 걸어온 특별한 인물들이다. 이른바 '스토리'가 있는 인물들이다. 윤석열, 김영삼, 노태우 정도가 가계와 고향이 확실한 중산층 출신이었을 뿐 역대 대통령 모두 출신이 특별했다. 원적을 특정하기 어렵거나(노무현), 월남민의 자녀(문재인), 소작농의 후손(전두환), 불분명한 가계(이명박) 등이 선거전의 이슈가 되었다. 학교도 윤석열(서울법대), 김영삼(부산 경남고, 서울대), 이명박(고려대) 정도가 소위 명문 대학 출신이었고, 상고(김대중, 노무현, 이명박)나 비명문대(박근혜, 문재인) 출신이 많았다.

 그런 선례들로 보면 2022년 대선의 승자는 이재명(검정고시, 중앙대, 변호사)일 가능성이 더 높았다. 그럼에도 2022년 대선의 승자는 윤석열(서울 법대, 엘리트 검사)이었다. 윤석열은 부계(충남 공주, 파평 윤씨, 소론 영수 집안)와 모계(강릉 최씨) 모두 고향과 가계가 확실하게 드러난 인물이었다. 중산층 이상 가문에서 태어나 정상적인 엘리트 교육을 받고, 자기 분야에서 평생 최선을 다해 성공하고 뒤늦게 정치에 투신해 대권을 잡은 최초의 인물이다. 정치 경력이 전혀 없이 정치 시작 1년만에 대통령 선거에 도전해 당선됐다. 과거의 대통령들이 정치경력은 길면 30년 이상(김영삼,

김대중) 평균 15년(노무현, 이명박, 박근혜, 문재인)인 것과 어마어마한 차이가 있다. 일종의 정치혁명이라 할 만했다.

사실 2022년 대통령 선거의 주역인 윤석열, 이재명, 이준석 3인은 1987년 대통령 직선제가 부활된 이후 극히 이례적인 인물들이다. 본인들이 의도했든 아니든, 긍정적이든 아니든, 한국 정치의 패러다임 변화에 큰몫을 했다고 할 수 있다. 두 사람은 여의도 정치의 경험이 전무했고, 세 사람 모두 국회의원 배지를 단 적도 없기 때문이다. 닳고 닳은 능구렁이들의 전유물로 인식돼 온 대통령 선거판의 주역이 정치 신인급 인물로 확 바뀐 것은 긍정적인 측면이 분명히 있다. 그나마 이준석은 2012년 박근혜가 이끌었던 새누리당 비상대책위원회 멤버로 중앙 정치 경험을 쌓아오긴 했지만, 자기 계보도 없는, 약관 30대 0선의 당 대표였다.

부정적인 측면도 많다. 윤석열의 대선 승리부터 그렇다. 어떤 검사든 정권이 싫어하는 수사 한두 건 하고, 항명 한두 번 하면 준비 없이 대통령 될 수 있다는 허황된 꿈을 심어줄 가능성이 있다. 이재명은 민주화 운동이나 학생 운동, 노동 운동에 기여한 실적도 없고, 희생한 전력도 없는 최초의 민주당 계열 후보였다. 앞으로 한국 정치 발전에 아무런 기여도 없는 패륜 잡범 전과자도 누구나 대선 후보가 될 수 있다고 생각할 수 있을 것이다.

제6장

한·미 대선 후보의 이미지 비교

제 1 절

한·미 대선 승자와 패자 $gi\varepsilon$ 모델 분석

1. TV토론과 선거의 승패

유권자의 지지후보 결정과 투표의사 결정에 대한 TV토론의 제한적 영향력에도 불구하고, 여전히 TV토론은 선거의 승패에 매우 중요한 역할을 한다. 미국의 경우 부동주(swing vote), 또는 접전주(close state, competitive state)로 지칭되는 주들이 있다. 언론에서는 부동주라는 표현을 쓰지만 학계에서는 접전주라는 명칭을 선호한다. 1992년부터 2016년까지 7차례 미국 대선에서 5% 미만의 득표율 격차로 승패가 판가름 난 주는, 2012년(4개)을 제외하면 7개(2008년)에서 17개(1992년)나 된다. 안효종과 한기영은 첫째, 1992년 이후 한 번이라도 지지 정당을 바꾼 적이 있고, 둘째, 득표율 차이가 5% 미만인 주를 부동주의 기준으로 설정하고, 두 기준을 모두 충족한 9개 주만을 부동주의 범주에 포함시켰다. 콜로라도(선거인단 수 9, 이하 동일), 플로리다(29), 아이오와(6), 네바다

(6), 뉴햄프셔(4), 뉴멕시코(5), 노스캐롤라이나(15), 오하이오(18), 버지니아(13) 등 9개주다. 플로리다와 오하이오, 버지니아를 제외하면 9개 주의 선거인단 수는 10명 미만으로 많지 않으나, 경합주를 합하면 모두 99명이나 된다.

빌 클린턴과 버락 오바마 두 대통령은 99명 이상의 선거인단 차이로 압승했으나, 다른 대통령들은 선거인단 차이 99명 미만으로 승리했고, 조지 W. 부시 대통령은 2000년, 2004년 두 차례 모두 5명, 34명이라는 근소한 차이로 승리했다. 이 경우 TV토론을 보고 지지 후보를 결정하거나 지지 후보를 바꾼 유권자의 비율이 5% 미만일지라도 승패에 결정적 영향을 주게 된다.

한국에서도 1997년(1.53%), 2002년(2.33%), 2012년(2.47%), 2022년(0.72%) 네 차례 선거는 모두 5% 미만의 박빙으로 당선과 낙선이 결정되었다. 한국의 실증적 연구에 따르면 TV토론을 보고 지지후보를 새롭게 결정하거나 지지후보를 변경한 응답자가 15% 이상으로 나타났다. 20~30대 유권자들이 사안별로 쉽게 지지정당과 지지후보를 바꾸는 점을 감안하면 유권자의 15% 이상이 TV토론을 시청하고 지지후보를 바꾼다면 TV토론은 선거캠페인의 승부를 결정짓는 가장 강력한 요인이라는 의미가 되겠다.

2012년 대선과 2017년 대선에서는 TV토론을 보고 지지후보를 바꾸거나 최종 결정하거나 아니면 투표해야겠다고 결심한 유권자의 비율이 당락의 향배를 결정짓는데 영향을 줄 정도로 많았다. 그리고 앞으로는 점점더 국민들에게 덜 익숙한 인물들이 대통령 후보로 출마하게 될 것이다. 이런 점을 고려하면 한국 대선에서도 미국처럼 TV 토론의 중요성이 점점 더 커질 것으로 예상된다.

[미국 역대 대선 당선자와 낙선자 선거인단 격차]

구분	당선자(선거인단)	낙선자(선거인단)	차이
1992	빌 클린턴(370)	조지 부시(168)	202
1996	빌 클린턴(379)	밥 돌(159)	220
2000	조지 W. 부시(271)	앨 고어(266)	5
2004	조지 W. 부시(286)	존 케리(252)	34
2008	버락 오바마(365)	존 매케인(173)	192
2012	버락 오바마(332)	밋 롬니(206)	126
2016	도널드 트럼프(306)	힐러리 클린턴(232)	74
2020	조 바이든(306)	도널드 트럼프(232)	74
2024	도널드 트럼프	카멀라 해리스	86

선거인단 숫자만 놓고 보면 큰 차이를 보였던 1992년 대선조차 두 후보의 득표율 차이는 3.92%에 불과했던 점을 감안하면 TV토론을 보고 지지 후보를 바꾼 유권자의 비율은 승패에 결정적이라고 결론 내릴 수 있다. 위 표에 포함되지 않은 1960년 케네디와 닉슨의 대결은 118,000표 차이로 득표율 차이는 0.17%에 불과했고, 1968년 닉슨은 험프리에 51만 표, 0.8% 차이, 1976년 카터는 포드에 168만 표, 2.1% 차이로 승리했다. 심지어 레이건이 카터에 10% 차이로 이긴 1980년의 경우에도 5% 룰이 적용될 수 있다.

2. 승패 요인으로서의 이미지

한국은 지도자의 자질 가운데 가장 중요한 것이 자수성가가 아닌가 여겨질 정도로, 세습 권력과 엘리트 계층에 대한 반감이 매우 강한 편이다. 1987년 이후 역대 직선제 대통령 7명 가운데 부모의 후광으로 대통령이 된 이는 박근혜 단 한 명이었다. 중산층 가정도 많지 않아서 부모가 소작농(노무현), 어민(김대중), 피난민(이명박, 문재인) 등 극빈 계층이 대부분이었다.

출신 대학도 명문 대학 출신은 김영삼, 이명박, 윤석열 3명 뿐이며 중상위권 서울소재 사립대 졸업생이 2명이다. 고등학교는 명문고, 상고 각 3명이다. 지방 명문 상고가 1명이라 고등학교는 명문 거부가 덜한 셈이다. 명문고에 명문대는 경남고–서울대 출신인 김영삼 단 한 명이다.

여의도 정치권에 대해 국민들이 염증을 내고 박한 점수를 주면서도, 직선제 대통령 가운데 여의도 정치 출신 아닌 사람은 윤석열 단 한 명, 다른 분야에서 아무리 성공했다 해도 대통령으로서 갖춰야 할 덕목에 여의도 정치가 중요하게 작용한다는 의미겠다.

민주화가 오랜 한국사회의 오랜 과제였기 때문에 민주화 투사의 이미지는 일단 선거전에서 유리하다. 7명의 직선제 대통령 가운데 민주화 투사가 김영삼, 김대중, 노무현, 그리고 인권변호사 출신 문재인까지 4명이다. 60대 미만의 대통령은 노태우와 노무현 2명인데, 노태우의 특수성을 고려하면 실제 50대 대통령은 노무현 단 1명 뿐인 셈이다. 경륜이나 경험을 매우 중시한다고 볼 수 있다. 안철수 현상을 불러일으킨 안철수가 2017년 선거에서 3위로 낙선한 것은 경험과 경륜, 안정성을 중시하는 한국 유권자 특성이 반영된 결과일 것이다.

도덕성은 중요한 덕목인데, 김대중, 이명박에게 도덕성을 공격하는 네거티브가 별로 효과가 없었다. 대신 도덕성을 중요한 덕목으로 하는 직업군 출신에게는 도덕성의 잣대가 가혹했다. 이회창이 그 대표적인 피해자였고, 안철수, 이재명도 피해자에 속한다. 여의도 정치인이나 기업인 출신 정치인에게는 잣대가 상대적으로 관대했던 셈으로, 이중 잣대라고 해도 좋을 정도다.

소통과 서민 행보는 득표에 매우 유리한 조건이었다. 군사 쿠데타의 주역인 노태우가 '보통사람'을 기치로 대통령에 당선됐고, 노무현이 '바보 노무현'과 '서민 대통령' 캠페인으로 당선됐으며, 홍준표도 '서민대통령'을 내세워 2위를 차지했다.

당선자의 이미지 분석 결과 외모와 건강, 음성과 언변을 중시하는 미국식 '지도자의 이미지'는 한국에는 별로 작용하지 않은 것으로 나타났다. 다리가 불편한 김대중을 비롯해, 작고 가는 눈매에 덕없어 보이는 빈약한 얼굴, 왜소한 체격에 쉰 목소리의 이명박, 절대 잘 났다고 볼 수 없는 얼굴에 사투리 심한 노무현이 대통령에 당선되었다.

7번 선거 가운데 1987년 선거를 제외하면 이슈 선거는 2007년 선거 정도가 경제 이슈를 둘러싸고 진행된 거의 유일한 선거라 할 수 있다. 그 외의 다른 대통령 선거는 진영 선거, 지역 선거의 성격이 너무 강했다.

가장 인기있는 구호는 김대중이 1997년 처음 썼던 '준비된 대통령'으로, 2012년 박근혜는 '준비된 여성 대통령', 2017년 문재인도 '준비된 대통령' 구호를 그대로 썼다. 1987년 노태우의 이미지를 세탁한 '보통사람'도 좋은 슬로건이었고, 경제 선거로 분류되는 2007년 대선 이명박의 '실천하는 경제대통령'도 잘 선택된 슬로건이다.

　세 번 대선에 출마한 이회창의 슬로건은 매번 본인의 이미지나 정책 공약과 맞지 않았다. IMF 외환위기를 맞은 1997년의 구호는 '깨끗한 정치, 튼튼한 경제'였고, 온갖 네거티브 공세로 대쪽판사 이미지가 극도로 훼손된 2002년에는 '아름다운 원칙'이었다. 체구가 왜소한 이회창이 2007년 내세울 때는 울림이 없던 '든든한 대통령' 캐치프레이즈는 2017년 문재인이 공수부대 사진과 함께 내놓으면서 호응을 얻었다.

3. 이미지 선거 전략 비교 분석

　이미지 요소에 가장 중요한 첫 인상을 결정하는 '스타일', 즉 미남 이미지의 중요성은 미국 선거에서는 논할 필요조차 없다. 한국의 선거에서는 후보의 외모와 스타일은 별로 당락에 영향을 미친 요소가 아니었다. 거슬러 올라가 1997년 한국 대선에서는 후보의 나이나 건강도 크게 투표에 영향을 미치지 않았다. 미국에서는 '젊고 건강한 이미지'가 가장 중요하지만, 한국에서는 1992년 김영삼, 2002년 노무현 2명만 젊은 당선자였다. 한국에서는 외모와 젊음, 건강 등이 후보 이미지에 결정적인 요소는 아니라는 가설이 어느 정도 증명되었다고 본다.

　그 이유로서는, 한국 사회는 좁아서 TV 뉴스로 얼굴이 익은 정치인이 대권 주자로 등장하는 차이 때문인 것으로 추측된다. 역으로 한국에서도 TV가 널리 보급되기 이전의 3김 정치 시대의 3김은 모두 신언서판의 조건을 두루 갖추었다는 사실에 주목할 수 있다. 1997년 이후 TV가

전 가정에 보급되면서, 외모가 수려하지 않고 음성이 어색해도 TV 뉴스 등을 통해 자주 접하면서 익숙해질 수 있었다. 일단 익숙해지면 거부감이 희석되고 친근해질 수 있기 때문에 한국 선거에서는 미국만큼 스타일 이미지가 후보 이미지의 결정적 요인은 아닌 것으로 추론된다.

반면 미국 사회는 워낙 넓고 커서 전국 유권자들이 잘 알지 못하는 정치인이 대권 주자로 급부상할 경우 외모나 언변같은 스타일이 이미지를 결정하는 요인일 수밖에 없는 것으로 보인다. 그 연장선상에서 미국은 언변 좋고 토론 잘 하는 게 월등히 유리하며, 2000년 앨 고어가 스타일 좋고 유능한 토론자로서는 유일한 패배자다. 미국과 유럽의 학교 교육은 토론식이며, 특히 미국 정치인의 직업으로 가장 보편적인 변호사를 양성하는 로 스쿨 교육은 토론과 변론 중심으로 구성돼 있다는 점도 작용하는 것으로 믿어진다.

한국에서는 매끄러운 언변이 꼭 유리하지 않으며, 1997년 김대중, 2002년 노무현 2명을 제외하면 1987년 노태우, 1992년 김영삼, 2007년 이명박, 2012년 박근혜, 2017년 문재인 5명 모두 어눌한 토론자였다. 이러한 차이는 두 나라의 문화적 차이와도 관련있는 것으로 생각된다. 즉 신언서판(身言書判)이라는 동양적 인간관은 오랑캐 선비족의 국가인 당나라 때 인재 선발 기준으로서, 유교가 국가 지도 이념인 한나라나 송나라와는 다른 것이다. 유교 전통에서는 눌변을 오히려 높이 쳤으니, 그 전통이 여전히 남아 있다고 보여진다.

미국에서는 명문대학 졸업이 자랑스런 이력이며 득표에 대체로 크게 도움이 된다. 루즈벨트 이래 15명의 대통령 가운데 예일 출신 4명을 포함해 아이비리그와 사관학교 출신이 11명이다. 한국은 직선제 대통령 7

명 가운데 명문대는 2명이고, 사관학교를 포함해도 3명에 불과하다. 미국은 부자(父子) 대통령도 있고 준재벌도 상관없는데, 한국은 박근혜를 예외로 모두 자수성가형이며, 김영삼·윤석열을 제외하면 가난하게 자라났다.

미국은 카터 이후 워싱턴 외부 인사들이 단 한 명을 제외하고 모두 승리했다. 그에 반해 한국은 윤석열을 제외한 7명 전원 여의도 정치 유경험자며, 김영삼, 김대중, 박근혜는 대통령이 되기 전까지 국회의원 외에 다른 공직 경험이 아예 없다. 한편 한국에서는 민주화 투사 경력은 절대 강점인데, 미국은 민주화 운동 경력의 대통령은 루즈벨트 이래 전무하다. 대신 미국은 전쟁 영웅을 한국의 민주화 운동 경력만큼 또는 그 이상으로 높이 친다. 한국은 직업 군인 출신 대통령이 3명이나 배출됐지만 애석하게도 전쟁 영웅 출신은 단 한 명도 없다. 그나마 이승만 초대 대통령이 독립운동 전력이 있었다.

가설의 확인과 $gi\mathcal{E}$ 모델의 한국적 적용

1. 가설의 확인

미국에서는 유리한 이미지 요소가 한국에서는 불리하고, 한국에서 유리한 이미지 요소가 미국에서는 불리한 경우가 꽤 많다. 나이, 상속재산, 명문대학, 여의도 경험(또는 워싱턴 인사이더), 토론 우위 등에서는 상반되는 경향이 나타나고, 전쟁 영웅은 미국은 많은데 한국은 전무하며, 민주화 운동 경력은 미국은 전무, 한국은 3명이다.

항목별로 확인해 보자. 첫 인상을 결정하는 '스타일'은 미국에서는 여전히 매우 중요한데, 한국에서는 중요도가 점점 줄고 있다. 미국에서는 중요한 '젊고 건강한 이미지'도, 한국에서는 김영삼, 노무현 2명만 혜택을 받았다.

미국 사회는 워낙 넓고 커서 전국 유권자들이 잘 알지 못하는 정치인이 대권 주자로 급부상할 경우 외모나 언변같은 스타일이 이미지를 결정하는 요인일 수밖에 없는 것으로 보인다. 언변과 토론 실력, 학벌도 그

연장선상에서 해석하면 무리가 없다. 미국에서는 크게 유리한 언변과 토론, 명문대 졸업 이력도 한국에서는 득표에 별 도움이 되지 않았고 불리하게 작용하는 경우도 있었다.

　미국에서는 상속도 상관없지만, 한국은 자수성가 절대 우선이다. 미국은 워싱턴 외부인사가 절대 우세지만, 한국은 여의도 정치의 경험이 없는 정치인은 단 한 명 뿐이다. 대통령이 되기 전 국회의원 외 공직 경험이 없는 대통령도 한국은 3명이나 되었다. 그러나 미국은 주지사 경력이 상하원, 부통령 경력보다 절대 우위다. 한국에서는 민주화 투사 경력은 절대 강점인데, 미국은 전쟁 영웅을 한국의 민주화 운동 경력만큼 또는 그 이상으로 높이 친다.

소결론 1	미국 유권자의 투표 행위를 결정하는 이미지 요인은 한국 유권자의 투표 행위를 결정하는 요인과 다르다.
소결론 2	미국 유권자들이 중시하는 외모와 젊음, 건강 등이 한국에서는 후보 이미지에 결정적인 요소는 아니다.
소결론 3	한국 유권자들은 가문이나 학교 등 명목상의 이미지보다 구체적인 삶의 역정을 중시한다.
소결론 4	미국 유권자는 워싱턴 내부인에 대한 막연한 불신을 갖고 있는 반면, 한국 유권자는 여의도 정치 경험에 대해 최소한의 신뢰를 부여한다.

　결국 자수성가형 인물에서 지도자를 모색하는 한국에서는 외모 중심의 미국식으로 정치인 이미지를 해석해서는 안되며, 후보의 삶의 역정에서 우러나오는 이미지를 정치인의 '주어진 이미지' 자산으로 파악해야 옳을 것이다. 이미지 전략도 미국과 다른 각도에서 접근해야만 할 것이다.

[한·미 대통령 후보 이미지 비교]

미국		한국
케네디, 레이건, 클린턴	외모	김영삼, 김대중
케네디, 레이건, 클린턴, 조지 W부시, 오바마	젊고 건강	김영삼, 노무현
먼데일		이회창, 이인제, 정동영, 안철수
워싱턴, 잭슨, 그랜트, 아이젠하워, 케네디, 父부시, 父부시, 돌, 매케인 등	전쟁 영웅	1/21사태 당시 전두환이 경호실 작전차장보로 활약한 정도가 유일.
케네디, 카터, 클린턴, 부시 부자, 오바마, 트럼프	엘리트 (명문대)	김영삼, 이명박
힐러리, 트럼프		이회창, 이인제, 정동영, 홍준표, 안철수
케네디, 부시	귀공자	박근혜
고어, 케리		이회창, 정동영
케네디, 레이건, 클린턴, 아들 부시, 오바마	토론 우위	김대중, 노무현
고어		정동영/ 눌변 : 이명박, 박근혜, 문재인
레이건, 부시	나이, 경험	DJ, MB, 박근혜, 문재인(2012)
돌, 닉슨, 매케인		
카터, 레이건, 클린턴, 아들 부시, 오바마, 트럼프	outsider	이명박, 문재인(2017)
밋 롬니		이회창, 문재인(2012), 안철수
케네디, 클린턴, 子부시, 오바마	꿈의 실현	
카터, 오바마	서민	노무현, 문재인
케네디, 카터, 레이건, 클린턴 아들 부시, 오바마	소통	노무현
		불통 : 이회창, 안철수, 홍준표

2. 이미지 정치의 한계와 불가피성

이미지 정치에 대한 비판론이 적지 않다. 이미지 정치의 실패를 우리가 가까이에서 경험한 바도 있다. 박근혜 전 대통령의 경우 2006년 지방선거 지원 유세 과정에서 면도날 테러를 당했지만, 수술 직후 '대전은요?'라고 묻고 며칠만에 떨치고 일어나 대전시장 지원 유세에 나섬으로써 '위기에 강한 이미지'를 구축했다. 위기에 강한 정치인 박근혜의 이미지는 1979년 박정희 대통령 시해 당시 자정 무렵 잠자리에서 통보를 받고 '전방은요?'라고 되물었다는 일화가 알려지면서 더욱 강화됐다. 따라서 박근혜의 노출된 이미지 $\mathcal{E}$에는 위기에 강한 정치인이 포함된다. 그러나 정작 대통령에 취임한 다음해인 2014년 4월 14일 세월호 침몰 참사 당시에는 제때 대응하지 못했고 이른바 '세월호 7시간'이 탄핵사유로 포함되기도 했다.

소통하지 못하는 대통령을 탄핵하고 소통 대통령이 되겠다고 다짐하고 대통령이 된 문재인 대통령도 취임 후 3년 9개월 동안 기자회견을 단 6차례밖에 하지 않았다. 문재인 대통령은 취임 초 여야를 망라해 다양한 계층의 사람들과 식사하는 모습을 공개하면서 소통의 이미지를 강조했다. (보여주려는 이미지 i) 그러나 문재인 대통령은 바쁜 해외 일정을 소화하면서 부인 김정숙 여사, 노영민 주중 대사와 식사하는 장면이 언론에 노출돼 박근혜의 '혼밥'과 '불통' 이미지와 겹치게 만들었다.

특히 1987년 대통령 직선제 부활 이후 배출된 대통령 8명 가운데 유일하게 투표자 과반수 득표한 박근혜 대통령이 탄핵당했다는 역사의 아이러니가 이미지 정치, 미디어 정치의 위험성을 말해준다. 그럼에도 불구하고 점점 거대해져가는 국가와 인구 규모, 점점 복잡해져가는 국가 운영과 공동체의 문제들을 고려할 때 후보자가 유권자와 접촉할 수 있는 유일한 수단은 미디어며 이미지 정치 역시 불가피하다. 또한 21세기 정보통신사회에서는 정보가 과잉 유통되고 있다. 정보를 접할 미디어도 모바일로 대체돼, 유권자는 어디든 언제든 항상 다양한 정보를 접할 수 있다. 정보의 접근성이 높아질수록 대부분의 정보는 타깃에 도달하지 못한 채 사라지고 말 것이다.

뿐만 아니라 이미지 정치를 경계하는 전문가들조차 현실적으로는 이미지 정치를 조장하는 듯 보이는 것은 무슨 의미일까? 한국정당학회가 한국정치학회, 한국경제학회, 한국행정학회 등의 전문 학회에서 높은 평가를 받고 있는 전문가들의 자문을 거쳐, 정부와 국회, 비영리단체에서 활동하는 전문가들과의 협의를 거쳐 마련한 후보자 TV토론의 정치부문 가상 질문 한두 개만 보자.

학회는 1)실용적 의제 2)차별적 의제 3)미래지향적 의제의 전제 하에 토론회 의제를 개발했다고 한다. 이 토론 의제를 검토한 뒤, 구체적이고 실천적인 의제라는데 동의할 유권자가 얼마나 될지 궁금하다. 결국 전문가 자문이 이미지 정치를 조장하는 것은 아닌지 모른다.

[정당학회가 마련한 가상 토론 의제]

1. 시대정신과 국가비전	
토론 의도	국정운영의 책임자로서 새로운 대통령이 추구할 새로운 미래 대한민국을 위한 리더십에 대한 검증
토론 질문	전략...차기 대통령에 당선된다면 어떤 대한민국을 만들어나갈 것인지, 안과 밖으로 여러 중대한 현안에 직면하고 있는 현재 가장 중요한 시대정신은 무엇이며, 대통령으로서 이를 구현할 방법은 무엇인지 밝혀주시기 바랍니다.

2. 대통령 인성 및 자질 검증	
토론 의도	다른 후보들에 비해 본인이 생각하는 후보로서의 경쟁력과 대통령으로서의 자질에 대한 홍보 능력 검증
토론 질문	잘 알려져 있다시피 대통령제도 하에서는 누가 대통령이 되느냐가 매우 중요한 관건입니다. 대통령제 시스템이라고 해도 대통령 한 명의 성격과 태도, 스타일이 국정에 미치는 영향이 절대적이기 때문입니다. 대통령 후보로서 본인의 가장 큰 장점과 약점은 무엇이라고 생각하십니까? 그리고 함께 토론하고 있는 다른 후보들을 간단히 평가해 주시기 바랍니다.

다양한 많은 상품이 경쟁하는 상품 과잉의 시대에 소비자는 특정 상품을 오래 쓰지 않는다. 쉽게 버린다. 정치인과 정치인의 메시지 그리고 정치인의 이미지 역시 일종의 소비재이기 때문에 유권자가 정치인과 정치인의 메시지와 이미지를 소비하는 주기도 점점 짧아진다. 공급이 많을수록, 공급 플랫폼이 늘수록, 접속 채널이 늘어날수록 소비 주기는 더 짧아지고, 전달 경쟁은 더 치열해질 것이다. 후보들은 미디어를 통해 접촉하는 유권자에게, 길고 복잡하고 어려운 메시지(예, 정책)를 전달하기는 어렵다. 후보는 첫 접촉에서 강한 인상(impact)을 남겨야 한다. 점점 더 이미지 중심의 선거운동 전략을 펼 수밖에 없다. 그 이미지는 점점 더 자극적이 될 것이며, 자극적일수록 네거티브화할 개연성이 높아진다.

포지티브 이미지 캠페인은 실적과 경력으로 확인될 때, 확립된 이미지가 존재할 때 성공한다. 시대 정신과 일치하지 않을 경우, 실적과 경력으로 뒷받침되지 않거나 주어진 이미지와 같은 방향이 아닐 경우 실패한다. 준비된 대통령(DJ), 바보 노무현, 실천하는 경제대통령(MB), 원칙과 신뢰(박근혜) 등은 그래서 성공했고, 더 잘 준비된 대통령(2012년 문재인), 3김 청산(1997년 이회창), 4차 산업혁명(안철수) 등은 실패했다.

네거티브 캠페인은 상대 후보의 실적과 경력이 허위 또는 가식일 때

쉽게 성공한다. 최소한 상대 후보의 주어진 이미지 g의 본질을 바탕으로 할 때 성공한다. 이회창의 병역 비리 의혹(특혜와 반칙) (이러저러 해서 군에 못 갔습니다), MB 아바타(내가 MB 아바타입니까?), 갑철수(안철수) (내가 갑철수입니까?) 등은 그래서 성공했다. 그러나 근거가 박약하거나, 상대 후보가 효과적으로 방어할 경우 오히려 역풍을 맞을 수 있다. MB의 BBK 의혹(fact 대응), 박근혜의 최태민 목사 의혹(무시 전략), DJ 노쇠설(준비된 대통령, 40년 준비했습니다) 등이 무위에 그친 네거티브다. 설령 네거티브 캠페인이 성공해 상대를 몰락의 위기로 몰아넣더라도 자신이 당선되는 것은 별개의 문제다.

미국의 경우에는 아주 예외적인 경우를 제외하면 제3후보가 등장하지도 않고, 의미있는 득표율을 기록하지도 못한다. 그러나 한국 대통령 선거에서는 15%이상의 득표율을 기록하는 의미있는 제3후보가 자주 나타난다. 1987년 이후 8차례 대통령 선거에서 다섯 차례나 된다. 1987년 김대중(27%), 1992년 정주영(16%), 1997년 이인제(19%), 2007년 이회창(15%), 2017년 안철수(21%)다. 양당 정치에서는 상대의 낙선은 바로 당선이지만, 3자 구도에서는 제3의 후보가 어부지리를 얻을 수도 있다는 점에서, 당선을 목표로 한다면 스스로 포지티브 캠페인에서 성공해야 한다. 그리고 1997년 김대중, 2007년 이명박의 예에서 보았듯이, 강력한 포지티브는 상대의 네거티브를 무력화시킬 수도 있다.

3. 한미 후보 이미지의 비교와 한국적 적용

가. 주어진 이미지 g 의 유불리 분석

미국 유권자의 투표 행위를 결정하는 이미지 요인은 한국 유권자의 투표 행위를 결정하는 요인과 다르다. 특히 외모와 젊음, 건강 등 미국 유권자가 중시하는 이미지들이 한국에서는 미래 지도자의 이미지에 결정적인 요소는 아니다. 한국 유권자들은 가문이나 학교 등 명목상의 이미지보다 구체적인 삶의 역정을 중시한다.

미국 유권자가 워싱턴 내부자에 대한 불신이 심하고 외부자에서 미래 지도자를 찾는 적극적인 유권자라면, 한국 유권자는 여의도 정치를 비난하면서도 여의도 경험에 대해 신뢰를 부여하는 보수적 유권자다. 또 여야가 경쟁하고 서로 비난하면서 공존하는 여의도 정치의 노련한 경험자라야만 네거티브 공세를 견뎌내는 맷집도 갖춘 것으로 한국 유권자는 판단하는 것으로 보인다.

미국과 한국 유권자 모두 자수성가형 지도자를 높이 평가한다. 미국은 이를 '아메리칸 드림'으로 표현하고 한국은 '자수성가형' 지도자라 분류하나 자신의 힘으로 사회 계층 사다리의 맨 위까지 올라섰다는 본질만큼은 동일하다. 그런데 여기서도 미국과 한국은 차이가 있다. 일단 미국은 자본주의의 역사가 오래 축적돼서인지 세습권력이나 부를 세습받은 경우에도 거부감이 그리 크지 않은 듯하다. 그러나 한국은 세습 권력은 박근혜(그마나 아버지 사후 36년 뒤) 단 한 명이며, 부를 세습한 경우는 단 한 명도 없다.

기업이나 공무원, 지방장관으로서의 성공과 대통령직과의 상관 관계도 미국과 한국간에 차이가 있다. 미국의 경우 워싱턴 연방 정부 경력, 한국의 경우 직업 공무원 경력은 대통령이 되는데 크게 유리한 것으로 입증되지 않았다. 미국은 확실히 불리하고 한국은 아직은 사례가 부족해 선뜻 결론내리기는 어렵다. 문재인이 민정수석 비서관과 비서실장을 거쳤고, 노무현이 반 년 남짓 해양수산부 장관을 지낸 정도지만, 최근 몇 년 동안 고건, 반기문, 황교안 등이 실패한 데서 직업 공무원은 대통령 도전이 어렵다는 인식이 확산되고 있다.

기업인은 한국은 이명박 단 한 명으로 대통령 선거에서 불리한 경력으로 읽히지만, 미국은 부시 부자와 트럼프 등 기업인 출신 대통령이 적지 않고, 케네디도 성공한 기업인 집안 출신이다. 한편 존 케리, 미트 롬니 등 대선에서 실패한 사례도 있어 유불리를 현 단계에서 단정하기는 어려워 보인다.

지방자치 단체장과 대통령의 관계를 보면, 미국에서는 주지사 경력이 대통령에 매우 유리해 보인다. 1976년 카터 대통령 이래 레이건, 클린턴, 아들 부시까지 50년 동안 4명이 주지사 출신이다. 마이클 듀카키스, 존 케리 등 2위 낙선자까지 보면 주지사 경력은 대통령 도전에 가장 유리하며, 당선 확률이 가장 높은 전직이다. 그러나 한국은 미국의 주지사에 비견되는 직위인 광역단체장의 대통령 당선은 사례가 적어서 단순 비교는 어렵지만 이명박 서울 시장 단 한명이다. 아직은 한국에서 광역단체장이 대권에 그리 가깝지만은 않아 보인다.

종합하면 직업 공무원은 미국에서도 별로 대통령직 도전에 유리하지 않지만, 미국에서는 유리하게 평가되는 기업, 단체장 경력도 한국 유권자들은 대통령 수업에서 큰 도움이 되지 않는다고 판단해 왔다고 볼 수 있다. 앞으로는 이 대목 특히 광역단체장에서 변화가 예상된다.

　대선 후보의 이미지 전략은 4가지 전제 위에서 수립되어야만 한다. 자수성가형 인물에서 지도자를 모색하는 한국에서는 외모 중심의 미국식으로 정치인 이미지를 해석해서는 안되며, 후보의 삶의 역정에서 우러나오는 이미지를 정치인의 '주어진 이미지' 자산으로 파악해야 옳을 것이다. 또한 이미지 전략 역시 후보자의 얼굴 표정과 자세, 헤어 스타일, 패션 중심의 미국과는 다른 각도에서 접근해야만 할 것이다.

[한·미 대통령 당선자 이미지 선거 득실 비교]

미국		한국
절대 유리	전쟁 영웅	별로.,(군사 독재) 미필자(수두룩)는 절대 불리
상관관계 적음	귀공자	조금 불리
절대 유리	토론 우위	상관관계 없음
다소 불리	나이, 경험 '준비된'	매우 유리
절대 유리	outsider	별 영향 없음
유리	젊음/변화	다소 불리

　역사적인 1960년 케네디-닉슨의 텔레비전 토론을 보고서도 의견을 바꾼 사람이 극소수라는 점에서 보면 텔레비전 토론의 효과는 제한적이라고 할 수 있다. 당시 텔레비전 토론 기간 중과 그 후에 실시된 여러 차례의 패널 토론에서 공화당 지지자 중 많은 사람이 민주당으로 바뀌거나 민주당 지지자의 다수가 공화당으로 바뀌지는 않았으며, 양당 지지자들은 이미 가지고 있던 신념을 강화했을 뿐이라는 결론이 내려졌다. 다만 처음에 케네디에 대해 상대적으로 덜 확신하던 민주당원들은 케네디에 대해 훨씬 더 호의적이 되었다고 한다.

그러나 최근 5% 이내의 박빙 승부로 진행된 1997년, 2012년 대선을 보면 텔레비전 토론의 제한적인 효과가 승패를 결정할 수도 있다. 2012년 대통령 선거에서 통일민주당 이정희 후보가 텔레비전 토론에서 박근혜를 물고 늘어진 것은 오히려 역효과를 냈다. 이정희 후보의 집요한 공격을 보고 투표장에 나갔다는 보수 유권자가 많았다. 2017년 안철수 후보는 텔레비전 토론에서의 실패 이후 심각한 타격을 받았다.

미국에서도 후보 본인은 네거티브에 가담하지 않고 고담준론을 펼치고(off the fray), 이전투구는 아랫 사람들이 맡는다는 것이 선거의 불문율이다. 직접 상대 후보를 겨냥해 공격했던 후보는 트럼프를 제외하면 대개 패배했다. 더 정확하게 말하면 공격을 견딘 후보가 반사적 이익을 보았다.

토론과 연설을 중시하는 서구의 전통과 달리 달변이 흠결 요소며 오히려 '눌변'을 '대인'이나 '군자'의 특성이라 보는 우리나라 유교적 전통에서는 '토론 잘 했다'는 의미가 서구와 동일할 수 없다. 1987년 대통령 선거 이후 당선자 가운데 달변은 김대중, 노무현 단 두 명이고, 노태우, 김영삼, 이명박, 박근혜, 문재인 등 5명의 대통령이 눌변이라는 점은 시사하는 바 크다. 조지 W. 부시 대통령은 "텔레비전 토론에서는 성공할 수는 없고, 실패할 수 있을 뿐"이라고 단언했다. 그 말이 맞을지 모른다.

중국 춘추전국 시대의 사상가 맹자는 전략에 대해 말했다.

"천시(天時, 기후)가 지리(地利)보다 못하고 지리가 인화(人和, 단합)만 못하다. 3리나 되는 성과 7리나 되는 곽을 포위하고 공격해도 이기지 못할 때가 있다. 포위하여 공격할 때 반드시 천시를 얻어야 이기지만, 그래도 이기지 못하는 경우가 있는 것은 천시가 지리만 못하기 때문이다. 성이 높지 않은 것도 아니고 못이 깊지 않는 것도 아니고, 병기와 갑옷이 견고하고 예리하지 못한 것도 아니며, 성에 쌀과 곡식이 많지 않은 것도 아닌데 이것을 버리고 떠나가는 경우가 있으니 이는 지리가 인화만 못하기 때문이다. 그러므로 옛말에 '백성을 경계짓되 국경의 경계에 의존하지 말고, 국가를 견고하게 하되 산과 계곡의 험준함에 의존하지 말며, 천하 사람들에게 두려움을 갖게 하되 예리한 무기에 의존하지 말아야 한다'고 한 것이다.

道[화합]를 이룬 자에게는 도와주는 이가 많고 도를 잃은 자에게는 도와주는 이가 적다. 도와주는 이가 극단적으로 적은 경우에는 친척조차 배반하고, 도와주는 이가 지극히 많으면 천하 사람들이 따른다."

4. 이미지 전략, 실체 일치의 중요성

가장 중요한 이미지는 대통령 선거에 출마하는 후보 본인의 얼굴과 목소리, 체격과 체형, 그리고 삶의 역정에서 자연스럽게 우러나오는 이미지다. 아무리 노력해도 이회창, 이명박의 단구(短軀)에 박덕한 얼굴, 그리고 쉰 목소리에서 강력한 국가 지도자의 이미지를 연상하기는 어렵다. 그러나 이회창은 평생 판사로서 꼿꼿하게 원칙과 소신의 삶을 살았고, 권위에 도전하는 행보를 보인 이미지가 살아 있어 많은 유권자의 지지를 이끌어낼 수 있었다. 이명박 역시 20년 한국 최대 기업의 CEO를 지낸 경력에, 서울시장 재직시절 대중 교통의 혁명적 변화를 이끌어내고 청계천 복원으로 문화환경 감각을 과시해 대중적 지지를 얻을 수 있었다.

박근혜의 정제되고 단아한 얼굴과 자세, 목소리 그리고 대통령의 딸이라는 본질에서 서민 이미지를 구현할 수는 없다. 그러나 본인의 공주 이미지가, 아버지의 산업화에 성공한 아버지를 연상케 하는 인지적 이미지 요소와 함께, 부모의 비극을 연상케 하는 감성적 소구도 함께 이끌어 냈기 때문에 당선될 수 있었다. 때문에 모든 이미지 전략은 미리 주어진 이미지의 바탕에서 이미지를 확장하거나 보완하는 것이어야만 할 것이다.

미국과 한국의 사례에서 살펴봤듯이 이미지는 그냥 만들어지지 않는다. 특히 후보의 삶의 궤적이 후보가 내보려는 이미지와 일치하라는 법도 없고, 유권자가 선호하는 이미지들이 후보자의 철학이나 삶과 일치하라는 법도 없다. 후보의 삶의 궤적, 후보자가 내보려는 이미지, 선거운동 전략, 정책 등의 다양한 요소의 매트릭스가 시너지를 내려면 방향성이 일치해야만 한다.

내보려는 이미지를 강조하는 헤어스타일과 의상, 소품, 배경, 사람은 고르고 배치할 수 있다. 표정이나 동작도 어느 정도는 미리 조정할 수 있다. 그러나 결국 현장에서 어떤 일이 벌어질지는 아무도 모르며 거기 대해 후보자가 어떻게 대응하고 유권자가 어떤 반응을 보일지도 예단하는 것은 위험한 일이다. 1960년 닉슨은 TV뉴스에 다리를 절룩이는 장면이 보도돼 건강 이상설을 불러일으켰다. 2016년 힐러리 클린턴 역시 비슷한 장면이 TV뉴스와 신문 사진에 보도돼 치명타를 입었다. 2016년 트럼프가 어린이를 좋아한다는 이미지를 심기 위해 아기를 안아 올리는 장면은 부자연스럽기 짝이 없었다.

선거는 이미지다!

전제	미국 정치에서는 스타일, 언변 등이 정치 지도자의 이미지를 구성하는 중요한 요소다.	
가설 1	한국 유권자가 생각하는 지도자(대통령)의 이미지는 미국 유권자가 생각하는 지도자의 이미지와 다르다.	입증
가설 1-1	한국 유권자가 생각하는 지도자의 이미지는 그가 살아온 삶의 역정 자체다.	입증
가설 1-2	한국에서도 미국식 지도자의 이미지상은 제한적으로 유효하다.	입증
가설 2	정치인의 이미지는 슬로건, 메시지, 스케줄로 구체화·강화 또는 보완될 수 있다.	입증
가설 2-1	정치인의 이미지는 부적절한 슬로건, 메시지, 스케줄로 희석·약화 또는 파괴될 수 있다.	입증

제7장

차기 대통령 후보들

제 1 절

대통령제의 부정적 효과

린즈(Juan Linz)는 남미 15개국에서 55개 사례를 연구해 대통령제의 기본골격이 다음과 같은 문제를 낳는다고 진단했다.

첫째, 탄핵이나 사임과 같은 예외적 경우를 제외하면 교체되기 힘든 고정된 임기는 정치적 실패나 무능에도 불구하고 대통령을 교체할 수 없게 만드는데, 이러한 레짐의 경직성은 권력의 책임성을 떨어뜨린다. 집권 대통령과 시위군중이 아무런 타협의 가능성도 없이 강경 대치한 2013년-2014년 우크라이나의 헌정 위기가 대통령제가 가진 유연성의 결핍의 대표적인 사례가 될 것이다.

[역대 대통령 2위 낙선자와의 득표 격차]

		15대	16대	17대	18대	19대
	당선자	김대중	노무현	이명박	박근혜	문재인
당선자	득표수	10,326,275	12,014,277	11,492,389	15,773,128	13,423,800
	득표율	40.27%	48.91%	48.67%	51.55%	41.08%

		15대	16대	17대	18대	19대
2위 낙선자	낙선자	이회창	이회창	정동영	문재인	홍준표
	득표수	9,935,718	11,443,297	6,174,681	14,692,632	7,852,849
	득표율	38.74	46.58	26.14	48.02	24.03
격차	득표수	390,557	570,980	5,317,708	1,080,496	5,570,951
	득표율	4.18%	2.33%	22.53%	3.53%	17.05%

둘째, 승자독식(winner takes everything or winner takes all)의 권력구조로 정치가 제로섬 게임화된다. 예를 들어, 다수제 선거는 간신히 과반을 넘겨 당선되거나 심지어 과반에 미치지 못하는 득표율로 당선되더라도 모든 내각의 각료를 임명하고 정책집행을 독점하는 대통령을 생산해낸다. 2005년부터 2010년 사이 키르키즈스탄 사태가 대표적인 예다. 1987년 대통령 직선제가 실시된 이후 선출된 한국 대통령 8명 가운데 과반수 득표를 기록한 대통령은 탄핵당한 박근혜 대통령 밖에 없다. 어마어마한 역설이다. 반대로 40% 남짓한 득표율을 기록한 문재인, 이명박 대통령이 2위와의 득표수 격차가 500만 표 이상으로 가장 큰 편이었다.

셋째, 대통령과 의회를 별개의 국민투표에 의해 구성하는 이원적 민주주의적 정통성(dual democratic legitimacy)은 두 기관의 충돌 가능성을 증가시킨다. 이는 특히 대통령의 소속 정당과 의회의 다수당이 다른 분점(分點) 정부에서 빈번하게 발생한다. 옐친 대통령과 의회가 강경대치해 의회앞에서 총격전까지 벌어진 1991년에서 1993년의 러시아는 극단적인 예며, 클린턴 대통령 시절 미국에서 상하원 과반수 의석을 차지한 공화당이 정부 폐쇄(shut down)를 강제한 것도 예로 들 수 있다.

넷째, 정치적 국외자의 집권가능성(promotion of political outsiders)

으로 정당체계를 약화시킨다. 대통령제는 대통령후보가 되기 위해 굳이 의회제처럼 정당에서 훈련을 받을 필요가 없다. 오히려 정치 엘리트 인맥이 강하거나 일반국민에게 인기 높은 사람이 유리한 경우가 더 많다. 구 러시아 권역에서는 일반 국민의 인기보다는 엘리트 계층의 인맥이 더 중요하다고 말하고, 1992년 아제르바이젠의 엘치베이 대통령과 1994년 벨라루스의 루카셴코 대통령의 당선을 예로 들고 있다.

특히 엘치베이 대통령은 아무런 공직 경험 없이 엘리트 계층의 인맥과 막연한 대중적 인기만으로 60% 이상의 압도적인 득표율로 대통령에 당선됐으나, 국정 운영 경험 부족으로 이듬해 반군에 의해 축출되었다. 이러한 제도의 성격은 결국 정당 이외의 영역에서 후보가 출현하는 경우를 발생시켜 정당정치를 약화시킨다. 카터 이후 트럼프에 이르는 미국의 역대 대통령 가운데 순수한 워싱턴 내부 인사로 분류될 수 있는 인물은 단 두 명, CIA국장을 거쳐 8년간 레이건 대통령의 부통령이었던 조지 부시와 조 바이든이다.

카터는 조지아 주 지사 출신이고, 카터 직전의 닉슨도 워싱턴을 떠난 지 8년만에 재입성한 것이니 국외자라 해도 과언이 아니며, 레이건(캘리포니아), 클린턴(아칸소), 부시(텍사스), 트럼프(뉴욕 사업가) 등 줄줄이 국외자 이미지며, 상원의원으로 대통령에 당선된 오바마는 흑인이라 특수한 조건이다. 한국에서는 아직 여의도 정치 경험이 중시되는 듯하지만, 벌써 조짐은 확실하다. 여의도 정치의 경력보다는 대기업 CEO+서울시장의 이명박, 노무현 비서실장 출신의 문재인, 검찰총장 출신으로 본인 선거 한번 치르지 않은 윤석열 등이 여기 해당할 것이다.

다섯째, 중재 권력의 부재(absence of arbitration)로 갈등이 첨예화

된다. 대통령제의 대통령은 국가수반이며 전체 국민의 대표자지만, 매우 특별한 정치노선을 표현한다. "대통령과 국민 사이의 관계의 가장 혼란스런 결과는 전체 '국민'을 소수 지지자 그룹으로 대체하는 잘못된 관념의 등장이다. 동시에 대통령은 자신의 정책이 민중의 의지의 반영이며, 반대파의 정책은 편협한 이익를 보호하기 위한 사악한 계획이라고 간주할 위험이 있다." 2019년 조국 전 법무장관 일가의 불법행위와 비리에 대한 검찰 수사를 '개혁에 반대하는 적폐 세력의 반발'이라고 파악하는 일각의 인식도 비슷한 맥락에 서 있다.

타지키스탄에서는 1990년 대통령제가 도입됐는데, 1990년 11월부터 1992년 11월까지 꼭 2년 동안 6명의 대통령들이 출신 부족의 이익만 대변하다 교체되고 마침내 2년간의 내전에 돌입한 예가 있다. 한국에서도 2004년 노무현 대통령의 탄핵 이후, 대통령들이 열성적 지지자에게 휘둘려 전체 국민의 이익을 혼동한다는 우려가 제기되고 있다. 대통령제의 선진국인 미국에서도 문제는 마찬가지다.

여섯째, 대통령은 자신이 전체 국민의 위임을 받았다고 생각하기에 때때로 권력을 사사화(私事化)시켜(tendency to approve personal power) 정당과 의회를 우회해서 자신의 의제를 일방적으로 밀고 나갈 수 있다. 이는 의회와의 갈등을 유발시킬 수 있다. 김영삼 대통령은 아들 현철씨가 국정에 개입한 혐의로 구속 기소됐고, 김대중 대통령은 홍일, 홍업, 홍걸, 이른바 홍삼 트리오가 모두 권력형 스캔들의 주인공이 되었다. 박근혜 대통령의 최순실 국정 개입 사건이나 윤석열 대통령의 김건희 여사 스캔들도 이 범주에 속할 것이다. 미국의 트럼프가 자신의 아들과 딸, 사위를 모두 최고위 대통령 보좌관으로 임명하고 그들의 친구나 지인을 백악관에 중용한 것도 마찬가지다.

인간을 움직이게 하는 동기는 명분과 이익 그리고 실현 가능성의 셋이다. 현실에서는 인간이 움직이는 동기 가운데, 실현 가능성 즉 '본인이 할 수 있어야 한다'는 것이 마지막 그리고 가장 중요한 조건이다. 심지어 명분도 이익도 없는데, 할 수 있다는 이유 단 하나 때문에 그 일을 하는 사람도 꽤 있다. 어쨌든 대부분의 사람들은 인간을 움직이게 하는 동기로 명분과 이익을 꼽는다. 그리고 명분과 이익은 서로 상충된다고 생각한다. 그러나 그렇지 않다. 이익이 커지면 그 자체로 명분이 되고, 명분이 이익을 가져도 주는 경우도 많다.

1972년 10월 13일 우루과이 공군 T-571 전세기가 안데스 산중에 추락한다. 고도 약 4,000미터, 추락 당시 비행기에는 부유한 대학 럭비팀 선수들과 관계자, 가족 등 45명이 타고 있었다. 불시착한 비행기에는 33명이 생존했으나, 영하 20도 이하의 추위와 식량 부족 등으로 2주만에 6명이 또 사망했다. 현지에서는 구조를 포기한 상태, 결국 생존자들은 무려 72일이 지나서야 구조되는데 최종 생존자는 겨우 16명이었다. 비상식량도 없고, 식량을 구할 수도 없는 상태에서 생존자들의 식량 자원은 인육이었다. 끝까지 인육을 먹기를 거부한 사람은 단 1명, 그는 체중이 25kg까지 줄어들며 사망했다.

구조된 이후 이들이 인육을 먹은 행위가 첨예한 논쟁을 낳았다. 생존을 위해 죽은 사람의 시신을 먹은 행위가 윤리적 도덕적으로 용인되는가? 아니, 어떤 경우에도 식인은 허용되지 않는가? 결국 종교인까지 나서서 생명이라는 실익을 위해서는 식인도 극히 예외적으로 용인된다는 사회적 합의가 이뤄졌다. 이 실화는 넷플릭스 영화 '안데스 설원의 생존자들(Society of the Snow)'로 영화화됐다.

정치의 세계에서는 명분이 이익이 되는 경우를 자주 볼 수 있다. 명분을 잡으면 큰이익을 얻고, 명분을 잃으면 큰 이익도 잃을 수 있다. 2022년 윤석열의 대선 승리가 '공정과 상식'이라는 명분 덕분이었고, 3년 후인 2025년 윤석열의 탄핵도 '내란 수괴'라는 명분 때문이었다.

명분에는 거대한 대의명분도 있고, 소집단 안에서 적용되는 '의리'도 있다. 유승민이 2017년 박근혜 탄핵 이후 정치적으로 재기하지 못하는 것은 대의명분에는 봉사했을지언정, '의리'라는 작은 명분을 무시한 때문이다. 한동훈은 2024년 연말 윤석열 탄핵에 동참함으로써 유승민의 전철을 밟은 셈이다. 그 점에서 아예 국민의힘을 탈당한 이준석의 행보는 국민의힘 정치인과 비교하면 앞을 내다보는 혜안이 있는 셈이다.

2025 대선에서도 유권자들이 실리보다 명분을 택할 것인지 아니면 명분을 택한 2022년의 반작용으로 이번에는 실리를 택할 것인지 매우 궁금하다.

제 2 절

이재명

미국에서는 주지사로 행정을 익힌 정치인이 대통령에 당선되는 경우가 많다. 지미 카터(조지아), 로날드 레이건(캘리포니아), 빌 클린턴(아칸소), 조지 부시(텍사스) 등이 대표적이다. 한국에서는 아직까지는 이명박이 유일한 지방자치 단체장(서울시장) 출신 대통령이다. 2025년 대선은 지방자치 단체장의 당선이 유력하다. 국민의힘 김문수가 당선되든, 일반의 예상대로 이재명이 당선되든 경기지사 출신이 대통령이 된다.

이재명은 성공적 성남시장 경험을 발판으로 2018년 경기지사가 되고, 2022년 민주당 후보로 대선에 출마해 윤석열에게 0.7%포인트(p)차로 패배했다. 낙선 두 달 만에 송영길 전 대표의 지역구 인천 계양을을 받아 국회의원 배지를 달았다. 여러 가지 관측과 해설이 많지만, 여러 사법 리스크를 회피하기 위해서는 방탄복이 필요했다는 관측도 유력하게 제기된다. 어쨌든 국회의원이 되고 이어 당대표가 됨으로써 이재명은 대권 재도전을 위한 준비를 본격화했다. 이어 2024년 총선에서 윤석열 대통령–한동훈 국민의힘 비상대책위원장 서울법대, 검사 콤비에 맞서 171석 압승함으로써 대권 공정에 유리한 고지를 차지했다.

이재명의 길은 순탄하진 않다. 2024년 초 부산 현장 활동 중 목 부위에 흉기 습격을 받았으나 목숨을 건졌다. 사건 당시 가까운 부산대 병원을 외면하고 헬기를 동원해 서울대 병원으로 날아간 일로 비판을 받았다. 과연 화급한 상황이었는지 의문도 일었다. 2024년 11월 공직선거법 위반 혐의 사건 1심에서 피선거권이 제한되는 징역 1년·집행유예 2년형을 받아 벼랑 끝에 내몰렸다가 2025년 3월 2심의 무죄 선고로 기사회생했다.

이재명의 주어진 이미지 g

민주당 한 중진 의원은 2025년 4월 언론인터뷰에서 "검찰의 기소 남발과 함께 보수진영에서 오랜 기간에 걸친 악마화"가 부정적 이미지의 원인이라고 말했다. 그러나 이 주장은 사실과 다르다. 이재명의 '패륜잡범 전과자' 이미지가 고착된 시점은 2018년 경기지사 선거 때였고, 검찰의 잇따른 기소는 2022년 대선 국면에서 대장동·백현동 사건이 불거지면서 시작된 것이므로 선후가 뒤바뀐 것이다.

'악마화'를 조장한 것은 이재명 본인과 2022년 대선 캠프다. 우선 이재명 본인의 말이 악마화를 조장했다. 박근혜에 대해 "존경한다고 말했더니 진짜 존경하는 줄 알더라" 발언이 대표적인 문제 발언이었다. 아무리 박근혜를 존경하지 않더라도, 굳이 이렇게까지 스스로의 발언과 발언의 대상을 희화화할 필요가 있었을까? 이재명의 "김대중, 노무현을 존경한다"는 말은 믿어도 좋을까? 김대중, 노무현도 "존경한다고 했더니 진짜 존경하는 줄 알더라"로 해석되지 않을까? 대부분의 정치인들이 워낙 마음에 없는 말 잘 하고, 거짓말 잘 하고, 말 바꾸기 잘 하니 립 서비스, 거짓말, 말 바꾸기는 더 이상 언급하지 말자.

2022년 이재명 대선 캠프는 당시 유행어였던 '소확행'을 따라서 '이재명의 소확행' 시리즈 공약을 발표했다. '이재명은 합니다', '이재명은 잘 합니다', '이재명은 확실히 합니다'를 크게 내걸었다. '이재명은 합니다'는 성남시장 선거 때부터의 단골 캐치프레이즈였다. 문제는 두 가지였다. 첫째, 소확행 공약은 너무 잡다하게 많아서 이재명이 무엇을 할지 집중적으로 알릴 수 없었다는 것이다. 그냥 '이재명은 합니다, 잘 합니다, 확실히 합니다'만 유권자에게 전달되었다. 둘째, 많은 유권자에게는 이미 이재명이 '패륜잡범 전과자'의 이미지가 고착돼 있었다는 것이다. 결과 많은 유권자들이 패륜잡범 전과자가 무엇을 할까 스스로 질문하고 답하게 되었다.

'패륜잡범 전과자'가 잘 하는 것이 뭘까 라는 단순한 질문에 누구나 '범죄'라는 답을 떠올리게 된다. 즉 범죄 대통령, 범죄 잘 하는 대통령, 확실히 범죄 하는 대통령... '유능한 범죄 대통령'으로 만들어버린 것은 이재명 선거캠프 메시지팀이었던 것이다. 게다가 주변 인물들의 잇달아 의문사하면서 '유능한 범죄 대통령'의 이미지가 고착화되고 있었던 것이다. 이재명 악마화의 주범은 이재명 본인과 캠프, 더 정확하게는 메시지팀이었던 것이다.

이재명의 의도된 이미지 i

이재명은 2025년 조기 대선을 앞두고 스타일 변신을 시도했다. 머리를 검정색이나 짙은 갈색보다 연한 갈색으로 염색하고, 눈썹도 너무 강하지 않게 연한 갈색이다. 의상은 짙은색 정장을 피하고 밝은색 계열의 캐주얼을 주로 입는다. 4월 10일 공개된 대선 출마 영상 의상은 흰 셔츠 위에 연한 회색이 섞인 크림색 계열의 니트였다. 4월 14일 인공지능(AI) 반도체 팹리스 기업인 퓨리오사 AI 방문 때도 흰 셔츠 위에 옅은 회색 니트, 미색 재킷이었다.

딱딱한 주어진 이미지 g를 부드럽게 포장하려는 의도 i가 엿보인다. 1968년 미국 닉슨 대통령의 New Nixon 플랜이나 1997년 김대중의 뉴 DJ 플랜의 복사판이다. 1997년 김대중은 30년 묵은 뉴 닉슨 플랜을 수입해 쓰면서 '알고보면 부드러운 남자' 캐치프레이즈를 내걸었다. 이재명 캠프도 "경선에선 선명성 있는 메시지 보다는 네거티브를 자제하며 포용력 있는 모습을 보여주는 게 우선이기 때문에 상대적으로 온화하게 연출하는 게 좋다는 판단"이라고 설명했다. 그러나 이러한 스타일 변신이 이미지 변신으로 이어질지는 여전히 미지수다.

이재명의 드러난 이미지 ε

탄핵 결정이 내려진 직후 실시된 여론조사 결과와 보름 지난 시점에서 실시된 여론조사를 비교하면 이재명이 박스권에 갇혀 있음이 분명하다. 4월 8일부터 실시된 중앙일보·한국갤럽 여론조사에서 이재명은 국민의힘 대선 주자들을 상대로 절대 우위였다. 다자대결 전체 지지율은 이재명 42%, 김문수 12%, 홍준표 9%, 한동훈 6% 순이었다. 양자대결에서도 이재명은 중도층에서 강세였다. 이재명 54% 대 홍준표 32%, 이재명(56%) 대 한동훈(29%), 이재명(58%) 대 김문수(28%)로 20%포인트 이상 격차였다. 그러나 투표일이 가까워오면서 지지율에는 미묘한 변화가 감지되고 있다. 데일리안의 의뢰로 여론조사공정이 조사해 4월 17일 발표한 여론조사를 보면 한덕수와 이준석이 단일화하면 이재명보다 여유 있게 앞선다는 해석이 가능하다.(p.381 여론조사 참조)

이재명의 이미지 전략 제안

잘못을 저지른 사람이 사회에 복귀하기 위해서 먼저 해야 할 일은 회개와 반성, 사과다. 하물며 단순한 실수도 아니며 일반인도 아니고 '패륜잡범 전과자'의 이미지를 가진 정치인이, 대통령 선거에 출마한 것이다. 공직 심지어 가장 높이 우뚝한 공직을 원하면서 진지한 회개와 반성 없이 나선다는 것은 있을 수 없는 일이다.

성경의 '돌아온 탕아'의 비유를 보라. 부모조차도 집나간 아들을 받아들이기 위해서는 회개와 반성을 요구한다. 하물며 부모가 아닌 유권자가 자신을 대표할 자를 선택하는데, 회개와 반성조차 없다? 그리고 회개와 반성은 말로만은 안 된다. 이재명 스스로 '존경한다고 했더니 존경하는 줄 알더라'는 이재명 본인의 말 때문이다. 회개와 반성은 일정한 기간에 걸쳐 행동으로 보여져야만 한다고 생각한다.

여권의 후보들

4월 17일 흥미로운 여론조사 결과가 발표됐다. 무당층을 대상으로 이재명, 보수진영 대권주자, 이준석의 가상 3자 대결을 예상한 결과였다. 여론조사나 언론은 한덕수 권한대행만 이재명과 오차범위내 접전을 벌이며, 나머지 어떤 국민의힘 후보도 이재명과는 10% 이상의 격차로 뒤진다고 보도했다. 그러나 필자의 관심을 끈 대목은 다른데 있었다. 한덕수, 김문수, 나경원 3인은 이준석과 단일화할 경우 역전이 가능하고, 홍준표, 한동훈 등은 역전이 불가능하다는 수치였다.

[여론조사 지지율(%)]

	이재명(A)	국민의힘(B)	이준석(C)	단일화시(B+C)
한덕수	32.9	30.4	9.8	40.2
김문수	32.6	23.1	11	34.1
홍준표	31.8	21.8	9.8	31.6
나경원	32.1	21.8	12.6	34.4

	이재명(A)	국민의힘(B)	이준석(C)	단일화시(B+C)
한동훈	33.2	20.2	8.6	28.8
안철수	31.7	19.9	8.6	28.5

의뢰기관 데일리안, 조사기관 여론조사공정, 4월 15일~16일 조사, 무선 ARS 방식, 무당층 638명 조사 결과, 응답률 4.7%, 95% 신뢰수준에서 표본오차 ±3.9%p.

이 여론조사에 따르면 국민의힘 후보가 한덕수 후보와 단일화해 한덕수가 통합 후보가 되고, 다시 이준석과 단일화하면 이재명에 낙승할 수 있다는 계산이 된다.

김문수

YS 시절인 1996년, TK 출신이면서 생면 부지의 경기도 부천에서 김대중의 대변인으로 널리 알려진 박지원을 꺾고 정치를 시작했다. 재선 시절인 2002년 경기지사가 되고, 경기지사로도 재선을 기록했다. 본인이 경기지사에 출마하면서 보좌관인 차명진에게 지역구를 물려줬는데, 본인과 보좌관이 연속으로 4번의 선거에서 적지라 할 수 있는 부천에서 승리했다. 2016년 총선에서는 정작 고향이라 할 대구에서 경북고−서울대 후배인 김부겸과 맞붙어 패했다. 지역구 의원, 경기지사, 경사정위원장을 거쳐 노동부장관으로 당·정, 지방행정에 두루 경험을 쌓았다.

박근혜 탄핵을 즈음해서부터 극우로 알려지기 시작했는데, 보수 진영 인사로서는 드물게 청년기를 노동 운동과 진보정당 활동으로 보낸 이채로운 경력의 소유자다. 20대 10년간은 노동운동, 30대 10년간은 진보정당, 비주류 인생을 살았다. YS 정권 출범후인 1994년 말 이우재, 이재오와 함께 민자당에 합류한 재야 3인방의 1인이다. 1년 반만에 치러진

1996년 총선은 YS, DJ가 1987년, 1992년 대선에 이어 총력전을 펼친 세 번째 대결이었다.

YS, DJ는 재야와 기업, 법조, 관료 등 비정치권에서 다양한 젊은 인재를 대거 차출해 1996년 총선에서 맞붙었다. YS의 신한국당은 이회창을 필두로, 이우재, 이재오, 김문수, 홍준표, 안상수, 정의화, 김학원 등 당시 40대의 젊은 신인 정치인을 국회에 대거 진출시켰다. DJ 역시 김근태, 천정배, 유선호, 설훈, 정세균, 정동영, 추미애, 김한길, 정한용 등 다양한 분야의 40대 정치 신인을 국회에 진출시켜 1997년 대선에 대비했다. YS는 96년 총선을 앞두고 전두환, 노태우를 구속하는 강수를 두면서 구 민정당과의 차별화를 시도했으나 결과는 실패였다.

오히려 대구 민심만 자극해 신한국당은 대구에서 강재섭 단 한 명만 생환하는 기록적 참패를 당했다. 게다가 김종필이 이끄는 자민련이 충청권을 독식함으로써 1996년 총선은 여당인 신한국당의 패배로 귀결됐다. 김대중은 여세를 몰아 이듬해인 1997년 연말 대선에서도 승리해 정권교체에 성공했다. 당시 등원한 인물 절반 이상이 퇴장하고, 일부만 여야 원로로 남아 있다.

한동훈

좌파의 가짜 뉴스, 선동에 하나하나 대꾸하고 반박해 적극 대항하면서 보수의 젊은 아이콘으로 떠올랐다. 과거 보수 정치인들은 어지러운 싸움은 피하는 것이 보통이었는데, 사소한 언쟁조차 지지 않고 조목조목 따지고 들어가 상대를 꼼짝못하게 하는 한동훈에게 50대 60대 아줌마들은 카타르시스를 느꼈다. '잘난 내 동생', 왜소하고 가냘퍼 보이는 외모 때문에 아줌마들의 모성 보호 본능을 자극하는 측면도 있다. 한편 보수 성향의 30대 40대 젊은 엄마들은 내 아들이 한동훈을 닮았으면 좋겠다는 생각으로 한동훈을 지지한다. 물론 그만큼 좌파 성향의 젊은 주부들-개딸-로부터는 극단적인 증오를 한몸에 받고 있다.

이회창, 김무성, 유승민 등과 궤를 같이 하는 전형적인 오렌지족 보수 엘리트. 오렌지족 보수 엘리트의 특징은 고마운 줄 모르고 배은망덕하는 성향이 강하다는 것이다. 이회창이 YS 허수아비 화형식을 했고, 박근혜 비서실장을 지낸 유승민과 박근혜 대표 시절 사무총장을 지낸 김무성은 박근혜 탄핵의 주역이었다. 한동훈 역시 평생의 멘토 격인 윤석열 탄핵에 적극 참여했다.

한동훈은 서울법대-특수부 검사-선거 경험 전무 등의 조건이 윤석열이 대선에 뛰어들 때와 비슷하다. 0선까지 같지만, 장관으로 국무회의에 참석해 전체 국정 전반을 지켜봤고, 총선을 앞두고 여당 비상대책위원장, 또 여당 대표로 정당 경험도 쌓았다. 다방면의 인맥을 미리 준비하고 팀웍을 맞출 시간도 가졌다. 2022년 윤석열과 2025년 한동훈의 조건을 비교해 보면 확실히 한동훈이 유리하다.

[윤석열과 한동훈 비교]

같은 점				다른 점							
	출신지	출신대	직업	국회	원적	나이	최종공직	정당직	경쟁자	선거환경		시간	인맥
윤석열	서울	서울법대	특수부 검사	0선	충남	60대	검찰총장	○	無	탄압	야당후보	1년	제한
한동훈					강원	50대	법무장관	비대위원장, 당 대표	다수	지원	여당후보	1년	풍부

한동훈이 불리한 점도 있다. 윤석열 탄핵 이후 대선을 치른다는 점,

자신의 보스를 탄핵하는데 찬성했다는 배신자 프레임이다. 윤석열은 국민의힘에 유력한 후보자가 전무한 상황에서 무혈입성하다시피 했지만, 한동훈은 김문수, 홍준표 한덕수 등 유력한 경쟁자들과의 경쟁에서 살아남아야 한다. 마지막으로 2022년 윤석열이 단일화 상대는 꺼져가는 촛불 안철수였지만, 한동훈은 당 후보로 선출된다 해도 단일화 대상이 떠오르는 태양 이준석이다. 정치에 만일은 없지만, 한동훈을 볼 때마다 '만일'을 되뇌게 된다.

첫 번째 만일 : 한동훈이 2024년 총선 참패 후 해외에 공부하러 나갔다면, 그래서 계엄령과 탄핵의 회오리 바람을 피할 수 있었다면.

두 번째 만일 : 국내 남은 한동훈이 2024년 가을 비대위원장으로 등단해, 용산 참모들과 갈등을 덜 빚고 진중한 자세를 보였다면.

세 번째 만일 : 한동훈이 2024년 연말 정국에서 대의 명분상 계엄령에 반대하되, 인간적 정리를 내세워 윤석열 탄핵에 발을 뺐다면.

반려동물을 키우면서 가장 어려운 일이 '기다려'를 가르치는 일이라 한다. 앉아, 서, 먹어, 먹지마 등은 반려동물들이 금방 깨우치는데, '기다려'는 무슨 말인지 가르치기 쉽지 않다고 한다. 한동훈과 한동훈의 참모들도 그 어렵다는 '기다려'를 배울 필요가 있다.

이준석

서울과학고를 졸업하고 하버드대학에서 경제학과 컴퓨터를 공부한 당대의 재사. 2012년 박근혜 한나라당 비대위원장 시절, 약관 20대에 비대위원으로 선임돼 중앙 정치 핵심으로 성큼 발을 디뎠다. 박근혜 대통령 탄생에 일정한 기여를 했으나 여의도와는 인연이 별로 없어서 선거 때마다 어려움을 겪었다. 이후 유튜브 활동 등으로 정치 활동을 이어오다가, 2021년 국민의힘 대표 경선에서 예상을 뒤엎고 대표로 선출됐다. 대표 선출은 이준석만의 힘이 아니었고, 윤석열의 대학 동기인 서울법대 79학번의 사전 정지작업이 주효한 결과물이었다.

2022년 대선 캠페인에서 다른 전략가가 제시했지만, '세대포위론'이라는 그럴 듯한 이름을 붙인 것은 이준석의 공이다. 청년층이 국민의힘을 외면하는 상황에서 2030 남성의 지지를 얻어냈으니, 또 고답적 고식적인 국민의힘 선거 캠페인에 순발력과 활력을 불어넣은 것 역시 이준석의 공이다. 젠더 갈등을 부추겨 2030 여성이 철저하게 반 윤석열로 돌아서게 만들었다는 비판론이 있긴 하나, 얻는 것이 있으면 잃는 것도 있는 법이다. 정치권 입문 전에는 야학에서 청소년을 가르쳤다 한다. 2022년 대선이 끝난 뒤 이준석은 경북 상주에 내려가 택시 운전 면허 실습을 한다. 인상은 귀공자 스타일이지만, 약속은 꼭 지키고 덜 가진 사람들의 삶에도 관심과 애정이 있는 것이다.

윤석열의 몰락은, 이준석을 대표에서 끌어내려 20대 30대 지지율이 폭락한 것이 시발점이라 할 수 있다. 이준석은 대선 이후 윤석열과의 갈등으로 당 대표직에서 밀려나고, 2024년 총선을 앞두고 개혁신당을 창당해 독립해 나갔다. 그리고 경기도 동탄에 출마해 지역구 의원이 되었다. 윤석열과 이준석의 갈등의 원인은 두 사람 모두에게 책임이 있는데, 객관적 입장에서 다음과 같이 정리할 수 있다.

1. 정치 세계의 유연성과 임기응변, 전략 홍보의 중요성을 인식하고

강조하는 이준석과 검찰식으로 매사를 법과 규정으로, 또 일사불란한 지휘 통제를 요구한 윤석열의 이해 부족.

2. 나이가 훨씬 많은데다 권위적 조직의 장 출신이지만 정치 초년병인 윤석열에 대해, 비록 나이는 훨씬 어리지만 정치인으로서는 대선배며, 공당 대표로서의 위상과 권위에 대한 존중을 요구하며 맞선 이준석. 그러지 않아도 이준석은 소속 의원과 당료, 출입기자 대부분이 '대표님'으로 호칭하기보다 입에 익은대로 '준석아'라고 부르는데 대해 내심 불쾌해 하던 상황.

3. 검찰식 사고 방식으로 보안을 중시하며, 국민의힘 입당에 관한 회동 사실과 대화 내용이 외부에 유출된데 대한 윤석열의 불쾌감. 그러나 이준석으로서는 공당의 대표로서 수행한 회동과 대화 내용을 대표 자격으로 충분히 외부에 공표할 수 있다고 생각했을 것.

4. 경선 초기 윤석열을 여러 후보 가운데 1인으로 다루려는 이준석과 서병수 경선준비위원장의 태도에 대한 윤석열 측의 불쾌감

5. 후보 확정 후 윤석열 측이 당 규정을 들어 당 사무처 인사와 재정을 책임지는 당 사무총장(선대위 선거대책본부장) 자리와 선대위 미디어본부장 인선 그리고 당 재정 자료를 요구하면서 오해 증폭

6. "윤석열이 후보가 되면 화성으로 떠나겠다"는 유튜브 발언을 비롯해 이준석의 경쾌한 때로는 경솔한 언동으로 오해와 갈등 증폭

7. 선거 승리를 위해 불가피하긴 했지만, 이준석의 앙숙인 안철수를 상의 없이 단일화하고 영입한 데 대한 이준석의 서운한 감정.

8. 그 모든 문제에도 불구하고 이준석이 2022년 대선 승리의 최고

공신이자, 보수 진영의 미래 자산 1호라는 사실만큼은 변치 않음에도 불구하고 보답하기는커녕 포용하지 못한 윤석열의 책임.

제8장

마치며

미국의 대통령은 가정과 지역사회를 지키고, 나아가 국가를 수호하는 지도자다. '이상적인 지도자'자격 조건으로 첫 인상을 결정하는 '스타일', 미남 이미지와 젊고 건강하고 말 잘하는 이미지가 가장 중요하다. 케네디의 주어진 이미지 g에는 젊고 밝은 미남의 이미지는 포함돼 있었지만, 건강한 이미지는 포함돼 있지 않았다. 그러나 내보려는 이미지 i를 기대 이상으로 잘 실행함으로써 케네디의 노출된 이미지 $\mathcal{E}$는 젊고 밝고 건강한 미남 지도자의 이미지가 되었다. 덤으로 $\mathcal{E}$에 어려운 일도 쉽게 처리하는 이상적 지도자의 이미지가 추가되었다. 닉슨의 g는 '신중하고 경험 많으며 건강한 지도자의 이미지'였지만, 효과적이지 못하고 실행 불가능한 i의 결과 닉슨의 $\mathcal{E}$는 경험이 많은지는 모르나 늙고 병약한 정치인의 이미지가 되었다.

g가 밝고 건강하며 매사 긍정적이고 유머감각 있는, 아메리칸 드림 지도자의 이미지였던 레이건은, 본인의 놀라운 연기력(이 자체도 g의 일부지만) 덕분에 매우 광범위하고 극적인 i를 실행할 수 있었고, 그래서 레이건의 $\mathcal{E}$는 '위대한 미국, 위대한 지도자'가 될 수 있었다. 카터의 g는 '도덕적 서민적 지도자 이미지'였지만, 외교 안보 상황과 경제가 악화된데다 본인의 연기력도 부족해 i의 선택지가 제한되었고, $\mathcal{E}$는 패배주의적이고 허약한 이미지가 될 수밖에 없었다.

클린턴의 g는 젊고 건강하고 붙임성있고, 가난하게 자랐지만 명문대학을 졸업하고 일찍 고위직에 오른 이상적인 지도자의 이미지였다. 참모진이 당초 세운 i는 '아이들한테 이야기해줄 동화의 주인공'의 풍요로운 이미지였다. 그러나 갖가지 스캔들이 g에 덧칠돼 비호감형으로 전락할 위기에 처하자 '돌아온 탕아' 이미지로 전략 i를 대폭 수정했고, 클린턴이 잘 소화해냄으로써 $\mathcal{E}$는 '돌아온 탕아'라는 호감형 이미지가 되었다. 부시의 g는 '명문가 출신 전쟁 영웅 엘리트'라는 호감형 이미지였지만, 대선공약을 깬 증세(增稅)로 본인의 노출된 이미지 $\mathcal{E}$에는 거짓말쟁이 이미지와 불통 이미지가 덧칠되면서 패배했다.

한국에서는 삶의 역정에서 자연스럽게 우러나오는 이미지 g가 가장 중요한 이미지다. 1997년 김대중의 g는 '늙고 병들고 부패한 민주투사'의 비호감형 이미지였다. 김대중은 i를 '경제를 알고, 경험많고 밝은 의회주의자' 이미지로 구성해 실행했고, 의도한대로 김대중의 $\mathcal{E}$는 '알고보면 부드러운 남자', '준비된 대통령'의 이미지가 되고 대선에서 승리했다.

2002년 노무현은 g '과격하고 도전적인 민주투사'를 잘 수정보완한, '바보 노무현', '서민대통령' 전략 i를 수립하고 잘 수행해 유권자들에게 $\mathcal{E}$ '우리 대통령'을 얻는데 성공했다. 이회창은 g '대쪽판사'를 확장하는 전략 i를 수립하는데 실패하고, 병역비리 의혹 사건으로 $\mathcal{E}$가 '부러진 대쪽'으로 고착돼 세 차례 선거에서 실패했다.

2007년 이명박은 '개발시대의 성공한 CEO'라는 g를 확장하는, '성공한 서울시장'의 실적을 더해 이미지 전략 i '실천하는 경제대통령'을 채택하고 수행해, 치열한 네거티브 공세에도 불구하고 $\mathcal{E}$가 '경제를 살리는 대통령'이 되었다. '성공한 방송인'의 g를 가진 정동영은 잘 연결되지 않는 전략 i '개성동영'으로 '콘텐츠부족'을 $\mathcal{E}$로 받아들고 말았다.

단아한 얼굴과 자세, 꼭 다문 입술과 또박또박한 말씨 그리고 대통령의 딸이라는 박근혜의 본질에서 서민 이미지를 연상할 수는 없다. 그러나 2012년 박근혜는 '박정희의 딸'과 '선거의 여왕' g에 '원칙과 신뢰'를 감성적으로 소구하는 i 전략으로 현직 이명박과의 거리두기를 본격화하고, '준비된 여성대통령'이라는 $\mathcal{E}$를 얻었다. 2017년 '노무현의 비서실장'을 g로 가진 문재인은, 탄핵된 여성 대통령과 대비시키는 진보 진영의 든든한 맏형으로 i 전략을 구성해, '든든한 대통령' $\mathcal{E}$를 얻었다.

미국에서는 유리한 이미지 요소가 한국에서는 불리하고, 한국에서 유리한 이미지 요소가 미국에서는 불리한 경우가 꽤 많다. 나이, 스타일, 건강, 상속, 명문대학, 여의도 경험(또는 워싱턴 인사이더), 토론 우위 등에서는 상반되는 경향이 나타난다.

절룩거리는 모습이 노출돼 선거에 패배한 미국 정치인은 1960년 닉슨, 1976년 카터, 2016년 힐러리 클린턴 등 3명이나 된다. 한국에서는 다리가 불편한 김대중이 이겼다. 외모와 젊음, 건강, 음성과 언변을 중시하는 미국식 '지도자의 이미지'는 한국에서는 미래 지도자의 이미지에 결정적인 요소는 아니다. 한국은 60대 미만 대통령 당선자는 단 2명으로 경륜이나 경험을 매우 중시하며, 건강이나 언변도 큰 영향이 없어서 당선자 5명이 어눌한 토론자였다. 루즈벨트 이래 15명의 대통령 가운데 예일 출신 4명을 포함해 아이비리그와 사관학교 출신이 11명일 정도로 미국에서는 크게 유리한 명문대 이력은 한국에서는 불리하게 작용하는 경우도 있었다. 한국은 명문대 출신은 사관학교 포함해 4명이다.

미국은 워낙 넓고 커서 전국 유권자들이 잘 알지 못하는 정치인이 대권 주자로 급부상할 경우 외모나 언변 등의 스타일과 명문가, 명문대 출신이 호감형 이미지를 결정하는 요인일 수밖에 없을 것이다. 그러나 한국 유권자들은 외모나 언변, 가문이나 학교 등 명목상의 이미지보다 구체적인 삶의 역정을 중시한다.

미국에서 아메리칸 드림으로 표현하는 자수성가형 지도자는 양국에서 모두 높이 평가된다. 다만 미국은 세습된 부나 권력에 거부감이 크지 않으나 한국은 세습 권력은 박근혜(그마나 아버지 사후 36년 뒤) 단 한 명이며, 부를 세습한 경우는 단 한 명도 없다. 차라리 극빈 계층 출신과 비명문대(또는 고졸) 출신이 더 대우받는다.

두 나라 모두 직업 공무원은 대통령 되는데 큰 이점이 없어 보인다. 미국은 전무하고, 한국도 고건, 반기문, 황교안이 모두 실패했다. 노무현과 문재인도 직업 공무원은 아니었고, 김영삼, 김대중, 박근혜는 국회의원 외에 공직 경험이 없다. 미국은 카터 이후 워싱턴 외부 인사들이 단 한 명을 제외하고 모두 승리했으나, 한국은 7명이 여의도 정치 유경험자로, 2017년 문재인 이외의 모든 당선자는 낙선자보다 선수가 같거나 더 높았다. 미국 유권자는 워싱턴 내부자를 불신하고 외부에서 지도자를 찾는 적극적 유권자라면, 한국 유권자는 여의도 경험을 비난하면서도 신뢰하는, 보수적 유권자라 할 수 있겠다.

단체장, 기업인은 미국에서는 유리하나 한국에서는 큰 도움 되지 않는다. 미국에서는 1976년 50년 동안 대통령 8명 가운데 4명이 주지사 출신이고, 부시 부자와 트럼프 등 기업인 출신 대통령이 꽤 있고, 케네디도 성공한 기업인 집안 출신이다, 그러나 한국은 광역단체장 출신, 기업인 출신은 이명박 단 한 명이다. 앞으로는 변화가 예상된다.

미국은 전쟁 영웅을 높이 치지만 한국에서는 민주화 투사 경력이 절대적이다. 한국은 직업 군인 출신 대통령이 3명이나 배출됐지만 애석하게도 전쟁 영웅은 단 한 명도 없다. 이승만 초대 대통령이 독립운동 전력이 있었다. 도덕성은 중요한 덕목인데, 여의도 정치인이나 기업인 출신 정치인에게는 관대했고, 여의도 경력이 짧은 참신한 정치인에게는 잣대가 가혹했다. 소통과 서민 행보, 민주화 투사의 이미지는 득표에 매우 유리한 조건이었다.

[전제와 가설의 검증]

전제	미국 정치에서는 스타일, 언변 등이 정치 지도자의 이미지를 구성하는 중요한 요소다.	
가설 1	한국 유권자가 생각하는 지도자(대통령)의 이미지는 미국 유권자가 생각하는 지도자의 이미지와 다르다.	입증
가설 1-1	한국 유권자가 생각하는 지도자의 이미지는 그가 살아온 삶의 역정 자체다.	입증
가설 1-2	한국에서도 미국식 지도자의 이미지상은 제한적으로 유효하다.	입증
가설 2	정치인의 이미지는 슬로건, 메시지, 스케줄로 구체화·강화 또는 보완될 수 있다.	입증
가설 2-1	정치인의 이미지는 부적절한 슬로건, 메시지, 스케줄로 희석·약화 또는 파괴될 수 있다.	입증

이미지는 그냥 만들어지지 않는다. 후보의 삶의 궤적이 후보가 내보려는 이미지와 일치하라는 법도 없고, 유권자가 선호하는 이미지들이 후보자의 철학이나 삶과 일치하라는 법도 없다. 후보의 삶의 궤적, 후보자가 내보려는 이미지, 선거운동 전략, 정책 등의 다양한 요소의 매트릭스가 시너지를 내려면 방향성이 일치해야만 한다.

대통령이 되기 위해서는 탁월한 g만으로는 부족하며, 이미지 전략 즉 참모진이 수립한 내보려는 이미지 i를 잘 수행할 수 있는 능력이 후보자에게 절대적으로 요구된다. g에 취약점이 있을 경우에는 보완하거나 수정해 내보려는 전략 i를 계획할 수밖에 없다. 후보자는 최소한 i를 수행할 정도의 연기력이 필요하다. 그게 승부의 요체라 할 수 있다.

미국은 미래 지향적 이미지, 밖으로 나아가는 이미지, 비전을 중시하는 경향이 있다. 미국 유권자가 가장 선호한 구호는 '위대한 미국'이었다. 한국의 유권자는 아직도 이상적인 대통령 이미지를 형성하지 못한 것으로 보인다. 과거회고적인 투표가 자주 이뤄져서인지 미래형 지도자는 별로 선택된 적이 없다.

앞으로 한국 대선에서는 TV토론에 대한 더 철저한 대비가 필요할 것이다. 2012년 대선 이전처럼 한국 유권자에게 익숙한 얼굴이 후보자가 된다면 텔레비전 토론의 효과는 계속 제한적일 것이다. 그러나 2017년 대선에서처럼 유권자에게 생소한 얼굴이 후보자가 된다면 TV토론은 미국 대선에서처럼 승패를 결정짓는 요인이 될 수도 있다. 앞으로 대선 후보들은 TV 토론에 대해 더 철저히 준비해야 할 것이고, 당연히 더 흥미로우면서도 후보자의 진면목 g를 노출시킬 수 있는 TV토론의 포맷과 진행 방식을 연구해야 할 것이다.

참고문헌 ···

단행본

강인식, 『함병권, SNS로 승부하라』, 서울 : 아이엠북, 2012.

고문현, 『헌법학개론』, 서울 : 박영사, 2020.

권영성, 『헌법학원론』, 서울 : 법문사, 2010.

허영, 『헌법이론과 헌법』, 서울 : 박영사, 1998.

고건, 『공인의 길』, 서울 : 나남, 2017.

김구철, 『특종을 만드는 TV뉴스 이렇게 취재한다, 개정판』, 서울 : 커뮤니케이션
　　　　북스, 2012.

김구철, 『제국의 몰락』, 서울 : 책생각, 2013.

김구철, 『대선전략 예측 2017대선』, 서울 : 리딩라이프북스, 2017.

김대우, 김구철, 『여풍당당 박근혜』, 서울 : 행복에너지, 2012.

김대중, 『행동하는 양심으로』, 서울 : 금문당, 1985.

김대중, 『새로운 시작을 위하여』, 서울 : 김영사, 1993.

김대중, 『나의 길 나의 사상』, 서울 : 한길사, 1994.

김대중, 『다시, 새로운 시작을 위하여』, 서울 : 김영사, 2005.

김대중, 『김대중 자서전 1, 2』, 서울 : 삼인출판사, 2010.

김대호, 『윤범근, 안철수의 생각을 생각한다 : 안철수와 대한민국이 사는 길』,
　　　　서울 : 필로소픽, 2012.

김영삼, 『김영삼 회고록 : 민주주의를 위한 나의 투쟁1, 2, 3』, 서울 : 백산서당,
　　　　2015.

김운찬, 『현대 기호학과 문화 분석』, 서울 : 열린책들, 2005.

김윤중, 『위대한 대통령 로널드 레이건 평전 : 미국 보수주의 영웅의 삶과 리더
　　　　십 이야기』, 서울 :더로드 출판, 2016.

김철수, 『헌법학신론』, 서울 : 박영사, 2013.

김춘식, "대통령 선거와 정치광고,"서울 : 한국방송광고공사, 2005.

김형곤, 『로널드 레이건 : 가장 미국적인 대통령』, 서울 : 살림지식총서, 2007.

노무현, 『여보 나 좀 도와줘』, 서울 : 새터, 2007.

노무현, 『운명이다』, 서울 : 돌베개, 2012.

노무현 『리더십 이야기』, 서울 : 돌베개 2014.

노무현, 『성공과 좌절』, 서울 : 돌베개, 2009.

문재인, 이나미, 『운명에서 희망으로 : 문재인이 말하고, 심리학자 이나미가 분
　　　석하다』, 서울 : 다산북스, 2017.

문재인, 문형렬(편), 『대한민국이 묻는다 완전히 새로운 나라, 문재인이 답하다』,
　　　서울 : 21세기 북스, 2017.

박근혜, 『평범한 가정에 태어났더라면』, 서울 : 남송, 1993.

박근혜, 『내마음의 여정』, 서울 : 한솔미디어, 1995.

박근혜, 『결국 한 줌 결국 한 점』, 부산 : 부산일보 출판국, 1998.

박근혜, 『나의 어머니 육영수』, 서울 : 사람과사람, 2000.

박근혜, 『절망은 나를 단련시키고 희망은 나를 움직인다』, 서울 : 위즈덤하우스,
　　　2007.

박목월, 『육영수여사』, 서울 : 삼중당, 1976.

박상철, 『정치법학의 임무』, 서울 : 지정, 1999.

박상철, 『한국정치법학론』, 서울 : 리북, 2008.

박상철, 『정치놈, 정치님』, 서울 : 솔과학, 2017.

방송통신위원회, 『KBS경영평가』, 서울 : 방송통신위원회, 2019.

서경선. 『선거전략 노하우』, 서울 : 리딩 라이프북스, 2012.

시사저널, 『어느 편이냐고 묻는 이들에게 : 시대의 지성들이 답한다』, 서울 : 시
　　　사저널, 2019.

안철수, 『CEO 안철수, 지금 우리에게 필요한 것은』, 서울 : 김영사, 2004.

안철수, 『행복 바이러스』, 서울 : 리젬, 2009.

안철수, 제정임(편), 『안철수의 생각 : 우리가 원하는 대한민국의 미래 지도』, 서
　　　울 : 김영사, 2012.

안철수, 『내가 달리기를 하며 배운 것들』, 서울 : 21세기북스, 2019.

안철수, 『우리의 생각이 미래를 만든다』, 서울 : 21세기북스, 2020.

이명박, 『신화는 없다』, 서울 : 김영사, 1995.

이명박, 『흔들리지 않는 약속』, 서울 : 랜덤하우스, 2007.

이명박, 『어머니』, 서울 : 랜덤하우스, 2007.

이명박, 『온 몸으로 부딪혀라 : 위기를 성공으로 이끄는 힘』, 서울 : 랜덤하우스, 2007.

이명박, 『대통령의 시간 2008-2013』, 서울 : 알에이치코리아, 2015.

이인제, 『출발선에 다시 서서』, 서울 : 따뜻한 손, 2003.

이인제, 『한라에서 백두를 보네』, 서울 : 시사미디어, 2007.

이인제, 『통일은 경제다』, 서울 : 북앤피플, 2014.

이현우, 『광고와 언어』, 서울 : 커뮤니케이션북스, 1998.

이회창, 『아름다운 원칙』, 서울 : 문예당, 2002.

이회창 『회고록 1(나의 삶 나의 신념』, 서울 : 김영사, 2017.

이회창 『회고록 2(정치인의 길』, 서울 : 김영사, 2017.

장성민, 김종혁, 『김대중, 다시 정권교체를 말하다』, 서울 : 중앙북스, 2012.

정상대, 『한국 대통령선거의 정치커뮤니케이션 연구 : 제13, 14, 15대 대선 후보들의 미디어전략 비교분석』, 서울 : 단국대학교, 2000.

정성훈, 『사람을 움직이는 100가지 심리법칙』, 서울 : 케이앤제이, 2011.

홍준표, 『홍검사 당신 지금 실수하는 거요』, 서울 : 둥지, 1996.

홍준표, 『나 돌아가고 싶다』, 서울 : 행복한집, 2005.

홍준표, 『이 시대는 그렇게 흘러가는』, 서울 : 문예당, 2000.

홍준표, 『변방』, 서울 : 형설라이프, 2009.

홍준표, 『홍준표가 답하다 : 변방에서 중심으로』, 서울 : 봄봄스토리, 2017.

홍준표, 『소신이 있으면 두려움이 없다』, 서울 : 실크로드, 2017.

홍준표, 『꿈꾸는 옵티미스트』, 서울 : 봄봄스토리, 2018.

홍준표, 『당랑의 꿈』, 서울 : 실크로드, 2018.

홍준표, 『꿈꾸는 대한민국』, 서울, 봄봄스토리, 2020.

논문

강신구, "대선비용과 정치자금," 한국정당학회, 『19대 대통령선거 외부 평가』, 2017.

강신구, "대선 선거비용 및 정치자금제도의 변화와 평가," 한국정당학회, 『18대 대통령선거 외부 평가』, 2013.

강원택, "2007년 대통령 선거와 이슈," 한국정당학회, 『19대 대통령선거 외부 평가』, 2008.

경제희, "제18대 대선에서의 유권자 투표 행태 분석," 한국정당학회, 『19대 대통령선거 외부 평가』, 2013.

구교태, "한국 방송의 선거보도 특성에 관한 연구 : 2007 대통령 선거방송보도를 중심으로," 『언론과학연구』, 2008.

구교태 외 2명, "선거방송토론의 효과에 대한 연구 : 2006년 대구시장 후보 토론방송을 중심으로," 『한국언론학보』, 2007.

구본상, "제19대 대통령 선거에서 드러난 선거여론조사의 쟁점과 제안, 19대 대통령선거 외부 평가," 한국정당학회, 『19대 대통령선거 외부 평가』, 2017.

금혜성, "18대 대통령 후보들의 뉴미디어 선거전략 평가," 『21세기 정치학회보』, 2014.

금혜성, "SNS와 Mobile 선거운동의 영향력 평가," 한국정당학회, 『19대 대통령선거 외부 평가』, 2013.

기현석, "정치자금법의 위헌심사기준에 대한 연구 : 법인 단체의 정치자금 기부금지 관련 결정을 중심으로," 『선거연구』, 4호, 2013.

김관규 외 2명, "후보의 텔레비전토론 효과연구 : 2006년 서울시장 선거를 중심으로," 『언론과학연구』, 6권 4호, pp. 51-88, 2006.

김광수 외 2명, "정치 후보자에 관한 유권자의 인지 구조," 『한국언론학보』, 제48권 5호, pp. 243-269, 2004.

김광웅 최명, "민주정치의식과 국가이념," 김광웅 편, 『한국의 선거정치학』, 서울 : 나남, 1990.

김구철, "뉴레이버와 제3의 길," 현실과전망연구회(편), 『21세기 한국정치디자인』, 서울: 지정, 1999.

김대근 외, "가짜뉴스 등 허위사실 유포로 인한 사이버상 유권자의사 왜곡 방지에 관한 연구,"『중앙선거관리위원회 연구용역보고서』, 서울 : 중앙선거관리위원회, 2017.

김동윤 외 2명, "한일 언론의 상대국 국가정상에 대한 보도양상과 이미지 프레임 연구 : 언론 미디어의 국적과 이념적 지향성을 중심으로,"『일본근대학연구』, 2016.

김만기 외 1명, "한국 최근 정치 캠페인에서 나타난 크리에이티브한 선거광고홍보전략 트렌드 분석 2010 6. 2. 지방선거, 2011. 10. 26 보궐선거, 2012. 4. 11 총선, 2012. 12. 19 대선,"『디지털융복합연구』, 2013.

김범수, "서울수도권 지역선거 분석 : 중도 유권자들의 정치세력화와 정책균열에 의한 3당 체제로의 재배열,"한국정당학회,『19대 대통령선거 외부 평가』, 2017.

김선종, "선거문화와 정치참여,"김광웅 편, 『한국의 선거정치학』, 서울 : 나남, 1990.

김성준, "선거와 지역편중, 김광웅 편, 한국의 선거정치학," 서울 : 나남, 1990..

김수영, "텔레비전 정치광고 표현요소에 관한 연구 - 제15대와 제18대 정치광고를 중심으로 -,"『지방자치연구』, 2016.

김연주, "선거 결과에 영향을 미치는 정치 후보자의 이미지와 광고 전략," 『단국대학교 박사학위 논문』, 2018.

김영기, "선거운동정보의 전송제한 법안의 실효성에 관한 연구," 『선거연구』, 9호, 2018.

김영수, "정치인 이미지에 관한 연구, 『신문과방송』, 2001.

김영태, "정당과 후보자의 선거운동, 17대 대통령선거 외부 평가,"한국정당학회, 『17대 대통령선거 외부 평가』, 2008.

김원용 외 2명, "국내 정치인의 웹사이트 관련 시각적 이미지 연구:홈페이지에 게재된 사진을 중심으로," 『사이버커뮤니케이션학보(2006)

김재범 외 1명, "스포츠 스타 이미지 구성요인과 선호도 결정요인(2003)

김재범, "2002년 대선 예비후보자 TV토론의 문제점과 개선방안 : 정치홍보적 성격의 개선을 중심으로," 『한국광고홍보학보』, 2002.

김재온 고병철, "선거행태와 사회발전," 김광웅 편,『한국의 선거정치학』. 서울 : 나남, 1990.

김정미 외 2명, "역대 정부의 위기커뮤니케이션 전략 비교연구,"『정치커뮤니케이션연구』, 2007.

김정훈, "18대 대선의 의미와 진보의 재구성 : 파국적 균형을 넘어,"『경제와 사회』. 2013.

김종갑, "승자 독식의 선거제도 개혁을 위한 대안 모색,『선거연구』, 5호, 2014.

김주호, 손주영, "선거포스터가 제 19대 대선후보의 리더십 이미지 및 리더 신뢰, 그리고 리더 선택에 미치는 영향 : 20대 대학생들의 대선 포스터 평가를 중심으로,"『광고학연구』, 30권 5호, 2019.

김준석, "선거관리위원회 단속 활동 평가와 발전방향,"한국정당학회,『19대 대통령선거 외부 평가』, 2017.

김준한, "선거에서의 투표권력," 김광웅 편,『한국의 선거정치학』, 서울 : 나남, 1990.

김지연 외 1명, "텔레비전을 통한 정치적 패러디 : YTN 돌발영상, KBS 시사투나잇, MBC 무한도전의 사례를 중심으로,"『언론과학연구』, 2010.

김지영, "이미지와 정치," 한국연구재단, 2011

김지윤, "제18대 대통령 선거에서 나타난 선거운동의 변화와 평가,"한국정당학회,『19대 대통령선거 외부 평가』, 2013.

김춘식 외 2명, "텔레비전 정치광고에 나타난 시각적 표현에 관한 한 미간 차이 연구 : 2012년 대통령선거 정치광고 내용분석을 중심으로,"『현대사진영상학회 논문집』, 2015.

김춘식 외 1명,"1997년 대통령선거 후보자의 텔레비전 토론 수사 분석,"『언론과학연구』, 2006.

김춘식, "선거 뉴스와 미디어선거캠페인 노출이 정치 지식과 정치 참여에 미치는 영향 : 오프라인 온라인 시민 정치커뮤니케이션의 매개 역할 검증,"『언론과학연구』, 2013.

김학수, "선거여론조사와 언론, 김광웅 편, 한국의 선거정치학, 서울: 나남, 1990.

김현주, "대통령 후보에 대한 이미지 형성과 커뮤니케이션,"『한국방송학보』, 1999.

김형국, "제13대 대통령선거의 투표행태에 대한 지정학적 연구," 김광웅 편, 『한국의 선거정치학』, 서울 : 나남, 1990.

김형준, "중앙선거관리위원회의 선거관리 공정성 평가,"한국정당학회,『17대 대통령선거 외부 평가』, 2008.

김형철, "시민단체의 선거참여활동이 유권자의 투표결정에 미치는 영향 : 제19대 대통령선거를 중심으로,"한국정당학회,『19대 대통령선거 외부 평가』, 2017.

김혜성, "18대 대선후보자의 이상적 이미지 유형에 대한 연구," 『주관성연구:Q방법론 및 이론』, 2013.

나미수 외 1명, "한국과 미국의 대선 정치광고 서사구조의 비교 연구 : 한국의 17대 대통령 선거와 미국의 44대 대통령 선거를 중심으로,"『한국언론학보』, 2010.

남궁영, "제17대 대통령선거 예비후보의 이미지에 대한 유권자 유형 연구, 『주관성연구 : Q방법론 및 이론』 2016.

남인용 외 1명, "대권 예비후보자 관련 신문기사의 네트워크 분석과 홍보전략," 『한국정당학회보』, 2007.

동성혜, "한국정치에서의 정치 빅데이터와 유용성 분석 : 선거전략과 여론분석 활용을 중심으로, 『경기대학교 박사학위논문』, 2018.

류지영 윤광일, "한국사회 정치균열의 변화 : 2005년, 2010년 및 2015년 조사결과 비교,"『선거연구』, 9호, 2018.

민영, "뉴스미디어, 캠페인 미디어, 그리고 정치 대화가 후보자 이미지와 정치적 의사결정에 미치는 영향 : 제17대 대통령 선거를 중심으로,"『한국언론정보학보』, vol.44, no.4, pp. 108-143, 2008.

박노일 외 2명, "여성 정치후보자의 미디어 프레임에 따른 남녀 수용자 인식 차이 연구,"『한국언론학보』, Vol. 51, No.2, pp. 256-282, 2007.

박경미, "호남지역의 대선 경쟁구도와 결과,"한국정당학회,『19대 대통령선거 외부 평가』, 2017.

박경미, 선거운동 규칙의 적용과 평가,"한국정당학회,『17대 대통령선거 외부 평가』, 2008.

박상철 외, "정당의 사회적 기반 확대방안 연구 : 국민 참여 방안을 중심으로," 『2019년도 선거연수원 연구용역보고서』, 서울 : 한국정치법학연구소, 2019.

박상희, "안철수의 포스터에 드러난 "불−안감』sense of dis-ease: 不−安感)" : 19대 대선 안철수 후보 포스터에 대한 시각정치적 언어 연구,"『정치커뮤니케이션 연구』, Vol.0 No.57, 2020.

박성복, "투표와 정책 평가 : 정치적 위상 구조와 관련하여, 김광웅 편,『한국의 선거정치학』, 서울 : 나남, 1990.

박영환, "영남지역주의의 쇠퇴? 19대 대통령선거에서 영남지역 보수층의 표심 분석,"한국정당학회,『19대 대통령선거 외부 평가』, 2017.

박용상, "네거티브 선거캠페인의 유용성 연구:한미 대통령 선거 비교,"『경기대학교 박사학위 논문』, 2019.

박종민 외, "트위터를 통한 정치인 자아표현과 공중과의 상호 커뮤니케이션: 고프만(E. Goffman)의 연극적 분석법과 틀 분석의 적용,"『한국언론학보』, 제 57권 5호, 2013.

박종진, "사전투표제의 효용성과 발전 방안 연구,"『선거연구』, 4호, 2013.

박찬욱, "선거과정과 대의정치," 김광웅 편, 『한국의 선거정치학』, 서울 : 나남, 1990.

박태열, "정치인들의 이미지 회복 전략에 대한 수사학적 접근: 이해찬 국무총리의 황제골프 파문을 중심으로,"『한국광고홍보학보』, 2006.

반현, "선거후보자의 이미지 특성에 관한 연구 : 2차 의제설정 이론을 중심으로,"한국언론학보, Vol.48 No.4, pp. 175−197, 2004.

배정아 외 3명, "6.4 지방선거에 나타난 정책이슈의 역동성: 민선 6기 지방선거 공약의 내용 및 연결망 분석을 중심으로,『지방행정연구』제29권 제1호, pp. 177−205, 2015.

백진숙, "Coombs의 관점으로 본 성희롱(sexual harassment) 사건에 대한 정치인의 위기 커뮤니케이션 전략,"『한국위기관리논집』제4권 제2호, pp. 32~42, 2008.

서대호 외 2명, "댓글 분석을 통한 19대 한국 대선 후보 이슈 파악 및 득표율 예측,"『지능정보연구』, 24(3), pp. 199-219, 2018.

서복경, "정당과 후보자의 선거운동 변화와 효과,"한국정당학회,『19대 대통령선거 외부 평가』, 2017.

서복경, "사회균열과 정당정치 : 제16대 대선과 제 18대 대선의 비교,"한국정당학회,『18대 대통령선거 외부 평가』, 2013.

성승환, "민주주의와 선거 : 민주주의와 대표제의 개념을 중심으로," 『선거연구』, 5호, 2014,

손병권, "정당제도(party arrangement)와 선거환경(electoral environment) : 유동성과 예측 불가능성의 증가-17대 대선을 중심으로,"한국정당학회,『17대 대통령선거 외부 평가』, 2008.

송건섭 외 1명, "유권자의 후보자 선택의 영향요인 분석,"『한국지방자치학회보』, 제20권 제1호, pp. 5-30, 2008.

송기중, "세계의 문자와 한글,"『언어』, 16(1), 1991.

신도철 민병원, "민주정치의식과 정치성숙도," 김광웅 편, 『한국의 선거정치학』, 서울 : 나남, 1990.

신병률, "조선만평에 등장하는 노무현 대통령의 이미지에 관한 탐색적 연구," Social Science Research Review, 2009.

안선경 외 1명, "위기에 대처하는 정당의 이미지 회복 전략 분석 : 16대 불법 대선 자금 사건에 대한 수사학적 접근,"『홍보학연구』, 2004.

안용흔, "2012년 양대 선거와 한국 민주주의,"한국정당학회,『18대 대통령선거 외부 평가』, 2013.

안종기 이내영, "투표선택에 미치는 정치후보자 이미지의 효과와 역할: 한국의 2012년 제18대 대통령선거 분석,"『한국정치연구』, 27권 1호, 2018.

안효종 한기영, "미국의 선거인단제도와 부동주(swing state),『선거연구』, 8호, 2017.

우형진, "형식 파괴 뉴스 프로그램에서 묘사되는 한국 정치현실에 대한 프레임 분석 : YTN 〈돌발영상〉을 중심으로,"『한국언론학보』, 50(1), pp. 192-220, 2006.

유성진, "2012년 대선과 정당의 후보선출 : 새누리당과 민주통합당을 중심으로,"한국정당학회,『18대 대통령선거 외부 평가』, 2013.

유진숙, "공천개혁과 정당모델 담론,"『선거연구』, 4호, 2013.

윤광일, "제19대 대통령선거에서 나타난 유권자 기본 심리특성의 영향 : 가치와 정치이데올로기를 중심으로,"『선거연구』, 8호, 2017.

윤기석, "2017년 프랑스 대통령선거와 정당체계 재편이 한국에 주는 시사점,"『선거연구』, 8호, 2017.

윤성이, "17대 대선에 나타난 온라인 선거운동의 특성과 한계,"『한국정치학회보』, 2008.

윤성이, "인터넷 선거운동의 효과,"한국정당학회,『17대 대통령선거 외부 평가』, 2008.

윤종빈, "한국 정당운영의 현황과 당내 민주주의 실현을 위한 과제," 『선거연구』, 8호, 2017.

윤천주, "투표참여의 변화와 정치발전," 김광웅 편,『한국의 선거정치학』, 서울 : 나남, 1990.

은종태, "매니페스토 정책선거의 활성화에 관한 연구,"『선거연구』, 4호, 2013,

이갑윤, "투표행태와 민주화,"김광웅 편, 『한국의 선거정치학』, 서울 : 나남, 1990.

이강형, "대통령 후보의 텔레비전 토론이 후보 이미지 변화에 미치는 효과 : 제16대 대통령선거 후보토론회 패널 조사 연구, 『한국언론학보』, 제48권 2호, pp. 346-372, 2004.

이동윤, "비방 흑색선전 양상과 영향, 선거관리위원회 단속활동,"한국정당학회, 『18대 대통령선거 외부 평가』, 2013.

이동윤, "당내 후보경선제도의 적용과 평가,"한국정당학회,『17대 대통령선거 외부 평가』, 2008.

이수범 김용준, "제19대 대통령선거 TV토론의 설득전략 연구,"『선거연구』, 8호, 2017.

이수범, "텔레비전 정치광고의 비디오 스타일에 관한 연구 : 제 18대 대통령 선거의 내용 분석을 중심으로,"『선거연구』, 5호, 2014.

이수범, "제17대 대통령 선거의 정치광고에 관한 연구,"『정치커뮤니케이션연구』, 통권8호, pp. 87-113, 2008.

이수범 김용준, "19대 대통령선거 TV토론의 설득전략 연구,"『선거연구』, 8호, 2019.

이수범, "텔레비전 정치광고의 비디오 스타일에 관한 연구 : 제18대 대통령선서의 내용 분석을 중심으로",『선거연구』 5호, 2013.

이수범 문원기, "선거 캠페인의 SNS를 활용한 위기커뮤니케이션 전략에 관한 연구 : 18대 대통령 선거를 중심으로,"『선거연구』, 4호2013.)

이영화, "서울시장 후보자의 이미지 유형과 캠페인 전략에 관한 연구,"『주관성연구 : Q방법론및이론』, 2006.

이영화, "제19대 대통령 선거포스터에 나타난 시각표현 요소 연구," 『한국융합학회논문지』, vol.8, no.6, 2017.

이옥연, "2004년 미국 대선 양당 후보들의 TV 광고:30초에 거는 승부,"『국제지역연구』, 9권 1호, pp. 227-256, 2005.

이인성 외 2명, "정책이슈에 대한 유권자의 심리적 거리가 유머 소구를 활용한 정치광고 효과에 미치는 영향 : 정치관여도의 조절적 역할을 고려하여," 『광고PR실학 연구』, 제9권 제3호, pp. 166-187, 2016.

이재묵, "19대 대선과 TV토론회 : 제도 평가와 효과 분석,"한국정당학회,『19대 대통령선거 외부 평가』, 2017.

이재철, "투표 참여 분석 : 19대 대통령 선거,"한국정당학회,『19대 대통령선거 외부 평가』, 2017.

이재철, "제18대 대통령 선거에서 유권자의 선거 참여 분석 : 연령별 비교, 제18대 대통령선거 외부평가,"한국정당학회,『18대 대통령선거 외부 평가』, 2013.

이준웅, "후보 이미지의 정치적 영향력에 대한 사회 인지론적 설명: 15대 대통령 선거를 중심으로,"『한국언론학보』, 43권 2호, 1998.

이준웅, "대통령 후보에 대한 정서적 반응의 형성과 정치적 효과,"한국언론학보 제51권 제 5호, pp. 111 137, 2007.

이준한, "한국의 민주적 정당공천제 : 책임형 국민참여경선제,"『선거연구』, 5호, 2014.

이준호 외 1명, "대통령선거 정치광고 노출이 대학생에게 미치는 인지적, 감정적, 태도적 차원의 영향,"『언론학연구』, 2013.

이지호, "제18대 대통령선거에서 나타난 긍정적 부정적 이슈가 투표 참여 및 투표 결정에 미친 영향, 제18대 대통령선거 외부평가,"한국정당학회,『18대 대통령선거 외부 평가』, 2013.

이철한, "정치담론의 기능적 분석 연구 : 2011년 서울시장 선거 텔레비전 토론,"『정치커뮤니케이션연구』, 2013.

이현우, "정치의식과 투표율,"한국정당학회,『17대 대통령선거 외부 평가』, 2008.

이혜미 외 2명, "국내 언론매체의 이념성향과 뉴스구성에 대한 연구 : 미 대선 후보 '버니 샌더스' 관련 보도의 의미연결망 분석을 중심으로,"『한국콘텐츠학회 논문지』, 2016.

이호영 외, "16대 대선의 미디어선거 홍보전략 비교 연구 : 노무현 이회창 후보의 미디어전략 비교 분석,"『정치커뮤니케이션 연구』, 2005.

이효성 외, "제19대 대통령 선거 후보자 TV토론회 효율적 운영방안 연구,"『중앙선거방송토론위원회 연구용역 보고서』, 한국정치커뮤니케이션학회, 2016.

임미영 외 3명, "박근혜에 대한 보도 프레임 분석 : 조선일보와 한겨레를 중심으로(2010)

임성학, "선거비용 및 정치자금제도의 적용 및 평가,"한국정치학회, 17대 대통령 선거 외부 평가," 2013.

임성학 , "선거비용 및 정치자금제도의 적용 및 평가,"한국정당학회,『17대 대통령 선거 외부 평가』, 2008.

임성학, "제16대 총선 선거자금의 조달과 지출,"『한국정치학회보』, 36 (3), 2002.

장우영 송경재, "정치참여와 소셜미디어 정보순환 효과 : 2016년 촛불집회 참가자 현장설문조사를 중심으로,"『선거연구』, 8호, 2017.

장우영 외 1명, "소셜미디어와 선거정치 : 오바마 웹 캠페인의 연계와 동원 전략,"『한국정당학회보』, 2011.

장혜영, "19대 대통령 선거운동방식의 변화와 평가,"한국정당학회,『19대 대통령 선거 외부 평가』, 2017.

전영란, "TV토론에 나타난 선거캠페인 수사에 관한 분석 : 대통령 선거와 서울시장 선거를 중심으로,"정치커뮤니케이션연구, no. 15, pp. 319-366, 2009.

전용주 외, "제18대 대통령선거 매니페스토 아젠다 개발,"『중앙선거관리위원회 용역보고서』, 2013.

전용주, "시민단체의 선거활동 평가,"한국정당학회,『17대 대통령선거 외부 평가』, 2008.

정성호, "대통령 후보자 이미지에 관한 유형 연구,"『주관성연구』, 7권 7호, 2002.

정성호, "TV토론이 유권자의 인지변화에 미치는 영향에 관한 연구 : 제16대 대통령선거 TV토론을 중심으로,『한국언론학보』,47권 6호, pp. 220-248, 2003.

정승민 어해영, "제18대 대통령선거와 경제투표:지역별 경제투표 경향성 분석", 『선거연구 제5호』, 2019.

정연정, "선거구도, 환경, 선거과정 평가,"한국정당학회,『18대 대통령선거 외부 평가』, 2013.

정윤무, "TV政治廣告와 이미지選擧 ; 最近 美國大統領選擧의 實態分析,"『행정논집』, 1987.

정일권 외 2명," 텔레비전 드라마의 정치적 효과에 관한 탐색적 연구 : 대학생들의 정치 드라마 시청 실험을 중심으로,"『미디어와 공연예술연구』, 2012.

정진민, "대통령 선거제도의 적용과 평가 : 정당 관련 제도를 중심으로, 17대 대통령선거 외부 평가,"『한국정당학회』, 2008.

정희옥, "선거쟁점(이슈)과 유권자 투표 행태,"한국정당학회,『19대 대통령선거 외부 평가』, 2017.

조성대, 한국 대통령 선거제도의 정치적 효과에 대한 연구 : 현직 대통령과 거리두기, 제3후보, 그리고 선거연합을 중심으로," 한국정당학회,『제18대 대통령선거 외부평가』, 2013.

조성대, "대통령선거 TV토론의 정치적 효과에 관한 연구 : 17대 한국 대통령선거 사례," 한국정당학회,『17대 대통령선거 외부 평가』, 2017.

조진만, "정치관계법 개정의 쟁점 : 선거연령 인하와 결선투표제 도입,"한국정당학회,『19대 대통령선거 외부 평가』, 2017.

조해주 외, "한국형 선거 빅데이터 구축방안 연구,"한국선거연구원, 『중앙선거관리위원회 연구용역보고서』, 2014.

조희정,"2017 대선 후보자의 미디어 활용과 과제 : 뉴미디어와 가짜뉴스 이슈를 중심으로,"한국정당학회,『19대 대통령선거 외부 평가』, 2017.

차태훈 외 3명,"정치광고에 대한 비교문화적 접근 : 한국과 미국의 대통령 선거 (1922년~2004년) 정치광고를 중심으로,"『광고학연구』, 2008.

최선, "탄핵과 조기 대선,"한국정당학회,『19대 대통령선거 외부 평가』, 2017.

최용주, "제18대 총선 정치 광고 연구: 메시지 내용 분석과 정치 마케팅적 분석,"『한국소통학보』, 2008.

최영재, "정치인의 이미지 관리 : 언어 및 비언어 메시지를 중심으로,"『한국언론학보』, 50권1호, pp. 378-406, 2006.

최영재, "정치인의 비언어적 행위와 이미지 형성 : 눈물효과에 관한 실험 연구," 『한국방송학회보』, 2005.

최준영, "정책선거와 매니페스토, 한국정당학회,『17대 대통령선거 외부 평가』, 2008.

추광영, "미디어 정치"를 낳은 미국의 언론,"『정치와 평론』, 18, 2016.

탁재택, "국회의원 선거 PR커뮤니케이션 전략 고찰 : 입후보자 이미지 관리 방안을 중심으로,"『홍보학 연구』, 2003.

탁진영, "후보자 이미지 형성에 미치는 텔레비전 정치광고의 효과에 관한 연구 : 이미지 구성요소를 중심으로,"『광고학연구』, 2005.

탁진영, "텔레비전 정치광고가 후보자 이미지 구성요소에 미치는 영향: 시간적 경과에 따른 변화를 중심으로,"『한국언론학보』, 2006.

탁진영 외 1명, 정치광고 시행에 관한 유권자의 문제점 인식과 바람직한 개선 방안에 관한 연구,"『정치커뮤니케이션 연구』, 2008.

탁진영, "후보자 위치에 따른 텔레비전 정치광고의 비디오 스타일에 관한 연구," 『언론과학연구』, 2008.

탁진영, "젊은 유권자의 이상적인 후보자 이미지 형성에 미치는 텔레비전 정치광고의 영향에 관한 연구,"『한국사회과학연구』, 2017.

하상복, "17대 대통령 선거와 언론 보도 평가 : 정책 공약 보고의 분석," 한국정당학회, 『17대 대통령선거 외부 평가』, 2008.

한의석, "제18대통령선거방송토론회 : 2012년 한국과 미국의 대선토론회를 통한 비교분석," 한국정당학회, 『18대 대통령선거 외부 평가』, 2013.

한정택, "대통령 선거의 구도와 선거과정 : 다당제 선거구도를 중심으로," 한국정당학회, 『17대 대통령선거 외부 평가』, 2013.

한정택, "제18대 대선의 매니페스토 정책선거 평가 : 선관위 활동을 중심으로," 한국정당학회, 『18대 대통령선거 외부 평가』, 2013.

한정훈, "정당별 후보 경선제도 변화와 평가," 한국정당학회, 『19대 대통령선거 외부 평가』, 2017.

한정훈, "대통령 선거운동 방식의 변화와 그 효과 : 제18대 대선을 중심으로," 한국정당학회, 『18대 대통령선거 외부 평가』, 2013.

홍득표, "선전벽보의 슬로건 분석 : 역대 대통령선거를 중심으로』, 연세대 사회과학연구소, 『사회과학논집』, 43권 호, 2012..

홍지아, "한국 텔레비전 정치광고의 서사 구조 분석 : 2002년 대선과 2004년 총선의 예를 중심으로," 『한국언론학보』, 2005.

황아란, "제17대 대통령 선거의 투표 행태 분석," 한국정당학회, 『1대 대통령선거 외부 평가』, 2008.

신문 잡지 기사

경향신문, 여전한 기성정치의 위기, 2013. 3. 7

경향신문, "대선 후보들 첫 유세 너나 없이 '경제 화두'", 2007. 11. 27.

국민일보, "이명박-정동영 핵심 정책 비교해보니", 2007. 10. 16.

국민일보, '민주 핵분열...이합집산 가속화', 2002. 10. 17.

노컷뉴스 2017. 4. 24.

뉴스원 2012년 11월 31일.

뉴스타파, "BBK는 누구 것인가?"2018. 3. 22.

뉴시스 2017. 4. 9.

대전일보 2009년 10월 31일.

데일리안 2013. 8. 13.

동아일보, 패션의 세계는 어려워...정치인 '워스트 드레서'는? 2020. 1. 22

동아사이언스, 「인류 最古 동굴벽화 기록 바뀐다」, 2019. 12. 12.

동아일보, "[또 여는 방탄국회] 다섯번째 일그러지는 의사당", 1999. 3. 9.

동아일보, [TV마주보기] 대선후보 정책분석...영상정치의 이미지 홍보, 1997. 11. 27.

매일경제, "민주, 이총재 아들 정연씨 원정출산 공세". 2002. 3. 20.

머니투데이, 소통 혼밥 국밥...역대 대통령의 식사정치, 2017. 5. 20.

메트로, "법조계, '홍준표 신계륜, 특수활동비 개인사용 횡령죄 성립'"2015. 5. 20.

미디어스, "홍준표, 대선 첫 TV토론 거친 입담으로 장악," 2017. 4. 13.

미디어워치, "박정희 암살 음모론 접은 김대중 자서전", 2010. 8. 9.

부산일보, 2017. 4. 9.

브릿지경제, 국제대 박선영교수 "정치인의 이미지는 선거 당락에 최우선 요소"
        2020. 5. 7

서울경제, 2020. 12. 21

세계일보, 사설 "끝없는 정당정치 퇴행 속에 막 오르는 21대 총선", 2020. 3. 26.

세계일보, "2002년엔 어땠나",2005. 5. 30.

스포츠서울, 2017. 4. 9.

스포츠조선닷컴, 2017. 2. 16.

시사저널, 2000. 10. 12.

시사저널, 2019. 4. 24.

시사저널, 2019. 5. 6.

시사저널, 2019. 5. 14.

시사저널, 박명호, "권력실패의 필요조건"(2021. 1. 2) 1629호.

신동아 2009년 9월, 10월, 11월호.(황상민, "박근혜 이미지 탐색 1, 2, 3)

mbn 2017. 4. 9.

여성신문, "국민의 정치 혐오증만 키울 뿐," 2012. 9. 14.

연합뉴스, 2002. 4. 16, "가회동 빌라 15억 원에 차명 구입".

연합뉴스, 2002. 3. 7. "여, 이총재 세금포탈 의혹"

연합뉴스 2016. 3. 20 역대 美대통령 연설 문법 수준은?.

연합뉴스 TV, 2017. 4. 24. 4시 뉴스.

연합뉴스 2009. 10. 23.

YTN 2017. 4. 28.

월간조선, "대통령님, 오해를 푸십시오" 1998년 9월호.

이데일리, 2012. 9. 26.

이데일리, 2016. 11. 18.

JTBC, 2012. 9. 27.

조선일보, "[방탄국회] 서상목국회' 7개월째…언제 끝나나,1999. 4. 5.

중앙일보,"서상목의원 가슴 졸일 일요일…'방탄국회' 7일 공백", 1999. 2. 7.

주간경향, [유인경이 만난 사람], 김대중 전 대통령, 2004.10.15.

주간조선,'문재인, 홍준표, 안철수 캠프가 털어놓은 뉴미디어 선거전략', 2017. 5. 18.

중앙선데이, 2012. 11. 4.

중앙일보, 문재인 대통령 '혼밥' 사진은 왜 비난받아야 했는가? 2017. 12. 18.

중앙일보, 이회창 이인제 '14년 적과의 만찬', 2011. 9. 9.

중앙일보, 2007년 10월 15일

중앙일보, 2007년 10월 11일.

중앙일보, 2007년 10월 4일.

중앙일보, 2007년 10월 1일.

중앙일보 2007년 8월 11일.

중앙일보, 이총재 "현재론 생각없다"…영수회담 늦어질 듯 2000. 11. 27.

중앙일보, "영수회담후 더 얼어붙은 정국", 2001. 1. 5.

한겨레신문, 정희진의 어떤 메모, "평범한 가정에 태어났더라면", 2016. 11. 18.

한겨레신문, "97년 대선 때 '김대중 후보 포스터'의 사진이 '인생짤'입니다," 2017. 12. 18.

한겨레신문, 성한용의 정치 막전막후, 2019. 4. 14.

한겨레신문, 개발시대 성공신화 밑천 '야망의 세월', 2007. 8. 20.

한국일보, [시대의 기억] "당신은 살인마야" 전두환 국회증언, 2016.12.31.

한국일보, 국회 '눈먼 돈' 특수활동비… 의원 개인적 유용에도 무방비, 2015. 5. 20.
AI타임스 2019. 10. 11.

번역서

Bourdieu, Pierre, Sur la Television: Suivi de L'Emprise du Journalisme,
    Paris: Liber-Raison d'Agir, 1996, 현택수 역, 『텔레비전에 대하여』,
    서울 : 뿌리깊은 나무, 1998.

Campbell, Karlyn Kohrs and Jamieson, Kathleen Hall, Presidents
    Creating Presidency : Deeds done in Words, Chicago : Chicago
    University Press, 1990, 원혜영 역, 『대통령 만들기; 미국대선의 선거
    전략과 이미지 메이킹』, 서울 : 백산서당, 2002.

Cohen, Jean L. & Arato, Andrew, Civil Society and Political Theory,
    MA, Cambridge : MIT Press, 1992, 박형신, 이혜경 역, 『시민사회와
    정치이론』, 서울 : 한길사, 2013.

Gazzaniga, Michael S. Who's in Charge?: Free Will and the Science of
    the Brain, NY, New York: HarperCollins Publishers, 2011, 박인균
    역, 『뇌로부터의 자유: 무엇이 우리의 생각, 감정, 행동을 조종하는가?』,
    서울 : 추수밭, 2012.

Herman, Edward S. and Chomsky, Noam, Manufacturing Consent:
    The Political Economy of the Mass Media 2nd ed. NY, New York
    : Pantheon Books, 2002, 정경옥 역, 『여론조작 : 매스미디어의 정치경
    제학』, 서울 : 에코리브르, 2006.

MacLuhan, Marshall, Understanding Media: The Expansions of
    Man(California, Corte Madera: Gingko Press, 1996, 김성기, 이한
    우 역, 『미디어의 이해: 인간의 확장』, 서울 : 민음사, 2002.

Nass, Clifford and Yen, Corina, The Man Who Lied to His Laptop :
    What We Can Learn About Ourselves from Our Machines, NY,

New York : Penguin Group, 2010, 방영호 역, 『관계의 본심』, 서울 : 푸른숲, 2011.

Neustadt, Richard E. Presidential Power and the Modern Presidents : The Politics of Leadership from Roosevelt to Reagan, NY, New York : Free Press, 1990, 이병석 역, 『대통령의 권력』, 서울 : 다빈치, 2014.

Stephanopoulus, George, All Too Human : A Political Education, NY, New York: Brown and Company, 1998, 최규선 역, 『너무나 인간적인』, 서울 : 생각의 나무, 1999.

Weber, Max, Gesammelte Politische Schriften, Tubingen, 1988, 이남석 역, 행정의 공개성과 정치 지도자 선출, 서울 : 책세상, 2002.

Young, Stephen, Micromessaging: Why Great Leadership is Beyond Words, Chicago :McGraw-Hill, 2007, 변영숙 역, 『위대한 리더십을 위하여 : 마이크로메시징』, 서울 : 맥그로힐 코리아, 2008.

Books

CBS, Annual Report, 1984.

Barber, James David, The Presidential Character, 3rd Edition, Prentice-Hall, Inc. 1985.

Barthes, Rolland, Howard, Richard, Trans., Camera Lucida: Reflections on Photography, New York: Hill and Wang, 1981.

Bochin, Hal W., Richard Nixon : Rhetorical Strategist, Connecticut: Greenwood Publishing Group, 1990.

Chavez, Leo R., Covering Immigration : Popular Images and the Politics of the Nation, California, Berkeley: University of California Press, 2001.

Gazzaniga, Michael Sanders, The Mind's Past, Berkeley: University of

California Press, 1998.

Gibbs, Nancy and Duffy, Michael, The Presidents Club : Inside the World's Most　　Exclusive Fraternity, New York: Simon & Schuster, 2012.

Goffman, Erving, The Presentation of Self in Everyday Life, New York: Doubleday Anchor Books, 1959.

Grabe, Maria Elizabeth and Bucy, Erik Page, Image Bite Politics : News and the　　Visual Framing of Elections, New York: Oxford Univ. Press, 2009.

Gunter, Barry, Poor Reception : Misunderstanding and Forgetting Broadcast News, Hilsdale, N.J.: Lawrence Erlbaum, 1987.

Marcus, George E, Neuman, Russel and MacKuen, Michael, Affective Intelligence and Political Judgment, Chicago : University of Chicago Press, 2000.

Meyrowitz, Joshua, No Sense of Place : The Impact of Electronic Media on Social Behavior, New York: Oxford University Press, 1986.

Newman, Bruce I., The Mass Marketing of Politics : Democracy in an Age of Manufactured Images, California, Thousand Oaks: Sage Publications, 1999.

Nixon, Richard, Memoirs, New York: Grosset & Dunlop, 1978.

Paraille, Clotaire, The Culture Code : An indigenous Way to Understand Why People Around the World Live and Buy as They Do, New York: Broadway Books, 2006.

Robinson, John P. and Levy, Mark R. The Main Source : Learning from Television News, Beverly Hill, CA: Sage, 1986.

Shea Daniel M. & Harward, Brian M., Presidential Campaigns : Documents Decoded, California, Santa Barbara: ABC−Clio, 2013.

Verba, Sydney and Nye, Norman H., Participation in America : Political Democracy and Social Equality, New York : Harper & Row, 1972.

Articles

Benoit, William L., Stephenson, Michael T., "Effects of Watching a Presidential Primary Debate," Contemporary Argumentation and Debate,25: 1–25.

Benoit, William L., Let's put "Debate" into "Presidential Debates," Paper Presented at the Annual Meeting of the National Communication Association, 85th, Chicago Il., November 4–7, 1999.

Benoit, William L., Petrocik, John R. and Hansen, Glenn J. "Issue Ownership and Presidential Campaigning, 1952–2000,"Political Science Quarterly, Vol. 118 No. 4, 2003–4.

Benoit, William L., "Political party Affiliation and Presidential Campaign Discourse," Communication Quarterly, Vol. 52 No 2 Spring 2004.

Benoit, William L., and Hansen, Glenn J., "Presidential Debate Questions and the Public Agenda," Communication Quarterly, Vol. 49 No 2 Spring 2001.

Benoit, William L., "Seeing Spots: A Functional Analysis of Presidential Advertisements, 1952–1996,"Canadian Journal of Political Science , Vol. 34 No. 1(Mar. 2001.

Benoit, William L., Stein, Kevin A. and Hansen, Glenn J., "How Newspapers Cover Presidential Nomination Acceptance Address," Newspaper Research Journal Vol. 25, No. 3 Summer 2004.

Benoit, William, L., "2004 Illinois U.S. Senate Debates : Keyes versus Obama,"American Behavioral Scientist Vol. 49 No. 2 October, 2005.

Benoit, William L., Stein, Kevin A. and Hansen, Glenn J., "New York Times Coverage of Presidential Campaigns,"Journalism and Mass Communication Quarterly Vol. 82, No. 2 Summer 2005.

Benoit, William L., Henson, Jayne R., and Maltos, Sheila, "A Functional Analysis of American Mayoral Debates," Contemporary Argumentation and Debate, Vol. 28, 2007.

Benoit, William L., "Barack Obama's 2008 Speech on Reverend Wright : Defending Self and Others,"Public Relation Review 42, 2016.

Bezrucka, Yvonne, "Beehive-Images and Politics in Bernard De Mandeville's The Fable of the Bees:" Empiricism vs. Innatism, Cardozo Research Paper Series, Cardozo Electronic Law Bulletin, pp. 1-26, 2016.

Brunner, Elizabeth, I"mage Politics : A Call to Struggle, Play, and Hope,"Communication and Critical/Cultural Studies, Vol. 16, No. 4, 2019.

Bucy, Erik and Newhagen, John, "The Emotional Appropriateness Heuristic : Processing Televised Presidential Reactions to the News,"Vol. 49 No. 4, pp. 59-79, 1999.

Christopher, Thomas, Kovashka, Adriana, "Predicting the Politics of Image Using Webly Supervised Data,"33rd Conference on Neural Information Processing Systems, Vancouver, Canada, 2019.

Dimino, Michael R. Sr., "Images Is Everything : Politics, Umpiring, and the Judicial Myth," Harvard Journal of Law & Public Policy, Vol. 39, No. 2, 2016.

Erikson, Keith V., "Presidential Rhetoric's Visual Turn : Performance Fragments and the Politics of Illusionism," Communication Monographs Vol. 67 No. 2, 2000.

Fifel, Karim, "Readiness Potential and Neuronal Determinism: New Insights on Libet Experiment," The Journal of Neuroscience, Vol. 38 No. 4, January 24, 2018.

Fridkin, K. L. & Kenney, P. J., "The Role of candidate Traits in Campaigns," Journal of Politics, Vol. 73, 2011.

Giulia Montanari and Javier Toscano, Re-Shaping the Political Field One Visual Fragment at a Time : The Tunisian Conundrum, Triple C 15(2) pp. 726-739, 2017.

Guerrero-Sole, F., Pont-Sorribes, C., and Palencia-Lefler, M., "Construction of the Image of Politics in Spanish TV News Programmes. The Endo- and Exo- Balances of the Quality of Political Information," Revista Latina de Communicacion Social, No. 068, 2013.

Harrison, Patrick Ray, "The Politics of Images and the Languages of Politics in Later Stuart England(2008)," University of Virginia Doctoral Dissertation.

Haselmayer, Martin, "Negative Campaigning and its Consequences: a Review and a Look Ahead," French Politics, Vol. 23, March 2019〉

Inoue, Mayumo, "Nations on Shame and Art's Shame :Towards a Racial Politics of Image and Affect Around "Okinawa"(2018)," Inter-Asia Cultural Studies, Vo. 19, No. 4, 2018.

Kardas Tuncay and Yesiltas, Murat, "Rethinking Kurdixh Geopolitical Space : the Politics of Image, Insecurity and Gender," Cambridge Review of International Affairs,Vol. 30, Nos. 2-3, 2017.

Lawless, Jennifer L. and Fox, Richard L., "Political Participation of the Urban Poor," Social Problems, Vol. 48, No. 3, 2001.

Lynda, Lee Kaid and Johnston, Anne,"Negative versus Positive Television Advertising in the US Presidential Campaigns 1960-1988,"Journal of Communication, Vol. 41, No. 3, 1991.

Messaris, Paul, Eckman, Bruce and Gumpert, Gary, "Editing Structure in the Televised Versions of the 1976 Presidential Debates," Journal of Broadcasting, Vol. 23, No. 3, 1979.

Meyrowitz, Joshua, "The Rise of the "Middle Region"Politics," Et Cetera : A review of General Semantics Vol. 34, No. 2, 1977.

Moon, Bitt, Sung-Un Yang, "Developing the Scale of Presidential candidate's Dialogic Communication(PCDC) during the 2017 Presidential Campaign in South Korea," Public Relation Review, 47, 2021.

Newhagen, John E. and Reeves, Byron, "The Evening's Bad News : Effects of Compelling Negative Television News Images on Memory," Journal of Communication Vol. 42, No. 2, pp. 25-41, 1992.

Olsson, Sofia Arkhede, "Corruption and Political Participation : A Multilevel Analysis," QoG Working Paper Series, No. 12, November 2014.

Padgate, Usa, "Mirror Image : A study of the Power Politics of Mimetic Desire and Cinematic Confinement in Chloe(2009)," Advances of Language and Literary Studies, Vol 10, No. 6, Dec 2019.

Petrocik, John R., "Issue Ownership in Presidential Elections, with a 1980 Case Study," American Journal of Political Science, Vol. 40, No. 3, Aug., 1996.

Radder, Hans and Meynen, Gerben, "Does the brain "initiate"freely willed processes? : A philosophy of science critique of Libet-type experiments and their interpretation," Theory & Psychology, Vol. 23, No. 1, pp. 3-21, 2013.

Rosenberg, S. W., Bohan, L., McCafferty, P. and Harris, K., "The Image and the Vote : The Effect of Candidate Presentation on Voter Preference,"American Journal of Political Science, Vol. 30, 1986.

Rudd, Robert, "Issues as Image in Political Campaign Commercials," Western Journal of Speech Communication Vol. 50, No. 1.

Schrott, Peter R., Lanoue, David J., "The Power and Limitations of Televised Presidential Debates : Assessing the Real Impacts of Candidate Performance on Public Opinion and Vote Choice,"Electoral Studies 32, 2013.

Silva, Tarcisio Torres, "A Politicization of Images : From the Mechanical era to the Digital Communication Networks," Revista Famecos: Porto Alegre, Vol. 21, No. 1, Jan 2014.

Soncul, Sukuru Yigit, "Facial Politics of Images and Media : Mask, Body, Immunity," University of Southampton, Winchester School of Art, Thesis for Doctor of Philosophy, 2019.

Sondheimer, Rachel Milstein and Green, Donald P., "Using Experiments to Estimate the Effects of Education on Voter Turnout," American Journal of Political Science, Vol. 54, No. 1, 2010.

Stan, A. and E Puran, G., "Approaching the Processes of Political Communication from a Marketing Perspective, Bulletin of the Transylvania University of Brasov, Series 5,"Economic Sciences Vol. 12(61) No. 1–2019.

Wilson–Kratzer, Jessica M., Benoit, William L., "A Functional Analysis of Press Release from Senator Barack Obama and Senator John McCain during the 2008 Primary Presidential Election,"Public Relation Review 36, 2010.

Yates, Julia & Hooley, Tristram, "Advising on Career Image: Perspectives, Practice and Politics," British Journal of Guidance & Counselin, Vol. 46, No. 1, 2018.

News Stories

Business Week, Campaign Finance can be reformed.(1997, March 3).

Business Week, H. Gleckman, Four Simple Ways to Clean up Campaigning Finance, (1997, March 3).

Business Week, A. Burns & M. B. Regan, The Backlash against Soft Money, (1997, March 31).

Chicago Tribune,'96 Money game: More early primaries put premium on big Political War Chests, (1995, February).

Christian Science Monitor, Martin Luther King Jr. and John F. Kennedy: civil rights' wary allies, 2014. 1. 20.

The Independent, Science : Let there be light, 1998. 8. 7.

Life, Two Brooding Men in a Dazzling Duel, 1960년 10월 10일.

Marketing News, Inaccurate political polls unlikely to harm consumer research, 1 August 1990, Vol. 24 Issue 1, p. 12.

New York Times, Caroline Kennedy, Catching the Torch, 2013. 7. 28.

Nikkei Asia, Japan yes Washington scion Caroline Kennedy a link to Biden staff, November 11, 2020.

Politico Magazine, Richard Nixon, awkward American icon, 2014. 4. 21.

South China Morning Post, 2015. 4. 19, Andrew Parker : Evolution, the Light—Switch Theory and the Scriptures.

The Times Jun 1, 2016 Grammarly study finds Donald Trump uses least—complex language of presidential candidates

원고를 탈고하기 이틀전 저녁, 우연하게 케이블 TV에서 오래된 영화 사운드 오브 뮤직을 보게 되었다. 줄리 앤드류스 주연의, 도레미 송이 나오는 영화. 나이 60을 넘긴 노인이 눈물을 줄줄 흘리며 영화를 봤다면 믿을 수 있을까? 영화를 보는 내내 눈물이 났다. 주연 여배우 줄리 앤드류스는 얼마나 촌스러운지, 트랩 대령의 어린아이들은 얼마나 깜찍하고 귀여운지. 트랩 대령이 부르는 밋밋하고 부드러운 에델바이스는 얼마나 감동적인지. 장면이 바뀔 때마다 노래가 나올 때마다 나도 모르게 눈물을 흘렸다. 그게 이미지의 힘이요 스토리의 힘이며 콘텐츠의 힘이다. 글이나 말도 감동적이지만, 영화나 텔레비전처럼 눈으로 보여주는 시각 미디어는 그런 압도적인 위력이 있다.

선거에서 정치에서 이미지는 어떠한 메시지보다 우위에 선다. 상대적 우위가 아니라 압도적 우위에 선다. 뭘 모르는 초짜들이 자잘한 정책이니 메시지니 하며 들이밀지만, 정책이나 메시지를 잘못 쓰면 오히려 역효과를 빚는다. 이미지가 왕이다. 2024년 미국 대선에서 민주당 후보들이 잘난 척 하면서 정책과 메시지를 내세웠지만, 결국은 트럼프의 이미지 전략에 무릎을 꿇었다. 트럼프의 이미지 전략은 1980년대 로날드 레이건 대통령의 '미국을 위대하게' 캠페인을 무한 복제했다고 보면 된다. 슬로건부터 시작해 단상에 성조기를 두는 무대 배치까지. 다만 레이건 시절은 점잖게 성조기를 한두 개 걸었다면, 트럼프는 성조기로 도배질했다.

동물의 비유도 이미지 전략에서 매우 유용하고 효과적인 수단이다. 누구나 이해하기 쉽고, 모든 선거 캠페인과 스케줄에 쉽게 적용할 수 있다. 다만 기획자의 상상력과 창의력이 후보의 취향과 궁합이 잘 맞아야 한다. 민주사회의 지도자는 엄격하고 접근성 낮은 무섭고 권위적인 이미지보다는 부드럽고 접근성 높은 대중적 이미지라야 한다. 승리와 함께 대중적 인기를 추구하면서도 프로 구단의 상징 동물이 정치인의 이미지 구축에 참고가 될 수 있다.

2000년 전후 한국 정치나 언론에서는 이미지 정치에 대한 비판론이 제기된 적 있다. 과거 한국의 대통령 후보는 오래 국민에게 알려진 친숙한 인물이었다. 김영삼 김대중은 30년 정치한 인물이었고, 이명박도 박근혜도 대중에게 알려진지 30년이 넘었다. 노무현, 문재인은 15년 동안 정치권이나 고위 공직자로 국민에게 알려진 인물이었다. 이제는 그런 인물 아니고도 대통령에 도전해 당선되는 시대가 열렸다. 과연 무엇으로 30년, 15년 긴 세월을 메꿀 수 있을까? 그건 이미지다.

광역단체장 역시 사정이 비슷하다. 과거 광역단체장은 오랜 세월 고장에 봉사하거나 관리한 인물들이었다. 김진선 강원지사, 최민호 세종시장처럼 몇 차례 실패한 끝에 당선되기도 했다. 그러나 이제는 그렇지 않다. 서울시장은 전국구니 논외로 한다 치자. 김동연은 2022년 아무 연고 없는 경기도에 뛰어들어 지사가 되었다. 김영환은 떠난 지 50여 년만에 고향 충북에 돌아가 지사가 되었다. 그러니 큰 정치를 꿈꾸는 자는 이미지에 관심을 가지라!

한·미 대선 사례 분석
선거는 이미지다

인쇄일   2025년 4월 30일
발행일   2025년 5월 2일

저 자   김구철

발행인   윤선경
펴낸곳   도서출판 오색필
주 소   서울특별시 중구 필동로 42-1 상원빌딩 2층
전 화   02-2264-3334
팩 스   02-2264-3335
이메일   areumy1@naver.com

ISBN   979-11-988339-5-2